**Ensino da Arte:
Memória e História**

Coleção Estudos
Dirigida por J. Guinsburg

Equipe de realização – Edição de texto: Adriano Carvalho Araújo e Sousa; Revisão de provas: Iracema A. de Oliveira; Sobrecapa: Sergio Kon; Produção: Ricardo Neves, e Sergio Kon.

Ana Mae Barbosa
(org.)

ENSINO DA ARTE: MEMÓRIA E HISTÓRIA

 PERSPECTIVA

Dados Internacionais de Catalogação na Publicação (CIP)
(Câmara Brasileira do Livro, SP, Brasil)

Ensino da arte : memória e história / Ana Mae Barbosa (organizadora). – São Paulo : Perspectiva, 2014. – (Estudos ; 248 / dirigida por J. Guinsburg)

2. reimpr. da 1. ed. de 2008
Vários autores.
Bibliografia.
ISBN 978-85-273-0820-5

1. Arte – Estudo e ensino 2. Arte – História I. Barbosa, Ana Mae. II. Guinsburg, J. III. Série.

08-04799   CDD-707.09

Índices para catálogo sistemático:

1. Arte : Ensino : História   707.09
2. Ensino da arte : História   707.09

1ª edição – 2ª reimpressão
[PPD]

Direitos reservados à
EDITORA PERSPECTIVA LTDA.

Av. Brigadeiro Luís Antônio, 3025
01401-000 São Paulo SP Brasil
Telefax: (011) 3885-8388
www.editoraperspectiva.com.br

2019

Sumário

Introdução XI

1. Entre Memória e História – *Ana Mae Barbosa* 1

2. Formação Profissional do "Bom Silvícola" nas Artes
e Ofícios: a Perspectiva do Jesuitismo –
Erinaldo Alves do Nascimento 27

3. O Ensino da Arte em uma Escola de Mulheres –
Roberta Maira de Melo Araújo 49

4. A Educação pelo Olhar: Aspectos das Tecnologias
do Ensino Intuitivo – *Fernanda Pereira da Cunha* 75

5. Ensino de Arte nos Primórdios de Belo Horizonte:
a Contribuição de Jeanne Milde no Início do Século XX –
Patrícia de Paula Pereira 117

6. Sylvio Rabello: o Educador e Suas Pesquisas sobre o
Desenho Infantil – *Rejane Galvão Coutinho* 135

7. Mário de Andrade e os Desenhos Infantis –
Rejane Galvão Coutinho 157

8. A Liberdade como Método: um Projeto Moderno em Ação "Pioneira" de Ensino da Arte no Museu de Arte de São Paulo – *Rita Luciana Berti Bredariolli* 197

9. Movimento Escolinhas de Arte: em Cena Memórias de Noêmia Varela e Ana Mae Barbosa – *Fernando Antônio Gonçalves de Azevedo* 217

10. "Bom Dia, Crianças!": Um Dia na Escolinha de Arte Cândido Portinari – *Vicente Vitoriano Marques Carvalho* 259

11. As Escolas Experimentais de São Paulo na Década de 1960: Sua Contribuição para a Formação do Cidadão – *Ilsa Kawall Leal Ferreira* 275

12. Inter-relação de Conhecimentos: O Projeto Interdisciplinar nos Anos de 1970 – *Heloisa Margarido Sales* 293

13. Histórico da Faeb: Uma Perspectiva Pessoal – *Ivone Mendes Richter* 323

14. Reflexões sobre a Abordagem Triangular do Ensino da Arte – *Maria Christina de Souza Lima Rizzi* 335

Sobre os Autores 349

Para Ilsa Leal Ferreira e Laís Aderne com quem todos nós deste livro nos identificamos pela paixão por arte, museus e arte/educação; e a Noêmia Varela pelos seus noventa anos.

Introdução

Desde os anos de 1970, venho pesquisando acerca da história do ensino da arte no Brasil enveredando pelos conceitos de arte como expressão, cultura, comunicação e cognição. Minha primeira pesquisa, financiada pela Fundação Ford produziu o livro *Arte/Educação no Brasil: das Origens ao Modernismo*, publicado pela editora Perspectiva. Foi um longo e profícuo trabalho de garimpagem em fontes primárias. A pesquisa que se seguiu me satisfez muito mais, porque orientou-se em direção à micro-história. Resultou no livro *Recorte e Colagem: Influência de John Dewey no Ensino da Arte no Brasil*. Analisei a recepção de John Dewey no Brasil através do estudo dos casos de Pernambuco, Minas Gerais e Rio de Janeiro que traduziram, em seus sistemas educacionais, as ideias de Dewey de maneiras radicalmente diferentes.

Quando passei a dirigir o Museu de Arte Contemporânea da USP interrompi minhas pesquisas históricas para dedicar-me ao estudo de museus, a pesquisas metodológicas e a uma reflexão filosófica sobre arte e seu ensino, tendo publicado vários livros sobre esses assuntos. Em 1989 a Unesco, através da International Society of Education through Art (Sociedade Internacional de Educação através da Arte – Insea), a qual posteriormente presidi, solicitou uma pesquisa sobre a arte/educação nos anos de 1980 a seis especialistas de diferentes países (Estados Unidos, Inglaterra, França, Canadá e Brasil). Fui a pesquisadora convidada do Brasil e meu trabalho está publicado no livro, também da editora Perspectiva, *A Imagem no Ensino da Arte: Anos*

Oitenta e Novos Tempos. Portanto, meus estudos históricos pularam da década de 1930 para a contemporaneidade. Esse último trabalho mencionado despertou-me o interesse pelos estudos comparativos entre modernismo e pós-modernismo na arte, na educação e no ensino da arte ao verificar o encastelamento dos professores modernistas em suas verdades absolutas, que iam da ideia de que arte não se ensina à supervalorização da originalidade, passando ainda pelo conceito de arte como transcendentalismo, confirmador do *slogan* de que a arte não pode ser entendida. Novamente uma pesquisa encomendada, desta vez pelo BIE (Bureau Internacional de Educação de Genebra), sobre o ensino da arte como cultura me levou a aprofundar pesquisas sobre arte/educação nos anos de 1990, chegando à conclusão de que aquela década fora presidida pelos princípios pós-modernos de multiculturalidade como reconhecimento das diferenças e interculturalidade como utopia. Os resultados em teoria e na prática de museus, exposições e experiências educacionais estão expressos no livro *Tópicos Utópicos* que redigi, em parte, com uma bolsa da Fundação Rockefeller.

Há dois anos, depois de muitas alterações de vida voltei a ensinar e o ensino me estimula a pesquisar. Resolvi então com bolsa do CNPq preencher minha curiosidade pelos tempos não visitados, de 1930 a 1948, período da construção de ideais e metodologias modernistas. Deparei-me com a inexistência de pesquisas sobre este período, mas entusiasmei-me com várias teses, dissertações e monografias sobre o ensino da arte em tempos anteriores ou posteriores, além das produzidas por meus próprios alunos.

Muitos destes autores tentaram publicar seus trabalhos, mas não conseguiram ou desistiram em função da exigência editorial de limpar os textos da roupagem acadêmica. Por outro lado fiquei ansiosa com a fragmentação do conhecimento histórico que se está construindo. Pesquisas para teses e dissertações tendem a buscar recortes econômicos e bem definidos da realidade, para que se possa dar conta de um mestrado em dois anos e um doutorado em três, o que acho um tempo muito exíguo, mas neste país em educação a burocracia prevalece sobre a qualidade.

Acontece que o conhecimento histórico sobre arte/educação está sendo construído como o meu conhecimento de Paris, onde só andava de metrô. Saía numa estação, conhecia tudo ao redor, entrava e saia em outra. Explorava o entorno, mas não sabia como aquele lugar se ligava com o lugar onde eu estivera anteriormente. Como sei que os mapas ajudam a organizar o conhecimento dissociado, pensei que eu poderia construir uma narrativa que mapeasse os principais acontecimentos históricos e convidar os colegas para irem particularizando a narrativa ou dando vida ao mapa através de suas pesquisas.

Apresentei, em 2003, no Congresso da Associação Nacional de Pesquisadores em Artes Plásticas, o trabalho incluído neste livro:

"Entre Memória e História" como um texto em aberto ou *work in progress*, como dizem os ingleses. Convidei os colegas presentes para usá-lo como base para um hipertexto e complementando-o com suas pesquisas e memórias. Cheguei mesmo a encomendar escritos sobre os assuntos que estavam grifados em meu texto. Somente Ivone Richter e Fernando Azevedo me enviaram seus trabalhos. Resolvi então redirecionar a estratégia para atingir meu objetivo, isto é, criar um texto histórico e/ou memorialístico aprofundado, escrito a várias mãos. Minha nova estratégia foi analisar as teses e as monografias sobre história do ensino da arte e convidar seus autores e autoras para reescreverem um capítulo para assim conseguirmos um livro que revele a rede intrincada de caminhos da arte/educação, dos seus inícios ao fim do século XX.

Já estou com medo de ser acusada de vaidade, porque organizei um livro no qual alguns textos se referem a trabalhos meus, mas o recorte das teses e dissertações foi feito pelos próprios autores.

Foi o livro que mais demorei a organizar, mas valeu a pena para tirar da gaveta valiosas informações reunidas por pesquisadores sobre a trajetória do ensino da arte no Brasil.

O leitor, entretanto, deve ser lembrado que textos sobre história são sempre temporariamente terminados. Valem até outro tempo redefinir o passado.

Cada geração tem direito a reinterpretar sua herança histórica, por isso o conhecimento histórico é essencial para a formação da consciência política do indivíduo.

Se num país economicamente dependente é impossível a construção de um modelo autóctone de educação, pelo menos os novos modelos globalizadores seriam muito mais operacionais se relacionados com nossos paradigmas culturais, produtos de uma peculiar evolução interna ao sabor dos recuos e assimilações de diferentes influências. Como diz Elliot Eisner:

a ignorância acerca do passado não é necessariamente virtude, da mesma maneira que o conhecimento do passado não é uma garantia de que erros não serão repetidos, mas tal conhecimento fornece ao indivíduo os indispensáveis pontos de referências para analisar o presente e projetar o futuro[1].

Aqueles que lerem estes ensaios e quiserem contribuir com suas lembranças ou suas pesquisas sobre o ensino da arte enviem seus textos e suas sugestões para anamae@uol.com.br que, se houver uma próxima edição, talvez possamos ampliá-la.

Espero que uma geração de arte/educadores, preparada conceitualmente com consciência histórica e, portanto, politicamente alerta, venha por aí.

---

1. *Educating Artistic Vision*, New York: Macmillian Company, 1999, p. 57.

Agradeço aos autores que em mim confiaram e a Cildo Oliveira, que generosamente preparou o texto de Ilsa, companheira querida de muitas lutas em favor da arte/educação. Peço permissão aos colegas com quem divido este livro para dedicá-lo a Ilsa, Laís e a Noêmia, mulheres que formaram muitos arte/educadores atuantes.

Agradeço também a Thaís Mamprin, que me ajudou na digitação, e a Fernanda Pereira da Cunha.

1. Entre Memória e História

Ana Mae Barbosa

Na arte e na vida memória e história são personagens do mesmo cenário temporal, mas cada uma se veste a seu modo. Neste texto intercalarei memória e história. A história intelectual e formal, usa a vestimenta acadêmica, enquanto a memória não respeita regras nem metodologias, é afetiva e revive a cada lembrança.

O modernismo no ensino da arte se desenvolveu sob a influência de John Dewey. Suas ideias muitas vezes erroneamente interpretadas ao longo do tempo, nos chegaram, contudo, filosoficamente bem informadas através do educador brasileiro Anísio Teixeira, seu aluno no Teachers College da Columbia University. Anísio foi o grande modernizador da educação no Brasil e principal personagem do movimento Escola Nova (1927-1934). De Dewey, a Escola Nova tomou principalmente a ideia de arte como experiência consumatória. Identificou este conceito com a ideia de experiência final, erro cometido não só no Brasil, mas também nos Estados Unidos, nas Progressive Schools. A experiência consumatória para Dewey é pervasiva, ilumina toda a experiência, não é apenas seu estágio final[1].

A consolidação da interpretação equivocada veio da reforma Carneiro Leão, em Pernambuco, largamente difundida no Brasil. No livro de José Scaramelli, *Escola Nova Brasileira: esboço de um sistema*,

---

1. Ver A. M. Barbosa, *John Dewey e o Ensino da Arte no Brasil*; para melhores esclarecimentos acerca da experiência consumatória e outras formas de recepção de Dewey no Brasil.

onde ele dá os pressupostos teóricos da reforma Carneiro Leão e muitos exemplos práticos de aulas, a função da arte está explicitamente ligada à interpretação simplificadora da "experiência consumatória" de Dewey.

De acordo com as descrições de Scaramelli, a arte era usada para ajudar a criança a organizar e fixar noções apreendidas em outras áreas de estudo. A expressão através do desenho e dos trabalhos manuais era a última etapa de uma experiência para completar a exploração de um determinado assunto.

A ideia fundamental era dar, por exemplo, uma aula sobre peixes explorando o assunto em vários aspectos e terminando pelo convite aos alunos para desenharem peixes e fazerem trabalhos manuais com escamas, ou ainda, dar uma aula sobre horticultura e jardinagem e levar as crianças a desenharem um jardim ou uma horta. Esta linha de trabalho foi também muito explorada na Escola Regional de Merity (RJ), um dos modelos da "escola nova".

A prática de colocar arte (desenho, colagem, modelagem etc.) no final de uma experiência, ligando-se a ela por meio de conteúdo, vem sendo utilizada ainda hoje na Escola Fundamental no Brasil, e está baseada na ideia de que a arte pode ajudar a compreensão dos conceitos, porque há elementos afetivos na cognição que são por ela mobilizados. Escolas que se dizem trabalhar por projetos, uma moda dos anos de 1990, frequentemente usam a estratégia da qual acabo de falar.

ARTE PARA CRIANÇAS E ADOLESCENTES COMO ATIVIDADE EXTRACURRICULAR

É no fim da década de 1920 e início da década de 1930 que encontramos as primeiras tentativas de escolas especializadas em arte para crianças e adolescentes, inaugurando o fenômeno da arte como atividade extracurricular. Em São Paulo, foi criada a Escola Brasileira de Arte conhecida através de Theodoro Braga, seu mais importante professor. Mas a ideia partiu da professora da rede pública Sebastiana Teixeira de Carvalho e foi patrocinada por Isabel Von Ihering, presidente de uma sociedade beneficente A Tarde da Criança.

A Escola Brasileira de Arte funcionava em uma sala anexa ao Grupo Escolar João Kopke e lá as crianças das escolas públicas de oito a catorze anos, com talento (havia provas de desenho), podiam gratuitamente estudar música, desenho e pintura. A orientação era vinculada à estilização da flora e fauna brasileiras. Theodoro Braga desenvolvia o que podemos chamar de método *art nouveau*. Em vários artigos publicados em revistas e jornais do país Braga reverberava contra o método de cópia de estampas e defendia um ensino voltado para a natureza. Tarsila do Amaral em uma entrevista ao *Correio da Tarde* de 28 de janeiro de 1931 elogia o trabalho de

Theodoro Braga e de Anita Malfatti no ensino da arte, conferindo aos dois o mesmo valor.

Anita Malfatti mantinha cursos para crianças e jovens em seu ateliê e na Escola Mackenzie. Tinha uma orientação baseada na livre expressão e no espontaneísmo. Com o curso para crianças, criado na Biblioteca Infantil Municipal pelo Departamento de Cultura de São Paulo quando Mário de Andrade era seu diretor (1936-1938) esta orientação começou a se consolidar.

A contribuição de Mário de Andrade foi muito importante para que se começasse a encarar a produção pictórica da criança com critérios investigativos e à luz da filosofia da arte.

O estudo comparado do espontaneísmo e da normatividade do desenho infantil e da arte primitiva era o ponto de partida de seu curso de filosofia e de história da arte, na Universidade do Distrito Federal.

Por outro lado, o escritor dirigiu uma pesquisa preliminar sobre a influência dos livros e do cinema na expressão gráfica livre de crianças de quatro a dezesseis anos de classe operária e de classe média, alunos dos parques infantis e da Biblioteca Infantil de São Paulo.

Seus artigos de jornal muito contribuíram para a valorização da atividade artística da criança como linguagem complementar, como arte desinteressada e como exemplo de espontaneísmo expressionista a ser cultivado pelo artista. As atividades das escolas ao ar livre do México[2] parecem ter influenciado grandemente sua interpretação do desenho infantil e sua ação cultural. Em sua biblioteca, hoje no Instituto de Estudos Brasileiros da Universidade de São Paulo, podemos encontrar revistas mexicanas da época como a *30:30* e até o catálogo da Exposição das Escuelas al Aire Libre do México que viajou pela Europa.

O estado político ditatorial implantado no Brasil de 1937 a 1945 fechou a Universidade do Distrito Federal. Nesta universidade foi criado o primeiro curso de formação de professores de desenho, organizado por Anísio Teixeira. Além de Mário de Andrade também Portinari ensinou no curso. Fechado o curso os alunos de professorado de desenho não tinham para onde ir, pois era o único curso no país. Para terem um diploma, foram obrigados a terminar o curso frequentando aulas de Arte na Escola Nacional de Belas Artes e disciplinas sobre educação no curso de pedagogia. Eram discriminados lá e cá. Na ENBA eram vistos como os professores quadrados e na pedagogia como os artistas aloucados. Depois desta experiência muitas faculdades e universidades criaram cursos de professorado de desenho, sendo um dos mais famosos na década de 1960 o da Fundação Armando Alvares Penteado. Eram cursos muito convencionais, como são até hoje os cursos que os sucederam depois de

---

2. Ver A. M. Barbosa, As Escuelas de Pintura al Aire Libre do México: liberdade, forma e cultura, em: A. D. Pillar, *A Educação do Olhar no Ensino das Artes*, p. 101-117.

1971, quando foram substituídos pelos cursos de educação artística e/ ou licenciaturas em artes plásticas. Só uma outra experiência de ensino universitário, desta vez no novo Distrito Federal merece menção por sua inovação, trata-se da UNB entre 1960 e 1965. Também tendo Anísio Teixeira como criador, a Universidade de Brasília organizou um ensino de arte interdisciplinar que misturava o sistema de créditos e o sistema tutoral nos ateliês dos professores. As disciplinas optativas podiam ser cursadas em qualquer unidade da universidade. Foi em 1965, na UNB que se realizou o Primeiro Encontro de Arte Educação em uma universidade brasileira. O auditório do Instituto Central de Artes (ICA), lotado ouviu atento Augusto Rodrigues, Maria Helena Novais, Glenio Bianchetti, Ana Mae Barbosa (organizadora) entre outros. Com grande influência da Bauhaus e liderado pelo arquiteto e mestre impecável Alcides da Rocha Miranda, o ICA funcionou apenas até 1965, pois fechou suas portas (tornou-se um departamento de desenho) pela ação de outra ditadura, a militar de 1964-1983, só voltando a se reorganizar com o nome de IdA na década de 1980, por meio do trabalho de articulação de Grace Freitas.

Ambas as ditaduras, a do Estado Novo e a militar, afastaram das cúpulas diretivas educadores de ação renovadora e exterminaram as duas mais importantes experiências de arte/educação universitária do Brasil. Além destas duas curtas experiências, as universidades pouco inovaram no ensino da arte no Brasil, que continua até hoje dividido em disciplinas ensinadas fragmentadamente, sem que o professor de uma saiba o que o da outra disciplina pretende. Merecem menção algumas experiências de ateliê multidisciplinar especialmente na UFMG e FAU/USP de curta duração e que não foram avaliadas com propriedade.

Mas, foi o Estado Novo que criou o primeiro entrave ao desenvolvimento da arte/educação e solidificou alguns procedimentos antilibertários já ensaiados na educação brasileira anteriormente, como o desenho geométrico na escola secundária e na escola primária, o desenho pedagógico e a cópia de estampas usadas para as aulas de composição em língua portuguesa.

É o início da pedagogização da arte na escola. Não veremos, a partir daí, por alguns anos, uma reflexão acerca da arte/educação vinculada à especificidade da arte como fizera Mário de Andrade, e que só o pós-modernismo voltaria a fazer, mas uma utilização instrumental da arte na escola para treinar o olho e a visão ou seu uso para liberação emocional e para o desenvolvimento da originalidade vanguardista e da criatividade, esta considerada como beleza ou novidade.

ARTE PARA LIBERAÇÃO EMOCIONAL

É precisamente o argumento de que a arte é uma forma de liberação emocional, que permeou o movimento de valorização da arte da criança no período que se seguiu ao Estado Novo. A partir de 1947, começaram a aparecer ateliês para crianças em várias cidades do Brasil, em geral orientados por artistas que tinham como objetivo liberar a expressão da criança, fazendo com que ela se manifestasse livremente sem interferência do adulto.

Trata-se de uma espécie de neo-expressionismo que dominou a Europa e os Estados Unidos do pós-guerra e se revelou com muita pujança no Brasil que acabava de sair do sufoco ditatorial.

Destes ateliês, os dirigidos por Guido Viaro (Curitiba), por Lula Cardoso Ayres (Recife) e por Suzana Rodrigues (Museu de Arte de São Paulo)[3] são exemplos significativos. O primeiro existe até hoje com o nome de Centro Juvenil de Arte, é mantido pela Prefeitura e continuava, pelo menos nos inícios de 1990, última vez que o visitei, fazendo um ótimo trabalho. A escola de Lula Cardoso Ayres, criada em 1947, teve curta existência e sua proposta básica era dar lápis, papel e tinta à criança e deixar que ela se expressasse livremente. Seguindo o mesmo princípio, outro pernambucano, Augusto Rodrigues, criou em 1948 a Escolinha de Arte do Brasil (o nome oficial da escola era "escolinha" e tinha uma conotação carinhosa), que começou a funcionar nas dependências de uma biblioteca infantil no Rio de Janeiro. Aliás Lula Cardoso Ayres me disse que Augusto Rodrigues, antes de criar a Escolinha de Arte do Brasil havia visitado sua Escolinha e se encantado, mas nunca Augusto mencionou sua existência prévia.

A iniciativa de Augusto Rodrigues, à qual estiveram ligados Alcides da Rocha Miranda e Clóvis Graciano, logo recebeu a aprovação e o incentivo de educadores envolvidos no movimento de redemocratização da educação, como Helena Antipoff e Anísio Teixeira, que retornara da Amazônia onde se refugiara da perseguição política do Estado Novo e chegara a conseguir ser um próspero empresário. Depois que iniciou seus cursos de formação de professores, a Escolinha de Arte do Brasil teve uma enorme influência multiplicadora. Professores, ex-alunos da Escolinha, criaram Escolinhas de Arte por todo o Brasil, chegando a haver vinte e três Escolinhas somente no Rio Grande do Sul (ver figura ao fim do texto), constituindo-se no Movimento Escolinhas de Arte (MEA). Usando principalmente argumentos psicológicos, o MEA começou a tentar convencer a escola comum da necessidade de deixar a criança se expressar livremente usando lápis, pincel, tinta, argila etc.

Naquele momento parecia um discurso de convencimento no vazio, uma vez que os programas editados pelas Secretarias de Educação e Ministério de Educação deveriam ser seguidos pelas escolas e acabavam tolhendo a autonomia do professor tanto quanto os Parâmetros Curriculares Nacionais (PCN) em ação de hoje.

---

3. Ver R. Bredariolli, *Das Lembranças de Suzana Rodrigues.*

Houve, na época, uma grande preocupação com a renovação destes programas. Lúcio Costa (autor do plano urbanístico de Brasília) foi chamado para elaborar o programa de desenho da escola secundária (1948). Seu programa revela uma certa influência da Bauhaus, principalmente na preocupação de articular o desenvolvimento da criação e da técnica e desarticular a identificação de arte e natureza, direcionando a experiência para o artefato.

Este programa nunca foi oficializado pelo Ministério de Educação e só começou a influenciar o ensino da arte a partir de 1958.

Naquele ano, uma lei federal permitiu e regulamentou a criação de classes experimentais.

As experiências escolares surgidas nesta época visavam, sobretudo, investigar alternativas, experimentando variáveis para os currículos e programas determinados como norma geral pelo Ministério de Educação. A presença da arte nos currículos experimentais foi a tônica geral.

Merecem registro as experiências em arte/educação das seguintes escolas: Colégio Andrews (Rio de Janeiro), Colégios de Aplicação (anexos às faculdades de Educação do Rio de Janeiro, Pernambuco, Paraná etc.), Colégio Nova Friburgo (Rio de Janeiro), Escolas Parque (Salvador e posteriormente Brasília), Centro Educacional Carneiro Ribeiro (Bahia), Escola Guatemala (Rio de Janeiro), Sesi (especialmente de Pernambuco), Ginásios Vocacionais (São Paulo), Colégio Souza Leão (Rio de Janeiro), Escola Ulysses Pernambucano (Recife), Grupo Escolar Regueira Costa (Recife), Grupo Escolar Manuel Borba (Recife), Ginásios Estaduais Pluricurriculares Experimentais (São Paulo), Escola de Demonstração dos Centros Regionais de Pesquisas Educacionais, Instituto Capibaribe (Recife), etc.

Estas escolas continuaram a aplicar alguns métodos renovadores de ensino introduzidos na década de 1930, como o método naturalista de observação e o método de arte como expressão de aula, agora sob a designação de arte integrada no currículo, isto é, relacionada com outros projetos que incluíam várias disciplinas.

Algumas experiências foram feitas, aproveitando ideias lançadas por Lúcio Costa em seu programa de desenho para a escola secundária de 1948.

Entretanto, a prática que dominou o ensino da arte nas classes experimentais foi a exploração de uma variedade de técnicas, de pintura, desenho, impressão etc. O importante é que no fim do ano o aluno tivesse tido contato com uma larga série de materiais e empregado um sequência de técnicas estabelecidas pelo professor.

Para determinar esta sequência, os professores se referiam à necessidade de se respeitar as etapas de evolução gráfica das crianças. O livro de Victor Lowenfeld, traduzido em espanhol, *Desarollo de la Capacidad Creadora* (Desenvolvimento da Capacidade Criadora), que estabelece estas etapas, tornou-se então uma espécie de bíblia dos arte/educadores de vanguarda. Sylvio Rabello, um intelectual pernambucano, havia escrito um livro no qual analisava as etapas do desenho da criança, mas passou despercebido pelos arte/educadores[4]. Herbert Read era frequentemente citado, mas pela análise dos programas vemos que foi raramente utilizado como embasamento teórico.

Noêmia Varela, criadora da Escolinha de Arte do Recife e posteriormente, diretora técnica da Escolinha de Arte do Brasil, por meio dos cursos Intensivos de Arte/Educação que organizava no Rio, foi a grande influenciadora do ensino da arte em direção ao desenvolvimento da Criatividade, que caracterizou o modernismo em Arte/Educação. Três mulheres fizeram das Escolinhas a grande escola modernista do ensino da arte no Brasil: Margaret Spencer, que criou a primeira Escolinha com o artista plástico Augusto Rodrigues, era uma escultora americana que conhecia as Progressive Schools e o movimento de arte/educação já bastante desenvolvido nos Estados Unidos, segundo depoimento de Lúcia Valentim a Sebastião Pedrosa. A segunda destas mulheres que fizeram a Escolinha foi a própria Lúcia Valentim, que assumiu a direção da Escolinha de Arte do Brasil durante uma prolongada viagem de Augusto Rodrigues ao exterior. Influenciada por Guignard de quem foi aluna, imprimiu uma orientação mais sistematizada à Escolinha e se desentendeu com Augusto quando este retornou ao comando. Entrou em cena, então, Noêmia Varela. Augusto Rodrigues conseguiu convencê-la, depois da morte de seu pai, a deixar o Recife, uma cadeira na Universidade Federal de Pernambuco, a própria Escolinha de Arte do Recife e rumar para o Rio de Janeiro. Ela passou a ser a orientadora teórica e prática da Escolinha com total responsabilidade pela programação, na qual se incluía o já citado Curso Intensivo em Arte Educação que formou toda uma geração de arte/educadores no Brasil e muitos na América Latina Hispânica.

A visibilidade de Augusto Rodrigues foi muito maior que a destas três mulheres, assim como foi maior do que a de sua própria ex-mulher Suzana Rodrigues, que criou o Clube Infantil de Arte do Museu de Arte de São Paulo no mesmo ano (1948), mas meses antes de Augusto ter criado a Escolinha de Arte do Brasil. Quanto a Margaret Spencer nada mais se soube, ela foi apagada da história da arte/educação no Brasil. Augusto foi um excelente relações públicas de sua Escolinha, comandada na prática e orientada teoricamente por essas três mulheres, das quais Noêmia Varela foi a que mais tempo permaneceu, administrando teoria e prática na Escolinha de Arte do Brasil por mais de vinte anos. Hoje, graças às reconsiderações feministas e às contínuas referências que Laís Aderne e eu sempre fizemos

---

4. Ver R. Coutinho, *Sylvio Rabello e o Desenho Infantil*.

dela aos nossos alunos e alunas, Noêmia Varela[5] tem seu merecido lugar na história do ensino da arte.

Augusto Rodrigues, era uma personalidade carismática, seduzindo pela eloquência e pela iconoclastia. Frequentemente usava sua expulsão da escola como exemplo da ineficácia do sistema escolar, pois fora bem sucedido na sociedade apesar da escola, fazendo as jovens professoras, desiludidas do sistema, delirarem. Por outro lado, suas boas relações com a burguesia ou classe alta protegeu a Escolinha de suspeitas durante a Ditadura Militar no Brasil (1964-1983).

Alguns livros sobre artes plásticas na escola, escritos por brasileiros, foram publicados nas década de 1960 e inícios de 1970. Eram, entretanto, redutores, todos eles traziam como núcleo central a descrição de técnicas e me parece que a origem desta sistematização de técnicas foram as apostilas distribuídas pela Escolinha de Arte do Brasil nos anos de 1950. As técnicas mais utilizadas eram lápis de cera e anilina, lápis de cera e varsol, desenho de olhos fechados, impressão, pintura de dedo, mosaico de papel, recorte e colagem coletiva sobre papel preto, carimbo de batata, bordado criador, desenho raspado, desenho de giz molhado etc.

A Lei de Diretrizes e Bases (1961), eliminando a uniformização dos programas escolares, permitiu a continuidade de muitas experiências iniciadas em 1958, mas a ideia de introduzir arte na escola comum de maneira mais extensiva não frutificou.

OUTRA DITADURA: O GOLPE MILITAR DE 1964

A ditadura de 1964 perseguiu professores e escolas experimentais foram aos poucos desmontadas sem muito esforço. Era só normatizar e esteriotipar seus currículos, tornando-as iguais as outras do sistema escolar. Até escolas de educação infantil foram fechadas. A partir daí, a prática de arte nas escolas públicas primárias foi dominada, em geral, pela sugestão de tema e por desenhos alusivos a comemorações cívicas, religiosas e outras festas.

No nível universitário foi destruída a experiência renovadora da Universidade de Brasília, onde se criava uma Escolinha de Arte baseada em pesquisa e em ideias aprendidas com a Bauhaus, de circundar a criança com o bom desenho. Até os móveis desta Escolinha resultaram de um projeto de tese em *design*. Nas vésperas da inauguração da Escolinha o campus foi invadido pelo exército e a maioria dos professores da UNB se demitiu[6].

---

5. L.Belo Frange, *Varela e a Arte*.
6. A Escolinha de Arte da UNB estava sob minha direção, tinha apoio e orientação de Augusto Rodrigues e Alcides da Rocha Miranda.

Entretanto, por volta de 1969, a arte fazia parte do currículo de todas as escolas particulares de prestígio, seguindo a linha metodológica de variação de técnicas. Eram, porém, raras as escolas públicas que desenvolviam um trabalho de arte.

Na escola secundária pública comum, continuou imbatível o desenho geométrico com conteúdo quase idêntico ao do Código Epitácio Pessoa em 1901.

Nos fins da década de 1960 e início de 1970 (1968 a 1972), em escolas especializadas no ensino de arte, principalmente na Escolinha de Arte de São Paulo, começaram a ter lugar experiências no sentido de relacionar os projetos de arte de classes de crianças e adolescentes, com o desenvolvimento dos processos mentais envolvidos na criatividade, ou com uma teoria fenomenológica da percepção ou ainda com o desenvolvimento da capacidade crítica ou de abstração e mesmo com a análise dos elementos do desenho.

A Escolinha de Arte de Recife fez na década de 1960 um projeto magnífico: Igaraçú Visto pelas Crianças. Em pleno império da criatividade como originalidade e do expressionismo em arte/educação, foi um enorme avanço ver e analisar a arquitetura. Entretanto, esse projeto ainda se justificava modernisticamente, pois arquitetura é meio ambiente e o estudo do meio como metodologia dominava nas escolas comuns. Nos inícios de 1970, a Escolinha de Arte de São Paulo não só trabalhou com projetos, como ainda é a moda hoje, mas também ousou introduzir crianças e adolescentes à fotografia, à análise de televisão, à análise visual de objetos de *design* em lojas especializadas e ao desenho de observação da moda em roupa. Na Escolinha de Arte do Rio Grande do Norte, Newton e Solange Navarro, depois das aulas expressionistas, mostravam às crianças slides de artistas modernos, uma revolução[7].

Em outras experiências de formação de professores, o objetivo de desenvolvimento da criatividade e exercícios formalistas conviviam pacificamente. O grupo liderado por Rosa Maria Sampaio e Lúcia Brito, do qual eu e Regina Machado participamos, iniciou arte/educadores a uma atuação mais científica em direção ao desenvolvimento da criatividade. Identificava criatividade com originalidade, mas levava à sua potencialização por meio do exercício com os processos mentais envolvidos na criatividade pesquisados por Guilford.

Um certo contextualismo social começou a orientar o ensino da arte especializada, podendo-se detectar influências de Paulo Freire na Escolinha de Arte de São Paulo. Um grupo ligado ao movimento Freinet liderado por Michael Launay, principalmente Maria Inez Cabral, Rosa Sampaio e Maria Lúcia dos Santos, influenciou muito positivamente alguns professores de arte.

7. V. V. M. Carvalho, *Newton Navarro*, p. 94.

A Escola de Arte Brasil (São Paulo), a Escolinha de Arte do Brasil (Rio de Janeiro), a Escolinha de Arte de São Paulo, o Centro Educação e Arte (São Paulo), o NAC – Núcleo de Arte e Cultura (Rio de Janeiro), a escola de Hebe Carvalho, as classes para crianças da Faap, dirigidas por Fernanda Milani – foram algumas escolas especializadas que tiveram ação multiplicadora nos fins da década de 1960, influenciando professores que iriam atuar ativamente nas escolas a partir de 1971, quando a educação artística se tornou disciplina obrigatória nos currículos de 1º e 2º graus e na universidade nos cursos de educação artística e licenciatura em artes plásticas, criados em 1973.

Hoje pode parecer estranho que uma ditadura tenha tornado obrigatório o ensino da arte nas escolas públicas. Contudo, tratava-se de um mascaramento humanístico para uma lei extremamente tecnicista, a 5692, que pretendia profissionalizar os jovens na Escola Média. Como as escolas continuaram pobres, sem laboratórios que se assemelhassem aos que eram operados nas indústrias, os resultados para aumentar a empregabilidade dos jovens foram nulos. Por outro lado, o fosso entre elite e pobreza se aprofundou, pois as escolas particulares continuaram preparando os estudantes para o vestibular, para a entrada na universidade, embora os currículos fingissem formar técnicos. Enquanto isso o ensino médio público nem preparava para o acesso à universidade nem formava técnicos assimiláveis pelo mercado. No que diz respeito ao ensino da arte, cursos universitários de dois anos foram criados para preparar professores aligeirados, que ensinassem todas as artes ao mesmo tempo, tornando a arte na escola uma ineficiência a mais no currículo.

A OBRIGATORIEDADE DO ENSINO DA ARTE

A reforma educacional de 1971 estabeleceu um novo conceito de ensino de arte: a prática da polivalência. Segundo esta reforma, as artes plásticas, a música e as artes cênicas (teatro e dança) deveriam ser ensinadas conjuntamente por um mesmo professor da primeira à oitava séries do primeiro grau.

Em 1973, foram criados os cursos de licenciatura em educação artística com duração de dois anos (licenciatura curta) para preparar estes professores polivalentes. Após este curso, o professor poderia continuar seus estudos em direção à licenciatura plena, com habilitação específica em artes plásticas, desenho, artes cênicas ou música. Educação artística foi a nomenclatura que passou a designar o ensino polivalente de artes plásticas, música e teatro. Os professores com diplomas universitários de professorado de desenho tiveram de voltar à universidade para, a título de atualização, cursarem mais um ou dois anos. O Ministério de Educação, no mesmo ano (1971), organizou em convênio com a Escolinha de Arte do Brasil, um curso para preparar o pessoal das Secretarias de Educação a fim de orientar a implantação da nova disciplina. Deste curso fez parte um representante de cada Secretaria Estadual de Educação, o qual ficou encarregado de elaborar o guia curricular de educação artística do Estado.

Entretanto, poucos Estados desenvolveram um trabalho de preparação de professores para aplicar e estender as normas gerais e as atividades sugeridas nos guias curriculares. Por outro lado, a maioria dos guias apresenta um defeito fundamental: a dissociação entre objetivos e métodos que dificulta o fluxo de entendimento introjetado na ação.

As Secretarias de Estado (educação e/ou cultura) que desenvolveram um trabalho mais efetivo de reorientação e atendimento de professores de educação artística foram as do Rio de Janeiro, Rio Grande do Sul e Minas Gerais. Não é, portanto, por acaso que tenham sido possíveis, na década de 1970, experiências como a da Escola de Artes Visuais e do Centro Educacional de Niterói, no Rio de Janeiro, e em Minas Gerais a do Centro de Arte da Prefeitura Municipal de Belo Horizonte (CEAT) e a Escola Guignard.

Em 1977, o MEC, diante do estado de indigência do ensino da arte, criou o Programa de Desenvolvimento Integrado de Arte/educação – Prodiarte. Dirigido por Lúcia Valentim, seu objetivo era integrar a cultura da comunidade com a escola, estabelecendo convênios com órgãos estaduais e universidades. Nos inícios de 1979, dezessete unidades da federação tinham iniciado a execução de projetos ligados ao Prodiarte. Em muitos casos dominou o populismo. Os programas de maior consistência foram os levados a efeito entre 1978 nos Estados da Paraíba (convênio com a Universidade Federal da Paraíba e Secretaria de Educação), Rio Grande do Sul (convênio com DAC-SEC) e Rio de Janeiro (convênio com Escolinha de Arte do Brasil e SEC-RJ).

Os objetivos de todos os programas do Prodiarte podem ser resumidos no enunciado do projeto de Pernambuco, o melhor definido teoricamente:

Objetivo Geral:
Concorrer para a expansão e a melhoria da educação artística na escola de primeiro grau.

Objetivos específicos:
Enriquecer a experiência criadora de professores e alunos.
Promover o encontro entre o artesão e o aluno.
Valorizar o artesão e a produção artística junto à comunidade.

Estas propostas tinham sido explicitadas no Primeiro Encontro de Especialistas de Arte e Educação, em Brasília, pelo MEC e UNB, em 1973 (que, aliás, não era o primeiro, pois já houvera o de 1965, já referido), organizado por Terezinha Rosa Cruz. Outros encontros de arte/educação se sucederam, girando sempre em torno dos mesmos assuntos já debatidos naquele de 1973, com a vantagem de alargar o número de debatedores.

Um exemplo de sucesso quantitativo, em que se estendeu a um maior número de professores as perplexidades antes discutidas por um pequeno grupo, foi o 1º. Encontro Latino Americano de Arte Educação, que reuniu cerca de quatro mil professores no Rio de Janeiro (1977). Neste encontro, ficou demonstrada a ausência e a carência de pesquisas sobre o ensino da arte. As poucas pesquisas existentes eram: uma de caráter histórico, financiada pela Fundação Ford e Fapesp (Ana Mae Barbosa) e outra se resumia a mero recolhimento de depoimentos (Idart – São Paulo). A Funarte e o Inep chegaram a colaborar com uma percentagem mínima de verba para registro, documentação ou descrição sistematizada de algumas experiências intuitivas em arte/educação.

Apesar do grande número de professores, este Encontro evitou a reflexão política, pois tinha como organizadora a mulher de um político extremamente comprometido com a ditadura, o Chagas Freitas.

Só em 1980 um outro Encontro enfrentaria as questões políticas da arte/educação. Trata-se da Semana de Arte e Ensino que reuniu no campus da Universidade de São Paulo mais de três mil professores e resultou na organização do Núcleo Pro Associação de Arte Educadores de São Paulo.

São Paulo estava sob o domínio de um político de direita, Paulo Maluf, que, por tocar piano, manipulava os arte/educadores, sugerindo que passassem o ano treinando seus alunos a cantar algumas músicas para serem apresentadas no Natal com um coral de dez mil crianças, acompanhadas por ele ao piano, num estádio de Futebol. Como prêmio os professores que preparassem suas crianças teriam cinco pontos de acesso à carreira docente, quando um mestrado valia dez pontos.

Os arte/educadores se revoltaram, mas a única associação de classe existente na época era a Sobrearte (1970) considerada filial da International Society of Education through Art (1951), que não ajudou os professores paulistas, pois além de circunscrever sua ação principalmente ao Rio de Janeiro, era manipulada pela mulher do político da ditadura ao qual já me referi.

A única solução foi criar a Associação de Arte Educadores de São Paulo que, aliada à Associação de Corais, foi vitoriosa na sua primeira luta, conseguindo anular a promessa de maior salário para os professores que participassem do coral do Maluf no Estádio do Pacaembu. A festa aconteceu mas ninguém saiu ganhando, dada a campanha crítica.

OS ANOS DE 1980 E DEPOIS: O PÓS-MODERNISMO

A Semana de Arte e Ensino fortificou politicamente os arte/educadores, e já em 1982/1983 foi criada na pós-graduação em artes a linha de pesquisa em arte educação na Universidade de São Paulo constando de doutorado, mestrado e especialização, com a orientação de Ana Mae Barbosa. Em breve duas destacadas ex-alunas, Maria Heloisa Toledo Ferraz e Regina Machado integraram a equipe, tendo a última assumido também o curso de especialização. Outra linha de pesquisa em arte/educação (visual) só veio a ser criada nos anos de 1990 liderada por Analice Dutra Pillar, na pós-graduação da Faculdade de Educação da Universidade Federal do Rio Grande do Sul. Nos últimos seis anos, outras linhas de pesquisa em ensino de arte foram criadas em cursos de pós-graduação em artes ou cultura visual: na Universidade Federal de Minas Gerais através de Lucia Pimentel, na Universidade de Santa Maria, na Universidade de Goiânia, na Udesc, em Florianópolis e em breve teremos mestrado em arte/educação na Universidade de Brasília. Para atender aos egressos das 132 licenciaturas em artes plásticas e/ou educação artística o número de vagas nas pós-graduações é insuficiente, criando-se um funil na formação dos arte/educadores, mas o desenvolvimento do ensino da arte no Brasil muito deve à pesquisa gerada nas pós-graduações. Outro fator que influiu positivamente na qualidade do pensamento sobre ensino da arte foi a ação política desencadeada por vários congressos e festivais, dentre eles os festivais de Ouro Preto; o Festival de Inverno de Campos de Jordão de 1983, onde primeiro se trabalhou na arte/educação com leitura ou análise de TV[8]; Congresso sobre História do Ensino da Arte, em que primeiro se introduziu oficinas de arte e novas tecnologias na arte/educação (1984)[9]; Primeiro Festival Latino Americano de Arte e Cultura (1987); Simpósio sobre o Ensino da Arte e sua História (MAC/USP, 1989), assim como a atuação de Associações Regionais e Estaduais reunidas na Federação de Arte Educadores do Brasil.

Para dar um exemplo da intensidade da produção em arte/educação no Brasil, oitenta pesquisas foram produzidas para mestrados e doutorados no país entre 1981 e 1993 e nos últimos dez anos este número deve ter quintuplicado. Os assuntos são os mais variados e vão desde a preocupação com o desenho da criança até experiências com as novas tecnologias.

Muitas destas pesquisas analisam problemas inter-relacionados com a Proposta Triangular. A Proposta Triangular foi sistematizada a partir das condições estéticas e culturais da pós-modernidade. A pós-modernidade em arte/educação caracterizou-se pela entrada da imagem, sua decodificação e interpretações na sala de aula junto à já conquistada expressividade.

Na Inglaterra essa pós-modernidade foi manifesta no *critical studies*, nos Estados Unidos a mais forte manifestação foi o DBAE. O Disciplined

---

8. As oficinas de leitura da TV foram dadas por Mariazinha Fusari (que me disse posteriormente ter sido sua primeira experiência) e por Manuel Moran.

9. Organizadas por um professor da FAU/USP e uma professora da Faculdade Santa Marcelina na época.

Based Art Education é baseado nas disciplinas: estética-história-crítica e numa ação, o fazer artístico. O DBAE foi o mais pervasivo dos sistemas contemporâneos de arte/educação e vem influenciando toda a Ásia.

No Brasil a ideia de antropofagia cultural nos fez analisar vários sistemas e ressistematizar o nosso que é baseado não em disciplinas, mas em ações; fazer-ler-contextualizar. Portanto, a Proposta Triangular e o DBAE são interpretações diferentes no máximo paralelas do pós-modernismo na arte/educação.

O *critical studies* é a manifestação pós-moderna inglesa no ensino da arte, como o DBAE é a manifestação americana e a Proposta Triangular a manifestação pós-moderna brasileira, respondendo às nossas necessidades, especialmente a de ler o mundo criticamente.

Há correspondências entre elas, sim. Mas, estas correspondências são reflexo dos conceitos pós-modernos de arte e de educação. A Proposta Triangular começou a ser sistematizada em 1983 no Festival de Inverno de Campos de Jordão, em São Paulo e foi intensamente pesquisada entre 1987 e 1993 no Museu de Arte Contemporânea da Universidade de São Paulo e na Secretaria Municipal de Educação sob o comando de Paulo Freire e Mário Cortela.

A Proposta Triangular vem sendo resistematizada constantemente pelos professores para o bem e para o mal. Tem gerado e degenerado, por ser uma proposta aberta à diferentes enfoques estéticos e metodológicos. No ínicio deflagrou a ansiedade metodológica que se concentrava nos modos de leitura. Seria a leitura gestáltica de Fayga Ostrower, a leitura semiótica dos alunos da PUCSP ou a leitura da estética empírica o mais adequado? A pós-graduação da ECA/USP, linha de pesquisa em arte/educação, produziu estudos em direção a diferentes linhas interpretativas. Além das linhas já citadas, defesas de outros meios de leitura como a fenomenologia, a mito/poética, o kantianismo, a epistemologia, a gramática gerativa, a estética da recepção etc. Com o passar do tempo se verificou que é importante que a escolha do método seja feita pelo aluno pesquisador e não uma imposição dos orientadores ou da linha adotada pelo curso. O exercício da escolha e a qualidade da análise na recepção das obras são mais importantes para desenvolver a capacidade de atribuição de significados do que os métodos de leitura.

No Museu de Arte Contemporânea da USP, que foi o grande laboratório da Proposta Triangular, uma equipe de quatorze (este número variava) arte/educadores com formação universitária, em grande parte doutores, mestres e mestrandos, trabalhando principalmente com a estética empírica para a leitura da obra de Arte, experimentou (1987 a 1993) a Proposta Triangular com crianças, adolescentes e adultos iletrados, os próprios guardas do Museu. Mencionarei alguns nomes dos colaboradores na construção da Proposta Triangular que teve oposição entre os arte/educadores do próprio MAC. Começo por Lourdes Galo que deu colaboração inestimável, assim como Maria Christina de Souza

Lima Rizzi e Sílvio Coutinho. Também muito colaboraram com a experimentação prática, Mirtes Marin, Heloisa Margarido Sales, Amanda Tojal, Mariangela Serri. Também muitos arte/educadores europeus, norte americanos, latino-americanos e asiáticos fortaleceram teoricamente a Proposta Triangular, nos muitos cursos que vieram ministrar no MAC. Operamos com o conceito de educação inclusiva, criando um setor de exposições especiais para cegos e deficientes físicos, que permite o exercício do tato em esculturas e posteriormente em equivalências volumétricas de pinturas e desenhos, assim como, nessa seção, usamos formas de expor facilitadoras da aproximação e na altura própria para que as obras sejam vistas por portadores de cadeiras de rodas (Projeto de Amanda Tojal).

O MAC também coordenou o grupo de artes da reforma curricular de Paulo Freire/Mário Cortela na Secretaria Municipal de Educação (Ana Mae Barbosa, Regina Machado, Joana Lopes se sucederam na coordenação, que enfim ficou nas mãos de Christina Rizzi que mais tempo trabalhou)[10].

Quando em 1997, o Governo Federal, por pressões externas, estabeleceu os Parâmetros Curriculares Nacionais, a Proposta Triangular foi a agenda escondida da área de arte. Nesses Parâmetros foi desconsiderado todo o trabalho de revolução curricular que Paulo Freire desenvolveu quando Secretário Municipal de Educação (1989/1990), com vasta equipe de consultores e avaliação permanente. Os PCNs brasileiros dirigidos por um educador espanhol, desistoricizam nossa experiência educacional para se apresentarem como novidade e receita para a salvação da educação nacional. A nomenclatura dos componentes da Aprendizagem Triangular designados como Fazer Arte (ou Produção), Leitura da Obra de Arte e Contextualização foi trocada para Produção, Apreciação e Reflexão (da primeira à quarta séries) ou Produção, Apreciação e Contextualização (quinta à oitava séries). Infelizmente os PCNs não surtiram efeito e a prova é que o próprio Ministério de Educação editou uma série designada Parâmetros em Ação, que é uma espécie de cartilha para o uso dos PCNs, determinando a imagem a ser "apreciada" e até o número de minutos para observação da imagem, além do diálogo a ser seguido. Um autêntico exemplo da educação bancária que Paulo Freire tanto rejeitou.

ARTE/EDUCAÇÃO E RECONSTRUÇÃO SOCIAL

Mas, apesar da equivocada política educacional do Ministro Paulo Renato temos experiências de alta qualidade, tanto na escola pública como na escola privada e, principalmente, nas organizações não

---

10. Também trabalharam ativamente junto à coordenadoria M. Cristina Pires Fonseca, Rosa Iavelberg, Isabel Marques, Maria José Sanches, Marina Carrasqueira, Helo Ferraz, Mariazinha Fusari, etc.

governamentais que se ocupam dos excluídos, graças a iniciativas pessoais de diretores, de professores e mesmo de artistas. O projeto Axé (Bahia), o Travessia (São Paulo) e a Casa do Homem do Nordeste (só erra no título), a Casa do Pequeno Davi (Paraíba) são exemplos de arte/educação pós-moderna e socialmente eficiente.

Entretanto, há muita coisa dita social que é mera exploração dos pobres por artistas que os fazem trabalhar de graça em projetos totalmente definidos e controlados pelos próprios artistas.

Apesar das boas intenções, porque não sabem lidar com comunidade ou com aprendizagem de arte, voluntários e artistas acrescentam mais um nível de exploração aos já tão explorados. A última vez em que fui a Nova Iorque (2002), no país do voluntariado, li em um adesivo "I am volunteer, I am not commited" (Eu sou voluntário, não estou comprometido). O terceiro setor, em geral aplaudido indiscriminadamente pela classe média, até agora órfã da proteção estatal e com má consciência em relação aos mais pobres, má consciência esta introjetada pela classe alta em seus subalternos, apoia principalmente projetos que já se comprovaram bem sucedidos.

Sergio Bianchi em entrevista no jornal Folha de São Paulo acerca de seu último filme, *Quanto Vale ou É Por Quilo?*, que enfoca o marketing social lembrava que está se criando uma nova escravidão: a escravidão comandada pelo chamado terceiro setor que só quer propaganda. Até mesmo algumas fundações em prol da educação e do social só existem para terceirizar o governo, recebendo gordas verbas para executar o serviço que o governo quer e, ao mesmo tempo, fazer divulgação de pessoas e de empresas às quais as fundações estão ligadas. Na maioria das vezes o marketing da empresa ou do/da presidente vem em primeiro lugar. Outras, ditas fundações, só apoiam economicamente projetos que possam se auto sustentar em determinado prazo e há projetos sociais que nunca poderão se autofinanciar a não ser que se comercializem, o que resulta sempre em exclusão dos menos dotados e talentosos, que também muito necessitam do contato reconstrutor com a arte.

Por último o *slogan* "somos todos artistas" conduz muitos trabalhos do terceiro setor com comunidades pobres. Trata-se de vender esperanças sem garantia. Ser artista é um critério social e a elite de curadores raramente conferem esta dignificação a um pobre antes de sua morte. Foi o caso de Arthur Bispo do Rosário. Mesmo que Frederico Moraes tenha organizado uma exposição de suas obras antes de sua morte, só depois que ele morreu começou a ser reconhecido por outros curadores.

Apesar de que no terceiro setor impera o marketing sanguessuga, muitas experiências comunitárias de educação para as artes vêm demonstrando a necessidade da arte para reconstrução social.

As associações de arte/educadores continuam atuando, mas perderam muito de sua força. Se ativas, seriam elas o natural instrumento crítico para avaliar as atividades do terceiro setor, até agora a salvo de críticas, mas com muito a ser criticado.

Um novo veículo de intercomunicação dos professores tem sido a Internet. Por iniciativa de Ana Maria Schultze um e-grupo, Arte/Educar, foi criado na Internet, embora mais informativo que crítico, tem aglutinado os arte/educadores, apresentado trabalhos em congressos e, finalmente, criou-se uma revista na internet coordenada por Jurema Sampaio, independente do Arte/Educar, mas com muitas pessoas da lista. Além de boletins de associações e fundações, entre os quais o *Fazendo Artes* da Funarte, da década de 1980, que foi, e historicamente continua sendo, o mais importante, só circularam com assinaturas, no Brasil, em papel, duas revistas nacionais de arte/educação. A primeira, *Arte & Educação*, editada pela Escolinha de Arte do Brasil circulou nas décadas de 1960 e 1970 e a última revista, *Ar'te*, produzida por três professores da Escola de Comunicações e Artes da USP, com verba pessoal, circulou nos inícios da década de 1980. A revista do MAC/USP nos inícios dos anos de 1990, que pretendia ser de arte e arte/educação, só teve dois números; e, na mesma década, a da Universidade Federal do Rio Grande do Sul, teve apenas um número a mais.

ARTE/EDUCAÇÃO EM MUSEUS

Um capítulo interessante da história do ensino da arte é a atuação dos departamentos educacionais dos museus e centros culturais. Ecyla Castanheira e Sígrid Porto de Barros organizaram no Rio de Janeiro os primeiros serviços educativos em museu. No período dominado pelo modernismo, a criação de ateliês livres, oficinas (assim redenominados a partir de 1983, depois do Festival de Inverno de Campos de Jordão, o primeiro evento de que tenho notícia que usou esta designação) ou atividades de animação cultural foi prática frequente nos grandes museus como o MAM do Rio, que movimentou a cidade com os Domingos da Criação e com o ateliê livre de Ivan Serpa. Uma coisa curiosa é que os discípulos(as) de Augusto Rodrigues não tinham nenhum entusiasmo por Serpa e ambos conviviam na mesma cidade e seguiam a mesma metodologia expressionista. Quando procurei o ateliê de Serpa para estagiar, tanto Augusto como o próprio Serpa me dissuadiram com a desculpa de que eu já estava muito bem preparada. Assisti apenas a uma aula de Serpa. Tive a sensação de que os dois artistas dividiram bem a clientela para conviver pacificamente. Em São Paulo, a Pinacoteca e o Centro Cultural São Paulo também tiveram muito bem conduzidos ateliês livres. O Lasar Segall e o MAC/SP, a partir do fim da década de 1980 foram muito influentes na formação dos professores de arte introduzindo-os à condição pós-moderna.

Os ateliês para crianças e adolescentes destas duas instituições já não eram comandados pelo expressionismo, mas educavam para linguagens específicas como a gravura e o design no caso do MAC.

Na década de 1990 o MASP recriou e museus como o MAM/SP, MAM/Rio, MAC/Niterói, MARGS/Porto Alegre, MAMAM/Recife, Centro Cultural do Banco do Brasil (Rio e SP), Itaú Cultural, os Museus de Belém, de Curitiba, de Belo Horizonte, de Florianópolis, entre outros, criaram, seu setor educacional. A análise dos fazeres de muitas instituições mostra que algumas ainda se apegam a roteiros, direcionando o olhar do visitante somente para aquilo que os monitores se prepararam para falar.

A pedagogia questionadora usada pelo CCBB São Paulo em algumas de suas exposições é muito apropriada. Em vez de visita guiada, com informações fornecidas pelos monitores (ou educadores) são propostas questões que exigem reflexão, análise e interpretação sem que sejam evitadas informações que esclareçam e/ou apoiam interpretações. Em outros casos de educativos de museus a animação cultural predomina e funciona como instrumento de sedução, sem grande valor para levar ao entendimento da arte. São os programas preferidos pelos professores visitantes quando nada entendem de arte. Há uma outra linha que, felizmente agora, só raramente se vê, mas que no caso de megaexposições ainda acontece. Trata-se da submissão do educacional aos desígnios do curador, funcionando o monitor (ou educador, como prefiro chamar) como mero reprodutor das ideias do curador as quais repete sem entender muito bem.

Foram produzidos por museus, centros culturais, bienais e pelo Sesc interessantes materiais para levar à compreensão da arte[11]. Contudo, estes materiais são sempre produzidos em material e projeto gráfico muito inferior aos ricos catálogos dedicados às exposições. Até hoje no Brasil, só um catálogo de exposição publicou além de textos críticos, texto dos arte/educadores encarregados do projeto educacional, como o da exposição de Alex Flemming no CCBB-SP (2001).

O MAC e Sesc se distinguiram em produção de exposições para crianças, dentre elas a bem idealizada e a melhor embasada teoricamente: O Labirinto da Moda com a Curadoria de Gláucia Amaral. Aliás, no que concerne a preparação de monitores (educadores), O Labirinto da Moda foi um divisor de águas. Antes a ideia era preparar para explicar a exposição que estava sendo apresentada. Ali, a ideia era preparar os monitores para a compreensão da arte e funcionava como um curso muito bem planejado, com reuniões de discussão de textos e aulas por profissionais da arte ao longo do tempo em que a exposição estava em cartaz, e não apenas de discussão dos problemas

---

11. O livro *De Olho no MAC* de 1992 foi o pioneiro acerca da leitura da obra de arte para crianças e adultos iletrados e os guias para professores produzidos pelo MAE/USP talvez sejam os melhores até agora.

pontuais da exposição. A equipe de coordenação/orientação era formada por Maria Christina Rizzi, Ana Amália Barbosa e Cildo Oliveira. O Sesc ainda organizou dois importantes cursos de arte/educação: A Compreensão e o Prazer da Arte, em 1998; e A Compreensão e o Prazer da Arte: além da tecnologia, em 1999; trazendo professores como Michael Parsons, Arthur Efland, Kerry Freedman, Doug Boughton, Mary Stokrocki, Neil Rolnick tendo contado também com a colaboração de professores brasileiros como Heloísa Ferraz, Ivone Richter, Lúcia Pimentel, Lucimar Bello, Regina Machado, Analice Dutra Pillar, Solange Coutinho, e muitos especialistas em novas tecnologias ou artistas que usam as novas tecnologias.

LUTAS POLÍTICAS

As lutas políticas mais importantes da arte/educação nos últimos anos merecem registro especial e detalhado. Delas farei meu relato pessoal e, dada a proximidade no tempo, mudarei de discurso, tornando-o mais pessoal. Contarei o meu lado da história, exprimirei o meu ponto de vista.

A luta mais importante se deu em prol da continuação da obrigatoriedade da arte na Lei de Diretrizes e Bases Nacionais Darcy Ribeiro, que começou antes de que se tornasse a LDBN do Darcy. Jamais ousaria fazer a história desta luta sem uma pesquisa aprofundada, pois ela se tornou um elemento fundamental da identidade do arte/educador no Brasil. Ela nos uniu sobrepondo-se às artificiais divergências do modernismo e do pós-modernismo que ainda criam inimizades entre nós. Quem começou a luta foi Laís Aderne. Ela já havia liderado um bando de gente na campanha pela arte e cultura na Constituição com a cumplicidade de um amigo dos arte/educadores, Deputado Zaneti. Em 1989, Laís organizou uma mesa redonda no Congresso Nacional de Educação em Brasília e me convidou para falar, dando permissão para que eu exercesse minha agressividade, o que era raro, porque ela sempre procurava me conter, me fazer agir politicamente. Ganhamos vários aliados, fomos muito convincentes. Entretanto, Dermeval Saviani continuou sua campanha contra a arte no currículo, liderando os que afirmavam que o currículo precisava ser recuperado por meio dos conteúdos e que arte, por não ter conteúdo, deveria ficar fora do currículo. Foi marcado um debate ou uma palestra de Dermeval Saviani na Câmara dos Deputados. Laís insistiu para que eu fosse. Preferi, entretanto, pedir ao meu amigo Alfredo Bosi para ir no meu lugar, defender a arte no currículo. Se fosse eu a defender, seria taxada de corporativista, que foi a fácil acusação sempre usada para destruir qualquer argumento teórico possível. Também tinha o problema de que sempre fui combatida pelos educadores de poder hegemônico nas instituições, porque havia escrito sobre John Dewey e Anísio Teixeira e estava na moda, para ter prestígio, aparecer e se consagrar, destruir qualquer valor da Escola Nova e fazer de John Dewey um filósofo pernóstico. Alfredo Bosi foi muito bem sucedido em sua defesa da arte na escola e voltou para São Paulo no mesmo avião que Saviani. Talvez a conversa de Bosi com Saviani nos ares tenha sido mais eficiente que o debate, porque depois Saviani, embora nunca haja se manifestado a favor das artes pelo menos deixou de atacá-la publicamente. Ainda em 1989, organizei no MAC-USP o simpósio sobre o ensino da arte e sua história com o especial objetivo de mostrar que arte tem conteúdo, tem história, várias gramáticas e múltiplos sistemas de interpretação, que vale a pena as crianças aprenderem. Esse simpósio foi a resposta de 1700 arte/educadores, dos quais 49 estrangeiros, ao argumento surrealista de que arte não tem conteúdo. Manifestos foram enviados e a caça aos deputados resistentes continuou. Lembro-me que num certo momento descobrimos que um tal de Deputado Genebaldo Correia, da Bahia (desmascarado depois como um dos anões do orçamento) havia proposto uma emenda contra a obrigatoriedade da arte na LDB, cuja terceira versão incluía a arte. Fui à Bahia, iniciei campanha contra ele, que nos disse depois, que a autoria da emenda era de Rita Camata. Brasília entrou em contato com Rita Camata. Quem? Não me lembro. Consegui telegramas e cartas de todo o mundo através da Insea pedindo pela manutenção da arte no currículo. Muita gente trabalhou. Aprovado o projeto na Câmara, mais ou menos como queríamos que a Arte fosse mencionada, deixando clara a possibilidade de articular o ensino da arte como expressão e cultura, mal pudemos comemorar, pois fomos surpreendidos com a rejeição do projeto no Senado e sua substituição por um projeto de Darcy Ribeiro no qual a arte era eliminada. Passada a surpresa do acordo MEC/ Darcy Ribeiro voltamos à luta. Estávamos, os cursos universitários de arte, reunidos em Brasília, pela Sesu-MEC, quando surgiu a notícia de que a lei ia ser votada no Senado. Paramos a Reunião da Comissão de Especialistas no Ensino das Artes e Design para ir à luta. A mim coube falar com o Senador Fogaça. A mulher dele, muito simpática, garantiu que ele seria a nosso favor, comentou até que a mãe dela fora arte/educadora. Na hora H, ele que fazia parte da comissão de educação nos traiu. Maurício da UFMG, Conrado da UNB, Laís e eu fomos falar com Eunice Durham, Secretária Política do MEC. Ela foi clara e disse que iria fazer todo o possível para que a arte não fosse obrigatória na LDBN. Foi uma das poucas vezes na vida em que me senti deprimida. Escrevi vários bilhetes para Darcy Ribeiro, cortejando e apelando. Ele nunca respondeu, mas sei que recebeu, pois comentou minha mania de arte com amigos comuns. A luta ainda durou mais um ano. A Associação de Arte Educadores de Brasília (ASAE-DF), Augusto Neto, Celinha e professores da rede pública, quase sem ajuda da Universidade lideraram a batalha na sede do reino. O movimento do Rio, surpreendentemente ativo, teve Geraldo Salvador na coordenação. Enfim, o congresso da Faeb em Florianópolis (1995), o da Anpap (1996) em São Paulo e da Faeb em Campinas (1996), os últimos, as vésperas da votação no Senado foram um sopro de energia na luta. Onde eu ia, pedia assinaturas em manifestos, até na SBPC. Um cientista, numa atitude nada científica, chegou a me dizer em público que não assinava porque não gostava de arte na escola quando era criança. Mas pior foi a reação do presidente do Sindicato de Artistas Plásticos de S. Paulo, que depois de desmarcar alguns encontros comigo, terminou por dar a entender que a eliminação da arte nos currículos não tinha importância nenhuma. A maioria dos artistas se comportou com absoluto desinteresse e alguns chegaram a dizer que era melhor para a arte não ser ensinada na escola. Ficou claro que eles não tinham ideia de que o ensino da arte mudara e quando eu tentava esclarecer não concordavam com a mudança. A maioria com quem falei era artista de prestígio, ensinava na universidade em cursos de licenciatura, mas não levava em conta as funções destes cursos para formar professores, tinha ensinado arte para crianças e adolescentes nos inícios de suas carreiras, em escolinhas de arte e outras experiências semelhantes, mas congelara suas ideias sobre ensino da arte na concepção modernista e se horrorizava quando eu falava de leitura da obra de arte. Embora eu esclarecesse que não se tratava de invenção minha, mas de uma tendência universal eles e elas, artistas pós-modernos, não aceitavam que nós, arte/educadores, também tivéssemos direito à pós-modernidade. A manifestação da Faeb-Aesp na Bienal 1996, cobrindo de panos negros as esculturas públicas foi muito eficaz. Não lembro de todos os líderes deste protesto, mas sei que Lucimar Bello e Roberta Pucetti estavam entre eles. Eu estava recém-operada e por isto fiquei torcendo em casa e telefonando aos amigos poderosos, não comprometidos com o governo, para mandarem faxes para a mesa de votação. Tupan Correia, na época vice-diretor da ECA-USP, escreveu uma carta muito forte. Devo ter perdido a cópia do telegrama enviado por John Steers, então presidente da Insea que foi muito eloquente.

Outra poderosa ação política foi a luta pela criação da Comissão de Especialistas de Artes e Design na Sesu/MEC. Todos os cursos superiores já estavam com suas comissões de especialistas trabalhando a todo vapor. Só para as artes e a educação física, não haviam sido constituídas comissões, numa clara demonstração do descaso dos líderes da educação por estas duas áreas.

Novamente, Laís Aderne me convocou para a luta e conseguiu por meio de seus contatos no mec uma entrevista com o Ministro que muito simpaticamente, como se agradecesse que alguém se lembrasse das artes criou e instalou, em abril de 1994, a Ceeartes, a qual incluía o design que ficou assim constituída: Ana Mae Barbosa (presidente), Laís Aderne (vice-presidente), Conrado Silva (Música), Antonio Mercado (Teatro),

Gustavo Bonfim (Design)[12]. A função da Comissão era avaliar os cursos de artes e design, estudar e propor reorganizações curriculares.

A avaliação já vinha sendo requerida pelos professores universitários desde o Manifesto de Diamantina, redigido pelos professores envolvidos no Festival de Inverno promovido pela UFMG (1983) e seguidamente reiterada em documentos de vários encontros que se seguiram como o de São João Del Rei, o FLAAC (1987), no qual foi criada a Federação de Arte Educadores do Brasil – Faeb. Em 1989, uma moção reafirmando a importância da avaliação e reformulação dos cursos de artes, aprovada no Simpósio sobre o Ensino da Arte e sua História (MAC/USP), foi enviada ao MEC. Renovou-se o pedido de reformulação em 1992 através de documento aprovado em plenária do I Congresso sobre o Ensino das Artes nas Universidades: Epistemologia e Profissionalização (ECA/USP). Neste congresso foi criado por sugestão de Ivone Richter e Marcos Vilela um fórum permanente sobre ensino das artes nas universidades, que se reuniu meses depois no congresso da Faeb no Pará e no ano seguinte no congresso da Faeb no Recife. A questão da avaliação, requerida em documentos de todos esses encontros, já estava bem amadurecida pela comunidade de arte/educadores quando, através da Ceeartes, começamos a reunir, desta vez oficialmente, com o respaldo do MEC, os cursos de bachalerado e licenciatura em artes das universidades brasileiras. O primeiro encontro denominado I Fórum Nacional de Avaliação e Reformulação do Ensino Superior de Artes foi na UnB com a participação de 126 Professores de 35 universidades ou escolas de artes e design, no qual se buscou um diagnóstico da situação e das necessidades dos cursos universitários de artes e design. Seguiu-se o segundo fórum em Campo Grande com 166 professores que começaram a trabalhar na elaboração dos instrumentos de avaliação que deveriam ser usados para uma experiência piloto em onze cursos superiores oferecidos voluntariamente para ser avaliados. Mais dois fóruns, em Salvador e em Brasília, foram realizados e o Projeto de Avaliação concluído e entregue ao novo governo que se iniciava, diretamente a professora doutora Eunice Durhan. Nunca mais ouvimos falar deste projeto e o rico material de pesquisa que coletamos nas universidades e deixamos no MEC foi todo jogado fora em torno de 1997. Se não fosse pela tese de Lúcia Pimentel que analisou parte do material quando ainda estava sob a guarda de um zeloso funcionário, pouco se saberia da história dos currículos de licenciatura, na vigência dos currículos mínimos determinados pelo MEC, e da luta das universidades para se livrar da camisa-de-força cognitiva que eles representavam.

Historicamente, o poder centralizador se exerce como uma gangorra sobre o ensino da arte no Brasil: ora determina-se os programas

---

12. Posteriormente a Ceeartes foi dividida em várias comissões, uma para cada área e depois todas as comissões de especialistas foram extintas.

do ensino fundamental e médio e dá-se liberdade de organização de currículo à universidade como foi até 1961; ora determina-se o currículo mínimo das universidades, mas liberta-se os currículos do ensino fundamental como aconteceu de 1971 a 1997. Agora, vivemos um momento de falsa liberdade do ensino das artes plásticas na universidade que explicitamente é regulado apenas quantitativamente, no número de horas-aula, mas implicitamente dominado conteudisticamente pelo Provão. Enquanto isso, explicitamente, temos um ensino fundamental e médio determinado pelos Parâmetros em Ação editados com força de lei pelo MEC.

Maior limitação do que a dos Parâmetros em Ação nunca foi vista no Brasil.

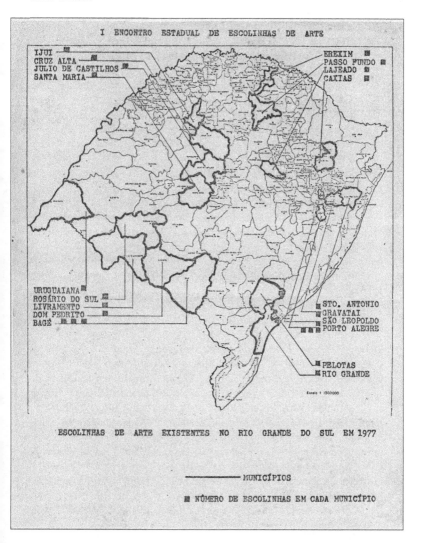

BIBLIOGRAFIA

Livros, Ensaios e Teses

AZEVEDO, Fernando. *Movimento Escolinhas de Arte em Cena*: memórias de Noêmia Varela e Ana Mae Barbosa. Dissertação de mestrado, São Paulo: ECA-USP, 2000.

BARBOSA, Ana Mae. *Teoria e Prática da Educação Artística*. São Paulo: Cultrix, 1975.

_____. *Arte/Educação no Brasil*. São Paulo: Perspectiva, 1978.

_____. *Arte/Educação*: conflitos/acertos. São Paulo: Max Limonad, 1984.

_____ (org.). *História da Arte/Educação*. São Paulo: Max Limonad, 1984.

_____ (ed.). *O Museu de Arte Contemporârea da Universidade de São Paulo*. São Paulo: Círculo do Livro, 1990.

_____. *A Imagem no Ensino da Arte*: anos 80 e novos tempos. São Paulo: Perspectiva,1991.

_____ (org.). *De Olho no MAC*. São Paulo: MAC-USP, 1992.

_____ (org.). *Arte/Educação*: leitura no subsolo. São Paulo: Cortez,1997.

_____. *Tópicos Utópicos*. Belo Horizonte: Com/Arte, 1998.

_____. *A Compreensão e o Prazer da Arte*. São Paulo: Sesc Vila Mariana, 1998.

_____. *A Compreensão e o Prazer da Arte*: além da tecnologia. São Paulo: Sesc Vila Mariana, 1999.

_____. *John Dewey e o Ensino da Arte*. São Paulo: Cortez, 2001.

_____ (org.). *Inquietações e Mudanças no Ensino da Arte*. São Paulo: Cortez, 2002.

BARBOSA, Ana Mae; SALES, Heloisa Margarido (org). *O Ensino da Arte e Sua História*. São Paulo: MAC-USP, 1990.

BARBOSA, Ana Mae; FERRARA, Lucrécia D'Aléssio; VERNASCHI, Elvira (orgs.). *O Ensino das Artes nas Universidades*. São Paulo: Edusp, 1993.

BELL, Quentin. *The Schools of Design*. London: Routledge & Kegan Paul Ltda, 1963.

BOISBANDRON, Lecoq. *The Training of the Memory in Art*. London: Macmillian and Co., Ltda, 1931.

BREDARIOLLI, Rita. *Das Lembranças de Suzana Rodrigues*: tópicos modernos de arte e educação. Dissertação de mestrado. São Paulo: ECA-USP, 2004.

BROCOS, Modesto. *A Questão do Ensino da Bellas-Artes*. Rio de Janeiro: DCP, 1915.

BROWN, F. P. *South Kensington and Its Art Training*. London: S. L., 1912.

CARLINE, Richard. *Draw They Must*. London: Edward Arnold, 1975.

CARVALHO, Vicente Vitoriano Marques. *Newton Navarro*: um flâneur na direção da arte e da pedagogia da arte no Rio Grande do Norte. Tese de doutorado, Natal: Faculdade de Educação da UFRN, 2003.

CARY, Richard. *Critical Art Pedagogy*: foundations for postmodern art education. New York: Garland Publishing, Inc., 1998.

CONGRESSO Brasileiro de Professores de Desenho. *Anais*. Recife: Escola de Belas Artes da Universidade de Recife, 1963.

COUTINHO, Rejane Galvão. *Sylvio Rabello e o Desenho Infantil*. Dissertação de mestrado, São Paulo: ECA-USP, 1997.

_____. *A Coleção de Desenhos Infantis do Acervo Mário de Andrade*. Tese de doutorado, São Paulo: ECA-USP, 2002.

DUARTE, Maria de Souza. *Educação pela Arte numa Cidade Nova*: o caso de Brasília. Dissertação de mestrado, Brasília: FE-UNB, 1982.

EFLAND, Arthur D. *A History of Art Education*. New York: Teachers College, Columbia University, 1990.

EISNER, Elliot. Estrutura e Mágica no Ensino da Arte. In: BARBOSA, Ana Mae (org.). *Arte/Educação*: leitura no subsolo. São Paulo: Cortez, 1999.

ESPINHEIRA, Ariosto. *Arte Popular e Educação*. São Paulo: Cia. Ed. Nacional, 1938.

FERRAZ, Maria Heloísa Toledo. *A Escola Livre de Artes Plásticas do Juquerí*. Tese de doutorado, São Paulo: ECA/USP. 1989.

FERREIRA, Felix. *Do Ensino Profissional*: Liceu de Artes e Ofícios. Rio de Janeiro: Escola Técnica Nacional, 1961.

FERREIRA, Hélio M. Dias. *Ivan Serpa*: o expressionista concreto. Niterói: EDUFF, 1996.

FOERSTE, Gerda M Schütz. *Arte/Educação*: pressupostos metodológicos na obra de Ana Mae Barbosa. Dissertação de mestrado, Goiânia: UFGO, 1996.

FRANGE, Lucimar Bello. *Noêmia Varela e a Arte*. Belo Horizonte: Com/Arte, 2001.

KORZENIK, Diana. *Drawn to Art*. London: University Press of New England, 1985.

KUYUMJIAN, Dinorath Valle. *Arte Infantil na Escola Primária*. São Paulo: Clássico Científica, 1965.

LEITE, Serafim. *Artes e Ofício dos Jesuítas no Brasil*. Lisboa: Livros de Portugal, 1953.

LOGAN, Frederick. *Growth of Art in American Schools*. New York: Harpers and Brothers, 1955.

MACDONALD, Stuart. *The History and Philosophy of Art Education*. London: University of London Press, 1970.

MARIN, Alda Junqueira. *Educação, Arte e Criatividade*. São Paulo: Pioneira, 1976.

MORALES DE LOS FILHO, Adolfo. *Ensino Artístico no Brasil no Século XIX*. Rio de Janeiro, [s/d].

PEVSNER, Nicolaus. *Academies of Art, Past and Present*. Cambridge, England: University Press, 1940.

PILLAR, Analice Dutra (org.). *A Educação do Olhar no Ensino das Artes*. Porto Alegre: Mediação, 1999.

PILLAR, Analice Dutra; VIEIRA, Denyse. *O Vídeo e a Metodologia Triangular no Ensino da Arte*. Porto Alegre: Fundação Iochpe, 1992.

PINHO, Margarida Góes de Araújo. *O Ensino de Artes Plásticas nos Ginásios Estaduais Vocacionais 1961-1969*. Dissertação de mestrado, São Paulo: ECA/USP, 1983.

PIMENTEL, Lucia G. *Limites em Expansão*: licenciatura em artes visuais. Belo Horizonte: Com/Arte, 1999.

PIPER, Warren. *After Hornsey and after Goldstream*. London: Davis Poyter Ltda, 1973.

RABELLO, Sylvio. *Aplicação dos Testes Decrolyanos de Desenho*. Recife: Imprensa Oficial, 1931.

_____. *As Características do Desenho Infantil*. Recife: Diretoria Técnica de Educação, 1933.

_____. *A Percepção das Cores e das Formas entre as Crianças de 03 a 11 Anos*. Recife: Separata do Boletim de Educação, 1933.

SAUNDERS, Robert. *History of Art Education in The United States*. In: *Encyclopedia of Education*, New York: Macmillian Co., 1: 283, 1978.

SCARAMELLI, José. *Escola Nova Brasileira*: esboço de um sistema. São Paulo: Livraria Zenith, 1931.

SEVERO, Ricardo. *O Liceu de Artes e Ofícios de São Paulo*. São Paulo: L. A. O., 1934.

SOUCY, Donald; STANKIEWICZ, Mary Ann. *Framing the Past*: essays in art education. Reston, Virginia: NAEA, 1990.

SOUZA, Alcidio Mafra de. *Artes Plásticas na Escola*. Rio de Janeiro: Bloch, 1968.

THE PENNSYLVANIA State University. *Proceedings from I and II Penn Conferences*. Pennsylvania, 1985 and 1989.

THISTLEWOOD, David. *A Continuing Process*. London: ICA, 1981.

_____. *Herbert Read*: formlessness and form. London: Routledge & Kegan Paul, 1984.

VILLELA, Maria Antonieta P. *Os Experimentais da Lapa e o Ensino da Arte*: 1969-1971, vistos com olhos de educadores dos anos 90. Dissertação de mestrado, São Paulo: ECA-USP, 1991.

WILSON, Brent; WILSON, Marjorie. Uma Visão Iconoclasta das Fontes de Imagem nos Desenhos de Crianças. In: BARBOSA, Ana Mae (org.). *Arte/Educação*: leitura no subsolo. São Paulo: Cortez, 1999.

WOJNAR, Irena. *Estética y pedagogia*. México: Fondo de Cultura Económica, 1963.

ZIEGFELD, Edwin. *Education and Art*: a symposium. Paris: Unesco, 1953.

Vídeo

NOÊMIA Varela, de barro, de vidro e de barro, Uberlândia, 2001. Vídeo: Produção de Alexandre França, a partir da pesquisa de Lucimar Bello.

NOÊMIA Varela: uma vida, fazeres e pensares, 2007. Vídeo de Fernando Antônio Gonçalves, 2007

NOÊMIA Varela: voando com os pássaros da imaginação, 2007. Documentário de Antonio Freire.

2. Formação Profissional do "Bom Silvícola" nas Artes e Ofícios

a perspectiva do jesuitismo

Erinaldo Alves do Nascimento

A presente reflexão é um fragmento de minha tese de doutorado, cuja proposta foi empreender uma análise histórica do jogo de nomeações da arte na educação em diferentes momentos no Brasil, atentando para as construções sociais de infância, ensino e bom sujeito docente. Tentou-se compreender como as produções visuais e escritas fixam o que deve ser dito, visto e feito em âmbito educacional, na vigência das denominações artes e ofícios; ensino do desenho; educação pela arte; trabalhos manuais/artes aplicadas; artes industriais; educação artística; arte/educação e arte[1].

Para atender a esse propósito, questionou-se a denominação vigente no sistema colonial, com a implantação do jesuitismo. O título do livro de Serafim Leite – *Artes e Ofícios dos Jesuítas no Brasil* – fornece uma importante pista sobre o que se usava no ensino profissionalizante das "escolas de ler e escrever", nas oficinas das reduções jesuíticas e nas coordenadas por artistas leigos, no século XVIII, em Minas Gerais.

SUPOSIÇÃO DO JESUITISMO E SUAS IMPLICAÇÕES NO PRESENTE DA ARTE NA EDUCAÇÃO

O ponto de partida é a análise de suposições que demarcam o presente da arte na educação. O importante é distinguir o que é do passado e o que deve, porque interfere e faz o presente ser de uma maneira, impe-

---

1. E. Nascimento, *Mudanças nos Nomes da Arte na Educação*.

dindo avanços, ficar no passado. Esse é um passo fundamental para iniciar outro percurso histórico, para construir outro presente. A intenção é a apropriação do imperativo, formulado por Cervantes, que cito de memória: "seja passado o passado. Tome-se outra vereda e pronto".

O presente está repleto de suposições do jesuitismo, algumas delas infiltradas nos fundamentos da instituição escolar, com implicações no modo de ver, dizer e fazer de diversas áreas de conhecimento. São destacadas, mencionando as mais evidentes, as que legitimam a hierarquia entre quem ensina e quem aprende; os saberes dissociados da vida; as aulas em espaço fechado; a classificação entre cultos e ignorantes; as penalizações e moralização dos educandos. Tais suposições, antes controvertidas, agora são tidas como "naturais" e consensuais. Estão incrustadas no modo de ver, dizer e agir do sistema educacional. Exemplificam o quanto o passado contribui para que o presente seja o que é.

Dentre as suposições jesuíticas, no presente, realço – pelas implicações desencadeadas, principalmente, na autoestima profissional – a alegação de que a arte é dispensável ao currículo escolar, devendo, justamente por isso, ocupar uma posição subalterna em relação aos outros saberes, inclusive, os considerados artísticos.

Os jesuítas consideravam as "artes literárias" como matriz de um raciocínio reto. O estudo da língua materna e do latim era mais importante que a atuação nas artes e ofícios porque, além de reforçar a catequização, desencadeava a contemplação dos clérigos. Tratava-se da apropriação de um raciocínio, de matriz aristotélica, que transpunha a contemplação, ápice da ação filosófica, como principal atributo da santificação.

Em razão do eficiente trabalho de subjetivação jesuítica, essa hierarquização passou a fazer parte da "construção mental brasileira". Muita gente comunga, ainda hoje, por exemplo, da ideia de que língua portuguesa e literatura são indispensáveis no currículo escolar enquanto que a arte na educação é facilmente descartável.

A obrigatoriedade do ensino da arte, na LDB (lei 9394/96), só foi possível mediante a atuação aguerrida das associações, entidades, de profissionais da área e de lideranças políticas de todo o país, que acreditaram na importância da escola para a promoção do acesso à arte e à cultura, sem restrição a nenhuma modalidade de saber estético e artístico. Sem tal mobilização, essa disciplina estaria, hoje, excluída do currículo escolar.

CONDIÇÕES HISTÓRICAS DE POSSIBILIDADE DO JESUITISMO

Falar em condições históricas de possibilidade significa considerar que um feixe de fatores conjunturais, historicamente específicos, desencadeados por lutas, relações de forças e, como lembra Norbert Elias em *Conocimiento y Poder*, por um mutante equilíbrio nas relações de poder de cada época que contribuem para a invenção de denominações e emergência de modelos educacionais, e servem a interesses econômicos e políticos vigentes.

O jesuitismo e a denominação artes e ofícios são devidas a algumas condições históricas. Na colônia brasileira, o modelo de educação catequética e sua denominação estavam atrelados à exegese da semelhança ou similitude. Essa, ao se instalar, arrefeceu e transfigurou outra ordenação do saber regida por cosmogonias e rituais mitológicos.

Quando falo de cosmogonias e rituais mitológicos refiro-me a uma outra ordenação do saber, articulada antes da chegada dos colonizadores, de tessitura milenar, cujas analogias estavam fundadas em uma visão autorreflexiva da própria cultura e alimentada pela tradição e pelo parentesco. Tratava-se de um conjunto de saberes que estabelecia um outro tipo de relação, distinta da europeia, envolvendo a realidade cultural e a fantasia, ancorada nos mitos e nos saberes transmitidos pelos antepassados. Enalteciam a narrativa mítica e rejeitavam qualquer inovação que não tivesse nexo com a tradição dos antepassados. Eram difundidos pela oralidade, evocando uma relação muito forte com a natureza, os mortos, os antepassados, os inimigos, os espíritos, os quais legitimavam uma ordenação social, explicando a origem do mundo e os diversos fenômenos, fatos, atitudes e ações valorizadas pela tradição.

O jesuitismo contribuiu para fundar um processo de pedagogização dos conhecimentos, ou seja, a partir da definição de um estatuto da infância foi se produzindo, progressivamente, uma separação cada vez maior entre o mundo dos adultos e o das crianças, desencadeando formas específicas de educação[2].

A definição de um estatuto da infância significa, acatando o esclarecimento de Deleuze[3], que, a partir desse momento, as crianças passaram a sofrer uma infantilização que não é a delas. Essa infantilização varia em conformidade com interesses dominantes, que se expressam em diversos tipos de produção do saber e relações de poder. O estatuto da infância definido pelo jesuitismo é bem visível nas diferentes versões da iconografia barroca, encravada nos altares e pinturas de teto das igrejas coloniais brasileiras entre os séculos XVI e XVIII.

Conforme Augusto Lima Júnior[4], os meninos entalhados, esculpidos ou pintados representavam, na cosmovisão colonial, o ideal da alma humana, o tornar-se como uma criança para herdar a vida eterna. Nos planos inferiores dos altares, em geral, situam-se os meninos, com alguma indicação dos órgãos sexuais, representando quem se acha preso aos impulsos carnais. Um pouco acima, a indicação

2. J. Varela, O Estatuto do Saber Pedagógico, em T. Silva (org.), *O Sujeito da Educação*.
3. M. Foucault, *Microfísica do Poder*, p. 73.
4. Ligeiras Notas sobre Arte Religiosa no Brasil, *Revista do Patrimônio Histórico e Artístico Nacional*, n. 2.

sexual vai desaparecendo. Anjos e meninos confundem-se, indicando um início da "espiritualização". No cume dos altares, predominam os anjos, com asas, metade vermelha, metade verde, em atitude de glorificação. Indicavam que os meninos foram elevados à categoria de anjos, de seres espiritualizados, pelo amor (o vermelho) e pela penitência (o verde). As cabeças aladas, encontradas em todas as partes do altar, são os anjos, puros espíritos que nunca tiveram carne. As crianças representavam, também, as almas fiéis que constituíam e sustentavam a igreja. Elas seguram colunas, guirlandas e outros elementos que conferiam caráter piedoso.

As diferentes versões da iconografia barroca das igrejas coloniais brasileiras demonstram que a concepção jesuítica de infância era milenarista e destinada à vida espiritual. Os habitantes eram projetados para viver na terra "como se vivessem nos céus". Os sujeitos, apesar de carnais, deveriam viver como espirituais. O interior dos templos, com talhas e esculturas adornadas de ouro e as pinturas nos tetos, ajudavam a difundir a ilusão de que a igreja era uma projeção dos céus na terra, fomentando uma contínua necessidade de santificação. A autoridade "suprema" desse "ambiente terreno-celestial" emanava do rei e do papa, representantes de Deus na terra. A espiritualização tornava-se visível pela renúncia aos prazeres, associada à penitência pelos pecados. Considerava-se um bom sujeito quem detinha esse modo de vida espiritual, de caráter piedoso e obediente.

Figura 1: *Detalhes com menino e anjo da talha da abside da igreja da Ordem Terceira de S. Francisco da Penitência (Rio de Janeiro). Obra, iniciada em 1726, atribuída a Manuel de Brito, o português. Fonte:* Arte no Brasil, *São Paulo: Nova Cultural, 1982 e 1986.*

A noção de infância, detectável nas iconografias barrocas, constituía o núcleo da colonização e dos projetos jesuíticos. Deveriam seguir a mesma lógica progressiva, indo do carnal ao espiritual. Confundindo-se com a própria catequização, a sequência didática indicava passos para a demonstração da obediência e disciplina, culminando na transformação de crianças, jovens e adultos em sujeitos espirituais. A execução de uma pintura, escultura, talha, prédio ou um sermão, em conformidade com regras ditadas pela tradição católica, indicava que um pecador, sobretudo um pagão e um "selvagem", fora metamorfoseado em uma nova criatura, de molde europeu e católico.

O jesuitismo emergiu no Renascimento, a partir da configuração dos Estados administrativos modernos e da reforma protestante. Diante da oposição à soberania política e espiritual universal, representada pelo papa, os reformadores católicos, embasados no Concílio de Trento – um desdobramento do Grande Cisma de 1378 –, investiram em um plano de catequização capaz de garantir a manutenção do *status quo* da instituição religiosa.

Norbert Elias[5] lembra que a ruptura entre católicos e protestantes deveu-se, sobretudo, a uma mudança de equilíbrio de poder entre papas e príncipes, entre a Igreja cristã e os Estados em favor desses últimos. A interminável luta pela supremacia entre sacerdotes e guerreiros, que no caso da Igreja romana, culminou na luta pela hegemonia entre o papa e o imperador pôs nas mãos dos príncipes, ao final de um desenvolvimento não planificado, maiores cotas de poder, comparadas às que dispunham os papas como guardiães do conhecimento. Resultou claro que os recursos militares e financeiros dos príncipes se sobrepuseram aos dos papas, e a Igreja pouco pôde fazer para resistir à expropriação de suas propriedades na França e Inglaterra e, depois, no Brasil.

A partir de Trento, várias ordens religiosas foram institucionalizadas, seguindo o exemplo do Oratório do Amor Divino, um grupo influente de clérigos leigos que apoiaram, a partir de 1517, a retomada de princípios católicos. Empreendeu-se uma remodelação na teologia, na pastoral e na liturgia católica. Oficializou-se a inquisição para tentar fortalecer a autoridade papal e diminuir a disseminação do protestantismo. As táticas abrangiam a catequização individual e coletiva para expandir e intensificar o catolicismo, cuja escolarização restringia-se, até aquele momento, à liderança eclesiástica.

A Europa transformou-se numa arena, patrocinada pelo absolutismo. Disputavam católicos, protestantes, reis, rainhas e congêneres, todos sedentos para transformá-la em agência marítima, campo missionário e em plataforma política para alcançar novos territórios e riquezas. As colônias foram respostas à consecução desses interesses. O evangelismo de impacto e de disputa, as ambições políticas e econômicas, associadas à

---

5. *Conocimiento y Poder*, p. 67.

transfiguração subjetiva e cultural são algumas das "pedras" do alicerce da modernidade.

Na bula de Alexandre VI, de 04 de maio de 1493, endossada por Fernando de Aragão e Isabel de Castela, a conversão dos indígenas, das terras "descobertas" por Colombo, era o alvo principal no Novo Mundo. No regimento, promulgado por D. João III, em 1549, endereçado a Tomé de Souza, o povoamento e estratégia militar para garantir a exaltação da Santa Fé e os negócios da fazenda real, eram os requisitos para a governabilidade das terras descobertas por Cabral. Esses documentos indicam a quem e a que interesses serviam a colonização e o jesuitismo no Brasil e na América Latina. A colonização servia aos interesses políticos e econômicos do absolutismo monárquico ibérico e à manutenção do *status quo* da Igreja Católica romana. A cruz e a espada, a liturgia e a ação militar atrelavam-se à colonização das terras recém descobertas.

O jesuitismo teve respaldo de Portugal porque, além dos interesses mercantilistas, promovia a cultura lusa. Reforçava a centralização do poder imperial e papal, o uso da força e do castigo, a escravidão, a estratificação e hierarquização de classes. A ordem tomista calcava-se na conjugação ambígua entre catequização e educação.

A DENOMINAÇÃO ARTES E OFÍCIOS NA PERSPECTIVA DA FILOSOFIA TOMISTA OU ESCOLÁSTICA

É possível depreender que a denominação artes e ofícios advém, basicamente, da escolástica ibérica. Tal filosofia classificava, em geral, os saberes em artes liberais, filosofia e teologia. As artes liberais – entre as quais se incluíam a pintura, escultura, arquitetura e engenharia – eram inerentes ao "homem livre", distintas dos ofícios mecânicos (exercidos por artesãos), peculiares às atividades "servis". As artes liberais abrangiam as chamadas disciplinas, compostas pela gramática, retórica e dialética (Trívio). Por entenderem que dependiam de uma elaboração mental e por serem consideradas fundamento para a contemplação, as artes liberais eram tidas como superiores. A execução das artes liberais era de competência da sociedade laica; a contemplação, dos clérigos.

As artes, como a pintura e a escultura, conviviam com o prestígio que as atividades liberais gozavam e com a mesma subordinação destinada aos ofícios mecânicos, os quais, no conjunto, serviam à catequese e à literatura escolástica. A fronteira entre as artes e os ofícios mecânicos terminava se mesclando. O ensino associava o ver e o executar. Não se tratavam de atividades congêneres, uma vez que serviam ao projeto de catequização.

O nivelamento entre as artes e os ofícios coadunava-se com a classificação de Tomás de Aquino, principal referência do jesuitismo. Para ele, a pintura e a escultura situavam-se numa fase intermediária entre o saber literário e o fazer dos ofícios. A arte era uma prática saturada de teoria. Embora fosse mais prestigiada que os ofícios, a arte, como reforçava Hugues de Saint-Victor, era uma atividade inferior à contemplação divina. A contemplação da pintura e a escultura, ao contrário das artes literárias, era apenas

uma paragem que não é permitida aos clérigos, mas permitida à simplicidade do povo para quem é deleitação estudiosa que abre uma das portas do saber [...]. A arte confunde-se nessa época, por um lado, com o ofício, e, por outro lado, com a contemplação divina que leva ao paraíso e que é, também ela, utilitária[6].

A beleza era essencialmente formal. O conhecimento derivava das formas das coisas, emanadas de Deus. A arte era guiada por um raciocínio justo de origem divina. As artes tinham importância quando produzidas a partir de modelos que seguiam as sa(n)gradas escrituras e o catolicismo. A criação artística era uma espécie de virtude criativa deixada por Deus na natureza. O artesão, ao realizar o seu ofício, aproximava-se de Deus. A pintura era considerada a leitura dos iletrados.

Embora o jesuitismo diferenciasse as artes liberais e os ofícios, não é possível reconhecer aí, em geral, o mito da "ibérica aversão ao trabalho manual". Para Maria Helena Flexor, "os ofícios mecânicos não eram considerados 'vil' trabalho manual, próprio de escravos. Pelo contrário, foram exercidos – mantidas as devidas proporções – pela maioria de brancos e alguns de 'status social' de maior relevo como os militares graduados"[7].

É possível considerar que a visão tomista tenha trazido consequências indeléveis à arte na educação escolar. Sua persistência não tem mais sentido, necessitando, como disse Cervantes, deixar o passado no passado, e tomar, no presente, outra vereda na qual os diferentes tipos de arte possam conviver de igual modo e importância.

A INFÂNCIA NA ORDENAÇÃO SOCIAL, EDUCACIONAL E CULTURAL PRÉ-CABRALINA

Uma sucinta análise da ordenação sociocultural pré-cabralina é importante porque auxilia a compreensão, pelo contraste, da cisão efetivada entre o mundo dos adultos e o das crianças, fornecendo dados sobre o modo como nós, povo brasileiro, nos tornamos no que somos. Não pretendo sacralizar o eurocentrismo e o etnocentrismo, mas questioná-lo destacando que, para fundar essa "nova" ordem no saber da modernidade no contexto brasileiro, outra precisava ser violenta e estrategicamente desprezada e até dizimada.

6. R. Bayer, *História da Estética*, p. 95.
7. M. H. Flexor, *Oficiais Mecânicos na Cidade de Salvador*, p. 37.

A adoção do espaço fechado na educação fez com que crianças deixassem de aprender em contato com vários adultos e passassem a valorizar saberes desconectados da vida diária. Os estudos de Florestan Fernandes[8], a partir dos relatos de viajantes europeus, sobre a educação tupinambá ajudam a dimensionar essa cisão.

De acordo com o sexo e a idade, a transmissão cultural dos Tupinambás processava-se pela oralidade, nos contatos pessoais. O aprender vivendo era a tônica principal. Tratava-se de uma educação integrada à vida social, pautada na junção entre o dizer e o mostrar, falar e agir coerentemente. Tradicionalmente preparados para "conformar-se aos outros", todos podiam aprender algo em qualquer tipo de relação social. Qualquer integrante poderia ser aluno ou mestre em todas as posições da estrutura social.

Os relatos de Hans Staden[9], entre outros, constituem uma das principais fontes primárias, de visão ocidental, sobre os Tupinambás. Nos seus registros, "quase tudo se apresenta como índice ou sinal, propondo-se à adivinhação. Quase tudo é rastro, sinalização do Criador pressentida pelo herói. O sentido oscila entre significações de ordem terrena e providência divina"[10].

Figura 2: Mulheres e Crianças Tomando Mingau. *Gravura publicada em 1557. Fonte: H. Staden,* Duas Viagens ao Brasil.

8. *Notas sobre a Educação na Sociedade Tupinambá*, p. 16-19.
9. *Viagem ao Brasil*; *Duas Viagens ao Brasil*.
10. A. M. Belluzzo, A Lógica das Imagens e os Habitantes do Novo Mundo, em L. Donisete; B. Grupioni (orgs.), *Índios no Brasil*, p. 48.

Na gravura, orientada por Hans Staden, a circularidade da composição, os elementos e as figuras humanas, de princípios renascentistas, tornam bem visíveis a interação e integração existente entre adultos e crianças, cujo processo ocorria em diversos tipos de relação social.

Concernente à arte indígena brasileira, pode-se dizer, apoiado em Berta Ribeiro[11], que a produção simbólica era (e ainda é) um dos indicadores de integração social. Desde a infância, produziam artefatos e composições, visando ao domínio dos conhecimentos correspondentes ao sexo. Quanto maior fosse o domínio desse saber, maior a integração na comunidade de que fazia parte. A habilidade artesanal era tida como impregnada de virtudes mágicas e quem a produzia ou consumia adquiria tais virtudes.

As narrativas míticas indígenas serviam (e ainda servem) para justificar a produção cultural. Como me atenho ao que foi dito e escrito, recorro a uma narrativa mítica, a dos Assuriní do Xingu, transcrita por Müller. Tal relato, apesar de ser recente, está inserido na tradição Tupinambá e exemplifica como se explicava a produção cultural. Além disso, contribui para o confronto e contraste, ao longo da discussão, com a lógica jesuítica. Serve, ainda, para reforçar o questionamento formulado por Freud, em um de seus escritos: "não será verdade que cada ciência, no final das contas, se reduz a um certo tipo de mitologia?"

Para os Assuriní, os padrões geométricos estavam pintados no corpo de um sobrenatural, Anhynga-kwatsiat, os quais foram reproduzidos por seu sobrinho, Anhynga-vuí, herói "humano", no trançado das flechas e dos arcos. Eis outros detalhes:

Anhynga-vuí ensinou o trançado com desenhos aos que já morreram (bava) e estes ensinaram de pai para filho. Até hoje, um homem faz filho e, quando está maior, ensina também. Anhynga é dono do desenho. Ensinou também fazer a biaa-kwatsiat (esteira com desenho). [...] Agora sabemos fazer tayngava (padrão com esse nome) no biaava (esteira) no jandiru (cabeça porta-óleo envolta de trançado); sabemos fazer desenho com tinta de jenipapo (na pintura corporal das moças: ijuak). [...] Bava (os mortos) faziam antigamente e ensinaram. Por isso até hoje não se perdeu[12].

A narrativa Assuriní explica e legitima, pela tradição, o processo de produção simbólica. As virtudes mágicas derivam de um ser sobrenatural, que é a "matriz" da produção simbólica. As crianças aprendiam a tradição milenar, integradas com os adultos, ouvindo os relatos dos antepassados, repetindo padrões e ritos de fabricação dos artefatos.

Com a ruptura trazida pelo ensino das artes e ofícios, os heróis míticos passaram a se contrastar e se mesclar com os heróis da arte de versão ocidental. Os deuses inventados na relação com a natureza

---

11. *Arte Indígena, Linguagem Visual/Indigenous Art, Visual Language*, p. 53.
12. *Os Asuriní do Xingú*, p. 344.

passaram a se confrontar com o Deus Trino criador da natureza; as narrativas míticas, derivadas da tradição étnica, foram, progressivamente, sendo substituídas por relatos bíblicos e pela tradição ocidental.

AS INFÂNCIAS HIERARQUIZADAS E AS INTERVENÇÕES DO JESUITISMO

Os reformadores católicos estabeleceram, de acordo com a posição econômica e social, diferentes infâncias. Distinguiram uma infância angelical e nobre do príncipe, uma infância de qualidade dos filhos das classes privilegiadas e uma infância rude das classes populares. Júlia Varela e Fernando Alvarez-Uria chamam a essas infâncias, respectivamente, de infâncias de ouro, prata e ferro[13].

Associados a esses protótipos de infância, os jesuítas, para catequizar o Novo Mundo, estabeleceram, ainda, uma "infância gentia, selvagem e pagã", para caracterizar as crianças indígenas. Chamo-a de infância de barro. Os programas destinados às crianças pobres e indígenas eram, praticamente, os mesmos. A diferença residia, basicamente, na maneira de implantar o projeto de catequização.

O ferro remete à dureza da pobreza. Explorava-se o aprendizado dos ofícios e da agricultura, tidas como atividades árduas e rudes. O barro alude à infância maleável. As artes exerciam um papel primordial na transfiguração subjetiva de povos inteiros, como ocorreu com os Guaranis. As crianças indígenas eram associadas à pobreza e ingenuidade. Eram alegoricamente ferro e barro, cujos atributos eram explorados no ensino profissionalizante (atividades agrícolas e nas artes e ofícios).

A noção de maleabilidade infantil era adotada em todo o projeto jesuítico. Juan Bonifácio, jesuíta espanhol, declarou: "as crianças são muito fáceis de governar. Eu não sei como há quem diga o contrário. Uma vez que são tão impressionáveis, pode-se fazer deles o que quiser"[14].

Infância Nobre ou Infância Dourada: Formação Educacional e Catequética "Especial"

As infâncias dos príncipes e dos nobres contavam com instituições, mestres e programas especiais. Recebiam uma educação refinada por preceptores e mestres domésticos. Os infantes e "cavalheirinhos" poderiam frequentar instituições previamente projetadas para essa finalidade, como o Colégio dos Nobres, em Portugal, que integrava o desenho ao seu programa curricular.

O objetivo era ensinar a governar, de modo a evitar conflitos e ampliar o território, as finanças e a vida cultural do reino. Aprendiam

13. *Arqueologia de la Escuela*, p. 18.
14. Idem, p. 57.

os deveres cristãos associados ao latim, à gramática, às obras clássicas, os rudimentos do desenho e a distinguir bons pintores. A infância régia e nobre aparece dotada de "uma natureza superior que exige uma esmeradíssima educação"[15].

Para ilustrar essa educação no Brasil, valho-me da prescrita por Manoel Inácio de Andrade Souto Maior Pinto Coelho, o Marquês de Itanhaém, tutor para a formação de D. Pedro II. Ele redigiu na cidade do Rio de Janeiro, em 02 de dezembro de 1838, "As Instruções" para serem observadas pelos mestres do imperador na educação literária e moral do mesmo augusto senhor. Destacando os preceitos da formação artística, os deveres do imperador eram, em suma, "animar a indústria, agricultura, o comércio e as artes". Deveria ser um "sábio consumado e profundamente versado em todas as ciências e artes e até mesmo nos ofícios mecânicos, para que ele saiba amar o trabalho como princípio de todas as virtudes, e saiba igualmente honrar os homens laboriosos e úteis ao Estado"[16].

Essa distinção parece ter contribuído para disseminar outra equivocada suposição, que perdura até hoje, também associada ao modelo aristocrático que moldou a sociedade brasileira, como afirmou Ana Mae Barbosa[17]. Refiro-me à ênfase à arte como um saber imprescindível na formação da elite, considerando-a, em contraposição, opcional ou desnecessária na educação da população, sobretudo à pobre e miserável.

Infância Colegial ou Infância de Prata no Projeto do Ratio Studiorum

Para disciplinar as crianças brancas, de "boas famílias", concebeu-se um guia educativo, extensivo a todos os colégios, denominado *Ratio Studiorum*. Inaugurando a prática de editar guias pedagógicos para disciplinar a educação, foi uma resposta mundial às escolas humanistas clássicas difundidas nos Estados germânicos protestantes.

O *Ratio Studiorum* estabelecia-se mediante um conjunto de normas e saberes – de cunho literário – a serem ensinados e condutas a serem inculcadas em práticas educativas prosélitas e catequéticas em relação ao catolicismo. Promulgado entre 1548 a 1599, contava com o apoio de grandes representantes da aristocracia intelectual da época. Sua implantação e adoção significavam que "o homem renascentista, com seu desejo de conhecer e entender dava lugar ao jesuíta desejoso de modificar e corrigir"[18].

15. Idem, p. 62.
16. Idem, ibidem.
17. Arte-Educação, em W. Zanini, (org), *História Geral da Arte no Brasil*, v. 2, p. 1079.
18. L. Bettencourt, Cartas Brasileiras: visão e revisão dos índios, em L. Donisete, B. Grupioni (orgs.), *Índios no Brasil*, p. 41.

Para cursar o Ratio Studiorum, os alunos já deveriam saber ler e escrever, caso contrário, uma classe obrigatória deveria ser anteposta. O ensino era pago e só se admitiria jovens pobres e sem "tradição familiar" se fossem talentosos para o exercício sacerdotal. Os saberes advinham de "boas" fontes literárias, respaldadas pela "reta doutrina". Os saberes, selecionados em diferentes níveis e dificuldades crescentes, viram-se submetidos a censuras em relação à ortodoxia católica. Eram considerados neutros e imparciais.

Consistia no ensino da linguagem verbal, na memorização e no formalismo. Abrangia três atividades básicas: preleção, repetição e aplicação. O teatro era uma técnica de ensino auxiliar, servindo para reforçar a imitação e a competição. Valorizavam prêmios e distinções. A ordem e a disciplina eram mantidas pelos decuriões e censores.

Varela e Alvarez-Uria[19] afirmam que a finalidade do *Ratio Studiorum* era forjar um estudante modelo, com os seguintes atributos: modesto, cortês, falante, obediente e leitor estudioso. O sistema de ensino jesuítico foi basilar na constituição de uma nova nobreza interior fundada nos méritos.

Em suma, as principais metas eram as seguintes: 1. preparar jovens que, após a primeira parte do programa, poderiam, depois, ocupar cargos e funções necessárias ao exercício de atividades governamentais e religiosas; 2. para os que continuavam os estudos, aprimorar a vocação religiosa, formando clérigos que dariam continuidade aos programas catequéticos da Igreja católica em várias partes do mundo.

O *Ratio Studiorum* colaborou para disseminar, entre a classe média, a suposição de que a arte é dispensável no currículo, sendo um adendo, uma atividade complementar que serve, apenas, para colaborar com as disciplinas mais importantes.

Infância Pobre e Indígena: Formação Profissional nas Artes e Ofícios no Plano de Nóbrega

O reformulador espanhol Juan Luís Vives[20] recomendava que crianças pobres "propícias para as ciências" fossem mantidas na escola, para serem mestres de outros ou para ingressarem no seminário. Os demais deveriam aprender ofícios, conforme "a inclinação de cada um".

Os colégios, da Confraria dos Meninos de Jesus, fundados por Manuel da Nóbrega, na Bahia e em São Vicente, encarregavam-se da instrução das crianças pobres e indígenas. Tratava-se de uma instituição que tinha uma situação jurídica ambígua: era, a um só tempo, uma instituição eclesiástica, pois atuava como um seminário; filantrópica, uma vez que cuidava de órfãos e educacional, porque atuava como colégio.

---

19. J. Varela; F. Alvarez-Uria, op. cit., p. 66.
20. Idem, p. 29.

Nóbrega explica o critério de seleção do alunado: "eu não pretendia recolher nas casas senão os de maiores habilidades, para lhes ensinar também latim e, depois de desbastados aqui um pouco, poderem, em Espanha, aprenderem letras e virtudes, para voltarem depois homens de confiança"[21].

Os propósitos da formação literária e sacerdotal foram arrefecidos, pois a tradição católica não admitia a consagração de indígenas ao sacerdócio, exceção feita para um ou outro mestiço. Como se arrefeceu a "intenção missionária", os Seminários dos Meninos de Jesus consolidaram-se como "escolas de catequese e de artes e ofícios"[22]. Em 1558, o colégio da Bahia encerrou suas atividades porque as crianças e jovens indígenas, entre outros motivos, resistiam à disciplina imposta, entre as quais se incluía o castigo da palmatória.

O plano de Nóbrega continha uma visão estratégica de catequese com enfoque no aprendizado da língua portuguesa, da doutrina cristã, da leitura e escrita. De acordo com o talento dos alunos, explorava-se, de forma complementar, o canto e a música instrumental, atividades que, além de serviram à missa, atraíam outros povos indígenas da vizinhança. Os jesuítas não tinham o propósito exclusivo de ensinar atividades técnicas ou artísticas. Como assinala Mariano Filho, eles se viram obrigados a resolver modestamente os problemas de cunho construtivo e, incidentemente, os de caráter artístico[23].

No plano de Nóbrega, o ensino profissionalizante das artes e ofícios era parte integrante do programa de ensino. Contudo, essa modalidade de ensino não gozava, pelos motivos expostos anteriormente, tal como hoje, com o prestígio das autoridades. Isso ficou muito evidente com a morte de Nóbrega, em 1570, quando foram excluídos as partes iniciais e o aprendizado das artes e ofícios, agrícola e musical[24].

Quando terminavam os estudos elementares, o plano de Nóbrega encaminhava, a maioria dos alunos, para o aprendizado profissional das técnicas agrícolas, das artes e ofícios. Uma minoria, tida como mais inteligente, passava para a aula de gramática latina. A escolha para a bifurcação de estudos baseava-se nas "aptidões e dotes intelectuais". Os que mais se distinguiam nos estudos de gramática latina poderiam realizar, como prêmio, uma viagem de estudos à Europa, especialmente aos colégios de Coimbra e Espanha.

O menosprezo em relação à arte na educação, que ainda hoje perdura, é bastante compreensível pelos títulos e prêmios concedidos pelo jesuitismo. Não é por acaso que essa suposição está tão enraizada e é tão difícil de pensar diferente. A estratégia educacional adotada

---

21. Apud L. Mattos, *Primórdios da Educação no Brasil*, p. 51.
22. S. Leite, *Artes e Ofícios dos Jesuítas no Brasil*, p. 23.
23. J. Mariano Filho, *Estudos de Arte Brasileira*, p. 143.
24. L. Fávero, Heranças: a educação no Brasil colonial, *Revista da Associação Nacional de Pós-Graduação*, n. 1, p. 89.

colaborou para que, lembrando novamente Cervantes, o passado ficasse incrustado no presente de tal maneira que é difícil deixá-lo no passado.

A persistência dessa suposição deve-se, principalmente, ao fato que o processo educacional atingia os estudantes desde cedo, ainda na infância. De fato, como constatou Gilberto Freyre[25], as "escolas de ler e escrever" e as Missões Jesuíticas centraram-se no menino indígena, embora almejassem, também, atingir os "filhos dos principais" e os órfãos. Na impossibilidade de atender a todos os culumins, privilegiavam-se os filhos dos principais caciques. Deles, os jesuítas recolhiam informações para implantação do projeto catequético a partir da apropriação da língua Tupi.

O plano de Nóbrega afastava os meninos indígenas do convívio com a cultura nativa, com a finalidade de desarticulá-los culturalmente e de transfigurá-los subjetivamente. O ensino ocorria em instituições oficiais, especialmente concebidas para essa finalidade. Tais instituições eram, como salienta Freyre, "ambientes de estufa"[26] formadores de indígenas artificiais. A eficiência era comprovada quando os meninos repudiavam e delatavam os costumes dos pais, além de se dedicarem a ofícios.

O plano de Nóbrega, segundo Mattos[27], abrangia uma organização institucional idêntica para a educação das meninas. Tal ideia parece ter sido proposta pelos próprios índios, na Bahia, por volta de 1552, uma vez que não concebiam a exclusão das mulheres no processo educacional.

Nóbrega, entusiasmado pela causa da educação das cunhantains, porque ampliaria o alcance do processo de catequese, além de ajudar no processo de ordenação cristã, moralizando as mulheres que viviam na colônia, conseguiu convencer a Tomé de Souza e alguns maiorais da alta administração colonial.

Várias correspondências, das mais influentes autoridades, foram enviadas à rainha D. Catarina, esposa de Dom João III. Contudo, o pleito não foi atendido. Tratava-se, conforme Mattos, de um pedido que solicitava, na época, mais do que as próprias filhas da nobreza do reino, com raras exceções, podiam ter[28]. A própria metrópole só sancionaria a criação de escolas femininas para a cidade de Lisboa em 1815.

Catequese Coletiva: Formação Profissional nas Artes e Ofícios no Projeto Missioneiro

As Missões Jesuíticas eram modalidades de catequização estável, que empregavam o confinamento para uma comunidade inteira. Foram oficia-

25. G. Freyre, *Casa Grande & Senzala*, p. 204.
26. Idem, p. 205.
27. L. Mattos, op. cit., p. 88.
28. Idem, p. 90.

lizadas pelos jesuítas em 1602 e implantadas entre 1609 a 1768. São consideradas o mais estratégico e eficiente processo de catequese a partir da articulação da governabilidade social, sem o uso impositivo da arma e da violência, pois os castigos eram consentidos e combinados.

Eram implantadas em um ambiente arquitetonicamente construído com a finalidade de evitar interferências "danosas" à catequização, como o nomadismo. Para evitá-lo, buscava-se criar condições para o atendimento de necessidades materiais, como estratégia para modificar a cultura Guarani. Essa tática é bem visível no enunciado proferido por um padre missionário ao seu substituto: "cuida bem das minhas vaquinhas, porque índio sem carne volta para o mato"[29].

A organização das reduções permitia um monitoramento constante. Em redor de uma praça dispunham-se igrejas, colégios, oficinas e residências. Tratava-se de uma espécie de "paraíso edênico", no qual as ações divinas, representadas pelos jesuítas, e humanas, presente na conversão de indígenas, intercambiavam-se.

O padre Antonio Sepp, austríaco, cuja atuação abrangeu, principalmente, as reduções de São Miguel e São João Batista, no Rio Grande do Sul, proferiu a principal meta do projeto missionário: "nos preocupa a catequização diária, pois do ensino cristão da juventude depende a felicidade de toda nova comunidade cristã"[30].

Na ordem do dia dos missionários, conforme relato do Pe. Sepp, a supervisão das artes e ofícios vinha depois da visita aos doentes e moribundos[31]. Tratava-se de um instrumento de catequese e conversão dos indígenas. Tinha a finalidade de ensinar, persuadir e convencer[32].

Depois das atividades matinais iniciais, seguindo a mesma classificação do plano de Nóbrega, os meninos eram divididos em três grupos: os que aprenderiam a ler, escrever e contar; os que seguiriam para as artes e ofícios; e os que realizariam os trabalhos agrícolas. Cada redução possuía oficinas de música, dança, pintura, escultura e demais ofícios. Para cada ofício e especialidade artística, havia uma oficina repleta de instrumentos e materiais de trabalho, contendo estampas religiosas que serviam de modelo para as esculturas e pinturas. As meninas, seguindo os preceitos coloniais, aprendiam a tecer, bordar e costurar. A produção destinava-se ao autoabastecimento das necessidades da redução, diferenciando-se pela "especialização" e pela demanda.

Apesar de não ser muito conhecido o processo de ensino e aprendizagem jesuítico, como reconhecem Silvio Palacios e Ena Zoffoli, as produções pictóricas e escultóricas realizadas nas oficinas de artes indicam

29. L. Mayerhofer, A Igreja de São Miguel das Missões. *Revista do IEB*, n. 6, p. 14.
30. A. Sepp, *Viagem às Missões Jesuíticas e Trabalhos Apostólicos*, p. 197.
31. Idem, p. 90-91.
32. D. Salas, Reduções Jesuíticas de Índios Guaranis na Bacia do Rio da Prata..., *Barroco*, n. 15.

que se tratava de um processo artesanal, similar ao que ocorria nas oficinas europeias[33].

Os relatos e a produção cultural da época contribuem para reforçar a suposição de que o ensino das artes e ofícios era desencadeado, seguindo princípios escolásticos, pela formulação, por parte dos jesuítas, de um tema (que justificava a *reta ratio*). Não necessariamente nessa ordem, após a definição da temática, os jesuítas selecionavam modelos ou padrões a serem copiados. O acesso às estampas e gravuras, provenientes da Europa, também, poderia desencadear o tema a ser explorado artisticamente.

A habilidade imitativa dos Guaranis diante de um modelo era muito valorizada pelos padres. A promoção do artífice a oficial ou mestre dependia, inclusive, da capacidade de copiar perfeitamente o modelo. A capacidade imitativa era, como se depreende do comentário adiante, um sinal de distinção e de conversão:

> Na verdade, são estúpidos, broncos, bronquíssimos estes nossos silvícolas para todos os assuntos espirituais, para tudo que reclama trabalho mental e que não se pode ver com os olhos. Para os serviços mecânicos, porém, têm olhos de lince. O que viram uma só vez, pode-se estar convencidíssimo que o imitarão. Não precisam absolutamente de mestre nenhum, nem de dirigente que lhes indique e os esclareça sobre as regras das proporções, nem mesmo de professor que lhes explique o pé geométrico. Se lhes puseres nas mãos alguma figura ou desenho, verás daí a pouco executada uma obra de arte, como na Europa não pode haver igual [...]. Portanto, se ainda houver quem considere a estes coitados ineptos para especulações metafísicas, reconheça ao menos neles um tino prático para serviços mecânicos e, sobretudo, uma propensão rara para a música[34].

Sepp também comparou a cópia de modelos pelos indígenas com o padrão europeu:

> e no povo de São Francisco de Borja pintam os índios quadros tão vistosos e magistrais que seus trabalhos seriam apreciados até em Roma. Neste mesmo povo, um músico, que a um só tempo é um calígrafo notável, fez uma cópia de um gravador francês, de um artista parisiense, um retrato de sua Real Majestade Felipe V, que o mostra cavalgando em um corcel brioso, e a cópia foi tão perfeita que nosso Padre Procurador estimou que valia a pena levá-lo consigo à Europa e apresentá-lo a sua Real Majestade[35].

A respeito de não generalizar o mito da "ibérica aversão ao trabalho manual", as artes e ofícios, no projeto missioneiro, eram tidas como atividades

sumamente importantes para o progresso de uma república. Pois quem é que não sabe quão indispensáveis são numa cidade os arquitetos, os ferreiros, os marceneiros, os tecelões, os fiandeiros, os curtidores, os oleiros, etc. etc. [...]. Qual o cidadão que consentiria em que fossem desterrados do país os pintores? Quem não estima os músicos?

33. S. Palácios; E. Zoffoli, *Gloria y Tragedia de las Misiones Guaranies*, p. 249.
34. A. Sepp, op. cit., p. 183, 184, 186.
35. Idem, p. 180.

Quem é que não faz conta dos tipógrafos? Também tais possui-os a nossa América; possui-os, ama-os e os sabe apreciar[36].

As alterações nas pinturas e esculturas, em geral, eram sutis. Simplificavam os planos de fundo, aproveitavam o tema, eliminando ou acrescentando figuras, a partir das dimensões disponíveis. A esse respeito, Hannah Levy reitera: "somente artistas nacionais de real talento conseguiram transformar os modelos copiados, mesmo quando medíocres, em algo de pessoal e em obras que tenham unidade de estilo"[37].

Os jesuítas, além de valorizarem a própria atuação polivalente, enalteciam a mesma atitude nos indígenas. Esse fato indica que a polivalência não é uma "invenção" tão recente assim. O padre Sepp considerava necessário, por mais simples que fosse a atividade, estar sempre junto dos índios orientando-os e fornecendo-lhes moldes e modelos. A respeito da capacidade dos padres, para o ensino das artes e ofícios, a opinião era a seguinte:

> Quem foi que ensinou aos meus índios a tecer franjas e bordar rendas? A costurar e fazer com a agulha corporais, cortinas, casulas e todas as alfaias do culto divino? Quem lhes guiou a mão para tornear do chifre aqueles relicários romanos? Quem lhes ensinou a lavrar a pedra, a burilar, com esforços incríveis, estátuas, altares, púlpitos e a fazer mil outros trabalhos perfeitíssimos? Foi o Pe. Antônio que, com o auxílio da graça de Deus, ensinou tudo isto aos seus indígenas, e lhes há-de fazer aprender muito mais ainda, se o misericordioso Deus lhe conceder vida[38].

Embora a submissão ao modelo europeu fosse preponderante, isto não significou que a produção cultural na colônia tenha ficado restrita, apenas, à cópia. Os índios, na qualidade de hábeis pintores e escultores, apropriaram-se das técnicas europeias para, também, representarem, sutilmente, seus valores e tradições.

A essa articulação entre padrões europeus e indígenas, alguns estudiosos têm chamado de "adaptação imitativa". Contudo, o termo "transfiguração imitativa" parece ser mais pertinente. Enquanto adaptação está associada à noção de conformação, o que parece denotar uma ausência de resistência, o termo "transfiguração" remete ao processo de desconstituição e reconstituição do eu indígena. Denota resistência diante de uma imposição cultural.

A jornada educativa terminava ao final da tarde, a um sinal do sino, às 06h00. Nesse momento, todas as crianças voltavam ao templo, para a catequese. Rezavam, merendavam e regressavam as suas casas. Os meninos eram instruídos para, assim que chegassem em casa, comentar com seus pais tudo o que haviam aprendido.

36. Idem, p. 182.
37. H. Levy, Modelos Europeus na Pintura Colonial, *Revista do Patrimônio Histórico e Artístico Nacional*, n. 8, p. 24.
38. A. Sepp, op. cit., p. 183.

Os que desobedeciam às prescrições e regras de "sociabilidade" de cada redução, seriam castigados. Cada povo possuía seu livro de "ordem", cujas penalidades eram conhecidas por todos. A execução dos açoites era em praça pública, para servir de exemplo. As penalidades, em geral, reduziam-se às orações, cárcere e, algumas vezes, açoites (o máximo de 25 para os homens, quatro ou cinco para as crianças e vinte para as mulheres). Antes de irem para o cárcere, os padres anunciavam o motivo da pena. Os presos, todos os dias, eram levados amarrados para assistirem a missa.

Além da catequese, as Missões Jesuíticas eram movidas, também, por interesses econômicos[39]. Os padres faziam dos índios dóceis seminaristas e deles se serviam para fins mercantis. Uma boa parte almejava, tanto quanto os colonos, o enriquecimento financeiro e latifundiário utilizando-se da mão-de-obra gratuita indígena.

Uma mudança substancial no ensino das artes e ofícios ocorreu em Minas Gerais, no século XVIII, quando, em razão do impedimento das ordens religiosas, um dos primeiros refluxos na cisão entre Estado e Igreja, houve uma ascensão de artistas leigos, em sua maioria mestiços, nascidos na colônia. É disso que vamos tratar, concisamente, adiante.

O ENSINO DAS ARTES E OFÍCIOS NO AUGE DA ARTE BARROCA: AS OFICINAS DOS ARTISTAS LEIGOS EM MINAS GERAIS

Sob a égide da episteme da representação, as artes e ofícios, diversamente do que ocorria no litoral brasileiro, passaram a ser transmitidas, mormente em Minas Gerais, nas oficinas coordenadas por artistas leigos ou católicos fervorosos, pois esse requisito era decisivo para firmar contratos com associações leigas ou irmandades. Essa mudança é consequência, dentre outros fatores, dos influxos do iluminismo na colônia brasileira, na qual as diretrizes passaram a ser adotadas pelo Estado.

As irmandades leigas ganharam prestígio, segundo Caio Boschi, porque, para a Igreja Católica, ofereciam a vantagem de serem promotoras e sedes da devoção[40]. Eram eficientes instrumentos de sustentação financeira do culto. Substituíam o clero na continuidade da vida religiosa. Arcando com os onerosos encargos dos ofícios religiosos, eximiram o clero de combater o padroado régio. O Estado também era beneficiado ao se desobrigar do compromisso de aplicação dos dízimos eclesiásticos, recolhidos no culto religioso e na promoção de serviços sociais para atender a população colonial.

Como predominavam interesses coloniais, nesse momento, mais restritos às diretrizes da monarquia, as associações ou irmandades

---

39. G. Freyre, op. cit., p. 204.
40. *Os Leigos e o Poder*, p. 65.

foram incumbidas da guarda, conservação e decoração das igrejas. Empregavam profissionais para atender às necessidades dos templos. Com o apogeu do ouro, a importância de um povoado mineiro e sua religiosidade eram demonstradas pela imponência ornamental das igrejas matrizes. As associações leigas ou irmandades ganhavam prestígio à medida que atuavam em prol desses interesses.

As oficinas eram, em geral, comandadas por empreiteiros, que se apresentavam perante as câmaras, irmandades e ordens, para realizar as encomendas, em sua maioria, para a decoração de interiores. Contavam com a ajuda de escravos para os trabalhos mais pesados, e com mestiços, com remuneração monetária, para os trabalhos mais refinados. Esses últimos eram examinados anualmente por juízes nomeados pelas câmaras.

O pai, quando dominava algum ofício, era o mestre do seu próprio filho. Em outros, como aponta Flexor, os pais faziam um contrato por escrito ou oral para que os filhos pudessem aprender na oficina de um mestre afamado[41]. Permanecia entre ambos – pais e mestre – um contrato moral. Não havia idade certa para o início da aprendizagem. O aprendiz era colocado sob a guarda do seu mestre. Esse lhe ensinava o ofício, educava-o e servia-se dele para outras tarefas, principalmente domésticas. As relações estabelecidas no contrato entre pais e mestres poderiam ser, inclusive, objeto de contenda judicial.

A produção artística, baseada na apresentação de estampas e gravuras europeias, começou, paulatinamente, a sair do dogmatismo e rigor formal. Agora, eram múltiplas as fontes e modelos, também era variado o contingente de profissionais qualificados. Eram artistas mais independentes que seus predecessores subordinados à rígida supervisão das oficinas conventuais e mais abertos à assimilação de novas tendências estilísticas, como as plantas curvilíneas e a decoração rococó[42]. Continuou-se fiel à temática, mas, além dos modelos europeus contava-se com a experiência pictórica do artista. Aos poucos, os estilos pessoais, cujo exemplo marcante é a arte de Aleijadinho, foram se consolidando.

INFÂNCIA, ENSINO E BOM SUJEITO DOCENTE NO JESUITISMO

Realizando uma análise geral da noção de ensino no jesuitismo, é possível inferir, em síntese, que se tratava de uma modalidade de intervenção educacional na qual os próprios pupilos eram, estrategicamente, envolvidos como agentes e beneficiários da punição e da

---
41. M. H. Flexor, op. cit., p. 185.
42. M. Oliveira, O Conceito de Identidade Nacional na Arte Mineira do Período Colonial, *Revista do Patrimônio Histórico e Artístico Nacional*, n. 30, p. 77, 122, 123.

premiação. No Brasil, o jesuitismo confundia-se com o próprio processo de colonização; a docência com a pregação dos princípios do catolicismo romano.

Tratava-se de um ensino estratificado, que forjava estudantes de acordo com a condição social e econômica. As infâncias pobres eram projetadas para atender à manufatura; a infância de classe média, à manutenção da ordem social; a infância do príncipe, para administrar e usufruir as riquezas. Para cada protótipo de infância, o jesuitismo projetava programas, disciplinas e conteúdos específicos. A atividade do ensino implicava no acionamento da disciplinarização por intermédio do confinamento.

O ensino das artes e ofícios reforçava a produção artística em consonância com as necessidades do templo católico, das reduções e associações ou irmandades. A temática religiosa e a configuração formal advinham de um modelo europeu. A execução da arte era um auxílio da graça divina.

Dominar múltiplas habilidades, garantindo uma produção artística condizente com a temática católica e com modelos europeus, era o que deveria desejar saber mestres jesuítas e aprendizes. A confecção de um objeto pelo aprendiz, semelhante ao modelo, revelava a efetivação da conversão. Todo o repertório iconográfico que pudesse incutir a visão do amor a Deus, a piedade, a santificação e a obediência constituía uma "boa imagem".

Um bom sujeito docente nas artes e ofícios, nos séculos XVI e XVII na colônia brasileira, deveria ser um sacerdote estrangeiro, vinculado a uma ordem religiosa, proveniente de países europeus católicos e com capacidade para exercer múltiplas funções. No auge da arte barroca, sobretudo em Minas Gerais, no século XVIII, um bom sujeito docente passou a ser um artista leigo, ou seja, um profissional difusor do catolicismo. Eram em sua maioria mestiços, nascidos na colônia. Atuavam como empreiteiros, em oficinas, dispostos a atender às necessidades de irmandades e ordens terceiras.

Para ensinar e ser considerado bom, o sujeito docente deveria, nas oficinas de artes e ofícios, articular a temática religiosa, os modelos europeus com vistas à produção de um objeto artístico-religioso. A atuação polivalente, associada à devoção religiosa, era cobrada e valorizada, tanto em relação aos mestres como aos índios aprendizes.

Quanto à suposição, derivada do jesuitismo, de que a arte é desnecessária no currículo escolar ficou evidente que sua relutância no presente ocorreu, sobretudo, porque foi disseminada em diferentes versões, em conformidade com a projeção de infância: a infância real foi forjada a pensar que o acesso à arte era um sinal de distinção e de erudição, exclusiva aos dirigentes e aristocratas; valorizar o saber bacharelesco, vendo a arte unicamente como um penduricalho curricular ou como uma opção de lazer constituía o que a infância de prata era forjada a pensar. A infância pobre julgava a arte como algo inferior, uma atividade que só se procurava e exercia porque não se tinha aptidão para profissões mais importantes.

SUGESTÕES PARA FUTURAS PESQUISAS

Seguindo a linha de investigação e de raciocínio exposto, considero relevante a realização de investigações sobre as representações da infância e da adolescência na produção visual e como afetam a arte na educação escolar. Julgo interessante ainda as pesquisas sobre as denominações da arte na educação e seus desdobramentos na maneira de ensinar, ver, agir e pensar nos textos acadêmicos e nas escolas em diversos momentos e em diversas localidades, contando, como fonte de pesquisa, com a produção visual (fotografias de aulas, trabalhos de alunos, etc.).

BIBLIOGRAFIA

BARBOSA, Ana Mae. Arte/Educação. In: ZANINI, Walter (org). *História Geral da Arte no Brasil.* v. 2. São Paulo: Instituto Moreira Sales/ Fundação Djalma Guimarães, 1983.

BAYER, Raymond. *História da Estética.* Lisboa: Estampa, 1993.

BELLUZZO, Ana Maria de M. A Lógica das Imagens e os Habitantes do Novo Mundo. In: DONISETE, Luís, GRUPIONI, Benzi (orgs.). *Índios no Brasil.* 3. ed. São Paulo: Global, 1998.

BETTENCOURT, Lúcia. Cartas Brasileiras: visão e revisão dos índios. In: DONISETE, Luís; GRUPIONI, Benzi (orgs.). *Índios no Brasil.* 3. ed. São Paulo: Global, 1998.

BOSCHI, Caio César. *Os Leigos e o Poder*: irmandades leigas e política colonizadora em Minas Gerais. São Paulo: Ática, 1986.

ELIAS, Norbert. *Conocimiento y Poder.* Madrid: La Piqueta, 1994.

FÁVERO, Leonor Lopes. Heranças: a educação no Brasil colonial. *Revista da Associação Nacional de Pós-Graduação (ANPOLL)*, São Paulo, n. 1, jan-jun. 2000.

FERNANDES, Florestan. *Notas sobre a Educação na Sociedade Tupinambá.* São Paulo: CRPE, 1964.

FLEXOR, Maria Helena. *Oficiais Mecânicos na Cidade de Salvador.* Salvador: Prefeitura Municipal do Salvador/Departamento de Cultura/Museu da Cidade, 1974.

_____. Ofícios, Manufaturas e Comércios. In: SCMRECSÁNYI, Tomás (org.). História Econômica do Período Colonial. 2. ed. revista. São Paulo: Hucitec/Associação Brasileira de Pesquisadores em História Econômica/ Editora da Universidade de São Paulo/Imprensa Oficial, 2002.

FOUCAULT, Michel. *Microfísica do Poder.* Rio de Janeiro: Graal, 1979.

FREYRE, Gilberto. *Casa Grande & Senzala.* 12. ed. Brasília: UNB, 1963.

LEITE, Serafim. *Artes e Ofícios dos Jesuítas no Brasil.* Lisboa: Livros de Portugal, 1953.

LEVY, Hannah. Modelos Europeus na Pintura Colonial. *Revista do Patrimônio Histórico e Artístico Nacional*, Rio de Janeiro, n. 8, 1944.

LIMA JÚNIOR, Augusto. Ligeiras Notas sobre Arte Religiosa no Brasil. *Revista do Patrimônio Histórico e Artístico Nacional*, Rio de Janeiro, n. 2, 1938.

MARIANO FILHO, José. *Estudos de Arte Brasileira*. Rio de Janeiro: [s. n.], 1942.

MATTOS, Luiz Alves de. *Primórdios da Educação no Brasil*: o período heróico (1549-1570). Rio de Janeiro: Aurora, 1958.

MAYERHOFER, Lucas. A Igreja de São Miguel das Missões. *Revista do IEB*, São Paulo, n. 6, 1969.

MÜLLER, Regina. *Os Asuriní do Xingú*: história e arte. 2. ed. Campinas: Editora da Unicamp, 1993.

NASCIMENTO, Erinaldo Alves do. *Mudanças nos Nomes da Arte na Educação*: Qual infância? Que ensino? Quem é o bom sujeito docente? Tese de doutorado, São Paulo: ECA-USP, 2005.

OLIVEIRA, Myriam Andrade Ribeiro. O Conceito de Identidade Nacional na Arte Mineira do Período Colonial. *Revista do Patrimônio Histórico e Artístico Nacional*, São Paulo, n. 30, 1989.

PALACIOS, Silvio; ZOFFOLI, Ena. *Gloria y Tragedia de las Misiones Guaraníes*: historia de las reducciones jesuíticas durante los siglos XVII y XVIII en el Río de la Plata. Bilbao: Mensajero, [s. d.].

SEPP, Antônio. *Viagem às Missões Jesuíticas e Trabalhos Apostólicos*. São Paulo: Martins/Edusp, 1972.

_____. *Jardim de Flores Paracuio*. Edição de Werner Hoffman. Tomo III. Buenos Aires: Eudeba, 1974.

RIBEIRO, Berta G. *Arte Indígena, Linguagem Visual/Indigenous Art, Visual Language*. Belo Horizonte: Itatiaia; São Paulo: Edusp, 1989.

SALAS, Dalton. Reduções Jesuíticas de Índios Guaranis na Bacia do Rio da Prata: função retórica da arte no processo de catequese. *Barroco*, Belo Horizonte, n. 15, 1990-1992.

SILVA, Áurea Pereira da. Notas sobre a Influência da Gravura Flamenga na Pintura Colonial do Rio de Janeiro. *Barroco*, Belo Horizonte, n. 10, 1978-1979.

STADEN, Hans. *Viagem ao Brasil*: versão do texto de Marpurgo, de 1557. Rio de Janeiro: Officina Industrial Gráphica, 1930.

_____. *Duas Viagens ao Brasil*. Belo Horizonte: Itatiaia; São Paulo: Edusp, 1974.

VARELA, Julia; ALVAREZ-URIA, Fernando. *Arqueologia de la Escuela*. Madrid: La Piqueta, 1991.

VARELA, Julia. O Estatuto do Saber Pedagógico. In: SILVA, Tomaz Tadeu da (org.). *O Sujeito da Educação*: estudos foucaultianos. Petrópolis, RJ: Vozes, 1994.

3. O Ensino da Arte em uma Escola de Mulheres

Roberta Maira de Melo Araújo

Este ensaio é parte de um estudo sobre a história do ensino de arte na educação feminina no Colégio Nossa Senhora das Dores (CNSD), em Uberaba e compreende o período de 1885 a 1973 quando o colégio deixa de ser internato e externato feminino e começa a receber alunos do sexo masculino.

Foram abordados os aspectos histórico-pedagógicos presentes neste colégio e que coincidem com o ensino de arte de várias localidades brasileiras, visto que o colégio segue as exigências legais, não só da sociedade uberabense e região, mas do país.

Nesta pesquisa foram analisadas as fontes fotográficas encontradas no trabalho empírico, sendo assim determinadas: alunas e espaço físico do CNSD; as aulas de desenho; as aulas de pintura e de trabalhos manuais; sistematiza após comparações aprofundadas do material coletado e de dados históricos sobre a educação feminina no Brasil, bem como da disseminação de congregações religiosas pelo mundo.

Para entendermos como se deu, é importante recordar o histórico que levou as congregações religiosas a se espalharem pelo mundo. Foi a crise entre Igreja e Estado que iniciou as perseguições laicizantes, deixando evidente a instabilidade no campo religioso.

Na Europa, França e Itália notadamente, as lutas burguesas implicaram a perseguição anticlerical e o afastamento da Igreja de todos os centros de decisão, inclusive do sistema público de ensino. As reformas de Jules Ferry, na Terceira República, foram decisivas para a consolidação do laicismo educacional e neutralidade religiosa na França[1].

Dentro desse quadro, em 1881, Pe. Cormier apresenta um projeto à superiora da Congregação de Bor, Madre Dosithée, que incluía as irmãs (Maria José, Maria Otávia, Maria Juliana, Maria Reginalda, Maria Eleonora e Maria Hidelgarda) na missão no Brasil; obra já iniciada pelos frades dominicanos de Tolosa, em 1880. O convite foi reforçado pelo bispo de Goiás, Dom Cláudio de Leão, que chamou com insistência as irmãs para ajudar na missão.

Para a missão, foi escolhida uma pequena cidade do interior mineiro, com posição geográfica privilegiada e considerada um centro comercial. As seis irmãs dominicanas, que partiram da França para o Brasil em 1885, ficaram três meses em Portugal, aprendendo a língua, e depois seguiram de navio, viagem que durou 23 dias, até o Rio de Janeiro. De trem, vieram até Ribeirão Preto, em um percurso que durou dois dias, e daí terminaram o caminho até Uberaba de carro de boi, mais oito dias de uma viagem em que, além das complicações com o longo trajeto, trouxeram junto com a bagagem um piano de cauda[2], a fim de instalar na cidade mineira a primeira escola da Congregação no Brasil.

Na região do Triângulo Mineiro, onde fica Uberaba, durante longo período existiam apenas escolas particulares e "a influência do ensino privado predominou por vinte e três anos, de 1885 a 1908"[3] já que a escola pública surgiu no começo do século xx, e somente em 1940 o ensino público de responsabilidade do Estado ganhou força e se expandiu na região.

A cidade de Uberaba seguia os modelos europeus desde instrução até a moda, passando pelos hábitos alimentares. Estabelecimentos comerciais se especializaram em importar produtos, como podemos perceber nas propagandas da época, publicadas no *Almanach Uberabense*.

No *Almanach Uberabense* também estava presente o discurso médico-higienista, considerado primordial na educação feminina no século xx. Apresentamos um deles:

A Hygiene no Lar*
Os seguintes mandamentos foram extrahidos pela Tia Luzia de uma revista estrangeira, e observal-os é conquistar para nossa vida proveitos.
1º Hygiene geral – Levantar cedo, deitar cedo e trabalhar durante o dia.

---

1. Ivan Manoel apud G. Moura, *Por trás dos Muros Escolares*, p. 35.
2. H. Leite, entrevista concedida à autora.
3. Wenceslau Gonçalves Neto apud G. Moura, op. cit., p. 22.
* A grafia das citações dos diários é original, mas pode não estar correta, pois as freiras eram francesas. (N. da O.)

 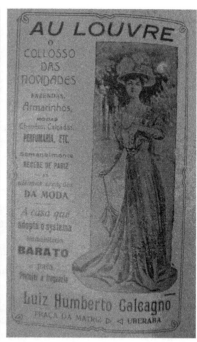

Figura 1: Almanach Uberabense, *1895, p. 194.*
Figura 2: Almanach Uberabense, *1911, p. 226.*

2º Hygiene respiratoria – A agua e o pão sustentam a vida, mas o ar puro e o sol indispensável á saúde.
3º Hygiene digestiva – A frugalidade e a sobriedade são o melhor elixir de longa vida.
4º Hygiene da pelle – A limpeza preserva da ferrugem; as manchinas mais limpas duram mais tempo.
5º Hygiene do somno – Um repouso sufficiente repara e fortifica; um repouso longo amolece e enfraquece.
6º Hygiene do vestuario – Vestir-se bem é conservar ao corpo, com a liberdade dos movimentos, o calor necessario, é preserval-o de todas as mudanças repentinas de temperatura.
7º Hygiene de habitação – A casa aseiada e alegre torna o lar domestico attrahente e confortavel.
8º Hygiene intellectual – A alegria faz amar a vida e o amor da vida é uma grande parte da saude. A tristeza e o desanimo antecipam a velhice.
9º Hygiene moral – O espirito descansa e aprimora-se nas distracções: mas o abuso arrasta-o para as paixões e para os vicios.
10º Hygiene profissional – Se é teu cerebro que te sustenta, não deixes paralysar tuas pernas.
Se pelo contrario é com os teus braços que ganhas a tua vida, não te esqueças de cultivar a tua intelligencia[4].

4. *Almanach Uberabense*, 1909, p. 64-65.

O discurso médico-higienista muito contribuiu para moldar o perfil feminino ideal de subserviência e moral tão exigidos pela sociedade. Os mandamentos norteavam toda a rotina, desde o acordar, a higiene pessoal e a do lar, o humor, o trabalho e a vestimenta. Criava-se, portanto, um padrão social de conduta.

Quando as jovens ainda eram instruídas em conventos ou pequenos colégios, com várias restrições quanto ao currículo, permaneciam em média três anos nestes estabelecimentos e saíam ainda meninas para se casarem. O que fez este costume se alterar foi a criação de instituições voltadas para a educação feminina a oferecer currículo que se aproximava dos ministrados aos meninos. Esta melhora da educação levou as alunas a ficarem mais tempo nas escolas e, consequentemente, casarem-se um pouco mais tarde.

Todo esse roteiro auxiliou no estabelecimento de um modelo ideal também para a futura professora, uma vez que a mulher conquistou espaço no magistério, permanecendo trabalhadora dócil – e, portanto, pouco ou nada reivindicando – até a década de 1970[5]. Houve uma crescente presença feminina no magistério e o discurso de moralidade assumiu significado importante, juntamente aos discursos médico-higienista e positivista. Esta preocupação que envolveu a figura feminina, levou à aceitação da normalista no campo de trabalho com base nas "ideologias de domesticidade e maternagem", segundo as quais a escola era pensada enquanto uma extensão do lar. São aspectos ideológicos que fizeram da mulher as mais aptas para o magistério.

Neste contexto, surgiu a argumentação que "atribuía às mulheres o papel de regeneradoras morais da sociedade"[6]. Com este discurso, a mulher deixava de ser a sedutora e pecadora que tanto preocupava os jesuítas no Brasil-Colônia, sendo agora considerada "naturalmente" pura e possuindo um espírito maternal que a tornava ideal para o exercício do magistério. "O novo estatuto social feminino no magistério fez também emergir mecanismos de controle e discriminação contra as mulheres e enraizar as ideologias de domesticidade e maternagem (reforçadas pelo discurso positivista e higienista)"[7]. Entretanto, para as mulheres, sair do espaço doméstico e alcançar um outro espaço de convívio foi essencial para a construção da individualidade e da emancipação.

O Colégio Nossa Senhora das Dores (CNSD), fundado pelas irmãs dominicanas para educar as moças da cidade e região, comungava

---

5. Neste momento surge "a professora sindicalizada, denominada de trabalhadora da educação, é representada pela mulher militante, disposta a ir às ruas lutar por melhores salários e melhores condições de trabalho", G. Louro, Mulheres na Sala de Aula, em M. Del Priore (org.), *História das Mulheres no Brasil*, p. 247.
6. H. Villela, O Mestre-Escola e a Professora, em E. Lopes; L. Faria Filho; C. G. Veiga, (orgs.), *500 Anos de Educação no Brasil*, p. 120.
7. Idem, ibidem.

deste pensamento e atendia as expectativas da sociedade uberabense e região.

Funcionava apenas com o curso primário até que, em agosto de 1906, o colégio obteve equiparação às Escolas Normais do Estado de Minas Gerais. Já o curso secundário fundamental teve início em 1939, com inspeção federal preliminar concedida, mas foi a partir de 1943 que o colégio passou a funcionar como ginásio e conseguiu a equiparação ao Colégio Pedro II[8]. Naquele momento, foi autorizado a funcionar como colégio e obteve as "regalias" de inspeção permanente em 7 de janeiro de 1944[9].

A partir de 1930, o CNSD começou a receber inspeção nos âmbitos estadual e federal. Este fato se deve à Reforma Francisco Campos, de 11 de abril de 1931, que, dentre as contribuições para uma estruturação orgânica do ensino secundário, comercial e superior, criou a carreira do inspetor[10]. Muitos dos materiais com que trabalharemos mais adiante (fotos de salas de aula, materiais pedagógicos e dados como nomes de professores e avaliações) foram encontrados nas atas de inspeção deste período[11].

Os anos que antecederam a obtenção do reconhecimento foram de inspeções contínuas, solicitadas pelo CNSD ao governo federal, inúmeros relatórios sobre a administração e aspectos pedagógicos, além da análise de detalhes da estrutura física (descrição das salas, materiais pedagógicos e plantas baixas do prédio) pelos fiscais municipais e federais.

O ensino primário era composto por quatro séries, vindo em seguida dois anos de adaptação – quando, então, a aluna escolheria se faria os três anos do normal ou os três anos do ginasial. Todas as séries funcionavam em turno único, começando às 11h00 e terminando às 16h00, com o curso primário e os demais terminando às 17h00. O colégio era um internato feminino, regime encerrado em 1966, mas só se tornou misto em 1973.

8. Modelo de educação secundária para todo o país.
9. Informações coletadas no Relatório de 1943 do Colégio Nossa Senhora das Dores.
10. O. Romanelli, *História da Educação no Brasil*, p. 135.
11. "a Reforma Francisco Campos teve o mérito de dar organicidade ao ensino secundário, estabelecendo definitivamente o currículo seriado, a frequência obrigatória, dois ciclos, um fundamental e outro complementar, e a exigência de habilitação neles para o ingresso no ensino superior. Além disso, equiparou todos os colégios secundários oficiais ao Colégio Pedro II, mediante a inspeção federal e deu a mesma oportunidade às escolas particulares que se organizassem, segundo o decreto, e se submetessem à mesma inspeção. Estabeleceu normas para admissão do corpo docente e seu registro junto ao Ministério da Educação e Saúde Pública. Estabeleceu também as normas para a realização da inspeção federal, criou a carreira do inspetor e organizou a estrutura do sistema de inspeção e equiparação de escolas". Ver: idem, ibidem.

As disciplinas oferecidas no CNSD relativas ao ensino de arte eram: desenho, pintura, trabalhos manuais, canto orfeônico e piano, nomenclaturas que sofreram alterações no decorrer do tempo, embora os conteúdos ou técnicas continuassem praticamente os mesmos. Dentro do ensino de arte serão abordados neste trabalho apenas o desenho, a pintura e os trabalhos manuais.

O desenho esteve presente durante todo o curso. A Missão Artística Francesa (1816) trouxe um sistema de ensino baseado na noção da Academia Francesa e o estabelecimento da Academia e Escola Real de Artes no Rio de Janeiro (1820) introduziu tardiamente o neoclassicismo no Brasil[12]. A educação pelos moldes neoclássicos influenciou o ensino de desenho nas escolas do nível fundamental e médio, de tal forma que, para poder retratar o ensino de desenho no período, tem-se de considerar as expressões plásticas europeias assimiladas no cenário nacional.

No final do século XIX, nas aulas de desenho do CNSD, era trabalhada a cópia de estampas de artistas famosos ou, como relata uma das entrevistadas[13], de artistas célebres. Esta influência se deu com a vinda do romantismo, acrescido ao neoclassicismo já existente no país. Barata descreve este período:

O romantismo veio a dividir essa coincidência no tempo com o prosseguimento de formas neoclássicas em boa parte do Oitocentos, ainda relativamente puras, sobretudo quando tardias no século XIX brasileiro, mas a seguir contaminadas, no exterior e aqui, pelo ecletismo e o espírito acadêmico e historicista de cópia de obras de épocas anteriores[14].

As aulas da escola tradicional transcorriam a partir de exercícios de reprodução de modelos, os quais eram selecionados pelo professor e seguiam os princípios da metodologia apontada por Jean Amos Comenius em seu livro *Didática Magna*. A arte, segundo sua teoria das coisas, requer: o modelo ou imagem, que o artista observa e tenta reproduzir; a matéria onde vai imprimir a nova forma; e os instrumentos com os quais executa o trabalho. Acredita que o aluno deva fazer exercícios frequentes, trabalhar com segurança, com rapidez e sem cometer erros. Os exercícios eram a forma de criar o hábito da arte, pois se acreditava que só a prática faria artistas. Segundo esta metodologia – a qual era utilizada nas aulas de desenho, pintura e trabalhos manuais de forma mecânica –, o professor escolhia modelos para serem reproduzidos através de exercícios. A fixação se dava pela repetição e treinava-se o aprimoramento e a cópia.

12. Ver M. Barata, Século XIX: transição e início do século XX, em W. Zanini, *História Geral da Arte no Brasil*.
13. Irmã Elza Dias, ex-aluna e ex-professora do CNSD, entrevista concedida à autora.
14. M. Barata, Século XIX: transição e início do século XX, em W. Zanini, op. cit., p. 379.

Dentro desta concepção, no CNSD eram utilizados modelos selecionados pelo professor. Para as aulas de desenho, objetos como: estatuetas em gesso, vasos de porcelana, natureza morta em gesso e sólidos geométricos. Nesta mesma aula, era abordado o desenho geométrico com o uso de réguas, esquadros e compassos. Havia, também, as aulas de desenho ministradas para as normalistas, com livros específicos[15] a serem seguidos e que foram encontrados na biblioteca do CNSD. Esse material ensinava os desenhos pedagógicos que as futuras professoras deveriam saber para construir os esquemas de ilustração das aulas. As modalidades dos cursos de desenho foram definidas por Heloisa Ferraz e Maria Fusari, em *Arte na Educação Escolar*.

Foram encontrados diários da década de 1930 que descrevem essas aulas de desenho e comprovam o uso dos materiais citados anteriormente. No diário de 11 de outubro de 1934, por exemplo, lê-se seguinte descrição das aulas de desenho:

Desenho de um vaso de folhagem.
Continuação da aula precedente.
Continuação da aula precedente.
Desenho tirado de cópias.
Desenho de folhas.
Continuação da aula precedente.
Desenho de livros.
Continuação da aula precedente.
Desenho da elipse-circunferência e outras linhas à mão livre.
Desenho de livros.
Continuação da aula precedente[16].

O diário de 30 de novembro de 1934 cita o uso dos sólidos geométricos:

Desenho de uma valise.
Continuação da aula precedente.
Desenho de um estojo de pintura.
Continuação da aula precedente.
Desenho de corpos sólidos: prisma, poliedro etc.
Desenho de um grupo de objectos: cylindro, esquadro, compasso e transferidor.
Concurso: desenho da valise.
Desenho de uma talha.
Continuação da aula precedente.
Desenho de uma cesta.
Continuação da aula precedente.
Encerramento das aulas officiaes[17].

15. Ver J. Penteado, *Manual de Desenho Pedagógico* e R. Rotondaro, *Desenho Pedagógico para Escolas Normais*.
16. Diário, 31 out. 1934, p. 59.
17. Diário, 30 nov. 1934, p. 61. Ver A. M. Barbosa, *Arte/Educação no Brasil*, p. 70, que descreve as práticas artísticas influenciadas pelo positivismo e neoclassicismo, e o uso dos sólidos geométricos.

Uma outra forma de reforçar a importância dada à cópia perfeita eram os concursos de desenho do objeto realizado em sala de aula, que aconteciam praticamente uma vez por mês. Incentivavam-se as alunas a se dedicar o máximo e, com isso, conseguir o reconhecimento, prática comum também nas outras disciplinas.

As autoras Ferraz e Fusari estabelecem modalidades para os cursos de desenhos ministrados dos anos de 1930 a 1970: desenho do natural; desenho decorativo; desenho geométrico e desenho pedagógico[18]. Para categorizar as imagens coletadas no CNSD, apropriar-nos-emos das modalidades desenho do natural e desenho pedagógico, aos quais se acrescenta o desenho de estampas, pela importância que apresentou nas aulas de desenho e pintura do colégio.

O desenho do natural era realizado a partir de estatuetas de gesso trazidas da França, que representam ícones da figura feminina respeitada e aceita socialmente.

Figura 3: *Busto em gesso.*

O modelo europeu, principalmente francês, era seguido e respeitado na sociedade da região, e até as vestimentas utilizadas pelas mulheres da cidade eram baseadas na moda da França.

A moda não foi o único caminho francês a ser seguido, mas também o conceito de civilização, tão difundido na Europa, e que se estabeleceu em oposição ao de barbárie. O Brasil, para poder

---

18. *Arte na Educação Escolar*, p. 25.

tornar-se civilizado, deveria educar todas as classes; então, a partir desse momento, adota o modelo de moral cristã francesa na educação das meninas, empreitada que o CNSD realizou com sucesso. Dentro do processo civilizador, tudo o que remetia ao progresso era adotado pelo colégio e pela sociedade da região, que buscava com isso tornar-se *civilizada*.

Figura 4: *Busto em gesso.*   Figura 5: *Busto em gesso.*

As estatuetas[19] em gesso retratavam, em sua maioria, figuras femininas com poses e expressões românticas, com aparência de sensíveis donzelas, como se acreditava que deveriam ser as mulheres. A primeira escultura possui movimento do drapejado de sua roupa, e o jogo de luz presente nas três figuras era uma característica comum aos tão populares bustos esculpidos no século XIX. Talvez seja pela preocupação com o jogo de luz que as meninas possuem a região dos olhos escurecida por uma tonalidade marrom, que dá um ar mórbido às estatuetas.

A imagem da menina debruçada sobre o livro, remetendo a uma leitura (possivelmente de livros religiosos ou algum romance), retrata um dos meios de ocupação do tempo permitidos à mulher burguesa, forma esta que encontrara de apropriar-se do mundo sem sair de casa, ambiente privado e consentido.

---

19. Há mais estatuetas no acervo do CNSD, mas algumas são muito parecidas e dispensam, portanto, comentários adicionais.

Figura 6: *Casal de velhos.*

Outras estatuetas em gesso utilizadas nas aulas de desenho do CNSD tinham como tema o casamento, como a imagem acima, possivelmente feitas no Brasil. O casal de velhos apresenta a base diferente das estatuetas anteriores e possui nome em português, referente a bodas de ouro. Uma das pretensões do colégio era formar "boas donas de casa", e nada mais justificável do que a utilização de imagens que aludissem a esta situação, reforçando, assim, o envelhecer juntos, como é o caso do casal de velhos.

Não se sabe a data em que estas estatuetas foram adquiridas, mas as últimas dão a sensação de serem posteriores às demais.

Figura 7: *Natureza-morta. Frutas.*

Figura 8: *Jarra em porcelana*.

Além das estatuetas, alguns objetos eram utilizados, como é o caso dos pratos com frutas em gesso e de vasos de louça ou porcelana. Estes objetos são posteriores e começaram a serem citados nos diários e livros de atas de inspeção na década de 30 do século XX. Segue a descrição de uma dessas aulas:

Uma jarra com um lírio – copia do natural.
Repetição do trabalho feito na última aula de desenho.
Concurso – lírios com folhas – copia do natural.
Desenho do natural – uma penca de cajus com folhas.
Folhas de parreira – copia do natural.
Um galho de cerejeira com folhas e fructas.
Um vaso – copia vista deste objecto.
Um prato com fructas – copia do natural – desenho com sombra.
Repetição do trabalho feito na última aula de desenho[20].

Pela descrição das aulas e relato de ex-alunas, percebe-se que se dava importância a frutas e flores retiradas da natureza, mas provavelmente utilizavam-se as artificiais na falta daquelas. Os desenhos eram trabalhados com luz e sombra, a grafite ou a lápis de cor e/ou giz pastel.

Seguem um desenho colhido em cadernos de ex-alunas do CNSD. Não foram encontradas as descrições da técnica utilizada, mas tudo leva a crer que foram confeccionados a partir do desenho de observação, que era o procedimento comum a estas temáticas.

20. Diário de 1932, p. 57.

Figura 9: *Desenho natureza-morta. 30x24cm*

Percebemos, nestas imagens, a influência do conceito de desenho veiculado no Brasil pela Missão Francesa: a linha, enquanto contorno, subordinada à forma. Apesar de estes trabalhos terem sido executados no começo do século xx, ainda hoje percebemos esta tendência em muitas escolas no Brasil, nos mais diversos níveis de ensino.

Ainda de acordo com as modalidades sugeridas por Ferraz e Fusari, incorporamos o desenho de estampa, realizado desde o início das atividades do colégio, em 1885, no começo, nas aulas de desenho, a partir de imagens trazidas da França, que foram posteriormente sendo adquiridas no Brasil e apenas trabalhadas nas aulas de pintura, de que trataremos logo a seguir.

As imagens a seguir são de cópias de estampa realizadas nas aulas de desenho. Esta preferência pela temática paisagística talvez se deva à influência do artista alemão Grimm, que foi professor na Academia Imperial de Belas-Artes, no Rio de Janeiro, em 1874, e formou um grupo de paisagistas "nos quais a sensibilidade direta aos valores da paisagem teve grande importância na cultura brasileira"[21].

O desenho possui uma margem feita a lápis de cor e tem as mesmas medidas dos quatro lados, embora isto não tenha ficado claro na imagem acima. Do lado direito, os nomes das alunas que os realizaram, alguns trabalhos possuem o título no lado superior esquerdo da página. Estas imagens reportam à metodologia de Comenius, em que os exercícios constantes são fundamentais para aprender arte. As cópias intencionavam um realismo e os exercícios eram considerados primordiais ao aprimoramento.

---

21. M. Barata, Século xix: transição e início do século xx, em W. Zanini, op. cit., p. 416.

O ENSINO DA ARTE EM UMA ESCOLA DE MULHERES

Figura 10: *Paisagem. 30x24cm*

O que tudo indica é que normas espaciais para a execução do exercício eram passadas pela professora, como é o caso da margem e da escritura dos nomes. Esta margem talvez tenha a ver com a necessidade da técnica da perspectiva no desenho. Ressalte-se que a necessidade de seguir normas e copiar padrões foi uma constante na educação da mulher, em todos os âmbitos: tanto na educação formal quanto na das vivências sociais.

Trataremos agora do *desenho pedagógico*, que, como o desenho de estampa, não se dava por um processo de criação, mas pela cópia de exercícios sem nenhum tipo de reflexão.

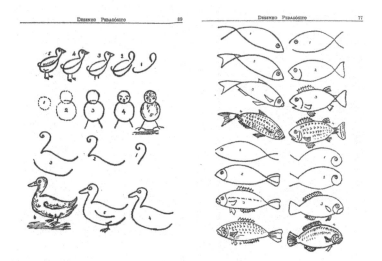

Figura 11: *Desenhos pedagógicos.*

O desenho pedagógico foi largamente utilizado nas escolas normais no século XX e tem grande influência ainda hoje em nossas escolas*. Os desenhos do pato e do peixe foram muito difundidos no ambiente escolar e podemos percebê-los até os dias atuais nos desenhos das crianças. Existem estudos sobre estes desenhos, considerados formas estereotipadas[22], discussão em que não entraremos, porque implicaria uma outra pesquisa e um outro trabalho. Analisaremos apenas a produção das alunas, que nos permite salientar como o período estudado foi todo orientado por aulas de desenhos, baseadas em modelos das mais diferentes procedências, de objetos em gesso a livros didáticos.

Enquanto as aulas de desenho eram obrigatórias no currículo do CNSD, as aulas de pintura eram opcionais e pagas à parte pelos pais que se interessassem para que suas filhas as cursassem. O desenho era de grande importância no século XX, considerado útil para determinadas profissões; mas qual seria a utilidade nas escolas da elite?

Uma delas seria o exercício para aprender arte e, assim, conhecer os quadros de "artistas de valor", motivo pelo qual a cópia de quadros destes artistas era realizada nas aulas de pintura. Outra questão talvez fosse a necessidade de saber bem o desenho, que era a base para a pintura, na condição de estudo preparatório para esta última, em cuja execução acabava por desaparecer – valores que ainda encontramos nas escolas. Frange descreve esta situação como:

> A grande questão de ensinar desenho nas escolas brasileiras é sua falta de autonomia. O desenho tem ficado como subestrutura (?) para pintura, gravura, escultura e denominações, que, a meu ver, não cabem na contemporaneidade. Forma & Cor estão interligadas. Desenho é forma & cor & espaço-tempo. Desenho são multilinguagens, multimedias, multijogos em múltiplas metáforas[23].

Estas conceituações do desenho são importantes para entender a concepção da pintura estudada e realizada no CNSD. No depoimento da ex-aluna, ela relata as aulas de pintura e os modelos adquiridos em Uberaba para serem reproduzidos:

> "Irmã Albertina", falou a Irmã Bernadete, "agora vai tomar conta da pintura" e a gente não falava, não, tinha aquele negócio de obediência. Coitadinha, ela foi lá, na Casa da Candoca, era uma casa que o colégio tinha, nós compramos a casa e agora é uma farmácia. Ali que era a sala de pintura e as salas de piano lá em Araxá. Então, a menina, coitadinha, não tinha, a Irmã Albertininha não tinha jeito de jeito nenhum, e aquelas alunas borrocando tudo, e ela não sabia nem consertar. Porque nessas pinturas tem umas

---

* Os desenhos pedagógicos se originaram de uma interpretação errônea da Pedagogia do Desenho de Arthus Perrelet. Ver A. M. Barbosa, *John Dewey e o Ensino da Arte no Brasil*. (N. da O.)

22. M. L. Vianna, Desenhos Estereotipados: um mal necessário ou é necessário acabar com este mal?, *Advir*, n- 5, p. 55-60.

23. L. Frange, *Por Que Se Esconde a Violeta?*, p. 279.

que querem aprender, mas não tem jeito. Então, ela chorava, coitadinha. Então, não sei quantos quadros que a Elizabete Ladeira, amiga, a gente às vezes retocava tudo[24].

Figura 12: *Frutas. 60x25cm*[25].

Figura 13: *Natureza-morta. 50x35cm*

24. A. G. Faria, entrevista concedida à autora.
25. Estas estampas foram cedidas em 2002, por Marísia Pereira Carneiro Ribeiro, a quem agradecemos.

As imagens anteriores eram utilizadas nas aulas, mas não se sabe a procedência, pois não havia nenhuma indicação de onde foram produzidas. Os trabalhos das alunas referentes a estas cópias também não foram encontrados, mas é notória a preocupação com estampa de imagens realísticas.

Figura 14: *Paisagens.*

O único trabalho localizado entre as pinturas realizadas foi uma paisagem de tinta a óleo sobre embalagem de papelão, não datada, que estava no acervo do CNSD. O próprio suporte utilizado no trabalho acima é diferente do que se usava habitualmente nas aulas e nenhuma das entrevistadas sabia identificar ou falar sobre ele. Tanto as aulas como o material utilizado seguiam padrões rígidos da academia, levantando dúvidas sobre a realização deste trabalho. Os padrões podemos perceber nos quadros que aparecem na foto da sala de pintura e desenho do CNSD.

Figura 15: *Sala de desenho do CNSD.*

Houve outro depoimento segundo o qual a irmã francesa que ministrava estas aulas possuía modelos trazidos de seu país e que eram utilizados com as alunas. Fala, também, sobre as imagens de "artistas célebres" utilizadas para reproduções:

ela [professora] tinha um monte de desenhos da França, e eu não sei o que elas fizeram com eles, porque eram quadros lindos [...]. Eram todos quadros franceses, italianos. [...] eu usava, sim, quando era um pintor célebre; por exemplo, o da Ave Maria teve alunas que pintaram. Eu pintei, também, quando eu era aluna, dois quadros célebres, muito célebres: um era a *Conceição* de Murilo, do pintor espanhol[26].

Era grande a valorização da reprodução de trabalhos de artistas, sendo que as cópias preferidas eram as das pinturas religiosas. A temática era apreciada pelas freiras e pelo ensino acadêmico, que formulou um vocabulário baseado em valores e padrões de manifestações plásticas. Apresentamos a seguir a classificação dos estilos do "menor" para o "maior":

Natureza-morta (flores e frutos).
Paisagem natural.
Paisagem bucólica ou pastoral.
Paisagem heroica ou histórica.
Paisagem idílica ou alegórica.
Seres vivos – animais.
Pintura de gêneros – homens comuns.
Retratos.
Pintura histórica.
Pintura religiosa.
Pintura alegórica[27].

Dentro desta classificação, as pinturas que foram realizadas nas aulas de pintura do CNSD foram de: natureza-morta, paisagem bucólica ou pastoral e pintura religiosa, esta última considerada a de maior importância, como podemos notar também no depoimento da ex-aluna e ex-professora de pintura do CNSD.

Nas aulas de trabalhos manuais havia uma grande valorização das atividades consideradas femininas: costura, bordado, crochê e a confecção de objetos utilitários, como flores, almofadas, caixas etc. O anúncio na *Gazeta de Uberaba* (1901) deixa clara a serventia destas aulas: "Tem por fim este collegio a formação de bôas mães de familia, e de criadas ou servas que possão vantajosamente substituir as escravas". E, logo abaixo, fala sobre as disciplinas que eram oferecidas às moças: "E tambem trabalhos manuaes proprios de uma senhora, taes como: costura, crochet, bordado, etc.".

26. Irmã Elza Dias, entrevista citada.
27. Felibien apud Y. Froner, *A Academia Imperial de Belas Artes no Brasil*, p. 1.

Além de os trabalhos manuais serem considerados atividades femininas, relacionadas com a organização do lar, representavam ofícios realizados no ambiente privado. Todos que eram desempenhados no âmbito doméstico deveriam ser executados por mulheres, e quanto mais atividades as moças realizassem dentro de casa, menos tempo teriam para se envolver em ações públicas.

Figura 16: *Forro em crochê.*

Os trabalhos manuais eram atividades delicadas, que adornariam os espaços privados, características que reforçavam ainda mais o papel social feminino no século XIX e em grande parte do século XX.

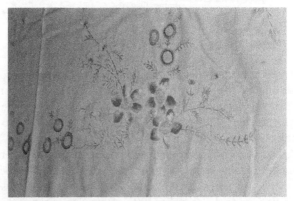

Figura 17: *Bordado realizado por Balbina Cury.*

Uma das entrevistadas relata a execução do trabalho realizado logo acima:

A Irmã pedia: "Traz um trabalho qualquer, pode escolher". Ficava à vontade da gente, então a gente levava qualquer trabalho para bordar, uma linha para crochê, uma coisa qualquer. Então, eu levei a toalha que eu já te contei. Era assim a aula de trabalho manual. A gente já levava desenhado, para a gente fazer. [...] As colegas, quando não levavam trabalho, sentavam em volta da mesa ou da minha cadeira e nós íamos fazer todas juntas. Então, elas ajudavam também. Assim, o dia que elas não levavam trabalho, porque o meu era um forro grande, dava trabalho para muita gente [...]. A hora de bordar era a hora de bater um papinho, então a gente gostava, nem via a hora passar[28].

E conta também que o desenho era utilizado também para riscar os tecidos a serem bordados, o que, na maioria das vezes, era feito com moldes prontos. As alunas não faziam a criação dos desenhos que comporiam as toalhas, que eram sempre copiados de algum lugar. Os motivos eram exclusivamente os florais e não foi relatado nenhum outro tipo de desenho; as letras eram também bastante empregadas, principalmente para marcar o enxoval das moças.

Os trabalhos manuais também eram utilizados como uma forma de ocupação do tempo das mulheres burguesas: assim como no ato da leitura, ficavam horas a bordar, recolhidas ao ambiente doméstico. Isto ocorria também com as alunas do internato do CNSD, que utilizavam o tempo livre para bordar e ler a Bíblia, como podemos observar na foto das meninas, tirada na área coberta.

Figura 18: *Alunas na área coberta.*

Vemos, acima, as alunas de várias idades, reunidas de forma descontraída, executando suas atividades extra classe. O modelo clássico está presente no olhar do fotógrafo e na composição perspectivada do extenso corredor, onde as colunas e os arcos se repetem até encontrarem

---

28. Balbina de Castro Cury, entrevista concedida à autora.

a parede ao fundo, com uma porta ao centro e a imagem de Nossa Senhora das Dores no canto direito.

Figura 19: *Alunas na sala de aula*.

As transformações na educação do CNSD são visíveis e estão presentes na mudança dos uniformes e na postura das alunas. O fardamento passou a ter mangas curtas na década de 1950 (as mangas longas eram ainda utilizadas, mas apenas para as festas realizadas no colégio) e as saias diminuíram de tamanho, enquanto os cabelos longos foram substituídos pelos curtos.

Como não havia uma sala própria para a execução dos trabalhos manuais, estes eram praticados na mesma classe utilizada para as outras disciplinas. Na imagem acima, podemos ver sobre algumas carteiras os tecidos e as linhas próprios para a realização dos trabalhos de agulha. Mesmo se tratando da terceira parte do século XX, quando os uniformes já eram de mangas curtas, e com algumas alunas arriscando um sorriso, a organização da sala prevalece de forma seriada, como discute Foucault:

> A ordenação por fileiras, no século XVIII, começa a definir a grande forma de repartição dos indivíduos na ordem escolar: filas de alunos na sala, nos corredores, nos pátios; colocação atribuída a cada um em relação a cada tarefa e cada prova; colocação que ele obtém de semana em semana, de mês em mês, de ano em ano; alinhamento das classes de idade umas depois das outras; sucessão dos assuntos ensinados, das questões tratadas segundo uma ordem de dificuldade crescente. E nesse conjunto de alinhamentos obrigatórios, cada aluno segundo sua idade, seus desempenhos, seu comportamento, ocupa ora uma fila, ora outra; ele se desloca o tempo todo numa série de casas; umas ideais, que marcam uma hierarquia do saber ou das capacidades, outras devendo traduzir materialmente no espaço da classe ou do colégio essa repartição de valores ou dos méritos. Movimento perpétuo onde os indivíduos substituem uns aos outros, num espaço escondido por intervalos alinhados[29].

---

29. M. Foucault, *Vigiar e Punir*, p. 125-126.

A organização do alunado em forma serial possibilitou a economia do tempo de aprendizagem, facilitou o controle de cada um e o trabalho simultâneo de todos. Antes, o professor orientava um aluno e os outros esperavam, ociosos e sem vigilância; com a disposição em fila, tornou-se possível o controle individual. Este arranjo ressaltou ainda mais a divisão de classes sociais, uma vez que o *status* era um dos critérios da disposição espacial. O professor tornou-se o classificador dos alunos quanto ao desempenho intelectual (nível de avanço), a submissão às regras (valor, temperamento, aplicação, limpeza) e à situação econômica (fortuna dos pais).

Em 1963, começou a aparecer uma nova disciplina, com o nome de artes plásticas, que absorveu, na verdade, os conteúdos de desenho e de trabalhos manuais e trouxe mais alguns acréscimos.

Havia diferenças do conteúdo entre os níveis de ensino ginasial e normal: por exemplo, no ginasial deixou-se de ter aulas de trabalhos manuais, enquanto no normal a disciplina continuou. Mais tarde surgiu a disciplina chamada de artes aplicadas, para cuja apresentação no ensino primário foi solicitado um professor especializado, como determinado pela resolução n. 16/72[30].

Mais tarde, os professores formados em licenciatura curta após a lei 5.692/71[31] acabaram por assumir essas aulas, cujo conteúdo eram técnicas diversas, artesanato, confecção de material didático e jogos (função educativa), confecção de instrumentos musicais, modelagem, confecção de fantoches e desenhos de letras.

Estes cursos de licenciatura em educação artística nas universidades foram criados em 1973 e possuíam currículo básico a ser aplicado em todo o país. Os cursos eram de dois anos e capacitavam para lecionar música, teatro, trabalhos manuais, desenho, canto coral e artes aplicadas, tudo ao mesmo tempo. As aulas limitavam-se a atividades com o apoio do livro didático de educação artística. Este período, conhecido por Escola Tecnicista, não teve grande projeção no CNSD no período estudado.

No caso desta pesquisa, o olhar é contaminado pela estreita relação enquanto ex-aluna do CNSD (1973-88). As fotos estudadas são, na realidade, a construção da educação que recebi e projetam um futuro que é o meu passado.

Foi justamente pela dificuldade de isenção enquanto pesquisadora que me apropriei da análise realizada por Barthes, sendo o interesse pela fotografia por "sentimento" que o impulsionou a "aprofundá-la,

---

30. *Diário Oficial do Poder Executivo*, 16 fev. 1972.

31. Lei N. 5.692 – 11 de agosto de 1971. "Art. 7º – Será obrigatória a inclusão de Educação Moral e Cívica, Educação Física, Educação Artística e Programas de Saúde nos currículos plenos dos estabelecimentos de 1º e 2º graus, observando quanto à primeira o disposto no Decreto-Lei n. 869, de 12 de setembro de 1969".

não como uma questão, mas como uma ferida: vejo, sinto, portanto noto, olho e penso"[32].

SUGESTÕES PARA FUTURAS PESQUISAS

O ensino oferecido no CNSD abre possibilidades para outros estudos específicos sobre a mulher ou sobre a educação (inspeção escolar, correntes pedagógicas, método Montessori dentre outras possibilidades). As demais disciplinas oferecidas no colégio possuem documentos que oportunizam investigações, como é o caso da música, tão valorizada na instituição.

Outra possibilidade seria a educação religiosa, em contraponto à educação leiga, ou mesmo o número de ex-alunas que resolveram seguir a vida religiosa e o porquê da escolha.

BIBLIOGRAFIA

Livros, Teses e Ensaios

ABBAGNAMO, Nicola. *Dicionário de Filosofia*. São Paulo: Martins Fontes, 2000.
ALMEIDA, Jane Soares. *Mulher e Educação*: a paixão pelo possível. Tese de doutorado, São Paulo: Faculdade de Educação-USP, 1996.
ALMEIDA, José Ricardo Pires. *Instrução Pública no Brasil (1500-1889)*: história e legislação. 2. ed. revista. São Paulo: Educ, 2000.
ALEXANDER, Thomas M. The Art of Life: Dewey's aesthetics. In: HICKMAN, Larry A. *Reading Dewey*. Bloomington: Indiana University Press, 1998.
BARATA, Mário. Século XIX: transição e início do século XX. In: ZANINI, Walter. *História Geral da Arte no Brasil*. São Paulo: Instituto Moreira Salles, 1983.
BARBOSA, Ana Mae. *Arte/Educação no Brasil*. 3. ed. São Paulo: Perspectiva, 1978.
_____. *Recorte e Colagem*: influência de John Dewey no ensino da arte no Brasil. São Paulo: Cortez, 1982.
_____. *Teoria e Prática da Educação Artística*. São Paulo: Cultrix, 1975.
_____. *Arte/Educação*: conflitos e acertos. São Paulo: Max Limonad, 1984.
BARBOSA, Rui. *Obras Completas*. Rio de Janeiro: Record, 1964.
BARTHES, Roland. *A Câmara Clara*: nota sobre a fotografia. Rio de Janeiro: Nova Fronteira, 1984.
BORGES, Maria Antonieta et al. *Dominicanas*: cem anos de missão no Brasil. Uberaba: Fundação Cultural de Uberaba, 1986.
CAMPOS, Maria Chistina S. Associação da Fotografia aos Relatos Orais na Reconstrução Histórico-Sociológica da Memória Familiar. In: LANG, Alice Beatriz S. G. *Reflexões sobre a Pesquisa Sociológica*. São Paulo: CERU, 1992.
COMENIUS, Jean Amos. *Didactica Magna*. Praha: Academia Scientiarum Bohemoslovenica, 1957.

---

32. R. Barthes, *A Câmara Clara*, p. 39.

COUTINHO, Rejane Galvão. *Sylvio Rabello e o Desenho Infantil*. Dissertação de mestrado, São Paulo: ECA-USP, 1997.
DEL PRIORE, Mary; VENÂNCIO, Renato Pinto. *O Livro de Ouro da História do Brasil*. Rio de Janeiro: Ediouro, 2001.
DEMARTINI, Zeila B. F. Trabalhando com Relatos Orais: reflexões a partir de uma trajetória de pesquisa. In: LANG, Alice Beatriz S. G. *Reflexões sobre a Pesquisa Sociológica*. São Paulo: CERU, 1992.
DERDYK, Edith. *Formas de Pensar o Desenho*. São Paulo: Scipione, 1989.
DEWEY, John. *Como Pensamos – Como se Relaciona o Pensamento Reflexivo com o Processo Educativo*: uma reexposição. São Paulo: Companhia Editora Nacional, 1959.
D'INCAO, Maria Ângela. Mulher e Família Burguesa. In: DEL PRIORE, Mary (org.). *História das Mulheres no Brasil*. São Paulo: Contexto, 1997.
DURAND, José Carlos. *Arte, Privilégio e Distinção*: artes plásticas, arquitetura e classe dirigente no Brasil, 1885/1985. São Paulo: Perspectiva, 1989.
EFLAND, Arthur. *History of Art Education*. New York: Teachers College Press, 1990.
FAUSTO, Boris. *História do Brasil*. São Paulo: Edusp, 1994.
FERRAZ, Maria Heloísa C. T. *Identidade Cultural Brasileira e Latino-Americana no Período Colonial*: o caso das Igrejas Jesuítas de Salvador e Cuzco. Dissertação de mestrado, São Paulo: ECA-USP, 1983.
_____. *Arte e Loucura*: limites do imprevisível. São Paulo: Lemos Editorial, 1998.
FERRAZ, Maria Heloísa C. T.; FUSARI, Maria F. Resende. *Metodologia do Ensino da Arte*. São Paulo: Cortez, 1993.
_____. *Arte na Educação Escolar*. São Paulo: Cortez, 1993.
FIGUEIREDO, Luciano. Mulheres nas Minas Gerais. In: DEL PRIORE, Mary (org.). *História das Mulheres no Brasil*. São Paulo: Contexto, 1997.
FLORESTA, Clércia. *Moralização Social e Resistência Feminina*: considerações sobre a educação feminina no Brasil, 1880-1920. Dissertação de mestrado, Campinas: Faculdade de Filosofia, Unicamp, 1988.
FOUCAULT, Michel. *Vigiar e Punir*: nascimento da prisão. 23. ed. Petrópolis: Vozes, 2000.
FRANGE, Lucimar Bello P. *Por Que Se Esconde a Violeta?* São Paulo: Annablume, 1995.
FRONER, Yaci Ara. *A Academia Imperial de Belas Artes no Brasil*. Uberlândia: Universidade Federal de Uberlândia, 1993. (Cópia reprográfica).
GUIDO, Maria Christina. *A Mulher Civiliza-se!*: educação feminina e francesa no Brasil republicano, o colégio Sacre-Coeur de Jésus. Dissertação de mestrado, Rio de Janeiro: Faculdade de História, PUC, 1992.
JANSON, H. W. JANSON, Anthony F. *Iniciação à História da Arte*. 2. ed. São Paulo: Martins Fontes, 1996.
KOSSOY, Boris. *Fotografia & História*. 2. ed. rev. São Paulo: Ateliê Editorial, 2001.
LEITE, Miriam Moreira. *Retratos de Família*. 3. ed. São Paulo: Edusp, 2001.
LEITE, Serafim. *Novas Páginas de História do Brasil*. São Paulo: Companhia Editora Nacional, 1965, (Coleção Brasiliana, v. 323).
LIMA, M. R. *Estudos sobre o Meio de Implantação das Dominicanas de Bor no Brasil no Fim do Século XIX*, (mimeo), [s. d.]

LOURO, Guacira L. Mulheres na Sala de Aula. In: DEL PRIORE, Mary (org.). *História das Mulheres no Brasil*. São Paulo: Contexto, 1997.

MALUF, Marina. *Ruídos da Memória*. São Paulo: Siciliano, 1995.

MEIHY, José Carlos Sebe Bom. *Manual de História Oral*. 3. ed. São Paulo: Loyola, 1996.

MENDONÇA, José. *História de Uberaba*. Uberaba: Vitória, 1974.

MONTESSORI, Maria. *A Criança*. Portugal: Portugália, 1952.

MOURA, Geovana F. M. *Por trás dos Muros Escolares*: luzes e sombras na educação feminina (Colégio N. Sra. das Dores – Uberaba 1940/1966). Dissertação de mestrado, Uberlândia: Faculdade de Educação-UFU, 2002.

PAIVA, José Maria. Educação Jesuítica no Brasil Colonial. In: LOPES, Eliana M. Teixeira; FARIA FILHO, Luciano M.; VEIGA, Cynthia G (orgs.). *500 Anos de Educação no Brasil*. 2. ed. Belo Horizonte: Autêntica, 2000.

PARRA FILHO, Domingos; SANTOS, João A. *Metodologia Científica*. São Paulo: Futura, 1998.

PENTEADO, José Arruda. *Manual de Desenho Pedagógico*: para as escolas normais e institutos de educação. 2. ed. São Paulo: Companhia Editorial Nacional, [s. d].

PERROT, Michelle. *Mulheres Públicas*. São Paulo: Fundação Editora da Unesp, 1998.

PONCE, Aníbal. *Educação e Luta de Classes*. Tradução de José Severo de Camargo Pereira. 16. ed. São Paulo: Cortez, 1998.

PONTES, Hildebrando. *História de Uberaba e a Civilização no Brasil Central*. Uberaba: Gráfica Zebu, 1970.

PONTUAL, Roberto. Barroco-Rococó. In: *Dicionário das Artes Plásticas no Brasil*. Rio de Janeiro: Civilização Brasileira, 1969.

READ, Herbert. *A Educação pela Arte*. São Paulo: Martins Fontes, 2001.

REZENDE, Eliane Mendonça M. *Uberaba*: uma trajetória socioeconômica (1811-1910). Uberaba: Arquivo Público de Uberaba, 1991.

RIBEIRO, Arilda Inês M. Mulheres Educadas na Colônia. In: LOPES, Eliana M. Teixeira; FARIA FILHO, Luciano M.; VEIGA, Cynthia G (orgs.). *500 Anos de Educação no Brasil*. 2ed. Belo Horizonte: Autêntica, 2000.

ROMANELLI, Otaíza de Oliveira. *História da Educação no Brasil*. Rio de Janeiro: Vozes, 1997.

ROTONDARO, Rafael. *Desenho Pedagógico para Escolas Normais*. 3. ed. São Paulo: Edições e Publicações Brasil Editora, [s. d.].

SILVA, Ângela Maria. *Guia para Normatização de Trabalhos Científicos*: monografias, dissertações, teses e projetos de pesquisa. Uberlândia: UFU, 1999.

SILVA, Zaly de A. *Artes Plásticas*. São Paulo: Melhoramentos, 1964.

_____. *Iniciação às Artes Aplicadas no Curso Normal*. São Paulo: Companhia Editora Nacional, 1969.

SOARES, Rita Miranda. A Influência dos Judeus "Cristãos Novos" na Cultura Mineira. Disponível em: <http://www.ensinandodesiao.org.br/Abradjin/artigos.htm>. Acesso em: 09 abr. 2002.

SOUSA, Vera Lúcia P. *Entre o Bem e o Mal*: educação e sexualidade nos anos 60 – Triângulo Mineiro. Dissertação de mestrado, São Paulo: FFLCH-USP, 1991.

VIANNA, Maria Letícia. Desenhos Estereotipados: um mal necessário ou é necessário acabar com este mal? *Advir*, n. 5, abr. 1995.

VIEIRA, Antônio. *Escritos Históricos e Políticos*. São Paulo: Martins Fontes, 1995.

VILLALTA, Luiz Carlos. O Que Se Fala e o Que Se Lê: língua, instrução e leitura. In: NOVAIS, Fernando A. (coord.). *História da Vida Privada no Brasil*: cotidiano e vida privada na América portuguesa. Organização de Laura de Mello e Souza. São Paulo: Companhia das Letras, v. 1, 1997.

VILLELA, Heloísa O. S. O Mestre-Escola e a Professora. In: LOPES, Eliana M. Teixeira; FARIA FILHO, Luciano M.; VEIGA, Cynthia G (orgs.). *500 Anos de Educação no Brasil*. 2. ed. Belo Horizonte: Autêntica, 2000.

Fontes Primárias Manuscritas

COLÉGIO NOSSA SENHORA DAS DORES. *Livro de Ata de Matrícula* (1888-1906).

_____. *Livro de Ata de Inspeção* (1913; 1943; 1946; 1947; 1949; 1953; 1956).

_____. *Regulamento Interno* (1953).

_____. *Diários de Classe* (1928; 1929; 1930; 1931; 1932; 1934).

Fontes Orais – Entrevistas concedidas a Roberta M. de Melo Araújo

BARRETO, Cordélia. Entrevista. Araxá, 7 jan. 2002.
CURY, Balbina de Castro. Uberaba, 10 dez. 1997.
DIAS, Elza. São Paulo, 5 dez. 2001.
FABRI, Marta Q. Uberaba, 14 maio 1998.
FARIA, Ana Guimarães. Uberaba, 1 dez. 1997.
IRMÃS DA CASA FRATERNIDADE BETÂNIA. Uberaba, 20 nov. 1997.
LEITE, Heloísa de Seixas. Uberaba, 15 mar. 1998.
RIBEIRO, Marísia Pereira Carneiro. Araxá, 7 jan. 2002.

Periódicos do Arquivo Público de Uberaba:

ALMANACH UBERABENSE, Rio de Janeiro: Alexandre Ribeiro & C, ano I, 1895-1911; ano 2, 1903-1911; ano 3, 1904-1911; ano 4, 1906-1911; ano 6, 1907-1911; ano 7, 1908-1911; ano 8, 1909-1911; Ano 9, 1910-1911; ano 10, 1911-1911.

ALMANAQUE COMERCIAL. Uberaba: Século XX, ano 1, 1917.

GAZETA DE UBERABA, Uberaba: Diário Matutino, 1901; ano 55, 1935.

LAVOURA E COMÉRCIO, Uberaba, 1940-1960.

REVISTA DE UBERABA, Uberaba, 1904, mensal, ano 1, v. 1, fascículo 2; fascículo 3.

REVISTA GRAÇA E BELEZA: Revista Ilustrada e mensal para todo o Brasil Central, Uberaba: n. 02, 1942; n. 04-05, 1942; n. 06, 1942; n. 08, 1943; n. 10, 1943; n. 11, 1944; n. 12, 1944; n. 13, 1945; n. 14, 1945; n. 15, 1945; n. 15-16, 1945; n. 19, 1946; n. 20, 1946.

4. A Educação pelo Olhar

aspectos das tecnologias do ensino intuitivo

Fernanda Pereira da Cunha

Apresentaremos, neste capítulo, as mudanças educacionais que ocorreram com a reforma do ensino público no Estado de São Paulo, realizada na República Velha, averiguando também a presença do ideário desta reforma ainda no período do Império.

A relevância destes três episódios – a Primeira Exposição Pedagógica do Rio de Janeiro em 1883, o Congresso da Instrução cancelado e a reforma do ensino público –, nesta pesquisa, faz-se presente em virtude de um novo paradigma no ensino brasileiro, o qual enfatizou o ensino intuitivo (aprendizado pelos sentidos), que foi eixo norteador para o aprendizado da época, tendo Pestalozzi, Froebel e Rui Barbosa como educadores-referência.

Neste contexto, passam a ser inseridos inúmeros e variados tipos de novas tecnologias, as quais serão utilizadas como aparato no processo de ensino/aprendizagem.

A história dessas tecnologias utilizadas nas artes visuais nos fins do século xix e início do século xx, traz a possibilidade de uma reflexão didática, histórico-crítica e mais ampla acerca das tecnologias empregadas em sala de aula.

O conhecimento dos aspectos pedagógicos, ideológicos e filosóficos pontua a trajetória do ensino-aprendizagem da arte, no que diz respeito ao uso de tecnologias.

Desta maneira, estes conhecimentos trazem a possibilidade de ampliar nosso entendimento de como tais tecnologias antigas, em suas épocas, puderam ser utilizadas. Para além disso, permitem aumentar a capacidade crítica para analisarmos como as tecnologias de hoje estão sendo empregadas e, dessa maneira, atuar para que as novas tecnologias possam estar mais em consonância com o processo de aprendizagem como um todo, evitando-se uma educação tecnicista.

A professora Ana Mae Barbosa costuma dizer: "olho para trás para compreender o agora". Rezende e Ferraz observam que este olhar

pode auxiliar o professor a entender as raízes de suas ações, bem como o seu próprio processo de formação. Ao mesmo tempo, contribui para que se tenha consciência de que ainda permanecem ignoradas muitas questões referentes ao papel específico da educação escolar, e também das aulas de arte, na mudança e melhoria das relações sociais[1].

Neste viés se faz necessário redescobrirmos de que maneira eram utilizados os instrumentos tecnológicos, em sua contemporaneidade, pois eles possuem significados histórico-culturais peculiares.

Deste modo, apresentaremos as tecnologias utilizadas na educação e no ensino das artes, tendo como referência o acervo do antigo museu pedagógico da Escola Caetano de Campos, que foi uma escola-modelo.

Para compreendermos a história destes instrumentos, tentar-se-á reinseri-los na cultura material da qual não podem ser separados.

Assim, analisaremos os filósofos e educadores que foram referência na reforma do ensino público, a partir da República Velha. Teceremos um panorama desde o prenúncio da Proclamação da República – 1883, data da Primeira Exposição Pedagógica do Rio de Janeiro e do Congresso da Instrução cancelado.

PRIMEIRA EXPOSIÇÃO PEDAGÓGICA DO RIO DE JANEIRO (1883)

Cultura Material

Para definir cultura material, faz-se necessário buscar apoio nos historiadores e arqueólogos, que são os que mais utilizam tal expressão e noção. Entretanto, J. Pesez adverte que os arqueólogos "não a definem, ou pelo menos não dão uma definição nominal, que dê conta brevemente e de maneira adequada da significação da expressão. Eles se limitam a empregar a noção como se os termos pelos quais é designada bastassem para defini-la, sem outra explicação"[2]. Isso porque estes especialistas preocupam-se em levar "sobretudo a circunscrever o campo da pesquisa e a precisar o projeto proposto ao estudo da vida material"[3].

Desta forma, não se pensa em negar o contínuo sociocultural, pelo contrário, trata-se "simplesmente de aperfeiçoar uma ferramenta

---

1. M. F. Resende; M. H. Ferraz, *Arte na Educação Escolar*, p. 39.
2. J. Pesez, História da Cultura Material, em J. Le Goff, *A História Nova*, p. 180.
3. Idem, ibidem.

intelectual; é um procedimento constante do espírito delimitar campos separados para melhor apreender o real. A noção de cultura material não tem valor em si; só o tem se se revelar útil"[4].

Neste sentido, o empreendimento de uma análise histórica e crítica das funções das tecnologias do ensino, a partir do acervo do antigo museu pedagógico da Escola Caetano de Campos, bem como suas relações com a área das artes visuais e seu ensino, torna-se um desafio diante da tentativa de redescobrir como tais instrumentos foram utilizados.

Este acervo – atualmente em estado precário e que vem sendo destruído pelo abandono e irresponsabilidade de dirigentes que aplicam políticas inadequadas de preservação – contém, ainda, a cultura material de mais de cem anos de história da escola pública de São Paulo.

Frago adverte: "Um inventário da cultura material escolar ainda está por ser feito. De fato, não só um inventário, mas uma arqueologia dos objetos, considerando a função, uso, distribuição no espaço, materialidade física, aparecimento, transformação e desaparecimento"[5]. Uma pesquisa de cunho arqueológico no período proposto ultrapassa os limites deste estudo, mas nos sentimos na obrigação de chamar a atenção para esta necessidade.

O reencontro com estes instrumentos relegados e esquecidos denuncia que são mais que um utilitarismo insignificante, mas um aspecto significativo da cultura material. Saliente-se que estes objetos "manifestam um certo modo de entender e praticar o ensino, além de instruírem um discurso e um poder, eles informam valores e concepções subjacentes à educação e são tomados muitas vezes como possibilidade e limite do processo ensino-aprendizagem"[6].

Eis um paradoxo, pois estes instrumentos, relegados pela história, estão carregados de significações na cultura escolar, pela sua importância de destaque no processo de renovação da escola primária, do ideário republicano, a partir das últimas duas décadas do século xix.

A existência de uma multiplicidade e abundância de materiais escolares está relacionada a determinadas teorias pedagógicas. Desta maneira, tais objetos fizeram parte das grandes questões do ensino intuitivo acerca da organização pedagógica do ensino na reforma pública.

Compreende-se como ensino intuitivo a educação pelos sentidos, desenvolvida por Pestalozzi em meados do século xviii. Graças a seus discípulos, este método "difundiu-se na Alemanha a partir de 1825 e ao longo do século xix, por toda a Europa e Estados Unidos, chegando a ser considerado o método pedagógico por excelência"[7].

4. Idem, ibidem.
5. Antonio Viñao Frago apud R. F. de Souza, *Templos de Civilização*, p. 223-224.
6. Agustín Escolano apud R. F. de Souza, op. cit., p. 223.
7. C. dos Reis Filho, *A Educação e a Ilusão Liberal*, p. 68. O referido método será discutido mais profundamente no item "Os Trabalhos Manuais e a Educação pelo Olhar", deste capítulo.

Assim, como desassociar o estudo do método intuitivo de seus instrumentos e museus pedagógicos? Segundo o dicionário de Buisson, museu pedagógico é definido como uma instituição que abrange, de uma parte, uma biblioteca de obras de educação e de administração escolar, como de obras clássicas propriamente ditas; de outra, coleções de materiais de ensino e mobiliário escolar. E o verbete "museu escolar" aplica-se à coleção de toda a natureza, constituída pelo mestre com vistas ao ensino. Assinala, principalmente, os objetos usuais que o mestre utiliza no processo de ensino conhecido por *Lições de Coisas*[8].

CONSIDERAÇÕES GERAIS ACERCA DA PRIMEIRA EXPOSIÇÃO PEDAGÓGICA DO RIO DE JANEIRO E DO CONGRESSO CANCELADO

O Rio de Janeiro foi palco da Primeira Exposição Pedagógica do Brasil, que se realizou de 29 de julho a 30 de setembro de 1883, com o objetivo de "dar a conhecer as novidades pedagógicas nacionais e internacionais e implementar a renovação do ensino no país"[9]. Este acontecimento apresenta o interesse dos nossos intelectuais com relação ao progresso do ensino público, no período anterior à Proclamação da República.

Collichio faz uma breve descrição daquela Exposição:

> No recinto, conferências improvisadas levantaram problemas, discutiram a situação do ensino e propuseram soluções. O material exposto por algumas escolas brasileiras revelou notável empreendimento no setor do ensino particular, com a utilização de métodos pestalozzianos e froebelianos, apoio de laboratórios de física e química, uso amplo de mapas cartográficos, material de ginástica, bibliotecas, museus e caixas econômicas[10].

No livro Imagens do Brasil, de Carl von Koseritz, podemos encontrar relatos de sua visita à Exposição Pedagógica do Rio de Janeiro.

Carl von Koseritz nasceu na Alemanha em 1830 e veio para o Brasil aos 21 anos de idade. Transformou-se na principal personalidade da colônia alemã, um jornalista e político que desfrutava de grande prestígio. Trata-se, portanto, de uma importante fonte para ilustrarmos a referida exposição. Como ele salienta, foi uma grande exposição e ocorreu no edifício da Imprensa Nacional, um "admirável palácio", que entre os grandes edifícios do Rio ocupa um "lugar de honra".

---

8. F. E. Buisson (dir.), *Dictionnaire de pédagogie et d'instruction primaire*, v. 2.
9. R. F. de Souza, , op. cit.p. 226.
10. T. Collichio, Dois Eventos Importantes para a História da Educação Brasileira: a Exposição Pedagógica de 1883 e as Conferências Populares da Freguesia da Glória, *Revista da Faculdade de Educação*, p. 8.

Collichio acrescenta: "A exposição alcançou visitação incomum de escolares, elementos da sociedade, do ensino e do Governo"[11].

Informa Collichio, que estava previsto um notável Congresso da Instrução, que foi cancelado às vésperas de sua abertura, devido ao boicote dos republicanos contra o evento.

A imprensa – com os exemplos d'*O Correio Paulistano*, de São Paulo, e da *Gazeta do Povo*, do Rio de Janeiro – aderiu a postura dos republicanos. Esta

má vontade da imprensa parece derivar-se sobretudo da escolha dos membros da mesa diretora do Congresso, porquanto, além do conde D'Eu, que os adversários políticos não gostariam que se projetasse, num momento em que a abdicação de D. Pedro II parecia iminente – outros componentes eram antipáticos sobretudo à imprensa republicana[12].

Esta situação se radicalizou com a nomeação do conde D'Eu para a Presidência do Congresso, no dia 23 de dezembro, em edital veiculado no jornal *O Globo*, do Rio de Janeiro. Koseritz o descreve "como homem esguio e feio, que fala mal e que parece tão tedioso quanto o seu discurso. Um homem obscuro e honrado, e vivia como médico sem clientes"[13].

D. Pedro II vinha sofrendo constante pressão por parte dos republicanos. Para se ter uma ideia, o Brasil permaneceu dez dias sem governo, enquanto D. Pedro II tentava formar os membros do Ministério, fato este que se deu em 24 de maio de 1883 (dois meses antes da abertura da Exposição), como relata Koseritz:

Devo acentuar que o Imperador perdera o sono nas últimas três noites, tanto o afligiu a situação, na verdade grave, pois o país esteve dez dias sem governo. Se fosse sua intenção dissolver a Câmara e chamar os conservadores nada teria sido mais fácil, mas disto ele não quis saber, sob nenhuma condição. Desejou que as necessárias reformas fossem conduzidas pelos liberais[14].

A alegação para o cancelamento do Congresso foi que a verba utilizada para o evento era oriunda dos donativos à instrução pública por particulares, de acordo com o artigo 15 da lei n. 2.792, de 20 de outubro de 1887 (lei do orçamento).

Porém, com a formação de um novo Ministério – que ocorrera em 27 de maio de 1883 – o ministro Maciel considerava necessário um pedido de aprovação da Assembleia para as despesas já realizadas pela mesa do Congresso e uma verba de impostos para despesas excedentes do evento, a referida mesa deliberou – "e não tinha outro

---

11. Idem, ibidem.
12. Idem, p. 156.
13. C. Koseritz, *Imagens do Brasil*, p. 86.
14. Idem, p. 83.

caminho", diz ele – "depor nas mãos do governo as nomeações com que os tinha distinguido", assim exonerando-se coletivamente, e constituindo uma nova comissão, encarregada de, exclusivamente com verbas de donativos particulares coletados[15], dar continuidade à execução da Exposição Pedagógica.

Em virtude da precariedade do ensino público primário, à qual tocava a "miséria, sem casas apropriadas, sem mobília conveniente, sem utensílios, isto é, sem organização material", a comissão organizadora sabia da necessidade de estes dois eventos acontecerem simultaneamente. Como os próprios membros da Comissão Organizadora da Exposição Pedagógica declararam, o "Congresso de Instrução e Exposição Pedagógica, funcionando ao mesmo tempo e no mesmo edifício, eram duas instituições que reciprocamente se completariam"[16].

Assim, com o cancelamento do congresso, a exposição, que aconteceria no mesmo local, perdeu importantes funções contextuais, ilustrativas e exemplificativas dos métodos e questões que seriam debatidos.

Restringiu-se, então, a interpretação desta exposição aos visitantes que não fossem detentores de tais conhecimentos (pela falta de preparo do corpo docente e as precárias condições da instrução pública que o congresso abordaria), apesar de ter havido uma série de conferências nesta exposição, como está registrado nas Atas das *Conferências Efetuadas na Exposição Pedagógica*.

Talvez este tenha sido um dos motivos pelos quais os professores e alunos da instrução pública tenham reagido à exposição de modo apático, como Koseritz descreve, na sua segunda visita à exposição em 25 de agosto de 1883:

> Para as escolas do governo e os respectivos professores não haverá seguramente nenhuma utilidade. Estes senhores e senhoras se apresentam ali com seus alunos e alunas que atravessam a sala em fila dupla e a passo de ganso, de olhos baixos e sem parada, sem nada observar. Os professores também não veem nada, eles acompanham seus alunos no passeio e as coisas expostas não lhes provocam o menor interesse[17].

E acrescenta:

> Como o país tem 6 mil escolas públicas e uma coleção completa para instrução não custa menos de 500 mil, seria necessária uma despesa anual de 3 mil contos, porque os objetos no correr de um ano se estragam ou ficam fora de uso. Este é um encargo que o governo não pode assumir e assim as escolas públicas nada aproveitarão da exposição[18].

---

15. T. Collichio, Primeira Exposição Pedagógica Realizada no Rio de Janeiro em 1883 e um Importante Congresso da Instrução Cancelado: resultados de uma pesquisa, *Cadernos de História & Filosofia da Educação*, p. 152.
16. *Conferências Efetuadas na Exposição Pedagógica*, p. 13.
17. C. Koseritz, op. cit., p. 171.
18. Idem, p. 158.

O Império foi marcado por um ensino elementar restrito à leitura, à escrita, ao fazer contas e à doutrina religiosa. Além de seu caráter básico, encontrava-se em condições de penúria, como expressa Januário dos Santos Sabino, ao elaborar seu parecer acerca do material escolar da época: "a nossa pobreza toca à miséria; sem casas apropriadas, sem mobília conveniente, sem utensis, isto é, sem organização material, a regularidade do ensino é um milagre do zelo do professor"[19].

Se a 1ª Questão contivesse os respectivos pareceres, como é o caso das demais, poderíamos ter dados mais aprofundados acerca do relato do então presidente da Província, Rodrigues Alves, o qual destacou, em 1887:

> Há muitos anos os administradores da província, admirando a sua notável prosperidade material, assinalam com tristeza o contraste vivo entre esse florescimento e os resultados acanhados que, a despeito dos esforços feitos, se tem conseguido para alcançar o desenvolvimento da instrução pública[20].

O estado deplorável do ensino público é atestado, ainda, pelo presidente da Comissão Estatística para o ano de 1886:

> Por aqui vê-se que em matéria de instrução estamos muito atrasados, influindo para tão elevado coeficiente de analfabetos, além dos motivos já apontados (falta de pessoal docente habilitado, a deficiência das condições materiais das escolas e a defeituosa distribuição regional de escolas), a grande massa de escravos e libertos existentes na província, a qual, por sua condição social presente ou passada, vive e por muito tempo viverá fora do convívio da civilização[21].

Esta situação fica ainda mais evidenciada quando se lembra que havia em 1886 um alto índice de analfabetismo, que era "de 77% em relação à população total e de 71% em relação à população de seis anos e mais"[22]. Assim, a deficiência educacional não era apenas quantitativa, como patenteia alto índice de analfabetismo, mas também qualitativa.

Uma ilustração da precariedade do ensino é uma anotação em um livro de reminiscências de um aluno da última década do Império, o qual descreve:

> A leitura estava em primeiro plano. Começava pela leitura manuscrita, mas a partir das cartas de fora, a letra de forma vinha alternar com a letra de mão. Entravam os livros escolares. O primeiro que me caiu nas mãos foi um silabário português [...].

---

19. J. Sabino, 5ª Questão. Pareceres da 1ª Secção, em *Actas e Pareceres do Congresso da Instrucção do Rio de Janeiro*, p. 6.
20. R. Alves apud C. dos Reis Filho, *A Educação e a Ilusão Liberal*, p.132.
21. Idem, ibidem.
22. Idem, ibidem.

Após o silabário, veio a cartilha de Doutrina Cristã [...], o professor mandava aprender de cor os capítulos relativos à Doutrina Cristã[23].

Ressalte-se que, nos dias em que o aluno era sabatinado, se lhe faltassem as respostas, esta dificuldade lhe acarretaria, inevitavelmente, "bolos" de palmatória.

Figura 1: *Palmatória*. Instrumento de madeira usado para castigo, com o qual aplicam-se golpes sobre a palma da mão, cujas ventosas (5 orifícios no centro da parte superior do objeto), em contato com a pele, no ato do golpe, sugam a carne, aumentando a intensidade da lesão.

A ênfase que se dava à leitura, como relatado no livro de lembranças de João L. Rodrigues, acima citado, e que se estende aos dias de hoje, dá-se pela nossa herança do sistema educacional jesuítico, como explica Ana Mae Barbosa:

refletindo a influência da educação jesuítica, a qual moldou o espírito nacional, colocava no ápice de sua escala de valores as atividades de ordem literária, demonstrando acentuado preconceito contra as atividades manuais, com as quais as artes plásticas se identificavam pela natureza de seus instrumentos.

Este fora o modelo implantado pelos jesuítas, a cargo dos quais estivera a educação brasileira desde a época do descobrimento até 1759, quando foram expulsos do Brasil por razões político-administrativas.

Embora ausentes das atividades educativas, eram os ecos de suas concepções que orientavam nossa cultura quando aqui chegou D. João VI, e oito anos depois quando chegou a Missão Francesa, mesmo havendo quem afirme que suas influências ainda ressoam entre nós.

E conclui:

Isto se deveu ao fato de que nenhum sistema de ensino fora estruturado para substituir a bem organizada rede escolar jesuítica.

Expulsá-los não significou, portanto, expurgar o país de suas ideias, que continuaram a germinar em virtude da ausência de ideias novas que substituíssem aquelas vinculadas pela ação missionária e colonizadora no Brasil[24].

23. João L. Rodrigues apud C. dos Reis Filho, *A Educação e a Ilusão Liberal*, p. 133.
24. A. M. Barbosa, *Arte-Educação no Brasil*, p. 21-22.

Neste viés, as atividades manuais foram rejeitadas por serem consideradas próprias "dos trabalhos de escravos que, vindos da África, foram explorados no Brasil durante três séculos"[25]. Desta maneira, as escolas dos homens livres recusavam este tipo de atividade.

Assim, além dos "bolos" que as crianças recebiam por não ter as lições na "ponta da língua", não realizaram nenhum tipo de atividade artística. Faltavam-lhes mesas e cadeiras, pois a sala de aula dessas crianças era composta por "longos bancos em que se enfileiravam sentadas"[26] e "apoiavam suas ardósias ou cadernos nos joelhos"[27] para fazerem suas tarefas. Pode-se levar quase ao pé da letra a afirmação de que, de fato, a escola "era o professor".

A carência no ensino público generalizava-se, portanto, em todos os aspectos: na fragilidade da formação do professor, nos métodos, nos programas de ensino, na ausência de espaço físico digno, na falta de material escolar adequado.

Desta forma, era necessário revisar a formação do professor, levando-se em conta uma reestruturação nos programas de ensino, os quais poderiam ampliar o aprendizado restrito, então (leitura, contas e ensino religioso); concomitantemente a investimentos materiais que pudessem modificar as condições estruturais rudimentares do aprendizado, bem como a abertura de novas escolas que atendessem a um novo paradigma, qualitativo e quantitativo, no ensino público. Tais medidas poderiam melhorar o processo de ensino/aprendizado e diminuir o alto índice de analfabetismo existente neste período no Brasil.

Situação bem diversa ocorria no colégio Pedro II, onde os filhos do imperador estudavam. Este colégio era quase que semanalmente visitado pelo imperador, que presidia as bancas examinadoras dos concursos aos candidatos a lecionar no estabelecimento, além de participar das sessões da Congregação.

Diz Koseritz que o imperador empregava "o maior esforço, em dinheiro e tempo, no levantamento da instrução e ampliação da cultura geral"[28]. No que tange ao ensino do colégio Pedro II, a precariedade na qual a instrução pública primária se encontra em nosso país era uma realidade distante.

Koseritz descreveu, em 19 de junho de 1883, as instalações do colégio e da liberdade de seus alunos:

> É um grande edifício, formando um imenso quadrado, sólido, e construído com gosto [...]. Em torno ao pátio do externato se acham as diferentes classes.
> No pátio existe um espaço, coberto com elegante cúpula, no qual permanecem os alunos nos recreios e nas suas horas vagas, e eu os vi ali circular na mais livre e elegante atitude, sem traço de fingimento, o que causava muito boa impressão e era

25. Idem, p. 22
26. C. dos Reis Filho, *A Educação e a Ilusão Liberal*, p. 80.
27. Idem, ibidem.
28. C. Koseritz, op. cit., p. 112.

excelente ilustração contra o sistema adotado nos outros colégios, que faz as crianças fingidas e hipócritas[29].

Ainda de acordo com o jornalista alemão, o imperador tinha consciência de que a "liberdade não vai de mãos dadas com a ignorância"[30] e concluiu que "o problema capital do Brasil era a difusão da cultura pela instrução e educação literária"[31]. Podemos notar a influência do ensino jesuítico pela ênfase à literatura, pois: "colocava no ápice de sua escala de valores as atividades de ordem literária, demonstrando acentuado preconceito contra as atividades manuais, com as quais as artes plásticas se identificavam pela sua natureza de seus instrumentos"[32].

Koseritz expressa, neste mesmo relato, o desejo do Imperador de que se realizasse o congresso (que foi cancelado): "O maior esforço do imperador se orienta, assim, para a melhoria da instrução e o alargamento da cultura geral. Por isto protege todas as sociedades e ligas pedagógicas e científicas; por isto deseja ele a reunião de um congresso pedagógico, unido a uma exposição da mesma natureza"[33].

Eis um paradoxo, relatado por Koseritz, em relação às intenções de D. Pedro II, pois, como iria ele implantar a reforma da instrução primária erradicando a "ignorância" com a "difusão da cultura", utilizando os métodos apresentados na Exposição, sendo estes "um encargo que o governo não pode assumir" para as escolas públicas?

Como vimos, até então, não houve nenhum empenho significativo para a melhoria do ensino público, de maneira que saísse das mazelas do abandono no qual se encontrava, com o intuito de ampliar os saberes do aluno para além do restrito aprendizado de ler, escrever e contar.

Neste viés, como os alunos e professores das escolas públicas poderiam andar pela exposição se não com passos de "gansos" e olhares desatentos? Era certamente um mundo distante e desconhecido para a maioria deles.

Curioso é o interesse que D. Pedro II demonstrava ter pelo ensino público, a ponto de ter, inclusive, realizado a Primeira Exposição Pedagógica do Brasil – paradoxalmente, o Império não deixa significativas melhorias para o ensino brasileiro.

Mas o intrigante é o fato de ter havido a criação de um Museu Pedagógico Nacional (oriundo da doação dos expositores da Exposição) e não se ter vestígios seus atualmente.

Cabe, aqui, registrar que a Primeira Exposição Pedagógica do Rio de Janeiro foi pioneiramente destinada de forma única ao ensino

29. Idem, p. 113.
30. Idem, p. 112.
31. Idem, ibidem.
32. A. M. Barbosa, op. cit., p. 21.
33. C. Koseritz, op. cit., p. 122.

primário[34], uma vez que os objetos escolares nunca haviam sido matéria exclusiva de uma exposição, fato que era de conhecimento da comissão organizadora deste evento.

A Exposição Pedagógica do Rio de Janeiro, presidida pelo conde D'Eu, foi inaugurada duas vezes. Primeiro, em 29 de julho de 1883, data do aniversário da Princesa Isabel, contando com a presença de "suas Majestades e de suas Altezas Imperiais, compareceram os membros do Ministério, do corpo diplomático, representantes das duas casas do parlamento e da imprensa e grande número de senhoras e cidadãos brasileiros e estrangeiros"[35]. A segunda inauguração ocorreu no dia 15 de agosto, com a mesma solenidade, pois algumas salas da Exposição não puderam ser abertas antes, uma vez que os objetos não chegaram a tempo para a abertura da primeira (o Conde D'Eu fez questão de que a data da abertura coincidisse com o aniversário da Princesa Isabel); ademais, inclusive o transporte destes materiais que foram expostos, também foram doados, viajando gratuitamente pelas companhias marítimas.

Abaixo, apresentamos uma relação das Exposições Internacionais referidas no breve relato que a citada comissão fez, salientando o exclusivismo brasileiro:

Tabela 1. Relação de Exposições Pedagógicas Internacionais no Século XIX

1854	Exposição Internacional de Londres	Os objetos ali reunidos deram origem ao Museu de Educação, que hoje forma uma das divisões de South Kensington.
1855	Exposição Internacional de Paris	Contava no programa desta exposição uma sessão escolar, mas este programa quase não foi executado.
1862	Exposição Internacional de Londres	Primeira exposição internacional com uma classe especial para os objetos e métodos relativos ao ensino elementar (nas exposições anteriores, figuravam como objetos de indústria). Participaram: França, Saxônia, Baviera, Würtemberg, Áustria, Bélgica, Suíça, Rússia, Dinamarca, Suécia, Noruega, Itália e Portugal, ali representados por 180 expositores.
1867	As exposições internacionais após esta data seguiram os precedentes da Exposição de Paris. Compreenderam, além dos objetos do ensino primário e popular, os do ensino secundário e superior.	
1873	Exposição Internacional de Viena	

34. *Documentos*: Primeira Exposição Nacional do Rio de Janeiro, p. 30.
35. Idem, p. 33.

1876	Exposição Internacional de Filadélfia	Sobressaíam os elementos americano e inglês. A instrução pública, principalmente a primária, ocupava importante lugar.
1878	Exposição Internacional da França	Grande importância dada à instrução. Os objetos escolares foram os mais eminentes. Estes objetos, na frase de Buisson, constituíram o coração daquela brilhante Exposição.

Fonte: *Primeira Exposição Pedagógica do Rio de Janeiro*, Documentos, p. 30-33 *(Seção Histórica)*.

A referida Exposição Internacional – Centenial Exhibition of Philadelfia –, de 1876, acima citada, foi "que intensificou no Brasil o interesse pela arte industrial. Nesta exposição, os EUA demonstraram não só a sua possibilidade de competir com os mais bem desenhados produtos europeus, como também sua superioridade nos desenhos das máquinas"[36]. Assim, o relatório positivo sobre a Exposição da Filadélfia de M. Bouisson, observador francês, ecoou de maneira significativa entre os brasileiros, "embebidos até então numa francofilia acentuada"[37].

Abílio César Pereira Borges dá o seguinte depoimento sobre este relatório:

> É preciso que a França defenda sua proeminência até agora não contestada nas artes. Ela dispõe de recursos imensos, que deve fecundar por um ensino primário bem concebido.
>
> Entre nós, como por toda parte, não basta possuir excelentes professores especiais de desenho; não basta possuir bons cursos e boas escolas; é necessário que todos os preceptores e todas as preceptoras estejam habilitados a dar à população escolar o primeiro ensino de desenho [...]. Por meio de um ensino geral da arte do desenho abrem-se duas estradas: uma que favorece o desenvolvimento do gosto e da habilidade artística, a outra que torna o povo capaz de apreciar o belo em suas formas diversas.
>
> Criam-se desse modo a um tempo a oferta e a procura; lavra-se o campo e planta-se a semente que dará messe futura; faz-se o auditório e o orador, o público que julga e o artista que produz[38].

Vale ressaltar que o grandioso desenvolvimento industrial dos Estados Unidos fora benéfico para a "precoce iniciação da juventude americana no estudo do desenho e à boa organização naquele país do ensino da arte aplicada à Indústria"[39].

A respeito deste assunto, Efland comenta o desenvolvimento de instituições novas na Europa e nos Estados Unidos, as quais refletiram um grande aumento (e avanço) de técnicas diversificadas

---

36. A. M. Barbosa, op. cit., p. 39.
37. Idem, ibidem.
38. A. C. P. Borges apud A. M. Barbosa, op. cit., p. 39.
39. A. M. Barbosa, op. cit., p. 39.

(*polytecnic*), mostrando como são reflexos das necessidades específicas da sociedade industrial. Assim, o ensino do desenho tinha se tornado uma arte essencial e entrou no currículo das escolas[40].

No Brasil, o "primeiro surto industrial" ocorre entre 1885 e 1895 e vem reforçar o "ideal da educação para o progresso da Nação"[41], ideário este que será responsável por toda a reestruturação educacional do país. No que se refere ao ensino público paulista, a Escola Caetano de Campos passa a ser a escola-modelo, com o intuito de multiplicar educadores aptos a ensinar por meio do novo método (o intuitivo). Este exigirá um volumoso investimento público na educação, a qual estará alicerçada, sobretudo, no modelo de ensino americano.

A PRESENÇA DA ARTE E DA TECNOLOGIA NO ENSINO PÚBLICO DO ESTADO DE SÃO PAULO (1890 – 1930)

A Exposição Pedagógica apresentou diferentes modalidades de arranjo escolar, bem como suas disposições, estilos e funções, através das mostras de ilustrações, de fotos, desenhos e outros documentos oficiais. Este conjunto compunha o universo ideológico, político e econômico do desenvolvimento industrial, o qual moldava a estrutura sistêmica escolar da época.

Assim, uma escola normal primária deveria ser constituída de requintada infraestrutura como biblioteca, anfiteatros, pátios, jardins, ginásio, laboratórios de química, gabinete de física, bem como instrumentos específicos, os quais deveriam dinamizar aulas teórico-práticas, parte da noção que busca viabilizar o ensino por meio da percepção do aluno: o método intuitivo.

A comissão julgadora das coleções de objetos para o ensino intuitivo da Exposição Pedagógica salientava que o método intuitivo tinha como eixo central "desenvolver, por meio de observações exatas e rigorosas das coisas, todas as faculdades da criança"[42], através do aprendizado por meio dos sentidos.

A referida comissão julgadora do ensino intuitivo ressaltou que "sentiu-se a princípio um pouco embaraçada para discriminar da imensa variedade de objetos ali expostos"[43], visto que praticamente toda a Exposição Pedagógica era composta por espécimes deste método:

Ora, todos os donativos de Froebel, dos jardins da infância, os quadros e modelos de anatomia descritiva, os aparelhos cosmográficos para demonstração prática dos movimentos e fenômenos e testes, os globos magnéticos, as cartas geográficas em relevo

---

40. A. D. Efland, *A History of Art Education.*
41. A. M. Barbosa, *Arte-Educação no Brasil*, p. 38.
42. Grupo 13: coleções de objetos para o ensino intuitivo, *Conferências Efetuadas na Exposição Pedagógica*, p. 121.
43. Idem, ibidem.

e muitos outros objetos empregados no ensino primário, não tendo outro fim, parecia à comissão que todos estes objetos deviam formar as coleções do 13º grupo[44].

Assim, ao percorrer a exposição, esta comissão julgadora dos objetos do ensino intuitivo notava que praticamente toda a exposição estava contida neste grupo. Pois o universo escolar estava imbuído do conceito do aprendizado por meio dos sentidos.

O ensino intuitivo, adotado como método por excelência nas instruções escolares dos países "cultos", gerou a necessidade de inúmeros aparatos tecnológicos, bem como infraestrutura adequada para sua utilização no ensino. A lousa e o giz não bastavam mais para a intermediação e para possibilitar o processo de ensino/aprendizagem.

Percebe-se que a infraestrutura abordada no parecer conclusivo da comissão julgadora dos planos e arquitetura dos edifícios escolares da Exposição Pedagógica de 1883, bem como muitos dos aparatos tecnológicos intermediadores do processo de ensino/aprendizagem, também mostrados nesta Exposição, estavam presentes na Escola Caetano de Campos – a primeira escola-modelo de São Paulo.

O *método intuitivo* foi o adotado por excelência com a reforma do ensino público no Estado de São Paulo, iniciada pela lei n. 27 de 12 de março de 1890, a qual decretou a reforma da escola normal de São Paulo e converteu em escolas-modelo as antigas escolas anexas.

O decreto n. 88, de 8 de setembro de 1892, ampliou a reforma do decreto acima citado para todo o ensino público. Este decreto expressa claramente a utilização do método intuitivo, que deveria ser aplicado em todas as disciplinas do programa, como está descrito no parágrafo único do artigo 5º desta lei: "No regulamento que for expedido para a execução desta lei, serão minuciosamente especificadas em programas as matérias que constituem o ensino, e sua distribuição, conforme o desenvolvimento intelectual dos alunos, observando-se com rigor os princípios do método intuitivo"[45].

Esta norma legal foi alterada pela lei n. 169, de 7 de agosto de 1893, a qual instituiu o método intuitivo em toda a instrução pública. Estes documentos, somados ao *Regulamento da Instrução Pública* de 27 de novembro de 1893, estabeleceram a "organização sistemática de todo o aparelho escolar de nível primário e secundário, inclusive o da escola normal"[46].

A lei n. 88, acima citada, sanciona a divisão do ensino público em primário, secundário e superior, devendo o primeiro ser obrigatório para ambos os sexos e dividido em dois cursos: um preliminar e o outro complementar[47].

44. Idem, ibidem.
45. *Coleção das Leis e Decretos do Estado de São Paulo*, t. 2, p. 57.
46. M. C. Reis (org.), "*Caetano de Campos*", p. 46.
47. *Coleção das Leis e Decretos do Estado de São Paulo*, t. 2, p. 58.

O curso preliminar previa as seguintes matérias: moral prática e educação cívica; leitura e princípios de gramática; escrita e caligrafia; noções de geografia geral e cosmografia; geografia do Brasil, especialmente a do Estado de São Paulo; história do Brasil e leitura sobre a vida dos grandes homens da história; cálculo aritmético sobre os números inteiros, sistema métrico decimal; noções de geometria, especialmente nas suas aplicações à medição de superfície e volumes; noções de ciências físicas, químicas e naturais, nas suas mais amplas aplicações, especialmente à higiene; desenho à mão livre; canto e leitura de música; exercícios ginásticos, manuais e militares, apropriados à idade e ao sexo[48].

O curso complementar[49] continha as matérias de moral e educação cívica, português e francês; noções de história, geografia universal, geografia e história do Brasil; aritmética elementar e elementos de álgebra até equações do 2º grau; geometria plana e no espaço; noções de trigonometria e de mecânica, visando a suas aplicações para as máquinas mais simples; astronomia elementar (cosmografia); agrimensura; noções de física, química experimental e história natural, especialmente em suas aplicações mais importantes à indústria e à agricultura; noções de higiene; escrituração mercantil; noções de economia política, para os homens; economia doméstica, para as mulheres; desenho à mão livre, topográfico e geométrico; caligrafia; exercícios militares, ginásticos e manuais, apropriados à idade e ao sexo[50].

O método intuitivo foi defendido e difundido em São Paulo pela figura de Rui Barbosa, que traduziu o livro *Primary Object Lessons*, do norte-americano Norman Allison Calkins, conhecido com o nome de *Lição de Coisas*. Rui Barbosa se baseou em "Froebel, Pestalozzi, Rabelais, Fenelon, Lutero, Bacon e Comenius", os quais "formaram o embasamento necessário para sua defesa das *Lições de Coisas* (*Primary Object Lessons*)"[51].

Os pareceristas advertem que os defensores da "lição de cousas" sustentam que, provindo dos sentidos todos os nossos conhecimentos, a instrução por estes deve ser ministrada, e invocam Locke, Condillac, Rousseau, Pestalozzi, Bosedow, Campe, Froebel, Disterwog etc."[52], pois todos estes "reconheceram ser o ensino que se faz por meio da demonstração sensível, visível, palpável, o mais conveniente à escola popular, a qual, além disso, apresentará um aspecto mais alegre, mais agradável, dando ao ensino o caráter prático"[53] calcado no industrialismo.

48. Idem, p. 58-59.
49. Ver Anexo 8 da *Coleção das Leis e Decretos*, que contém os programas de ensino e respectivos anos dos cursos complementares em 1892.
50. *Coleções das Leis e Decretos do Estado de São Paulo*, t. 2, p. 58.
51. Idem, p. 57.
52. Lição de Cousas, *Primeira Exposição Pedagógica do Rio de Janeiro*, p. 219.
53. Idem, ibidem.

Desta maneira, o ensino deveria ser mais prático, não exclusivamente teórico, dando ênfase à experimentação empírica do aprendiz. Os livros deveriam ter um papel auxiliar neste processo, e não de fonte exclusiva do conhecimento, como está descrito no artigo 63 do capítulo VI – "Do Ensino Público Primário":

o método natural de ensino é a intuição, a lição de cousas, o contacto da inteligência com as realidades que ensinam, mediante a observação e a experimentação, feitas pelos alunos e orientadas pelos professores. São extremamente banidos da escola os processos que apelam exclusivamente para a memória verbal, as tarefas de mera decoração, a substituição das cousas e fatos pelos livros, os quais só devem ser usados como auxiliares do ensino[54].

A *Lição de Coisas* começou a ser utilizada "nas escolas públicas pelo aviso de 10 de fevereiro de 1882"[55] e foi aplicada até pelo menos 1941[56], data que encontramos em documentos oficiais que registram esta ocorrência no ensino público de São Paulo.

A seção filosófica dos documentos da Exposição Pedagógica apresenta a ressalva da Comissão de Instrução Pública da Câmara dos Deputados sobre a inserção de Lição de Coisas como disciplina no ensino primário da instrução popular em 1882, ao invés de concebê-la como método de ensino, como está abaixo descrito:

Referindo-se ao artigo do decreto de 19 de Abril que adicionou ao quadro do ensino primário a Lição de Cousas, a comissão de instrução pública da Câmara dos deputados emitiu o seguinte juízo:
"Bem procedeu o decreto de 19 de Abril, introduzindo na escola popular a lição de coisas.
Desacertou, porém, indigitando-as como capítulo singular, distinto, independente entre as matérias do programa. Nada contribuiria mais para inutilizar de todo essa inovação, para a levar a uma degenerescência imediata, do que uma especialização tal, que parte da compreensão imperfeita da natureza deste ensino. A lição de cousas não é um assunto especial no plano de estudos: é um método de estudo; não se circunscreve a uma seção do programa: abrange o programa inteiro; não ocupa, na classe um lugar separado, como a leitura, a geografia, o cálculo, ou as ciências naturais: é o processo geral, a que se devem subordinar todas as disciplinas professadas na instrução elementar"[57].

Assim, a restrição à Lição de Coisas como disciplina e não como método, já apontada pela comissão dos deputados (e ressaltada na

---

54. Decreto 4.600, de 30 de maio de 1929, *Colecção das Leis e Decretos do Estado de São Paulo*, t. 39, p. 311.
55. Idem, ibidem.
56. A Lição de Coisas está inserida, como disciplina, no programa de ensino de 1941 para as escolas primárias (programa mínimo), da Secretaria dos Negócios da Educação e Saúde Pública, promulgado pelo secretário José Manuel Lobo, da Secretaria de Estado dos Negócios do Interior, em 19 de fevereiro de 1925, que acabou estendendo este programa aos grupos escolares e escolas isoladas.
57. Lição de Cousas, *Primeira Exposição Pedagógica do Rio de Janeiro*, p. 217.

Exposição Pedagógica), não impediu que fosse inserida como disciplina no programa mínimo para o curso primário das escolas públicas de 1941.

Indicava-se no programa de ensino da referida disciplina que as primeiras noções de ciências físicas e naturais deveriam ser ministradas sob a forma de pequenas lições de coisas. Deveria, "portanto, esse ensino ser feito sempre perto do objeto à vista, e nas mãos das crianças, ou, na impossibilidade de obtê-lo, à vista da estampa que o represente"[58].

Neste viés, a disciplina de ciências físicas e naturais – higiene, contida no programa de ensino dos grupos escolares e das escolas-modelo de 1904[59], visava ao conhecimento geral da zoologia, botânica, geologia, fenomenologia e suas aplicações, bem como as relações de higiene humana com o meio. Pretendia mais ensinar a observar, a experimentar, a classificar, do que propriamente reproduzir o programa de ensino, pois era melhor que o aluno conhecesse um objeto, embora desconhecesse a sua denominação, "do que saber-lhe o nome e dele não ter outro conhecimento"[60].

Para tanto, as aulas no primeiro ano seriam ministradas por meio de exercício de observação; no segundo ano, além da observação, acrescentava-se a leitura para o enriquecimento do vocabulário; no terceiro, quarto e quinto anos, somavam-se experiências de determinados fenômenos físico-químicos e, em último caso, tais fenômenos seriam apresentados por meio de desenho na lousa. Assim, o programa de ensino salientava as experimentações, bem como suas aplicações.

No que concerne à aquisição do conhecimento por meio de observações, nesta disciplina, a fotografia a seguir nos apresenta um gabinete para o estudo de ciências naturais, cujo ambiente é composto por móveis como a mesa, cadeira e armários, bem como uma série de quadros nas paredes, os quais contêm coleções de gravuras e espécimes na área de zoologia, botânica e geologia. Atrás do armário pode-se avistar um pôster de tamanho quase natural de anatomia humana, que se encontra ao lado de um globo terrestre que está próximo a uma das portas.

---

58. *Programa de Ensino para as Escolas Primárias*, p. 17.
59. Conforme o Decreto n. 1.217, de 29 de abril de 1904, *Colecção das Leis e Decretos do Estado de São Paulo*, t. 14, p. 68-71.
60. Idem, p. 68.

Figura 2: *Gabinete de ciências naturais.*

Figura 3: *Sala para aula de ciências naturais.* Fonte: *Álbum Photográfico da Escola Normal – 1895.*

Além do gabinete de ciências naturais acima citado, havia uma sala de aula específica para o referido ensino. Nesta sala de aula, observamos carteiras sem mesas, bem como a ausência de uma mesa de professor, uma lousa pequena sobre o cavalete à direita e outra à esquerda (cortada na foto), além das coleções relativas ao ensino de botânica penduradas nas paredes.

Podemos observar tanto no gabinete como na sala de ciências naturais a quantidade exacerbada de gravuras num só ambiente, cujo conjunto de imagens, que pintam as paredes destas salas, salienta "a obsessão enciclopédica, a profusão de objetos oferecidos ao olhar"[61].

As experimentações acerca dos fenômenos físico-químicos poderiam acontecer no laboratório de física (ver figura 4), o qual dispunha de equipamentos para as aulas práticas, contando ainda com uma máquina fotográfica que poderia ser utilizada para o registro dos episódios experimentais.

Figura 4: *Gabinete de física*. Fonte: *Álbum Photográfico da Escola Normal – 1895*.

Na Escola Caetano de Campos, havia ainda o museu pedagógico para que a lição de coisas pudesse ser dada "por meio de coisas sensíveis, de objetos colocados sob a vista dos alunos, que dest'arte [sic] serão

61. M. Oliveira, *Palimpsestos*, p. 60.

obrigados a refletir"[62], como recomendava a Comissão da Exposição Pedagógica: tratava-se de *uma necessidade* do ensino perceptivo.

O museu pedagógico estava, pois, intimamente ligado aos novos métodos de ensino, ou seja, com o ensino intuitivo. Assim, a importância atribuída ao museu era a mesma das escolas anexas:

> Anexas às Escolas Normais haverá escolas-modelo, de ambos os sexos, para a aplicação dos métodos de ensino intuitivo, aplicação que será feita pelos futuros professores, sob a direção prática dos diretores de tais escolas.
>
> Para o emprego e conhecimento dos modernos processos de ensino haverá além disso em cada escola normal um museu pedagógico reduzido, um gabinete de física e um laboratório de química. Na escola normal Superior haverá um museu completo[63].

Assim, havia uma estreita relação entre, de um lado, o gabinete de física e o de ciências naturais e, de outro, a sala de aula desta disciplina e o museu pedagógico: estes ambientes e seus aparatos tecnológicos eram utilizados como intermediadores no processo intuitivo de ensino/aprendizagem da disciplina de ciências físicas e naturais – higiene.

Para fundamentar tal necessidade, Gabriel Prestes cita um trecho de um relatório escrito por Rui Barbosa, descrevendo o funcionamento de um museu escolar da Bélgica, para demonstrar as vantagens da organização destes museus neste novo paradigma de ensino:

> Nada mais interessante do que uma visita a este museu; sentem-se desejos de voltar à infância para frequentar a escola belga. Os milhares de conhecimentos que dificilmente adquirimos no correr da existência, granjeia-os o aluno a brincar e simplesmente vendo: elementos de anatomia humana, princípios de fisiologia, noções sobre as plantas e sobre as raças humanas, espécies mais notáveis de pedras, minerais, sistemas monetários, diferença sobre as várias qualidades de tecidos, desde o tapete *smyrna* até a granadina. Tudo isto é de tão diminuto custo e vale tanto! Desta arte, o aluno mais inocente e versátil é levado necessariamente a desenvolver-se.
>
> O discípulo que recebeu uma instrução primária organizada assim, tem, ante si, desde a escola, mil ocasiões de encetar um caminho de que a juventude em outros países nenhuma ideia forma e está preparado para aproveitar com inteligência a vida e suas vantagens[64].

Neste sentido, Prestes faz referência aos museus pedagógicos dos países europeus, da Argentina e dos Estados Unidos, os quais deveriam servir de modelo para o Brasil. Rui Barbosa faz menção, ainda, ao Japão:

> O Japão mesmo, não é estranho ao sentimento desta necessidade, em cujo sentido ainda não demos um passo, nós cuja vaidade tão esterilmente se preza da nossa filiação direta à civilização ocidental. Há muitos anos que esse Estado possui o seu museu de instrução pública, contendo em abundantíssima cópia exemplares de tudo o que diz

---

62. Lição de Cousas, *Primeira Exposição Pedagógica do Rio de Janeiro*, p. 219.
63. G. Prestes, A Reforma do Ensino Público, *O Estado de São Paulo*, p. 58-59.
64. Idem, p. 59-60.

respeito ao ensino sob as suas diversas aplicações e formas. A sua fundação data de 1871 e o número de seus *espécimens* já se eleva em 1877 a 33.754[65].

O museu pedagógico da Escola Caetano de Campos continha vitrines que expunham diversas coleções de objetos naturais ou industriais, por meio dos quais se poderiam observar as etapas de industrialização, seja pelos objetos expostos ou por modelos e desenhos que as representassem. Este museu escolar servia para dar assistência ao professor nas disciplinas por ele ministradas.

Desta maneira, a constituição do referido museu seguia um padrão, como explica Manoel José Pereira Frazão, em seu parecer acerca dos museus escolares para o Congresso da Instrução cancelado:

uma reunião metódica de coleções de objetos comuns e usuais, destinados a auxiliar o professor no ensino de diversas matérias do programa escolar. Os objetos devem ser naturais, quer em estado bruto, quer fabricados, e devem ser representados em todos os estados por que fizer passar a indústria. Os que não puderem ser representados em realidade, sê-lo-ão por desenhos e por modelos[66].

Figura 5: *Museu pedagógico – vitrines de zoologia, fósseis, espécies de mineralogia e aparelhagem para o ensino de anatomia.* Fonte: *Álbum Photográfico da Escola Normal – 1895.*

65. Idem, ibidem, p. 60.
66. M. Frazão, Grupo 14: Organização das Bibliotecas e Museus Escolares e Pedagógicos em *Atas e Pareceres do Congresso da Instrução do Rio de Janeiro*, p. 5.

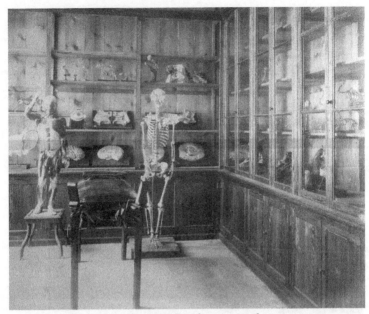

Figura 6. *O museu pedagógico visto de outro ângulo.*

Estas vitrines possibilitavam o máximo de visibilidade, expondo objetos que dinamizavam a pedagogia do "olhar" e favorecendo o ensino prático por meio destes espécimes de zoologia e de mineralogia, fósseis e instrumentos para o ensino de anatomia.

O objetivo do museu pedagógico era "auxiliar por meio dos sentidos os esforços do mestre nas suas explicações diárias. Note-se que os museus não são só destinados às lições de cousas, e sim a qualquer lição, em que se ofereça ocasião de tornar clara qualquer noção. Vai-se ao museu, como se vai ao dicionário"[67]. Ou seja, o museu pedagógico contextualizaria, na prática, os conteúdos teóricos, devendo, o aluno aprender pelas "coisas" dispostas neste local.

Assim, os objetos expostos denunciam "o entendimento das ciências naturais como disciplina do *locus* do entendimento moderno do real e detentora da construção de um saber positivo sobre o homem e a natureza, os museus cristalizam os novos procedimentos de estudo do real"[68], sob os critérios da nova pedagogia do olhar.

O museu pedagógico e a biblioteca deveriam ser considerados uma única instituição, devendo, assim, complementar um ao outro, como assinala Manoel José Pereira Frazão: "O museu e a biblioteca não devem ser considerados instituições distintas: o museu é um com-

---

67. Idem, ibidem.
68. M. Oliveira, *Palimpsestos*, p. 69.

plemento da biblioteca ou a biblioteca do museu e vice-versa. É uma instituição mista que não podemos hoje dispensar"[69].

A Biblioteca da Escola Caetano de Campos estava dividida em três seções: Científica, Literária e Diversos, contando, já em 1895, com 2,7 mil volumes. Pode ser aí verificado o valor atribuído ao saber enciclopédico da época, o qual dividia seu espaço com os globos e outros objetos transmissores de informações mais visuais que textuais.

Figura 7: *Biblioteca que continha três seções: Científica, Literária e Diversos.* Fonte: *Álbum Photográfico da Escola Normal – 1895.*

Assim, o notório valor atribuído ao ensino cientificista da época, sob os preceitos de Augusto Comte (figurado em nosso país na pessoa de Benjamin Constant), tinha como base o aprendizado através da percepção e do ensino prático, necessitando da meticulosa infraestrutura montada na Escola Caetano de Campos para o ensino/aprendizado.

A educação empírica tornava-se, portanto, importante meio para o conhecimento, revisando o conceito de educação como mero transmissor de informações. A educação deveria ser real (visual) e prática, sem, entretanto, abandonar as informações, ou seja, a educação plena deveria ser aquela que unificasse a informação teórica com a aplicada.

No seu parecer sobre a reforma do ensino secundário e superior, em 1882, e sobre a reforma do ensino primário, em 1883, Leôncio de

---

69. Grupo 14..., op. cit., p. 3.

Carvalho já apontava "as modernas concepções e técnicas pedagógicas da época"[70], apresentando à Câmara dos Deputados um "verdadeiro monumento enciclopédico erigido à instrução primária"[71] sobre a instrução prática, devendo esta ser obrigatória em todos os anos tanto para o ensino secundário como primário.

Ensino Intuitivo do Desenho

Rui Barbosa se baseia no modelo americano para avaliar o ensino da arte no Brasil, tendo como referência a pessoa de Walter Smith, o qual foi aluno do Instituto South-Kensington, na Inglaterra e posteriormente "chamado pelo governo de Massachusets para organizar naquele Estado o ensino do desenho, seguindo depois para os outros Estados o seu exemplo"[72].

Walter Smith, pela pena de Rui Barbosa, fundamenta a importância da educação prática, sob a premissa do desenvolvimento industrial. Assim, fica evidenciado que o ensino do desenho passou a ter importância a partir das grandes exposições internacionais, com a Revolução Industrial, pois os desenhos dos produtos expostos ganharam destaque e simpatia no cenário comercial. Estas exposições internacionais eram vultosas exibições industriais, pois, como assinala Perrot, elas propõem:

grande espetáculo que o capitalismo oferece, essa "vitrine" gigantesca que celebra as maravilhas da indústria e das grandes fábricas, catedrais da nova humanidade, desempenharam um papel decisivo na formação de uma mentalidade técnica e na difusão de uma ideologia da ciência e do progresso[73].

Assim, com o movimento da arte aplicada à indústria, o ensino do desenho entra nas pretensões dos dirigentes políticos a fim de "abrir à população, em geral, ampla, fácil e eficaz iniciação profissional"[74], deixando de ser uma atividade apenas recreativa.

No Brasil, especificamente em São Paulo, o ensino da educação artística, com ênfase no desenho geométrico, passou a ser defendido por Rui Barbosa, principalmente com o grande sucesso dos desenhos dos produtos americanos, os quais foram expostos na Centenial Exhibition. Este sucesso foi alcançado após a introdução do ensino do desenho geométrico nas escolas públicas americanas.

---

70. A. M. Barbosa, op. cit., p. 44.
71. Grupo 6: Desenho, em *Conferências Efetuadas na Exposição Pedagógica do Rio de Janeiro*, p. 55.
72. Idem, p. 56.
73. Perrot apud M. Kuhlmann Júnior, *As Grandes Festas Didáticas*, p. 25.
74. A. M. Barbosa, op. cit., p. 43.

Com relação aos instrumentos e métodos para o ensino de desenho apresentados na Exposição Pedagógica do Rio de Janeiro, os pareceristas ressaltam que os expositores, em geral, foram

> parcos nas suas exibições relativas ao desenho e as três grandes nações que tomaram a dianteira no grande movimento recente da arte aplicada, foram de uma parcimônia tal que, quem se fosse guiar pelos objetos expostos, nem suspeitaria dos grandes esforços que elas empregaram e continuam a empregar para desenvolver o cultivo do desenho, nem dos prodigiosos resultados econômicos que já colheram dos esforços empregados[75].

Esta notória decepção dos pareceristas em relação aos materiais expostos devia-se à relevância atribuída ao ensino de desenho, dada sua importância nos resultados e expectativas econômicas da época, como advertem:

> Todas estas circunstâncias deviam fazer esperar que, na Exposição Pedagógica, ultimamente realizada nesta Corte, merecesse o desenho lugar proeminente, diremos mesmo, o lugar de honra, por ser esta disciplina a que, no ardor da difusão da instrução popular e de aperfeiçoamento dos métodos do ensino, terá feito progressos mais notáveis e apresentando resultados mais fecundos[76].

Apesar do desapontamento explícito dos pareceristas com a exposição sobre o ensino de desenho, devido à parca exibição dos instrumentos e métodos para o ensino desta disciplina em relação ao que se almejava, os expositores presentes (representando a Bélgica, Itália, França, Estados Unidos, Áustria, Espanha, Inglaterra e Suécia) apresentaram objetos e métodos para o ensino de desenho com ênfase nas artes aplicadas, bem como no ensino do desenho geométrico por meio do método intuitivo.

Poder-se-á observar, dentre os objetos expostos na Exposição Pedagógica, desenhos de mapas; desenho estenográfico, pintura e aquarela; desenho elementar para o jardim da infância e modelos froebelianos; métodos e cursos para o ensino de desenho linear, arquitetônico, de perspectiva etc.; estampas, quadros, inclusive parietal; figuras geométricas; aparelhos para desenho; aparelho gráfico; modelos de desenho linear; livros de desenho; desenho geométrico; desenho à mão livre; coleção de desenhos de máquinas, aparelhos etc.; desenho e suas aplicações nas artes industriais; desenhos de ornatos, de topografia e agrimensura; desenho de perspectiva; trabalhos de alunos; mapas geográficos; material sobre caligrafia; desenhos e modelos de animais, flores, frutas, paisagens e objetos de uso doméstico; modelo de gesso para o ensino de desenho em relevo; modelos de ladrilhos e mosaico; desenho

---

75. Grupo 6: Desenho, em *Conferências Efetuadas na Exposição Pedagógica do Rio de Janeiro*, p. 55.
76. Idem, ibidem.

e pintura com tintas, com lápis, com pincéis etc.; modelos de desenho para trabalho em ardósia; exercícios de pintura de modelos geométricos; modelos de desenho de arquitetura; coleção de ornatos de arquitetura; método intuitivo relativo ao desenho; manual do professor para o ensino do desenho à mão livre escrito por Walter Smith, bem como modelos para o ensino de desenho geométrico; desenho industrial; desenho linear; desenho de cartografia; desenho de perspectiva paralela; desenho de herbários; desenho acadêmico.

Nas Atas sobre o grupo de desenho, há uma advertência aos Estados Unidos com relação à "exígua coleção" sobre o "grande movimento ali operado no cultivo do desenho"[77], relativo aos "trabalhos do eminente professor Walter Smith" – que tiveram de ser apresentados pelo colégio Abílio para que aparecessem na exposição. Este colégio expôs o manual do professor para desenho à mão livre nas escolas primárias de autoria de Walter Smith, bem como seus modelos para desenho geométrico (trinta unidades); modelos de Krusi, Wilson, White e Walter Smith; modelos das escolas primárias de Boston; cartões ardosianos e lousa líquida.

Além dos métodos e modelos de Walter Smith expostos, o colégio Abílio utilizava "figuras geométricas desenhadas nas paredes da sala de aula"[78], as quais substituíam ou reforçavam os objetos geométricos atinentes ao método do ensino de desenho geométrico de Walter Smith. Ficam registrados, portanto, nos documentos da referida Exposição Pedagógica, os vestígios da utilização deste método americano de Walter Smith ainda no período imperial.

Neste viés, o desenho era compreendido "como um instrumento essencial para o cultivo das faculdades mentais e mais especialmente como um poderoso agente de fecundação do trabalho e consequente fonte de riqueza para os Estados"[79], como adverte Rui Barbosa:

> O ensino de desenho, a sua popularização, a sua adaptação aos fins da indústria tem sido o principal motor da prosperidade do trabalho em todos os países já mencionados na imensa lição, em que se têm assinalado a Inglaterra, os Estados Unidos, a França, a Alemanha, a Áustria, a Suíça, a Bélgica, a Holanda e a Itália[80].

O ensino da Arte se engaja como utilidade/aplicabilidade técnica no cotidiano, sendo ela concebida como tendo utilidade real e elevada à eminência de um elemento essencial em toda a educação. Assim, Rui Barbosa avalia que "a educação artística seria uma das bases mais sólidas para a educação popular" em nosso país.

77. Idem, p. 56.
78. A. M. Barbosa, op. cit., p. 56.
79. *Conferências Efetuadas na Exposição Pedagógica*, p. 55.
80. Rui Barbosa apud A. M. Barbosa, *Arte/Educação no Brasil*, p. 43.

Neste viés, o desenho torna-se um "instrumento de transformação de uma pedagogia meramente retórica e verbalista, num processo de desenvolvimento intelectual do uso dos sentidos, da percepção e transcrição dos objetos"[81].

O eixo norteador deste método, que é a percepção, deveria educar as "observações exatas e rigorosas das coisas", para desenvolver todas as faculdades da criança. A arte, por meio do ensino do desenho e suas aplicações, ganha um papel indispensável neste processo, pois recebe a incumbência de *educar a visão perceptiva* com minuciosa exatidão.

Que o olhar, a visão, registre o que se vê do modo mais preciso possível é requisito indispensável ao aprendizado efetivo, pois olhar está intrinsecamente vinculado a descobrir, instruir, educar e aprender – descobrindo-se sozinho tanto quanto for possível. Olhar é aprender. A "precisão" da observação (descoberta) está intimamente ligada com o grau efetivo do aprendizado. Desta maneira, o desenho era inserido no currículo como linguagem, devendo servir como instrumento e não como diversão, com o objetivo de educar a visão.

O ensino de desenho, de acordo com o programa de ensino para os grupos escolares e escolas-modelo, contido no decreto n. 1.217, de 29 de abril de 1904, deveria ser dividido em três partes: desenho linear; desenho de cópia do natural; composição livre.

O desenho linear visava principalmente à educação da mão, a cópia do natural objetivava incitar a vista e a composição livre estimularia a imaginação. Assim, os exercícios de desenhar objetos que ilustrassem os conteúdos aprendidos deveriam reforçar a aplicação das noções estudadas acerca de ângulos, linhas, pontos em objetos do dia-a-dia, bem como a prática de exercício de memorização, através dos exercícios de desenhos ditados, tinham o mesmo fim.

Desta maneira, nos pátios arborizados – com vegetação não muito robusta para não tornar o ambiente externo e interno, frequentado pelos alunos, pouco iluminado, em detrimento do Código Sanitário de 1894 (artigo 187) – havia também atividades de desenho, parte do programa de ensino da época, tanto para alunos como para alunas.

As aulas de desenho deveriam ser ministradas no período da tarde. O professor tinha de ser muito exigente com o asseio em todo o trabalho e não consentir no uso abusivo da borracha.

---

81. A. M. Barbosa, *Arte/Educação no Brasil*, p. 57.

Figura 8: *Lição de desenho ao ar livre – curso complementar masculino.*
Fonte: *Álbum de Photografi as da Escola Normal e Anexas de São Paulo – 1908.*

Nestas aulas de desenho, observa-se a preocupação com relação à qualidade da linha, devendo o aluno traçá-la de uma só vez, evitando-se a construção de linhas pintadas.

Figura 9: *Lição de desenho ao ar livre – curso complementar feminino.*

Figura 10: *Alunas do curso complementar desenhando modelo vivo*. Fonte: *Álbum de Photografias da Escola Normal e Anexas de São Paulo – 1908*.

A incumbência do professor na cópia do natural e na composição livre consistia "em corrigir os defeitos dos trabalhos dos alunos"[82]; no desenho linear, além desta correção deveria "trabalhar no quadro negro e os alunos segui-lo nas ardósias, ou em papel, ou em cadernos"[83]. Os três tipos citados de produção de desenho visavam à realização de uma transcrição exata do objeto observado – cópia fiel –, com o intuito de educar uma "visão perfeita", e não a de um desenho interpretativo. Assim, "o desenho intuitivo tinha como finalidade a reprodução imediata da realidade"[84].

Neste viés, poderemos analisar a íntima relação do ensino do desenho descritivo com o ensino científico da época, pois ambos exigem o cultivo da forma de expressão. Neste caso, uma criação afetiva, rítmica e pessoal não satisfaz; é necessário exigir do desenho intuitivo e de imaginação que seja fiel ao objeto, de uma perfeição fotográfica, que se cuidará de obter em todo o momento da reprodução mais completa da forma, da cor e da iluminação[85].

---

82. *Coleção das Leis e Decretos do Estado de São Paulo de 1904*, tomo XIV, p. 75.
83. Idem, ibidem.
84. "Dibujo intuitivo: el fin que con este dibujo nos proponemos es la reproducción inmediata de la realidad". G. Stiehler et al., *El tesoro del maestro*, p. 33.
85. "Con esta forma del dibujo intuitivo penetramos ya en terreno de la cultura general. Tanto en la enseñanza científica como en la del dibujo descriptivo se exige el cultivo de dicha forma de expresión. En este caso no podemos darnos por satisfechos con la creación afectiva, rítmica y personal; sin que exijamos en el dibujo intuitivo y de imaginación, fiel al objeto, una perfección fotográfica, se cuidará de obtener en todo momento la reproducción más completa de la forma, el color y la iluminación", idem, p. 34.

Assim, a disciplina de desenho, sob os preceitos do cientificismo e do método intuitivo, concebeu o ensino do desenho intuitivo com ênfase no aprendizado das observações exatas e rigorosas das coisas, sendo que o desenho se apresenta como outra forma de linguagem, como expressou Walter Smith e como advertia Goethe: "Minha contemplação é um pensamento. Meu pensamento é uma contemplação"[86].

Neste sentido, a representação fiel do essencial com manifestações pessoais e impessoais, as quais constituem a base para uma atividade ulterior ajustada à mente, concebe-se por meio do desenho científico ou produtivo.

O desenho produtivo pode realizar-se no sentido artístico e no sentido científico, ou seja, o primeiro conduz por imitação, ordenação e criação ao segundo, possibilitando o distanciamento da realidade e a criação de uma forma nova. O dia-a-dia oferece extraordinário acúmulo de oportunidades para exercitar o pensamento técnico e objetivo, assim como a representação gráfica especialmente característica[87].

Neste sentido, aconselhava-se relacionar o "mesmo objeto às diversas lições do dia (lições de cousas, a de linguagem, a de moral, a de desenho etc.), de modo que a unidade de impressão dessas diversas formas de ensino deixe um traço mais duradouro no espírito das crianças"[88]. Para que este processo de ensino/aprendizagem fosse avaliado como efetivo e significativo, era fundamental que o aprendiz soubesse tanto descrever o "objeto" verbalmente como representá-lo graficamente:

> O caráter do ensino moderno exige que nenhuma noção, por mais rudimentar que seja, se dê à criança, sem primeiro falar-lhe os sentidos.
> O desenho é uma disciplina exigida pela lei nas escolas primárias, e para esse ensino, que não é fácil, chamamos a atenção dos professores.
> É nesta matéria principalmente que o educador pode encontrar muitos motivos para bem exercer a sua missão, pela influência moral que a disciplina exerce no espírito de seus discípulos.
> A observação nos demonstra muitas vezes que as ações humanas andam sempre em discordância com as teorias sustentadas, e isto entre espíritos que se dizem preparados e fortalecidos no estudo. No ensino da disciplina de desenho o professor encontra os germens desse defeito, e nesta disciplina, como em outras, ocasiões há e bem numerosas,

---

86. Idem, p. 39.
87. "La reproducción fiel de lo esencial com manifestaciones personales constituye la base para una actividad ulterior ajustada a la mente. El dibujo productivo puede realizarse en el sentido artístico y el sentido cientifico. Lo aislado e individual nos lleva también por imitación, ordenación y criación al dibujo científico (por ejemplo, de la flor radial a un diagrama correspondiente). Con ello, nos separamos de la realidad y logramos, gracias a la intervención de nuestra inteligência, una forma nueva. Es por este médio que, durante siglos enteros, se llegó al simbolismo que los mapas encierran. Lo visible, lo oculto, lo presente y el proceso (función) nos proporcionan un extraordinário cúmulo de oportunidades para ejercitar el pensamiento técnico y objetivo, así como para una representación gráfica especialmente característica. Obtenemos la precisión y la profundidad por médios gráficos". Idem, p. 39-40.
88. *Programa de Ensino para as Escolas Primárias* (1941), p. 18.

para, senão extirpar esse mal, pelo menos minorá-lo, em benefício da retidão moral dos futuros cidadãos.

Observamos muitas vezes que a criança fica com todas as noções bem claras sobre o quadrado, por exemplo. Ela diz – O quadrado é uma figura fechada por quatro linhas iguais, e que tem quatro ângulos retos. Seus lados são paralelos dois a dois, e também perpendiculares dois a dois. Pergunta-lhe o professor:

– Então, Lopes, se você tivesse de fazer um quadrado em sua pedra, como se arranjaria?

– Marco dois pontinhos e traço um lado. Depois marco outros dois pontinhos fazendo ângulos retos com as pontas do lado pronto, e uma distância igual ao comprimento desse lado. Depois traço os outros três lados, e está pronta a figura.

– Pois bem: faça seu quadrado.

Quem ouve a criança falar assim, fica admirado ao ver o trabalho dela, pois os traços nem sequer aproximam-se das noções existentes em seu espírito.

Como este, numerosos erros diariamente experimentam a paciência carinhosa do mestre que ensina com algum amor.

Com as lições de desenho, lições de linguagem, lições de formas, lições de números, relações de distância e de lugar, princípios de simetria, habilidade manual na execução, limpeza, precisão – tudo é dado salutarmente para o espírito nascente dos alunos. Sábia foi a lei obrigando essa disciplina nas escolas públicas[89].

Assim, o desenho é utilizado nas demais disciplinas para a execução de esquemas e registros com o intuito de corroborar a construção do universo perceptivo, para o pleno desenvolvimento das faculdades intelectuais do aprendiz.

Como já pudemos constatar, há íntima relação do aprendizado por meio da observação visual na disciplina de ciências físicas e naturais – higiene com a imprescindível educação do olhar do aprendiz, para se tornar capaz de decodificar o objeto observado com exatidão, bem como confeccionar registros impecáveis.

Os Trabalhos Manuais e a Educação pelo Olhar

Neste viés de exatidão tanto no olhar que observa (aprende) como na construção do desenho que registra (e também aprende), na disciplina de trabalhos manuais as atividades deveriam ser executadas com perfeição, bem como ter um fim útil[90]. Aconselhava-se a utilização de materiais baratos e que as atividades fossem realizadas na escola, em ambiente apropriado, não devendo, em hipótese alguma, ser feitas em casa.

As atividades variavam: dobraduras de papel; modelagem em argila, carpintaria e trabalhos de agulha, crochê (para as alunas). As dobraduras em papel tinham como finalidade a construção de formas geometrizadas (para ambos os sexos). Após estes exercícios, dever-se-ia aplicar estes conhecimentos em objetos usuais em papel, como chapéus, caixas etc. Já os trabalhos de modelagem em argila, destinados

89. Tolosa apud vvaa, *Pedagogia Paulista*, p. 145-146.
90. Decreto n. 1.217, de 29 de abril de 1904, em *Coleção das Leis e Decretos do Estado de São Paulo*, tomo xiv, p. 77.

exclusivamente aos alunos, deveriam ser executados em sala apropriada e consistiam na construção de formas geométricas e, posteriormente, objetos comuns como folhas, frutos etc. A seguir, as modelagens deveriam ser mais complexas: além das formas geométricas e objetos usuais do cotidiano, realizavam-se cópias de modelos como casas, paisagens, mapas geográficos em relevo.

Figuras 11 e 12 : *Oficina de modelagem e aula de modelagem.* Fonte: *Álbum de Photografias da Escolas Normal e Anexas de São Paulo – 1908.*

As aulas de carpintaria, para o sexo masculino, também deveriam ser ensinadas em oficinas apropriadas.

Figura 13 e 14: *Oficina de madeira para aulas de marcenaria e aula de tornos.* Fonte: *Álbum de Photografias da Escola Normal e Anexas de São Paulo – 1908.*

Iniciava-se com a confecção de formas geométricas, assim como as dobras em papel e modelagem, que deveriam ser aplicadas em objetos do dia-a-dia, como tornos, sinais para chave, cones, estaca de cravo, canetas. A seguir, as atividades em carpintaria exigiam maior destreza, pois os alunos deveriam desenvolver formas mais elaboradas, como corta-papel, cunhas, esquadros, réguas, cofres, cantoneiras simples, bancos simples, mesinhas etc.

As alunas, as quais estavam excluídas da modelagem e da marcenaria, praticavam atividades de costura. O aprendizado progressivo nesta atividade se iniciava no primeiro ano, com as posições das mãos e os modos de segurar as agulhas; cobertura dos cartões de crivo com alinhavo e noções iniciais de crochê. No segundo ano, aprendiam-se alguns pontos de crochê: alinhavo, pespontos, pespontos no claro, pespontos fechados e abertos, pontos de arremate; preparação e modo de franzir. Para o terceiro ano eram ensinados franzidos; cerzidura; pregas; bainhas e modo de cosê-las; bainha no franzido e na prega; bainha enrolada; casear; pregar botões, fitas e colchetes. Finalmente, pontos russos e de ornamentos; pontos de marca, letras e nomes. Para estas atividades não era permitido que usassem máquinas de costura: todas deveriam ser realizadas à mão.

Figura 15: *Aula de costura. Fonte: Álbum de Photografias da Escola Normal e Anexas de São Paulo – 1908.*

Como se aconselhava a utilização do mesmo objeto em diversas áreas do conhecimento, nos trabalhos manuais construíam-se muitos elementos que seriam usados nas demais disciplinas. O torno, por exemplo, construído na aula de carpintaria, era utilizado pela disciplina de aritmética.

Figura 16: *Uma lição de aritmética com tornos.* Fonte: *Álbum de Photographias da Escola Normal e Anexas de São Paulo –1908.*

A disciplina de aritmética tinha como objetivo "ensinar a contar e rudimentos das primeiras operações, pelos meios concretos, com auxílio de tabuinhas, tornos e contador mecânico. Depois aprender a ler e escrever os números"[91]. Assim, como primeiro o aluno ou aluna deveria aprender por meio dos sentidos, as tabuinhas confeccionadas por eles próprios na disciplina de trabalhos manuais eram utilizadas como instrumento intermediador no processo concreto de ensino/aprendizagem em aritmética.

O programa de ensino para a disciplina de geografia, por sua vez, compreendia

uma extensão enorme, desde o estudo local até o estudo astronômico, depende de processos muito heterogêneos e toda a parte descritiva não pode deixar de afastar-se do processo de ensinar diretamente pelos sentidos. As diversas regiões estudadas são conhecidas por mapas e desenhos. É bem de ver, pois, que um dos trabalhos principais do professor deve ser ensinar a ler mapas. Esta parte do ensino pode e deve começar desde o primeiro ano[92].

Desta forma, os exercícios de cartografia deveriam "ser feitos com auxílio mnemônico e não como trabalho de meticuloso desenho"[93]. Com base nos programas de ensino de geografia dos grupos escolares e das escolas-modelo sugeridos para cada ano podemos

91. Idem, p. 62-63.
92. Idem, p. 65.
93. Idem, ibidem.

constatar a estreita relação entre os conteúdos propostos e os instrumentos pedagógicos no auxílio metodológico do educador.

Neste viés, a sala de aula para esta disciplina contava com globos terrestres sobre a mesa do professor, e também continha mapas, que se encontravam enrolados e apoiados na lateral do armário próximo da porta de saída.

Figura 17: *Uma sala de aula para estudo de geografia. Fonte: Álbum Photográfico da Escola Normal – 1895.*

Assim, o globo e os mapas, por exemplo, tornam-se instrumentos indispensáveis para a intermediação do processo de ensino/aprendizado desta disciplina, bem como a utilização do desenho. Desta maneira, o desenho e a modelagem são ferramentas igualmente imprescindíveis neste processo de ensino/aprendizado – desenho era requisito em todos os anos. Como vimos, na disciplina de trabalhos manuais os alunos desenvolviam mapas em relevo para corroborar o aprendizado de geografia – neste sentido, os desenhos dos mapas, por eles desenvolvidos, incluem-se na categoria do desenho intuitivo, especificamente no desenho científico, de que tratamos anteriormente.

Assim como a disciplina de geografia utilizava aparatos tecnológicos como intermediadores no processo de ensino/aprendizagem, na disciplina de história do Brasil, recorria-se em demasia a exames de quadros e gravuras, bem como mapas históricos e geográficos para o aprendizado do assunto proferido. Desta maneira, os alunos confeccionavam quadros sinóticos e cronológicos resumidos. Estas atividades estavam circunscritas ao processo do aprendizado por meio da percepção, cujas atividades se inscrevem na concepção do desenho intuitivo – científico.

Já a disciplina de leitura vislumbrava mais o ensinamento por meio da prática da leitura e cópia de texto. Desta forma, o ensino se concentrava na declamação, atendendo à pronúncia e à expressão, às regras para dicção, bem como a exercícios de respiração.

O programa de ensino enfatizava a leitura de livros, revistas e jornais, além da leitura de textos que se destinavam a outras disciplinas, pois não deveria ensinar à criança nenhuma palavra "sem que ela tenha ideia clara da sua significação"[94]. Assim, estas cópias de textos, geralmente das leituras já realizadas (inclusive de assuntos tratados em outras disciplinas) tinham como objetivo que o aprendiz concebesse o aprendizado da leitura do modo mais natural possível. Uma aula de leitura da escola Caetano de Campos pode ser observada na figura abaixo.

Figura 18: *Lição de leitura – Seção feminina.* Fonte: *Álbum de Photografias da Escola Normal e Anexas de São Paulo – 1908.*

Os exercícios da disciplina de caligrafia "acompanhavam as lições de leitura; assim os alunos começarão desde o primeiro dia de aula, a copiar letras, palavras e pequenas sentenças"[95]. Pode-se observar abaixo uma aula desta disciplina na escola Caetano de Campos, na qual os professores desenham na lousa as palavras que deveriam ser copiadas pelos alunos.

---

94. Idem, p. 59.
95. Idem, p. 62.

Figuras 19 e 20: *Aula de caligrafia – seções feminina e masculina*. Fonte: *Álbum de Photografias da Escola Normal e Anexas de São Paulo – 1908.*

Finalmente, a disciplina de linguagem objetivava "despertar a atenção da classe sobre fatos instrutivos e morais"[96], bem como corrigir os defeitos de pronúncia e os vícios de linguagem.

Assim, o programa de ensino de linguagem orientava para que o professor palestrasse sobre as diversas disciplinas, em conformidade com os respectivos programas. Neste viés, os alunos deveriam desen-

---
96. Idem, p. 60.

volver sentenças sobre coisas que eles usavam, vestiam, comiam etc., bem como nomes de animais e coisas. Ademais, o programa solicitava lições auxiliares pela cópia de nomes de animais e coisas.

SUGESTÃO PARA FUTURAS PESQUISAS

O ensino intuitivo foi adotado como o método por excelência na instrução dos países "cultos" no século XIX e estava presente no Brasil desde o Império (como pudemos verificar pela análise das atas e pareceres da Exposição Pedagógica de 1883 e do Congresso da Instrução cancelado), generalizando-se com a reforma do ensino público de 1890. Esta concepção gerou a necessidade de inúmeros aparatos tecnológicos, bem como uma estruturação adequada para seu recebimento e manipulação no ensino. As Lições de Coisas demandavam bem mais que a lousa e o giz para intermediar e possibilitar o processo de ensino e aprendizado. O ensino intuitivo visava a uma formação perceptiva e prática, diante da qual os aparatos tecnológicos tinham uma função indispensável, por serem utilizados como intermediadores no processo de ensino/aprendizagem.

Assim, a Reforma da Instrução Pública, em 1890, realizada pelos republicanos com muito dinheiro público para a construção de uma infraestrutura adequada, em conformidade com os minuciosos critérios para a aplicação dos modernos métodos da época, configurou-se na escola Caetano de Campos, tornada um símbolo dos ideais republicanos.

Esta escola foi concebida como escola-modelo, para difundir o aprendizado segundo os modernos conceitos e métodos da época, com o objetivo de formar professores primários mais bem preparados, expandir o ensino e minimizar o analfabetismo no Brasil.

A referida escola, entretanto, e o sistema que ela representa, tornou-se utopia enquanto escola-modelo, pois o processo multiplicador foi estancado, quando oligarquias se deram conta de que não era preciso "altos" investimentos nem uma "máquina escolar" que custasse tanto para o desenvolvimento do país (para atender ao interesse de uma pequena minoria).

O acervo do antigo museu pedagógico da Escola Caetano de Campos, que abriga mais de cem anos da história do ensino público, encontra-se em estado deplorável e sua cultura material vem se perdendo ao longo dos tempos. Em detrimento desta memória, urge a necessidade de se realizar um inventário histórico destes objetos descolados de seu contexto. Uma pesquisa arqueológica desta cultura material escolar paulistana ainda está por ser feita. A pesquisa traz um rico material iconográfico digitalizado, o qual pode corroborar com este levantamento arqueológico.

Poder-se-á, ainda, estabelecer estudos mais aprofundados dos métodos e conceitos pedagógicos, a partir das tecnologias utilizadas na educação infantil (Froebel), na educação primária (Centro de Interesse), na ginasial e no ensino secundário na escola Caetano de Campos, uma vez que os registros fotográficos documentam o pioneirismo destas atividades nesta escola.

BIBLIOGRAFIA

BARBOSA, Ana Mae. *Arte/Educação no Brasil*. São Paulo: Perspectiva, 1999.
BUISSON, Ferdinand Edouard. (Dir.). *Dictionnaire de pédagogie et d'instruction primaire*. Paris: Hachette, v. 2., 1887.
COLLICHIO, Terezinha A. Ferreira. Dois Eventos Importantes para a História da Educação Brasileira: A Exposição Pedagógica de 1883 e as Conferências Populares da Freguesia da Glória. *Revista da Faculdade de Educação*. São Paulo, v. 13, n. 2, p. 5-14, jul-dez 1987.
_____. Primeira Exposição Pedagógica Realizada no Rio de Janeiro em 1883 e um Importante Congresso da Instrução cancelado. *Cadernos de História & Filosofia da Educação*, São Paulo, v. 4, n. 6, p. 149-194, 2001.
CONFERÊNCIAS EFETUADAS *na Exposição Pedagógica*. Rio de Janeiro: Typographia Nacional, 1884.
DOCUMENTOS: Primeira Exposição Pedagógica do Rio de Janeiro. Rio de Janeiro: Typographia Nacional, 1884.
EFLAND, Arthur D. *A History of Art Education*. New York: Teachers College Press, 1990.
_____. *Postmodern Art Education*: an approach to curriculum. New York: The National Art Education Association, 1996.
FRAZÃO, Manoel José Pereira. Grupo 14: Organização das Bibliotecas e Museus Escolares e Pedagógicos. *Atas e Pareceres do Congresso da Instrução do Rio de Janeiro*. Rio de Janeiro: Typografia, Nacional, 1994.
GUIA PARA VISITANTES *da Exposição Pedagógica do Rio de Janeiro*. Rio de Janeiro: Imprensa Oficial, 1883.
KOSERITZ, Carl von. *Imagens do Brasil*. São Paulo: Edusp, 1980.
KUHLMANN JÚNIOR, Moysés. *As Grandes Festas Didáticas*: a educação brasileira e as exposições internacionais (1862-1922). Bragança Paulista: Ed. da Universidade São Francisco, 2001.
LE GOFF, Jacques. *A História Nova*. São Paulo: Martins Fontes, 1993.
OLIVEIRA, Mirtes Cristina Martins de. *Palimpsestos*: fotografias da escola normal da Praça (1889-1910). Tese de doutorado, São Paulo: PUC, 2002.
PRESTES, Gabriel. A Reforma do Ensino Público. *O Estado de São Paulo*, [s. d.].
REIS, Maria Cândida Delgado (org.). *Caetano de Campos*: fragmentos da história da instrução pública em São Paulo. São Paulo: [s. n.], 1994.
REIS FILHO, Casemiro dos. *Índice Básico da Legislação do Ensino Paulista 1890-1945*. São José do Rio Preto: Faculdade de Filosofia, Ciências e Letras, 1964.
_____. *A Educação e a Ilusão Liberal*: origens da escola pública paulista. São Paulo: Autores Associados, 1995.
RESENDE, Maria Felisminda de; FERRAZ, Maria Heloísa Toledo. *Arte na Educação Escolar*. São Paulo: Cortez, 1992.

SABINO, Januário dos Santos. 5ª Questão. Pareceres da 1ª Secção. In: *Actas e Pareceres do Congresso da Instrucção do Rio de Janeiro*. Rio de Janeiro: Typographia Nacional, 1884.

SÃO PAULO (Estado). *Colecção das Leis e Decretos de 1890 a 1945*. São Paulo: Imprensa Oficial do Estado, tomo I a tomo LV.

_____. *Programa de Ensino para as Escolas Primárias*. Anexo: *Programa mínimo para o curso primário*. Secretaria dos Negócios da Educação e da Saúde Pública, Departamento de Educação, 1941.

SCHELBAUER, Analete Regina. *A Constituição do Método de Ensino Intuitivo na Província de São Paulo (1870-1889)*. Tese de doutorado, São Paulo: Faculdade de Educação-USP, 2003.

SOUZA, Rosa Fátima de. *Templos de Civilização*: a implantação da escola primária graduada no Estado de São Paulo (1890-1910). São Paulo: Unesp, 1998.

STIEHLER, Georg et al. *El tesoro del maestro*, tomo V: metodologia del dibujo – trabajos manuales, labores femeninas – economia doméstica, música y gimnasia. Adaptação espanhola de L. Sarto Sánchez, C. Sarto Sánchez, M. Merchán, D. Benidi, Tirado. Barcelona/Madrid/Buenos Aires/Rio de Janeiro: Editoral Labor, 1937.

VVAA. *Pedagogía Paulista*: a eschola publica, ensaio de pedagogía prática. São Paulo: Typographia Paulista, 1895.

5. Ensino de Arte nos Primórdios de Belo Horizonte

a contribuição de Jeanne Milde no início do século XX

Patrícia de Paula Pereira

> *Jeanne Louise Milde – Belga de Bruxelas (15 de julho de 1900 – dat[a] de nascimento), naturalizada brasileira – artista [e]scultora e professora nesta capital – Belo Horizonte desde 1929, na grande obra de [a]perfeiçoamento do ensino, que se tem devotado o governo do Sr. Antônio Carlos [...]. [Os] cinco elementos contratados eram Jeanne Louise Milde; Teodore Simon; Leon Walter; Artus Perrelet, Hélène Antipoff*.*

Foi assim que Jeanne Milde (1900-1997) se apresentou logo no primeiro parágrafo de seus manuscritos: uma belga que partiu da Europa para o Brasil, no início do século XX, com um grupo de pedagogos para participar do processo de renovação do ensino a ser promovida em Minas Gerais. A reforma educacional iniciada pelo então governador Antônio Carlos deve ser considerada como um dos motivos que provocaram a vinda da artista/professora para a capital mineira. A contextualização deste momento histórico permite que se compreenda o significado e a importância de sua atuação no ensino mineiro, atuação esta que encontrou um relevante paralelo na sua atividade no campo artístico.

Desse modo, a investigação será aqui desenvolvida procurando tecer vínculos entre o contexto histórico mais amplo e os contextos artísticos e educacionais do período. O objetivo será mostrar de que modo a atividade de Mlle. Milde, como educadora, jamais prescindiu de sua atividade como artista. Melhor ainda, foi respeitando suas concepções artísticas, em constante diálogo com o período, que ela desenvolveu suas concepções de ensino.

---

* J. L. Milde, Manuscritos, 1981. Estes inéditos pertencem à filha adotiva de Jeanne Milde, Maria da Conceição Viana.

Jeanne Milde e seus alunos; foto presenteada a Ana Mae Barbosa pela artista e publicada no artigo "Arte Educação" do livro História Geral da Arte no Brasil, *organizado por Walter Zanini, 1983.*

1

No que diz respeito à história desse período, o Brasil vivia uma situação de crise provocada pelo acelerado desenvolvimento urbano-industrial. A busca por soluções para os problemas dos anos de 1920 era a grande preocupação de intelectuais e políticos da época. A emergência de uma nova realidade social veio acompanhada de uma preocupação relativamente ao papel do indivíduo na sociedade, de sua formação como cidadão e como membro de uma coletividade. Ocorre, nesse período, uma verdadeira tomada de consciência a respeito dos problemas sociais do país, os quais provocaram inúmeras manifestações político-culturais, de que é exemplo a Semana de Arte Moderna de 1922. Esta expandiu o movimento modernista para várias regiões do país, organizando salões de arte com características inovadoras e com feições nacionais, além das lutas em torno da expansão da escola[1].

Visando atender às pressões democratizadoras e manter a ordem social, a educação torna-se um dos problemas sociais mais discutidos no país. O governador mineiro Antônio Carlos de Andrada, percebendo o momento como propício a seus objetivos políticos, inspirou-se nos grandes projetos educacionais e teóricos da Escola Nova[2] desenvolvidos

1. A. C. Peixoto, Criação da Pedagogia Moderna, *Estado de Minas*, p. 6.
2. O movimento Escola Nova teve sua origem na Europa e nos Estados Unidos, no final do século xix e início do século xx. A educação passa a ser tratada como um instrumento de melhoria do indivíduo e da sociedade. O pensamento então formulado

na Europa e nos Estados Unidos, para, em 1926, iniciar a reforma de ensino preparada pelo Secretário de Estado Francisco Campos, tendo como medida primordial a reestruturação dos ensinos elementar e normal.

Devido à dificuldade e deficiência dos professores mineiros em desenvolver o ensino nos novos métodos almejados pelo Estado, o governo de Minas insere, nessa reforma, a chamada Missão Pedagógica Europeia, a qual tinha por objetivo reunir um grupo de professores europeus capazes de atuarem no desenvolvimento de pesquisas dentro das novas propostas pedagógicas. Dentre as pessoas que integraram esta missão, destaca-se a presença da escultora belga Jeanne Milde.

A reforma deveria se desenvolver tendo dois focos: um, no ensino superior; outro, na qualificação de professoras. Apesar disso, o projeto só foi parcialmente implantado. A ideia de criação da Universidade do Trabalho foi abandonada, resumindo-se tal projeto à fundação, em 1929, da Escola de Aperfeiçoamento para Professores do Estado de Minas Gerais. Assim, Jeanne Milde, que na época seria a responsável pela direção da Escola de Arte a ser integrada àquela instituição superior de ensino, deparou-se com alguns obstáculos de atuação profissional.

A artista, ao chegar a Belo Horizonte, defrontou-se com o desinteresse pelo seu trabalho, já que a ideia de criação de um ensino superior democratizante não era vista com bons olhos por alguns políticos, pois poderia prejudicar a hegemonia do sistema elitista da época. Ao perguntarem para a artista qual foi o motivo da não efetivação do projeto, ela respondeu: "Questões políticas!". O governo preferiu substituir a ideia da Universidade do Trabalho, pela criação da Escola de Arquitetura, fundada em 1930. Dessa maneira, o Estado continuaria assegurando o símbolo da classe dominante: o "bacharelismo". Por isso, seu trabalho como artista/professora seguiria outros rumos.

Antes de aportar em terras brasileiras, Jeanne Milde já tinha um contrato assinado por dois anos com o governo mineiro. Apesar disso, não chegou a executar, de início, nenhuma função: nem como artista nem como professora. Mesmo assim, a escultora permaneceu em Minas Gerais. Com o passar dos anos, o trabalho de Milde passou a ser "muito bem recebido, na medida em que ela começou a conquistar um espaço muito grande"[3] no meio educacional e artístico da capital mineira.

---

alcançaria numerosos países, que adaptariam os novos métodos aos programas oficiais de ensino. Essa pedagogia moderna entra no Brasil na década de 1920, num momento de grande agitação social e de efervescência política e intelectual.

3. Entrevista concedida pela professora Ivone Luzia Vieira a esta pesquisa, no dia 11 de março de 2004, em Belo Horizonte.

2

Jeanne Milde trouxe para Belo Horizonte todo um referencial artístico europeu, além do conhecimento adquirido na Academie Royale de Beaux-Arts et École des Arts Décoratifs de Bruxelles, onde recebeu "vários prêmios e todos com[o] primeiro[s] prêmios e distinção pelos grande[s] mestres[:] Prof. Rudder, Prof. Matton, Prof. Dubois, Prof. Marin e Rousseau"[4]. Por esse motivo, ao formar-se, recebeu da Academia um ateliê para poder preparar-se para os concursos e exposições que aconteciam em Bruxelas. A partir de então, Milde começou a destacar-se como escultora no meio artístico belga, realizando exposições em galerias, além de obter, junto à crítica dos jornais daquele país, acentuado reconhecimento profissional. Nesse sentido, vários artigos foram encontrados no acervo da artista, doado ao Museu Mineiro, salientando sua atuação e reconhecimento como escultora, no período de 1927 a 1928, em Bruxelas.

A artista iniciou sua formação na Real Academia em 1918 e concluiu seus estudos como escultora em 1926. Cursou cadeiras de desenho, pintura e modelagem, sendo esta última a base para toda a sua criação artística. Segundo Rodrigues[5], Milde incorporou elementos de uma tradição acadêmica "muito rígida", mas, ao mesmo tempo em que dominou técnicas, conferiu sua marca pessoal a cada uma delas.

Você tem a arte acadêmica: a aprendizagem quase atormentada, se eu posso dizer, da perfeição, da proporção, da imitação. A gente se torna até escrava de não ter nenhum defeito. Depois disso, vem a evolução, você não suporta mais esse academicismo porque tira um pouquinho da espontaneidade [...]. Eu tive uma base acadêmica muito rígida por causa das minhas professoras. E, felizmente, não fui muito obediente, porque o clássico mata um pouquinho o seu entusiasmo de artista, obriga você a ser assim, assim... E a juventude não suporta! Então obedeci, fui escrava até um certo tempo[6].

Ainda, na própria Academia, Jeanne Milde recebeu influência das artes aplicadas dentro de uma perspectiva utilitarista. A artista costumava usar "essa prática de ligar a beleza [das] arte[s] aos objetos cotidianos"[7].

Como artista, Milde trabalhou com baixo-relevo, retratos e outras composições, especializando-se na figura humana. Segundo pesquisas de Rita Lages Rodrigues[8], a escultora incorporou em suas obras quase todas as tendências iniciais do modernismo, como o simbolismo, *art déco*, *art nouveau*, expressionismo, impressionismo, mas

---

4. J. L. Milde, op. cit.
5. R. Rodrigues, *Eu Sonhava Viajar sem Saber Aonde Ia... Entre Bruxelas e Belo Horizonte*, p. 109.
6. *Estado de Minas*, mar. 1984, recorte encontrado no acervo de Jeanne Milde sem indicação de página ou data.
7. R. L. Rodrigues, op. cit., p. 20.
8. Idem, p. 89-122.

permaneceu com uma percepção clássica. "Moderna, mas com uma base clássica. Tem a anatomia que a gente descobre, tem a inclinação da forma, tem interpretação. Quer dizer: se sofro, vou me inclinar e sinto dor. E isso tem que sair na expressão da modelagem"[9].

Ao ser convidada pelo governo de Minas para vir ao Brasil, Jeanne Milde era detentora de saberes em arte e começava a firmar-se como uma artista promissora na Bélgica. Ao que tudo indica, tinha grandes possibilidades de atuação profissional na Europa, como mostra o seu próprio relato: "Tive vários convites para voltar para minha pátria [...]. Troquei o magistério que, com toda certeza, estava reservado para mim, na Escola Superior de Artes Plásticas de Antuérpia"[10].

Mlle. Milde chega a Belo Horizonte, em 1929, num momento em que as correntes de vanguarda artística já haviam acontecido na Europa. No Brasil, somente a partir da Semana de Arte Moderna, em 1922, é que o movimento de renovação passa a tomar rumos mais definidos com propostas consistentes e consequentes.

Segundo Rodrigues[11], "poucos artistas em Belo Horizonte acompanhavam o que ocorria nas artes no mundo e os que estavam cientes, na maioria das vezes, não valorizavam o novo" (as vanguardas artísticas). A arte moderna não era aceita pelos artistas locais. Milde foi a primeira mulher/escultora, com formação superior, a atuar no meio belo-horizontino, antes dela, somente alguns poucos homens eram detentores do mesmo tipo de formação. Desde que chegou ao Brasil, manteve contato com o meio artístico do país, mas permaneceu pensando a arte de uma forma europeia. Ainda assim, atuava, ao mesmo tempo, como participante do meio artístico belga e belo-horizontino. Participou de várias exposições e salões, dentre eles, pode-se citar o Salão do Bar Brasil, em 1936, também conhecido como o 1º Salão de Arte Moderna – primeira coletiva de Arte Moderna que aconteceu na capital mineira, muito provavelmente, reflexo da Semana de 22. Participou também da Viagem da descoberta do Brasil, em 1924, marcada como a Semana Santa dos Modernistas de 22, acompanhando Blaise Cendrars em povoações e cidades históricas de Minas Gerais[12]. "Os artistas expositores do Bar Brasil tinham como objetivo problematizar a realidade das artes em Belo Horizonte, questionar a arte institucional, democratizar o sistema, mostrar ao mundo rebeldia e sua disposição na busca de mudanças"[13].

---

9. *Estado de Minas*, 13 jan. 1997.
10. I. Pignataro, Jeanne Louise Milde, pioneira como Helena Antipoff, *Estado de Minas*.
11. R. L. Rodrigues, op. cit., p. 52.
12. Mário de Andrade, *Eu Sou Trezentos, Sou Trezentos-e-Cincoenta*.
13. I. L. Vieira, Emergência do Modernismo, em M. Ribeiro; F. Silva, *Um Século de História das Artes Plásticas em Belo Horizonte*, p. 150.

Segundo Vieira[14], esse salão foi o marco histórico de maior importância da arte mineira, representando a realidade de artistas de uma linha tradicional/acadêmica rumo ao moderno. O artista plástico que atuava em Belo Horizonte era considerado, até então, um sujeito marginal na sociedade, a maioria era "autodidata e artista-gráfico. As oficinas dos jornais das cidades tornaram-se o espaço não só de aprendizagem profissional do ofício, como também de conscientização política"[15].

Jeanne Milde não estava diretamente ligada a nenhum movimento de vanguarda nas artes, mas sua presença em Belo Horizonte, associada às reformas promovidas pelo governo Antônio Carlos, fizeram com que os artistas começassem a organizar-se. Mlle. Milde declara, em entrevista, o problema da falta de uma política cultural em Minas Gerais:

> Os artistas aqui não se procuram, não promovem exposições que possam despertar nos filhos dessa terra maior amor pelas coisas de arte. O artista aqui vive isolado. Trabalha na surdina. Quase que se poderia dizer que ele cria as suas obras apenas pelo prazer de creá-las [sic]. Colocado em seu atelier, ele mesmo as contempla e as admira. E muitos deles trabalham afanosamente, pondo em suas produções alma e cunho pessoal[16].

Milde viera de um meio artístico muito diferente do que encontrou no Brasil. Mesmo assim, a escultora teve uma vida artística intensa entre os anos de 1930 e 1940, buscando conquistar um melhor espaço para as artes plásticas em Belo Horizonte. Nesse sentido sua influência foi das mais significativas junto aos artistas modernos da capital mineira, pois contribuiu para a formação de grupos e participou ativamente da primeira fase do movimento modernista em Minas.

Como aponta Rodrigues[17], Milde transitava por vários espaços artísticos da capital mineira, era acolhida por artistas acadêmicos e modernos, mostrava-se aberta a novas formas de expressão. Estava sempre entre o novo (as vanguardas) e o antigo (o acadêmico), desenvolvendo, paralelamente às atividades didáticas, seu trabalho pessoal como escultora; mantendo, no entanto, pouco contato com os artistas locais, por considerá-los fechados.

Importantes obras foram executadas por Milde em Minas, mas a criação da Escolinha do Parque, na década de 1940, dirigida pelo artista plástico Alberto da Veiga Guignard, com sua nova metodologia de ensino da arte, fez com que os artistas plásticos, que até então trabalhavam com as artes visuais em Minas, "passassem a ser vistos como portadores de uma linguagem passadista e caíssem no ostracis-

---

14. Idem, ibidem.
15. Idem, ibidem.
16. *Estado de Minas*, 15 jan. 1935.
17. R. L. Rodrigues, op. cit., p. 64.

mo"[18]. Entre eles estava a escultora belga Jeanne Milde. A partir de então, a artista desaparece do meio artístico mineiro, voltando a ser destaque somente na década de 1980.

3

Paralelamente a sua atuação como artista em Belo Horizonte, estava também o trabalho como arte/educadora. Como dito anteriormente, Mlle. Milde conquistou seu espaço como artista/professora aos poucos. Ao chegar à capital mineira, em 1929, Milde era uma artista, escultora, europeia, solteira, mulher, independente e que sozinha passou a residir num quarto no Grande Hotel, o atual Maleta. Tal situação era apenas mais um passo para ela poder vencer dentro de uma sociedade muito conservadora. Nesse momento, Mlle. Milde não podia trabalhar como artista, pois não possuía nenhum espaço para poder esculpir suas obras e, além de não estar familiarizada com o meio artístico da capital, falava pouquíssimo português.

Com o passar do tempo, a escultora consegue, no próprio hotel onde residia, o seu primeiro espaço de trabalho como artista, cedido gentilmente pelo Sr. Arcângelo Maletta. A artista também não podia lecionar naquela circunstância, já que a cadeira de desenho e trabalhos manuais da Escola de Aperfeiçoamento para Professores do Estado estava reservada, naquele momento, a Mme. Artus Perrelet que era também uma das integrantes da Missão Pedagógica Europeia e professora de artes.

Foi na Escola Normal de Belo Horizonte que Jeanne Milde começou seu trabalho como artista/professora. Lá, orientou inicialmente as cadeiras de desenho, modelagem e trabalhos manuais e, posteriormente, ainda no mesmo ano, em 1929, com a partida de Perrelet, ela assumiria as mesmas cadeiras na Escola de Aperfeiçoamento. A cadeira de modelagem foi criada, especialmente, para privilegiar a formação da escultora.

Mesmo ocupando o posto de artista/professora no curso de aperfeiçoamento, Milde não abandonou o seu trabalho na Escola Normal. A formação das normalistas (futuras professoras) e o aperfeiçoamento das alunas-professoras (corpo docente das escolas primárias mineiras) deveriam seguir as concepções da pedagogia moderna defendidas pela reforma do governo Antônio Carlos. Assim, dentro desses mesmos princípios, Jeanne Milde teria que elaborar e compartilhar seus conhecimentos sobre arte.

18. Idem, p. 82.

Na Escola Normal, Mlle. Milde foi recebida por Aníbal Mattos[19], um artista acadêmico, promotor cultural da cidade e professor das normalistas daquela instituição. Como mestre da cadeira de desenho, Mattos seguia uma linha tradicional de ensino que orientava exclusivamente para a cópia de modelos.

O ensino do desenho nas escolas normais de Minas Gerais também acabou por sentir os reflexos das ideias liberais e positivistas que predominavam nas escolas europeias do século XIX. Estas procuravam manter um lugar equivalente entre a arte e a indústria, entre o desenho e o trabalho, relacionando o ensino do desenho com o progresso industrial do país.

Segundo Ana Mae Barbosa[20], a metodologia do ensino da arte adotada no Brasil, nas duas primeiras décadas do século XX, foi influenciada pela Escola de Belas Artes, mas também pela relação entre arte e indústria e pelo "processo de cientifização da arte". Como afirma a autora, essas são ideias e situações que foram herdadas do século XIX. O ensino do desenho nas escolas brasileiras, influenciado pela reação entre arte e indústria, acabava resumindo-se "ao ensino do desenho como escrita, ou como desenho linear, geométrico ou figurado"[21].

Em Minas Gerais, a situação do ensino da arte, antes da chegada de Jeanne Milde, também não era muito diferente. Outros modos de abordagem do desenho em Minas iriam acontecer a partir de 1929, quando o Estado então passaria a valorizar outras formas de expressão, além da linguagem oral e escrita, reconhecendo a importância da arte na educação. Um ponto importante para essa mudança reside no movimento escolanovista, que teve forte influência na reforma dos ensinos elementar e normal do Estado de Minas Gerais.

Jeanne Milde, ao assumir a cadeira de desenho, modelagem e trabalhos manuais na Escola Normal e, posteriormente, na Escola de Aperfeiçoamento, deveria elaborar o conteúdo de suas aulas a partir dos princípios que regiam a reforma do governo mineiro. Como ela era uma professora estrangeira, deveria ser sempre orientada por um professor nacional. Este fato acabou gerando situações de conflito e censura aos trabalhos desenvolvidos por Mlle. Milde e Helena Antipoff[22].

---

19. Mattos era formado pela Escola Nacional de Belas Artes. Conseguiu construir uma política que lhe garantiu o controle do sistema das belas artes em Belo Horizonte, edificando uma *hegemonia acadêmica* na capital mineira. Foi promotor cultural, professor da escola normal, fomentador das Exposições Gerais de Belas Artes (1918) e fundador da Sociedade Mineira de Belas Artes (1918).

20. *Arte/Educação no Brasil*, p. 32.

21. A. M. Barbosa, Arte/Educação, em W. Zanini (org.), *História Geral da Arte no Brasil*.

22. Helena Antipoff também era professora estrangeira que lecionava na Escola de Aperfeiçoamento e responsável pelo laboratório de psicologia naquela instituição.

O motivo de tal desentendimento centrava-se nas concepções pedagógicas defendidas pelas pessoas que compunham o corpo docente da Escola de Aperfeiçoamento: de um lado, estavam as professoras mineiras que foram formadas nos Estados Unidos e que, consequentemente, seguiam as orientações americanas; do outro, as professoras europeias defendendo seus métodos.

Foi na Escola Normal de Belo Horizonte que Jeanne Milde começou a elaborar seus primeiros trabalhos como artista/professora. Os modos artísticos que passaria a ensinar tiveram que ser adaptados à realidade da cultura local mineira. "Quando cheguei a Belo Horizonte, analisei minha situação e compreendi que essa cidade pequena me obrigava a penetrar e a conhecer todas as camadas, para vir aqui plantar os meus conhecimentos recebidos dos meus grandes mestres"[23].

A realidade encontrada por Mlle. Milde, em Minas, era bem diferente da dos centros europeus. Essas diferenças fizeram-na refletir sobre os métodos nos quais ela fora formada. Muito estava ainda por fazer no campo pedagógico e artístico da pacata capital. Sua fala, acima, mostra que precisava conhecer mais de perto os elementos desse meio para poder, então, compartilhar seus conhecimentos.

Jeanne Milde teria como desafio entrelaçar seu aprendizado acadêmico com os princípios da reforma educacional mineira: as ideias escolanovistas. Desse modo, as disciplinas, segundo orientações do Estado, deveriam incluir métodos ativos, e a organização dos programas deveria estar em função dos princípios psicológicos presentes no processo de aprendizagem, procurando sempre corresponder aos

interesses da criança, de maneira que o ensino não [fosse] uma memorização de fatos e de dados desconexos[24], mas a compreensão das suas relações e da importância e significado de cada um no contexto das lições, experiências e problemas. Os temas das lições [deveriam] ser sempre que possível, tirados da vida ordinária e expostos em termos da experiência infantil[25].

Nesse sentido, o regulamento dos programas de ensino recomendava a introdução do Método Decroly, que considerava duas operações importantes para o intelecto do aluno:
1. A atividade de aquisição, composta pela observação, que seria baseada em conhecimentos práticos (fatos concretos e palpáveis às mãos e aos olhos da criança). A partir dessa "coleção" de práticas, a mente infantil estaria pronta para elaborar e multiplicar tais conhecimentos através da associação de ideias. O livro, neste caso, não po-

23. *Jornal da Educação*, recorte do acervo Jeanne Milde.
24. Os fatos desconexos dizem respeito às várias disciplinas dos programas de ensino. Para resolver tal problema, o governo propunha a unificação de todas as partes dos programas e dar-lhes "corpo e vida no domínio intelectual".
25. M. I. Coelho, (org.), *Escola Normal – Instituto de Educação*.

deria ser o primeiro meio para o desenvolvimento do aluno, por ser considerado como "cousa abstrata". Ele deveria ter seu lugar depois dos conhecimentos práticos;

2. A atividade de expressão – "estando o aluno de [posse de suas] impressões, ideias e conceitos; adquiridos pelo processo anterior [da atividade de aquisição], te[ria] ele necessidade de exteriorizá-los de algum modo". Esse modo "poderia ser através da elocução, do desenho, da escrita, do trabalho manual e da leitura"[26].

Assim, o desenho e o trabalho manual passaram a constituir uma das possibilidades mais importantes para a criança exteriorizar suas ideias e conceitos formulados durante as aulas. Esses meios de expressão eram considerados como as "tendências vivas e imperiosas [que revelavam] a alma do [aluno]: a curiosidade que é a indagação em vista dos objetos e fenômenos que [os] cercam; [e] a atividade realizadora, que se manifesta pela palavra, pelos gestos e pela ação"[27].

Tal método de aprendizagem acabava colocando o ensino do desenho e dos trabalhos manuais, em alguns momentos desse processo cognitivo, como prática final de outras matérias ou ainda como expressão de uma aula. De acordo com Pimentel[28], baseada em Barbosa, a arte como experiência final foi uma interpretação simplificadora da "experiência consumatória", do filósofo John Dewey. As propostas pedagógicas de Dewey acabaram sendo sistematizadas por alguns pedagogos, como Decroly; ou ainda foram erroneamente difundidas e adaptadas no processo das reformas educacionais ocorridas no Brasil.

Assim, como professora estrangeira, Jeanne Milde deveria seguir as recomendações que estavam determinadas no programa de ensino. A orientação da artista/professora deveria estar voltada tanto para as professoras do curso de especialização em trabalhos manuais, quanto para as professoras de outras matérias. A artista relata: "Eu tinha um papel específico, de ordem mais material, que devia ser combinado com o das professoras. Por exemplo, nas aulas de linguagem, cada aluna criava sua historinha e eu ensinava como fazer os fantoches, máscaras, etc., caracterizando-os de acordo com a literatura"[29].

Por outro lado, Mlle. Milde deveria conciliar o material empregado no ensino do desenho, modelagem e trabalhos manuais com a realidade das professoras locais, já que estas nem sempre teriam disponível a matéria-prima necessária para o desenvolvimento das aulas. A partir desta situação, a artista/professora elaboraria seu ensino tanto no aspecto da arte, relacionado à sensibilidade do aluno, quanto no

26. Seção do Centro Pedagógico Decroly: o sistema Decroly, *Revista do Ensino*, p. 95-104.
27. Idem, ibidem.
28. L. Pimentel, *Ensino de Arte na Contemporaneidade*.
29. M. H. Prates, *A Introdução Oficial do Movimento de Escola Nova no Ensino Público de Minas Gerais*, p. 151.

aspecto da arte no cotidiano das pessoas. Para criar condições de um ensino prático fundado na realidade local, a artista se abriu a constantes e diferentes propostas de trabalho, investigando diversos tipos de materiais encontrados na região e que poderiam ser aproveitados durante suas aulas. Segundo a ex-aluna Mari'Stella Tristão

> as lições de arte eram completas: desenho, modelagem, aquarela, arte de todo jeito, nos mais diferentes materiais – do mais rústico ao mais requintado, do menor ao maior tamanho, inclusive cadeiras, mesas, estantes, bancos, brinquedos, fivelas e botões, no setor de madeira. E era igualmente assim, na tecelagem, macramés, bordados, tapeçaria em "smirna", cartonagem, "encadernaçón", segundo seu português misturado de francês; os fantoches, a cenografia, a reciclagem (hoje tida como vanguarda) de materiais inutilizados que se transformam em objetos utilitários ou obras de arte. Tudo era feito em função didática, para aplicação na escola primária, na capital ou no interior, onde certos materiais são difíceis de ser encontrados[30].

A partir dessas atividades práticas desenvolvidas com madeira, argila, fios etc., Milde procurou criar situações em que o aluno pudesse produzir objetos do seu uso cotidiano, a partir da matéria-prima regional. A artista recorreu a materiais alternativos como cabos de vassoura, palha de milho, restos de pó-de-serra e outros tipos de materiais que poderiam ser reaproveitados na confecção de móveis, utilitários e produções artísticas, sem muitos recursos e de fácil adaptação à necessidade escolar. Isto devido ao fato de que muitas professoras não possuíam instrumentos necessários e não tinham acesso nem à bibliografia e nem mesmo aos materiais para poder trabalhar, principalmente nas escolas primárias do interior de Minas Gerais.

Jeanne Milde introduziu na educação mineira uma arte erudita ao ensinar técnicas de escultura, pintura, desenho e outras; mas, também, desenvolveu uma arte mais aplicada, ao orientar as alunas na criação de objetos de uso cotidiano, inserindo na construção destes, materiais alternativos encontrados na própria região de Minas, que serviam tanto para as atividades de trabalhos manuais, quanto para as outras matérias de ensino. Por outro lado, estaria colocando em prática o princípio do movimento da reforma pedagógica, que era fazer o aluno aprender, e não ensinar. Essa era a condição do processo educativo da criatividade: "aprender descobrindo". A escola deveria preparar o educando para a vida prática (o fazer). Dessa forma, os conhecimentos não poderiam ser obtidos através do conhecimento abstrato, mas por meio das coisas que a realidade circundante poderia oferecer. Mas, para que o aluno aprendesse era preciso passar pelo processo de experimentação das coisas, ou seja, o ideal era "aprender fazendo". Segundo Milde:

---

30. M.'S. Tristão, Jeanne Milde, em *Jeanne Milde – Zina Aita*: 90 anos, p. 17.

O importante, na escola nova, é ensinar a criança a aprender, isto é, dar-lhe o caminho da experiência. A criança deve ser estimulada a pesquisar, de acordo com as suas possibilidades. Além disso, deve ser preparada psicologicamente para as lutas da vida, adquirindo na escola, noções de sociabilidade, num ambiente de amizade e cooperação com os outros coleguinhas [...]. O importante é orientar as crianças e não apenas repetir-lhes as lições, simplesmente[31].

Em suas aulas, a artista passaria a adotar as atividades manuais como situações mais próximas da realidade do aluno e das alunas--professoras, mudando o conceito e a mentalidade da época, que se restringia à cópia de modelos em gesso, economia doméstica, costura, trabalhos de agulhas e ao ensino do desenho agregado à matemática. Milde considerava o trabalho manual como passo necessário para o desenvolvimento intelectual. Segundo ela, tratava-se do "trabalho das mãos [como] produto da mente"[32]. Helena Antipoff, responsável pela área de psicologia na Escola de Aperfeiçoamento, compartilhava a mesma ideia. Não foi por acaso que, anos mais tarde, ao fundar a Fazenda do Rosário, em Ibirité/MG, Antipoff convidaria Jeanne Milde para lecionar trabalhos manuais nas oficinas ofertadas pela instituição[33].

Assim, Jeanne Milde passaria a aliar arte e vida por meio das atividades manuais e de uma proposta de arte unificada. Nesse sentido, a artista acabaria colocando em prática as ideias reformistas idealizadas pelas escolas de arte do século xix e início do século xx: a junção da arte acadêmica (já que Milde era portadora de uma formação em escultura reconhecida pela Real Academia de Belas Artes de Bruxelas) e dos trabalhos manuais (atividades voltadas para as "artes aplicadas" nas escolas de artes e ofícios). A partir de então, a professora passaria a estreitar a relação entre o trabalho manual e a arte. Esta seria desenvolvida por meio de variadas oficinas de criação, tanto na Escola Normal Modelo, quanto na Escola de Aperfeiçoamento para Professores. Essas experimentações teriam seu ponto máximo no curso de administração escolar, em 1955, sob a designação de desenho e artes aplicadas.

As atividades introduzidas por Milde, em relação ao trabalho manual, não eram de facilitar a mecanização ou a mera reprodução de objetos, mas de buscar provocar a criatividade do aluno por meio desses materiais alternativos, de fácil acesso. A artista salienta em seus registros:

31. *Diário de Minas*, 18 maio 1956.
32. E. de Moura, Tributo a Jeanne Louise Milde, *Boletim da* GMEP, n. 27.
33. Helena Antipoff pensava em aplicar os métodos da Escola Ativa na Fazenda do Rosário, onde as atividades deveriam ser planejadas a partir dos interesses das crianças.

Não teremos nada de nada se o homem não criar, mais no sentido próprio da palavra, ele não faz senão, adaptar, transformar.
A imaginação criadora é feita de observações, de sentimentos, de memórias, de julgamentos de raciocínio.
As imagens mentais são a matéria da imaginação construtiva. Este tem então a condição primeira na imaginação reprodutiva memória sensorial que conserva e reproduz as imagens mentais (detalhes)[34].

Mlle. Milde tinha como responsabilidade fundamental preparar as normalistas e professoras para a disciplina de trabalhos manuais, que seria ministrada por elas nas escolas públicas primárias de Minas Gerais. Nesse sentido, é importante destacar que a matéria de desenho, modelagem e trabalhos manuais não tinha a intenção de formar grandes artistas, mas a de despertar a sensibilidade, o conhecimento técnico e estético entre suas alunas-professoras, para que estas pudessem, posteriormente, perceber e incentivar possíveis habilidades artísticas nas crianças.

Na Escola de Aperfeiçoamento, Milde tinha disponível um "amplo salão destinado às aulas especializadas"[35]. Ela procurava desenvolver, nesse espaço, uma consciência comunitária sobre a arte, elaborada a partir de sua visão pessoal como artista. A matéria ministrada por Milde

tinha por objetivo o aprimoramento do espírito e da criatividade. Contudo, estava voltada para a prática escolar. Conforme o programa, a disciplina pretendia dar às alunas "técnicas de conhecimento prático dos trabalhos manuais, desenho, modelagem, encadernação, carpintaria [...]", e considerava que, ao possuí-los, a professora levaria seus alunos a desenvolver aptidões que pudessem ter nessas áreas e, ao mesmo tempo, passaria a conhecê-los melhor. Previa-se, também, que a formação artística se transformasse, para a aluna-professora, através de confecção de material didático, em recurso capaz de despertar os motivos e interesses de seus alunos em sala de aula[36].

Segundo Vieira[37], Milde dizia que, ao assumir a cadeira de modelagem na Escola Normal, "[a direção pediu] trabalhos com madeira. Ela respondeu, que essa informação ela não tinha". A artista acabou indo até o Rio de Janeiro fazer um curso, onde realizou um estágio prático com marceneiro reconhecido e depois voltou para lecionar na Escola Normal. Ela "chegou a fabricar seus próprios móveis levando a sua experiência para as alunas [...], mostrando as diversas alternativas de fartura de mobiliário útil e funcional, sem grandes despesas, adaptados às necessidades das crianças do pré-escolar"[38]. A escultora

34. J. Milde, Caderno de Registros: manuscritos.
35. M.'S. Tristão, Jeanne Milde: uma homenagem que tardava, *Estado de Minas*, 8 dez. 1982.
36. M. H. O. Prates, op. cit., p. 151.
37. Entrevista concedida pela professora Ivone Luzia Vieira a esta pesquisa, no dia 11 de março de 2004, em Belo Horizonte.
38. *Jornal da Educação*, recorte do acervo J. Milde.

belga introduziu o curso prático de marcenaria em suas aulas. Segundo Walter Sebastião, Milde "colocou martelos e serrotes nas mãos das jovens alunas, numa época em que a regra era aprender corte e costura"[39].

Para desenvolver um trabalho de grande efeito, além de contar com uma especializada formação artística, Milde precisava sempre se atualizar, buscando informações, discutindo, aprofundando reflexões em práticas pedagógicas e artísticas, mas, principalmente, precisava conhecer a cultura brasileira, tendo em vista as orientações de ensino. Jeanne Milde complementava seu conhecimento artístico/pedagógico por meio de viagens, além de explorar um grande acervo bibliográfico: uma vasta lista de livros, com textos de autores nacionais e estrangeiros sobre diferentes assuntos, inclusive referentes à teoria e às práticas artísticas.

Em seus registros de aula de 1955, a artista tece comentários sobre as orientações pedagógicas que promovia em sala de aula. Entre estas considerações, ela salienta qual seria o melhor modo de uma professora agir em relação aos trabalhos feitos em argila pelos alunos: "Deve ser com muito cuidado o desmanchar dos trabalhos das crianças, porque pode causar mágoa profunda nos corações, porque por mais imperfeito que seja para ela é uma verdadeira obra-prima"[40].

Entretanto, das atividades previstas por Milde, a prática do desenho era considerada um dos exercícios mais importantes a ser desenvolvido em suas aulas, pois "eram [eles] que precediam os trabalhos artesanais e suportavam o peso maior das inflexíveis e rigorosas 'notas de valores'"[41]. A prática do croqui e do desenho do natural permeava grande parte das atividades desenvolvidas em suas aulas. Nesse sentido, os trabalhos manuais receberiam uma decoração que seria criada pelas próprias alunas, concebida por meio de pesquisas no campo do desenho (livre, espontâneo, observação, perspectiva, natural, croqui), da história da arte (indígena, europeia, japonesa etc.), dos materiais a serem empregados, das cores, das pinturas e das técnicas até sua completa execução. Segundo os registros da professora belga, as formas do desenho decorativo seriam "deduzidas da natureza, quer seja da flora ou da fauna"[42].

Assim, para compor, harmoniosamente, um motivo decorativo seria necessário combinar três elementos: "a natureza, a geometria e os objetos"[43]. A artista ainda complementa: "os motivos combinados [seriam] múltiplos e [se prestariam] ao emprego da decoração como

---

39. W. Sebastião, Para Conhecer e Relembrar Jeanne Milde, *Estado de Minas*.
40. J. Milde, Caderno de Registros.
41. Entrevista concedida por Elza de Moura, à pesquisa "Ensino de Arte nos Primórdios de Belo Horizonte: a contribuição de Jeanne Milde no início do século xx", em 16 de abril de 2003, Belo Horizonte.
42. J. Milde, Caderno de Registros.
43. Idem.

para bordados, pinturas, estamparias, motivos de cerâmica, tecelagem etc."[44]. Dessa maneira, o desenho para decoração dos objetos seria de "criação própria do aluno, com orientação da professora, com noções técnicas e bases de composição"[45]. Quanto à correção feita pelo professor no trabalho da criança "Ela será o mais possível individual e consistirá em conselhos muito prudente, conservando a ideia máxima, do aluno, o professor venha acrescentar, aconselhar com princípios sólidos, afim de dar o esclarecimento a sua imaginação, a finalidade é aumentar a beleza da forma, do objeto"[46].

Tendo em vista os processos de composição do desenho decorativo, pode-se dizer que Jeanne Milde desenvolvia, no bojo do seu ensino de desenho, o método *art nouveau*, já que sua orientação estava voltada para a criação de motivos decorativos baseados na fauna e na flora.

A valorização dada por Milde à prática do desenho também consistia em aguçar o olhar do aluno por intermédio do saber "ver e observar". Eram esses os elementos essenciais para a sensibilização estética aplicados durante as aulas. A professora queria alargar as possibilidades de contato com a realidade entre suas alunas, mais que reconhecer e apreciar, era preciso perceber.

Milde foi a responsável por uma grande oficina de arte/criação na Escola Normal Modelo, no Curso de Aperfeiçoamento e, posteriormente, no Curso de Administração Escolar. Entre as várias atividades de suas aulas, estava também a prática do Teatro de Bonecos direcionada para a criação de máscaras, cenários, fantoches e outros. Essa arte foi introduzida, no curso de especialização para professores, com o intuito de conciliar as propostas de criação dos objetos cênicos com os exercícios literários. A professora belga foi uma das pioneiras a incluir essas atividades teatrais em suas aulas, já que é na década de 1940 que se têm as primeiras notícias de expansão desse tipo de trabalho no Brasil, período também correspondente às atividades com fantoches nas aulas promovidas por Milde. Ao final de cada ano, eram feitas exposições com todos os trabalhos desenvolvidos por suas alunas.

Mas a artista belga não restringiu seus modos de ensinar aos cursos do Estado. Milde e Helena Antipoff compartilhavam algumas ideias sobre a nova pedagogia de ensino que, em virtude das limitações impostas pela direção do curso de aperfeiçoamento, não podiam ser amplamente estudadas e trabalhadas naquele local. Como bem coloca Amaral, a meta de Antipoff "era educar através de atividades artísticas, dando, paralelamente, um atendimento psicológico, na época uma novidade"[47]. Não foi por acaso que Jeanne Milde acabou trabalhan-

---

44. Idem.
45. Idem.
46. Idem.
47. Idem.

do por um período nas oficinas de trabalhos manuais da Fazenda do Rosário. Foi na Sociedade Pestalozzi que Helena Antipoff e Milde encontraram maior liberdade de atuação no ensino, orientando oficinas para crianças excepcionais.

Não foi por acaso também que, paralelamente ao trabalho de artista/professora, Milde mantinha aulas extracurriculares em seu atelier, situado, inicialmente, no Grande Hotel, local onde a artista residia. Ela nunca parou de produzir suas obras, mesmo trabalhando como professora nas escolas de Belo Horizonte e em seu atelier de escultura.

4

A chegada de Jeanne Milde a Belo Horizonte foi fundamental para desenvolver o meio artístico e educacional da época. A atuação como arte/educadora não se deve somente ao fato de ter sido formada na Real Academia de Belas Artes de Bruxelas, embora este seja um dos determinantes de sua atuação, mas também se faz através de sua preocupação em estar sempre informada sobre arte e atuar no meio artístico, além de manter seu trabalho como escultora. "Milde teve atuação significativa nos movimentos e promoções artísticas de Belo Horizonte, não só como professora, mas também como artista, cuja arte provocou mudanças no olhar observador do belo-horizontino. Para ela, não se separa o professor do artista, 'pois [para Milde] todo artista é um professor'"[48].

Ao que tudo indica, Jeanne Milde foi a precursora da arte/educação no Estado de Minas Gerais. Mlle. Milde, como era carinhosamente conhecida, exigia sempre deste meio o reconhecimento do trabalho manual, já que este requer também um trabalho intelectual. Para a artista não havia separação entre o fazer e o pensar, dois elementos que caminhavam juntos.

A escultora belga tinha um compromisso com o projeto educacional mineiro que visava à reformulação qualitativa do ensino de arte nas escolas. Para Milde, a prática, a teoria e a estética deveriam estar conectadas a uma concepção de arte, assim como as consistentes propostas pedagógicas. Queria aproximar suas alunas-professoras do legado cultural e artístico de diversos lugares, de diferentes espaços e tempos. A artista vinculava às suas aulas a vida pessoal, regional, nacional e a de outros países.

Conhecia o alcance de sua atuação profissional, ou seja, sabia que suas alunas podiam elaborar uma cultura estética e artística, que expressasse com clareza a sua vida na sociedade. Milde era a responsável

---

48. I. L. Vieira, A Juventude de uma Obra, *O Misterioso*, p. 15.

pelo êxito desse processo transformador. Ajudou suas alunas a cultivar a sensibilidade, bem como os saberes práticos e teóricos em arte. Em síntese, ela sabia arte e sabia ser professora de arte. Deve-se essa possibilidade de atuação, principalmente, à sua formação na Real Academia de Artes de Bruxelas e ao fato de ser atuante e reconhecida no meio artístico belga e mineiro como escultora.

Apesar de sua importância, Jeanne Milde, ao aposentar-se, em 1955, não teve seu diploma de artista reconhecido no Brasil, passando a receber uma pensão irrisória. Alguns anos mais tarde, por meio de um registro na Escola de Belas-Artes da UFMG, a artista conseguiu uma pequena revisão em seus benefícios.

SUGESTÕES PARA FUTURAS PESQUISAS

Conclui-se este texto com a certeza de que o processo para investigações, sobre o ensino de arte em Minas Gerais, ainda está em aberto. Ponto importante seria verificar em que medidas o trabalho de Jeanne Milde alcançou o ensino primário no Estado mineiro, por meio de suas alunas-professoras

BIBLIOGRAFIA

Livros e Ensaios

ANDRADE, Mário de. *Eu Sou Trezentos, Sou Trezentos-e-Cincoenta.*
BARBOSA, Ana Mae. Arte/Educação. In: ZANINI, Walter (org.). *História Geral da Arte no Brasil*. São Paulo: Instituto Moreira Salles, 1983.
_____. *Arte/Educação no Brasil*: das origens ao modernismo. São Paulo: Perspectiva, 1978.
COELHO, Maria Inês de Matos (org.). *Escola Normal – Instituto de Educação*: reconstrução da história da educação elementar – (Minas Gerais – 1906-69). Relatório de pesquisa. Curso de Pedagogia do Instituto de Educação de Minas Gerais, Centro de Estudos e Pesquisas Educacionais de Minas Gerais. Belo Horizonte: Inep-MEC, 1990.
MILDE, Jeanne Louise. Caderno de Registros: manuscritos. 1955. Acervo/Museu Mineiro. Belo Horizonte.
_____. Manuscritos. 1981.
MOURA, Elza de. Tributo a Jeanne Louise Milde. *Boletim da GMEP*. Belo Horizonte, n. 27, nov-dez, 1997.
PEIXOTO, Anamaria Casassanta. Criação da Pedagogia Moderna. *Estado de Minas*. Belo Horizonte, 8 ago. 1998.
PIMENTEL, Lucia Gouvêa. *Ensino de Arte na Contemporaneidade*: século XX no Brasil. Belo Horizonte.
PRATES, Maria Helena Oliveira. *A Introdução Oficial do Movimento de Escola Nova no Ensino Público de Minas Gerais*: a Escola de Aperfeiçoamento. Dissertação de mestrado, Belo Horizonte: Faculdade de Educação--UFMG,1989.

REVISTA DO ENSINO, n. 26, p. 95-104, 1928.

RODRIGUES, Rita Lages. *Eu Sonhava Viajar sem Saber Aonde Ia... Entre Bruxelas e Belo Horizonte*: itinerários da escultora Jeanne Louise Milde de 1900 a 1997. Dissertação de mestrado, Belo Horizonte: Faculdade de Filosofia e Ciências Humanas-UFMG, 2001.

SEÇÃO do Centro Pedagógico Decroly – O Sistema Decroly. *Revista do Ensino*, Belo Horizonte, n. 26, p. 95-104, 1928.

TRISTÃO, Mari'Stella. Jeanne Milde. *Jeanne Milde – Zina Aita*: 90 anos. Catálogo de exposição. Belo Horizonte: Prefeitura Municipal de Belo Horizonte/ Museu de Arte da Pampulha, 1990.

VIEIRA, Ivone Luzia. Emergência do Modernismo. In: RIBEIRO, Marília Andrés; SILVA, Fernando Pedro da. *Um Século de História das Artes Plásticas em Belo Horizonte*. Belo Horizonte: Com/Arte, 1997.

Periódicos

Diário de Minas, Belo Horizonte, 18 maio 1956.

Estado de Minas, Belo Horizonte, 15 jan. 1935; mar. 1984, 13 jan. 1997.

Jornal da Educação, Belo Horizonte, mar. de 1985.

PIGNATARO, Iolanda. *Jeanne Louise Milde*: pioneira como Helena Antipoff. Estado de Minas. Belo Horizonte, jan. de 1980.

SEBASTIÃO, Walter. Para Conhecer e Relembrar Jeanne Milde. *Estado de Minas*. Belo Horizonte, 17-23 out. 1997, Viver BH.

TRISTÃO, Mari'Stella. Jeanne Milde: uma homenagem que tardava. *Estado de Minas*. Belo Horizonte, 8 dez. 1982.

VIEIRA, Ivone Luzia. A Juventude de uma Obra. In: *O Misterioso*. Suplemento Literário. Belo Horizonte, 2000.

Entrevistas

MOURA, Elza de. Belo Horizonte, 16 abr. 2003.

VIEIRA, Ivone Luzia. Belo Horizonte, 11 mar. 2004.

6. Sylvio Rabello

o educador e suas pesquisas sobre o desenho infantil

Rejane Galvão Coutinho

> *Sem receio de fazer um paradoxo, posso dizer que o passado não se acha atrás, não se desliga de nós: ele continua presente; ele é presente – o presente de nosso ser social e pessoal. O passado é sempre refeito como parte integrante do presente, do que somos para nós mesmos, continuamente.*
>
> SYLVIO RABELLO (1899-1972)*

A contribuição do educador Sylvio Rabello para o ensino de artes no Brasil merece fazer parte de nossa história e se integrar significativamente ao nosso presente. Além do exemplo da atuação de um professor comprometido com a formação integral de suas alunas, futuras professoras, estamos diante de um pesquisador do desenho infantil que na década de 1930, com suas pesquisas, abre um campo de investigação e, principalmente, divulga e publica seus resultados introduzindo no cenário educacional brasileiro um referencial teórico substancial sobre a questão da expressão gráfica das crianças.

Sylvio Rabello foi um brilhante intelectual pernambucano que atuou em diversas áreas. Bacharel em direito, como era de praxe em seu tempo, nos deixou uma vasta obra literária de ensaios e biografias[1], textos teatrais e autobiográficos[2]. Mas, é Sylvio Rabello educador, professor de psicologia e pesquisador que será o objeto de nossa atenção neste texto. Sua atuação na escola normal, assim como na Faculdade de Filosofia, contribuiu diretamente para a formação de professores e de toda intelectualidade de uma época. Participou ativamente da implantação das reformas educacionais nos cursos normais sob o ideário da Escola Nova, foi diretor da escola normal (1934) e Secretário de Educação no Governo de Barbosa Lima (1948-1950).

---

* *O Povoado*, p. 105.
1. *Farias Brito ou Uma Aventura do Espírito*.
2. Em suas autobiografias, *O Povoado*; e *Tempo ao Tempo*.

No início de sua vida acadêmica, atuou como pesquisador no recém criado Instituto de Psicologia do Recife, integrando as atividades de pesquisa e docência quando iniciava suas alunas da escola normal nos procedimentos de investigação científica. Publicou em 1935 seu primeiro livro *Psicologia do Desenho Infantil* resultado desta ação integradora; em 1937, *Psicologia da Infância*; e em 1938, *Representação do Tempo na Criança*.

No início da década de 1930 a única produção brasileira sobre o desenho da criança era a tese de Nereo Sampaio, *Desenho Espontâneo das Crianças: Considerações sobre Sua Metodologia*, apresentada na escola normal do Distrito Federal, no Rio de Janeiro, em 1929, onde o autor desenvolvia o tema do desenho à luz do pensamento estético de John Dewey.

Em 1930, foi traduzido *O Desenho a Serviço da Educação*, livro de Louise Artus Perrelet que era professora do Instituto Jean Jacques Rousseau de Genebra e participava, junto com um grupo de professores europeus contratados pelo governo de Minas Gerais, da implantação da Reforma Francisco Campos (1927-1929). Os livros de Sampaio e de Perrelet são analisados por Ana Mae Barbosa no *John Dewey e o Ensino de Arte no Brasil*.

O livro de Sylvio Rabello, *Psicologia do Desenho Infantil*, é apresentado por ele como "uma pequena contribuição para o estudo psicológico da criança brasileira", pois eram "raros os estudos apoiados em material colhido em suas fontes originais". Constam da publicação três pesquisas: a aplicação dos testes decrolyanos de desenho, realizada nos meios escolares e extraescolares do Recife, e as características do desenho infantil, onde o pesquisador apresenta um percurso do desenvolvimento gráfico apoiado em George-Henri Luquet[3], Georges Rouma[4], Cyril Burt[5] além de outros autores. Há também um estudo sobre os motivos que as crianças costumam desenhar baseado na pesquisa de Ballard, "What London Children Like to Draw?" (O Que as Crianças de Londres Gostam de Desenhar?) de 1912.

O livro de Sylvio Rabello é didático, informativo e revela o grande interesse que acompanhava a psicologia experimental, desde seus primórdios em 1880 até os psicólogos modernos, pela produção gráfica da criança. O autor situa o seu interesse pelo estudo do desenho como instrumento de orientação profissional e como meio de investigação da psique infantil.

No capítulo sobre "Os Pesquisadores do Desenho Infantil" encontram-se informações sobre as principais pesquisas e autores –

3. *Le Dessin d'un enfant.*
4. *Le Langage graphique de l'enfant.*
5. *Mental and Scholastic Test.*

os velhos e os novos estudos – de *L'Arte dei bambini* (A Arte das Crianças) de Corrado Ricci aos psicanalistas, em que Sylvio Rabello questiona também, os métodos empregados nas pesquisas, avaliando as suas propriedades e esclarecendo a orientação seguida em seu trabalho pelo método estatístico.

Como pesquisador assume uma posição crítica ao utilizar os modelos estrangeiros frente à realidade brasileira. Por exemplo, quando estabelece a correlação entre os resultados da aplicação do teste de aptidão para o desenho de Ovide Decroly entre as crianças pernambucanas, portuguesas e belgas. Rabello constata a inferioridade das brasileiras em relação às europeias e a justifica fazendo uma análise crítica dos métodos escolares que entre nós davam ênfase exclusiva à linguagem verbal em detrimento do desenvolvimento da linguagem gráfica.

O desenho foi introduzido em nossas escolas como disciplina no final do século xix e início do século xx, com programa e horário estabelecido no regime escolar, visando instrumentar o aluno com noções básicas e progressivas de geometria, desenho do natural e desenho decorativo, tendo como fundamento e concepção o modelo da Academia de Belas Artes[6]. O desenho como linguagem expressiva fez parte da proposta da Escola Nova, que naquele momento era discutida e implantada através das reformas educacionais. Sylvio Rabello participou do grupo que elaborou e implantou o novo plano de ensino normal, em Pernambuco, em 1933 e defendeu a prática do desenho como expressão nas escolas primárias.

Diante da carência de pesquisas e informações sobre o desenho infantil no Brasil, é surpreendente perceber que esta publicação especializada tenha ficado esquecida no tempo. Foi esta a grande questão que impulsionou este estudo e para compreendê-la, foi necessário desdobrá-la e procurar saber em que condições o livro foi produzido, qual a interpretação dada por Sylvio Rabello ao referencial teórico utilizado e qual a repercussão das pesquisas e do livro no ambiente educacional.

A FORMAÇÃO E ATUAÇÃO DO PROFESSOR PESQUISADOR

As questões referentes à educação fizeram, desde cedo, parte da vida de Sylvio Rabello através da forte influência de sua mãe e também de suas tias, primas e irmãs, todas professoras. Nasceu em Aliança, Zona da Mata de Pernambuco, onde passou sua infância numa ampla casa construída por seus pais para abrigar a residência da família, a loja do pai e a escola da mãe. Aprendeu a ler com Dona Joaquina, que queria "fazer dos filhos gente" e sabia que a educação era fundamental. "As

---

6. A. M. Barbosa, *Arte/Educação no Brasil*.

letras, a inteligência, o espírito – aí estavam para ela os grandes instrumentos do homem. Nos limites da sua condição ela possuía todos três"[7], lembra Sylvio em sua autobiografia.

A família Rabello deixou Aliança, em 1910, para morar em Recife onde Sylvio passou a frequentar o Ginásio Pernambucano que representava a melhor educação para rapazes. Em 1922, diplomou-se em ciências jurídicas e sociais pela Faculdade de Direito do Recife, única opção na época para aqueles que sentiam o chamado das humanidades.

Como um estudante engajado em seu contexto, participou ativamente da vida cultural da cidade do Recife que se sintonizava com a modernidade. Em 1924, conheceu Gilberto Freyre que reunia intelectuais em torno do movimento regionalista. Nasce aí uma amizade de teor afetivo e intelectual a se estender por toda a vida. À época, Sylvio Rabello já havia desistido de exercer o direito e atuava na imprensa local, um dos poucos meios de comunicação e de divulgação a disposição dos intelectuais.

Em 1926, Sylvio Rabello prestou concurso para a nova disciplina de psicologia da escola normal, iniciando sua carreira docente. A opção pelo magistério foi uma consequência natural diante do contexto de sua formação.

A escola normal teve como diretor entre 1923 e 1926 o médico Ulysses Pernambucano, que promoveu uma verdadeira revolução dentro da psiquiatria, da psicologia e da educação em Pernambuco. Preocupado com as questões sociais, a ele é atribuída uma série de empreendimentos pioneiros, sobretudo na área da saúde mental. Homem de visão abrangente e de entusiasmo contagiante, Ulysses reuniu em torno de suas propostas um grupo de jovens pesquisadores que efetivaram suas ideias. Uma delas foi criar em 1925 o Instituto de Psicologia do Recife, um dos primeiros organismos do gênero a funcionar regularmente no Brasil. Sylvio Rabello logo se integrou ao grupo dos jovens pesquisadores orientados por Ulysses; este grupo introduziu a questão dos testes psicológicos de capacidade intelectual e de aptidão profissional no meio educacional.

O intercâmbio de ideias entre Ulysses Pernambucano e Gilberto Freyre propiciava naquele momento um clima intelectual e cultural estimulante no Recife. Exemplo desta criativa e ousada liderança foi a realização, em 1934, do primeiro Congresso Afro-Brasileiro. Gilberto Freyre trouxe a Recife o antropólogo americano Franz Boas e Ulysses Pernambucano cuidou de arregimentar os principais babalorixás da região. Esse confronto gerou, além de polêmicas na imprensa da época, uma série de pesquisas em torno

---

7. S. Rabello, *O Povoado*, p. 67.

das peculiaridades da cultura negra e suas formas de adaptação no Brasil[8].

É neste contexto educacional e cultural favorável que o jovem Sylvio Rabello, então com 26 anos, inicia sua atuação como professor e pesquisador. A responsabilidade que sentiu diante do cargo que conquistara levou-o a buscar os conhecimentos específicos necessários através dos meios disponíveis na época.

> Mandei buscar em Paris, por intermédio da Livraria Félix Alcan, o que de mais atualizado existia na matéria. A biblioteca que consegui organizar vem desse tempo, desse remoto ano de 1926, de livros tanto da Europa quanto dos Estados Unidos, que passavam primeiro pelas minhas mãos antes de descansar nas prateleiras. O peso que de chofre caíra em cima de mim, o de ensinar na Escola em que meu avô fora contínuo, impeliu-me para o único caminho que via diante dos olhos: o de dominar a psicologia, o de ser professor à altura da complexidade da matéria[9].

Eram muitos os desafios. As diversas vertentes teóricas e práticas da psicologia estavam em franco desenvolvimento, principalmente, os estudos científicos do desenvolvimento mental da criança orientado pelo evolucionismo e pelo princípio do paralelismo da filogênese com a ontogênese. Além do domínio da matéria havia que desenvolver um método diferenciado para ensiná-la.

> Com o decorrer do tempo cheguei a ser um professor razoável. Compreendi que a disciplina ficaria mais interessante e de mais fácil assimilação tratada objetivamente com as ocorrências da vida ordinária, cada problema considerado no contexto das disposições pessoais e das situações da comunidade. Uma psicologia tão prática quanto possível, quase que uma disciplina das relações humanas e da convivência social. O certo é que me livrei de ser um mestre cacete[10].

No depoimento de suas ex-alunas[11], a performance do professor foi um dos aspectos mais rememorados. A educadora Maria José Baltar pondera que não foi por acaso que ele foi escolhido como paraninfo de diversas turmas de professorandas. A escolha se dava pela qualidade de suas excelentes aulas de psicologia. Maria José ressalta ainda que na clareza de suas exposições estaria a chave de seu método de ensino, por que ele "começava sempre por buscar o sentido das palavras para depois conceituar as ideias", e lembra da importância que Sylvio Rabello atribuía à participação das alunas nas aulas estimulando-as a formular seus próprios pensamentos em relação à matéria. Ana Mae Barbosa, sua aluna em 1953 e 1954, comenta que seu ensino inquiridor da personalidade humana nas aulas de psicologia

---

8. P. Rosas, Contribuição de Ulisses Pernambucano e Seus Colaboradores para a Psicologia Aplicada no Brasil, *Psicologia*, n. 11.
9. *Tempo ao Tempo*, p. 190.
10. Idem, ibidem.
11. Os depoimentos e entrevistas podem ser encontrados em minha dissertação de mestrado *Sylvio Rabello e o Desenho Infantil*.

do curso normal levaram-na a desejar estudar medicina e psiquiatria, projeto frustrado por razões familiares.

Noêmia Varela reconhece a importante influência do professor Sylvio Rabello na sua vida profissional, voltada para a educação de crianças "especiais" e para a educação através da arte. Em sua entrevista ela relembra os pontos significativos da atuação pedagógica do professor:

> Ele não era um homem de marcar lição para se estudar. Ele nos tratava com uma dignidade tal, de pessoas que podem usar sua compreensão, que nos fazia prestar atenção, essa coisa que se liga tão diretamente ao interesse, a nos interessar por uma matéria que parecia árida [...]. O que era psicologia?
> Ele nos tratava como pessoas capazes de pensar e refletir. Hoje sinto que ele amava educação, tinha prazer em ser professor, em ensinar, em abrir caminhos, em formar pessoas para educação.
> Bem, estou certa de que ele incutiu em mim mesma, que estudar era importante, mas muito mais, pensar sobre o que estudávamos[12].

Noêmia traçou um perfil do professor, diferenciando-o dos demais e realçou os seguintes aspectos:

> Descobri um outro ângulo da personalidade do Dr. Sylvio, o pesquisador. Aí compreendi. Ele nunca nos dissera – Eu sou um pesquisador. Mas, era ele mesmo o exemplo do pesquisador.
> Eu acho que isso é fundamental, o que se pode dizer de um professor senão aquela capacidade que ele teve de incentivar em nós a curiosidade, a busca de conhecimento que é fundamental a nossa formação e a formação de todo e qualquer educando.
> Outra coisa interessante, quando ele nos dava aula, transmitia uma coisa, numa atitude, numa linha, que hoje eu vejo que era a do pensador, do filósofo, a importância que ele dava a isso. Mas ele não se referia – Eu sou filósofo. Mas, ele nos levava àquela compreensão que é típico do ensino filosófico, do pensar, a reflexão[13].

Um perfil de um professor reflexivo, generoso, que busca compartilhar seu entusiasmo pelo conhecimento com suas alunas, que desvela seu próprio processo de construção do conhecimento. Este perfil se amplia quando conhecemos seu engajamento com as políticas educacionais, nas instâncias institucionais e públicas, como diretor da escola normal e como jornalista.

Em 1928 e 1929, por exemplo, Sylvio Rabello escreveu uma série de artigos publicados no jornal *A Província,* que naquele momento era dirigido por Gilberto Freyre. Os temas de teor crítico e informativo abordam questões de uma atualidade ainda hoje reconhecida. Eram as mesmas questões discutidas no grupo de pesquisadores do Instituto de Psicologia do Recife e outras relacionadas aos novos projetos de reforma do sistema de ensino da escola normal.

12. Idem, p. 34-35.
13. Idem, ibidem.

O artigo de 24 de agosto de 1928 trata dos "aspectos do problema do ensino em Pernambuco", avaliando os políticos que faziam uso dos problemas educacionais brasileiros para se eleger e contraditoriamente procuravam manter o analfabetismo como "massa de manobra". É lastimável perceber o quanto esta situação persiste ainda hoje sobre outras roupagens.

Em 31 de agosto e 5 de setembro de 1928, escreveu dois artigos consecutivos sobre "o problema dos supernormais". Ao apresentar o polêmico tema mostra um conhecimento amplo das principais experiências com a educação dos superdotados na Europa e nos Estados Unidos, fazendo uma comparação com a educação dos "anormais". Ao colocar sempre em questão o problema das escolas uniformizantes, realça a escola que tem a criança como centro de atenção, um dos fundamentos básicos do movimento Escola Nova. São citados nesses artigos John Dewey, Édouard Claparède, Alice Descoudres, Decroly, Alfred Binet, Donald Kirkpatrick entre outros.

Sylvio Rabello aproveitou o espaço conquistado na imprensa para informar, debater e criticar as questões relativas à educação de sua época. Os dois artigos seguintes, de 13 de setembro e 21 de outubro de 1928, trazem uma análise das "nossas escolas montessorianas". Ao avaliar os pontos negativos e positivos do método Montessori faz uma crítica sobre a maneira como ele estava sendo interpretado pelas professoras de Pernambuco. Um dos pontos positivos do método Montessori ressaltado por Sylvio Rabello é a utilização sistemática do desenho na preparação da aprendizagem da escrita. Com um conhecimento bastante atualizado das teorias sobre o desenvolvimento gráfico, ele ilustra este artigo com dois desenhos de crianças de cinco e seis anos e faz uma análise deles usando os conceitos de Luquet. Em outro artigo escreveu sobre "os livros que se destinam às crianças" em que faz uma explanação a partir das ideias de Jean Piaget acerca da estrutura lógica do pensamento infantil. Pode-se imaginar quão importante deve ter sido a recepção dessas informações veiculadas em um jornal diário em 1928?

AS PESQUISAS SOBRE O DESENHO INFANTIL

Foi no Instituto de Psicologia do Recife que Sylvio Rabello se iniciou nos procedimentos metodológicos de pesquisa. Um dos principais propósitos do Instituto era desenvolver pesquisas sobre a realidade local para subsidiar as práticas educativas. No âmbito do desenvolvimento da psicologia daquele momento as pesquisas giravam em torno de testes de aptidão, de testes psicológicos e de diagnósticos, visando a seleção e orientação profissional e o processo de aprendizagem.

Mas o que teria levado Sylvio Rabello a escolher, entre tantos assuntos a serem pesquisados no universo da psicologia aplicada à educação, justamente o desenho infantil? Precisamos entender um pouco este contexto para situar sua opção. Dentre as vertentes da psicologia, a da criança ocupava um lugar privilegiado. Com a teoria de Darwin sobre a origem das espécies, a visão das atividades mentais como funções de adaptação impulsionou as pesquisas científicas sobre o desenvolvimento da psicogênese humana. As interpretações da teoria evolucionista na psicologia aplicada desenvolveram-se basicamente em dois sentidos. Havia aqueles que acreditavam na estreita recapitulação hereditária da filogênese pela ontogênese, e tinham em Karl Lamprecht na Alemanha e Stanley Hall nos Estados Unidos seus principais divulgadores. Outros entendiam que a ontogênese não era uma rigorosa recapitulação da filogênese, mas que a interação onto-filogenética colocava em evidência a unidade dinâmica da vida na espécie e no indivíduo. Foram adeptos desta interpretação James-Mark Baldwin, John Dewey, Claparède, Piaget e Arnold Gesell[14]. Vários destes pesquisadores usaram o desenho infantil como meio de pesquisa.

Karl Lamprecht, filósofo e historiador naturalista, adepto da rigorosa recapitulação hereditária, realizou entre 1901 e 1904 uma vasta pesquisa, comparando desenhos de crianças alemãs, suíças, belgas, inglesas, suecas, romenas, russas, japonesas, americanas e africanas com produções pré-históricas e de povos primitivos. Para Lamprecht havia três caminhos para se demonstrar o desenvolvimento da psicogênese humana: a história da civilização, a etnografia e a psicologia da criança, com ênfase no desenho como instrumento de pesquisa.

Em 1905, Binet presidente da *Societé libre pour l'étude psychologique de l'enfant* (Sociedade Livre para o Estudo Psicológico da Criança), desenvolveu em Paris a escala métrica da inteligência, aplicada posteriormente por diversos pesquisadores em diferentes realidades, inclusive por Ulysses Pernambucano e seu grupo em Recife. A produção gráfica da criança interessava particularmente a Binet que, além de introduzi-la nos seus testes, publicou um modelo de estudo sobre a interpretação de desenhos que inspirou posteriormente outros trabalhos, como o de Claparède na Suíça, de Decroly na Bélgica e de Luquet na França[15].

Claparède dirigia o laboratório de Genebra, o Instituto Jean-Jacques Rousseau, e desenvolvia pesquisas direcionadas aos problemas das aptidões. Buscava entender qual a relação da aptidão para o desenho com as aptidões para os trabalhos escolares em geral, como

14. G. Rioux, *Dessin et structure mentale*.
15. Idem, ibidem.

as aptidões para a escrita, a geografia, a história, os trabalhos manuais etc. A importância desse centro de formação e orientação no período de florescimento das ideias pedagógicas da Escola Nova, como espaço de experimentação, foi comprovada por várias pesquisas[16]. Sylvio Rabello fez uma longa descrição do funcionamento do Instituto, "a meca dos educadores", e das formas de estágios ali oferecidos, em artigo do jornal *A Província* de 9 de dezembro de 1928. A orientação do Instituto J.-J. Rousseau comungava com o espírito científico que inspirava a aplicação da psicologia às novas experiências educacionais em todo o mundo.

Luquet, considerado o mais importante pesquisador do desenho infantil, pela acuidade de suas observações e por sua elaborada sistematização, realizou o primeiro estudo longitudinal em que estabeleceu as etapas da evolução gráfica da criança, publicado inicialmente como *Les Dessins d'un enfant* (Os Desenhos de uma Criança), em 1913, e ampliado na edição mais conhecida *Le Dessin enfantin* (O Desenho Infantil)[17], de 1927. Luquet foi professor da Escola Normal Superior da França e autor de trabalhos sobre filosofia, psicologia e antropologia, com especial interesse pela produção estética dos povos considerados primitivos. A questão que mobilizava Luquet era buscar entender as origens da arte. Suas pesquisas sobre o desenho infantil caminhavam paralelas às pesquisas sobre arte rupestre e arte primitiva.

Através do método biográfico, aliado à observação direta da criança no momento em que desenha, Luquet pôde entender os mecanismos de aquisição e desenvolvimento da linguagem gráfica de representação. Com um sentido de observação impregnado pelo espírito científico de sua época, ele elevou o desenho infantil a um plano de independência enquanto matéria de estudo. A teoria de Luquet se encontra na base de quase todas as pesquisas desenvolvidas posteriormente sobre a criança e seu desenho, como os trabalhos de Piaget e Viktor Lowenfeld para citar os mais conhecidos.

Luquet como Sylvio Rabello e muitos outros pesquisadores da época transitavam entre áreas de conhecimento, como a filosofia, a psicologia e a educação, e suas pesquisas ajudaram a fundamentar estas áreas de conhecimento. O desenho da criança, inicialmente um instrumento de pesquisa, um registro de uma ação que traz implícito um processo de construção mental comum à espécie humana, ajudou a entender e explicar o desenvolvimento da psicogênese. Em contrapartida, o conhecimento do desenvolvimento gráfico alimentou novas

---

16. A. M. Barbosa, *John Dewey e o Ensino de Arte no Brasil*; M. C. Araújo, *A Escola Nova em Pernambuco*.
17. Traduzido em Portugal como *O Desenho Infantil*.

proposições no campo da educação e inspirou pesquisas também no campo da arte, especialmente da arte moderna.

O TESTE DE APTIDÃO PARA O DESENHO DE DECROLY

O teste de aptidão para o desenho elaborado por Decroly visava avaliar a disposição das crianças e adolescentes para os estudos que exigem a capacidade de representação mental, assim como a leitura de esquemas gráficos, necessários a profissões como a engenharia, a arquitetura, a cartografia, a medicina etc. Era um teste para a seleção e orientação profissional como outros que se aplicavam no Instituto de Psicologia do Recife.

No entanto, Sylvio Rabello vislumbrou outras vantagens na aplicação deste modelo, principalmente na aplicação em larga escala como a que realizou. Por um lado, interessava avaliar a aptidão das crianças pernambucanas para o desenho, comparando os resultados de sua pesquisa com os resultados obtidos por Decroly na Bélgica e com os de Farias de Vasconcelos, que aplicou o mesmo teste em Portugal. Era uma maneira de avaliar também como o sistema educacional estava lidando com a questão do desenho. Por outro lado, interessava a ele conhecer e estudar a produção gráfica das crianças ao analisar os desenhos, tendo como referencial teórico os autores que chegavam a suas mãos. A conjunção destes objetivos se torna ainda mais explícita quando ele inclui, antes da bateria de desenhos do teste de Decroly, um outro teste, baseado em Ballard, dos motivos preferidos pelas crianças ao desenhar.

É importante situar que a pesquisa coordenada por Sylvio Rabello envolveu o pessoal do Instituto de Psicologia do Recife, especialmente duas auxiliares do setor de Seleção e Orientação Profissional, e foi aplicada por suas alunas da escola normal. Aliando, desta forma, sua atuação de pesquisador com a de professor na construção de conhecimentos.

O experimento incidiu sobre 1,4 mil crianças entre três e dezesseis anos em sua maior parte pertencente ao meio escolar do Recife. Deste total, apenas 270 pertenciam ao meio extraescolar. Eram cem crianças para cada idade, cinquenta meninas e cinquenta meninos. A pesquisa atingiu dezenove escolas entre públicas e particulares, de creches à escola normal. Tendo em vista que o teste idealizado por Decroly se processava em três momentos, que resultavam em três desenhos distintos, chegou-se a um total estimado de 4,2 mil desenhos referentes ao teste. Ao lado desse teste e antes de sua execução, pediu-se às crianças que desenhassem espontaneamente um objeto de sua preferência, ampliando-se o total para 5,6 mil desenhos.

Ao explicar o teste de Decroly, Sylvio Rabello justificou sua adesão argumentando que:

Decroly pretendendo apurar a aptidão para o desenho manda representar objetos e cenas que não são familiares: pessoas e coisas em posições pouco conhecidas e raramente desenhadas. A criança voltará, então, tanto quanto possível, à sua fase natural. O desenho mostrará melhor certas particularidades da fisionomia mental da criança. As falhas relativas à proporção, à direção, à capacidade sintética etc. manifestar-se-ão mais claramente. Por isso a prova de Decroly, sugerindo aspectos não habituais de cenas e fatos conhecidos, poderá fornecer resultados apreciáveis – talvez melhores do que os colhidos com desenhos espontâneos, porque estes estão fortemente impregnados da influência escolar, enquanto que os da prova de Decroly escaparam um tanto a essa influência, dada a nova situação em que os motivos são apresentados[18].

Para Sylvio Rabello, esta era a vantagem do teste de Decroly, permitir revelar o desenho em sua "fase natural" que lhe mostraria as "particularidades da fisionomia mental da criança", reforçando que para ele conhecer a criança e seu desenho era tão importante quanto avaliar as aptidões específicas.

Segundo Sylvio Rabello:

Os testes de desenhos de Decroly consistem em fazer desenhar de memória certos aspectos não habituais de objetos conhecidos geralmente em outras posições.
São os seguintes:

1. Desenhar um homem que passa na calçada e visto da janela;
2. Desenhar um balão que passa pelo alto;
3. Desenhar uma rua vista de um aeroplano.

Ao apurar os resultados das provas que realizou com seus próprios testes, Decroly notou várias etapas na execução desses desenhos:

1ª etapa – Desenho do aluno e do homem na rua, do aluno e do balão, do aluno e da rua;
2ª etapa – Desenho do homem na calçada, sendo visto de perfil e de corpo inteiro; igualmente o balão e a rua;
3ª etapa – Desenho de uma parte das pessoas e objetos, mas essas partes representadas em plano vertical;
4ª etapa – Desenho que corresponde exatamente à questão, embora com defeitos nas proporções e em certos detalhes;
5ª etapa – Desenho que é perfeito sob o ponto de vista da exatidão da representação[19].

Ao analisar os resultados por etapas, Decroly estabeleceu para a sua escala os seguintes níveis de aptidão para o desenho: inferioridade grave; inferioridade; aptidão média; acima da média; disposição para o desenho; disposição superior. Ao concluir a análise de sua pesquisa, comparando os resultados com os de Decroly e os de Farias de Vasconcelos, Sylvio Rabello detectou que as nossas crianças sofriam de uma "inferioridade" em relação as belgas e as portuguesas.

Ao que tudo indica foram muitas as dificuldades de replicação de um teste desta natureza. Além dos cuidados metodológicos,

18. S. Rabello, *Psicologia do Desenho Infantil*, p. 40-41.
19. Idem, p. 45.

a aplicação exigia critérios bem estabelecidos para análise dos desenhos. No livro, Sylvio Rabello relatou uma série desses problemas. Um deles dizia respeito ao entendimento da 3ª etapa. Na interpretação de Sylvio Rabello, esse tipo de resposta demonstraria que a criança não teria compreendido a ordem dada. Segundo ele, nos seus resultados apareceram poucos desenhos com essas características e todos relativos à primeira cena, ou seja, a criança desenhou parte do homem que passava na janela. Os problemas relativos às interpretações dos desenhos não pararam por aí. A atenção de Sylvio Rabello levou-o a verificar também, ao iniciar a apuração dos resultados, que havia muitos desenhos que não se enquadravam em nenhuma das etapas descritas por Decroly. Foram aqueles que "representavam a casa e o homem ou a janela e o homem, a casa ou o menino somente, ou ainda a janela e o menino"[20]. Sendo assim, ele procedeu a uma modificação, introduzindo uma nova etapa, a dos "indecisos", pois localizou esses desenhos entre a primeira e segunda etapa.

O LIVRO PSICOLOGIA DO DESENHO INFANTIL

A estrutura de *Psicologia do Desenho Infantil* segue um roteiro semelhante ao de outros autores da época. Antes de apresentar os resultados das pesquisas são feitas considerações teóricas, históricas, metodológicas e explicativas sobre o desenho e seus métodos de investigação. Pela forma detalhada do índice que contém a relação de todos os tópicos desenvolvidos em cada capítulo, parágrafo por parágrafo, podemos mensurar a abrangência do livro que, além de ter partido da aplicação de pesquisas específicas no contexto pernambucano ao reproduzir, comentar e discutir os seus resultados, procura contribuir "para o esclarecimento da fisionomia mental de nossas crianças, através dos vários momentos da evolução do desenho". Talvez pela carência de informação sobre o assunto em língua portuguesa, Sylvio Rabello tenha procurado abrir ao máximo o leque de informações sobre o assunto. Índice do livro *Psicologia do Desenho Infantil*:

Capítulo I – O Desenho como Meio de Pesquisa
A fisionomia mental da criança através da linguagem e do desenho.
A significação e a direção do pensamento infantil.
Como surpreender a criança em toda a sua espontaneidade.
O interesse atual pelo estudo do desenho como instrumento de orientação profissional e como meio de investigação da psique infantil.
Opinião de Luquet – a vida mental estudada no seu momento inicial.

Capítulo II – Os Pesquisadores do Desenho Infantil.
Deve-se aos psicólogos o movimento em torno do desenho infantil.
Os velhos e os novos estudos.

---

20. Idem, p. 49.

De Corrado Ricci aos psicanalistas.
As manifestações artísticas entre os primitivos; as diferenças entre os sexos; a determinação da aptidão para o desenho; os caracteres raciais; a evolução da mentalidade infantil; o desenho elevado à categoria de método psicológico; o valor psicanalítico do desenho infantil.

Capítulo III – Os Métodos Empregados no Estudo de Desenho Infantil.
O desenho como medida da aptidão e como instrumento de sondagem da mentalidade infantil.
O método estatístico e o biográfico.
Coleções e inquéritos: sua técnica.
Resultados do estudo de desenhos colhidos em massa.
A orientação biográfica seguida por Luquet e Rouma.
Os dados estáticos e dinâmicos.

Capítulo IV – A Orientação deste Estudo.
Por que preferimos o método estatístico; as suas vantagens.
A espontaneidade do desenho infantil e a direção da mentalidade infantil.
Como Decroly evita a influência de aprendizado nos seus testes de desenho.
A extensão da nossa pesquisa.

Capítulo V – A Prova de Decroly.
Os testes de Decroly.
Os critérios de apuração dos resultados.
As instruções necessárias à aplicação da prova.
Os desenhos indecisos e as garatujas.
A sugestão do ambiente: os desenhos representando o zepelim.

Capítulo VI – Resultados por Idade.
As curvas obtidas em cada idade por teste.
Como as garatujas têm grande frequência aos três anos.
A persistência da 1ª fase em todas as idades.
A fraca percentagem das últimas fases.

Capítulo VII – Frequência das Fases e Níveis da Aptidão.
A frequência das diferentes etapas através das idades.
A 3ª fase quando não se fez representar.
Os níveis de aptidão segundo Decroly e Faria de Vasconcelos.
Os nossos resultados segundo o critério de Decroly.
Quadro geral.
A grande dispersão que obtivemos.

Capítulo VIII – Considerações sobre a Aptidão para o Desenho.
A inferioridade das crianças pernambucanas em relação às belgas e às portuguesas.
A razão dessa inferioridade.
Antiga e nova concepção de aptidão.
A educabilidade das aptidões.
O hábito de desenhar e a situação de nossos alunos.
O valor diagnóstico dos testes decrolianos.
As aptidões em face das modernas correntes psicológicas: Stern, Wallon, Adler.

Capítulo IX – Os Motivos Preferidos pelas Crianças.
Há vantagens em conhecer-se os motivos que as crianças preferem desenhar?
Como conseguimos os desenhos espontâneos.

A exuberância gráfica dos desenhadores.
Os nossos resultados.
Os bonecos e as casas são os motivos mais frequentemente desenhados.
Máximos e mínimos de frequência.
Outras conclusões.
Aspectos do desenho ainda pouco estudados.

Capítulo x – Como as Crianças Desenham os Bonecos
Características do desenho representando a figura humana.
A preocupação do detalhe.
As diferentes partes do corpo.
A inserção dos braços.
A representação total.
Onde são situados os bonecos.
A transparência.
Desproporção e desorientação.
A atitude rígida dos bonecos.

Capítulo xi – A Representação da Figura de Perfil.
A predominância dos desenhos de face nas primeiras idades e a necessidade de representar todos os elementos do "modelo interno".
A evolução lenta para o perfil: bonecos de face com pés para os dois lados, bonecos de face com pés para um lado, bonecos completamente de perfil.
Os perfis indecisos.

Capítulo xii – Os Desenhadores de Casas.
Motivos mais frequentes depois dos bonecos.
Como as crianças rabiscam as casas.
Garatujas, fachadas sem janelas e com janelas.
A noção de perspectiva.
A representação dos espaços em que se acham as casas.
Portas e janelas.
O interesse pelo detalhe.

Capítulo xiii – A Fase da Garatuja.
A universalidade das características do desenho infantil.
Como evoluem os caracteres através das idades.
O que é a garatuja.
A garatuja como um brinquedo.
Dois momentos: a garatuja pré-intencional e a garatuja intencional.
Para Burt a garatuja compreende quatro etapas.
A disciplina dos traços: fase da tendência para a forma.
Confusão dos autores – Kerschensteiner, Meuman, Vermeylen, Luquet, Burt.

Capítulo xiv – O Simbolismo do Desenho Infantil.
Precisam-se os contornos do desenho infantil.
Relevo dado ao aspecto essencial da cousa a desenhar: a fase do girino.
O esquematismo ou simbolismo.
Caracteres dos esquemas infantis, segundo Rasmussen.
Pobreza de representações visuais.
Esquemas gráficos e esquemas verbais.

Capítulo xv – O Realismo no Desenho Infantil.
O apogeu do desenho infantil: o realismo lógico.

A criança tem uma lógica especial.
O princípio do realismo lógico e a variedade dos processos gráficos
A lenta evolução para o realismo visual.
O desenho passa a ser descritivo e subordinado as leis de perspectiva.
A fase da regressão por altura da adolescência.
O aparecimento da autocrítica.

Bibliografia.

O livro espelha toda a preocupação da época em caracterizar o estudo do desenho infantil no âmbito da psicologia, como um estudo científico que busca, através da constância e da quantificação, determinar um desenvolvimento linear e universal a todas as crianças, ou seja, uma perspectiva desenvolvimentista. No capítulo 13, quando vai introduzir o perfil das fases de desenvolvimento observadas em sua pesquisa, Sylvio Rabello assegura que:

> Depois da observação que fizemos sobre 5,6 mil desenhos de indivíduos entre três e dezesseis anos, escolares e extraescolares, podemos afirmar que são mais ou menos as mesmas as características encontradas por nós e as assinaladas por G.-H. Luquet, Burt, Kerschensteiner, Meuman, Rouma e por todos quantos em vários países se têm dedicado a essas pesquisas.
> Não se trata de uma simples coincidência. Aos psicólogos não tem passado despercebida essa semelhança, o que vem cada vez mais acentuar a feição universal das características do desenho infantil[21].

Foi com um amplo conhecimento do seu campo de pesquisa que Sylvio Rabello fez um levantamento, no segundo capítulo, dos "trabalhos de interesse científico realizados tendo como elementos experimentais e de observação, os desenho infantis". Com base no artigo de J. Pereira, publicado em Lisboa em 1932, ele fez um relato histórico, destacando os principais autores e as principais linhas de pesquisa sobre o assunto.

A intenção científica de seu estudo pode ser percebida também na estrutura do livro que acompanhava o modelo usado na época. Como Rouma, Sylvio Rabello no capítulo 3, discutiu as vantagens e desvantagens dos métodos de investigação. Avaliando o método biográfico de estudo do desenho infantil como o mais apropriado e rigoroso para a análise dos desenhos, elogiou a excelência dos trabalhos de Luquet e Rouma "que deram grande passo para a interpretação do significado psicológico do desenho infantil". A seu ver, o método biográfico não quebrava a espontaneidade própria da expressão infantil, já o artificialismo da aplicação de um teste de desenho, que impunha motivos a desenhar, influía na intenção do desenhador e consequentemente nos seus resultados.

21. Idem, p. 159.

Com uma citação de Luquet, que criticava as pesquisas desenvolvidas pelo método estatístico, alegando que estas forneciam apenas dados *estáticos* sobre os desenhos, enquanto as monografias traziam informações *dinâmicas* –, porque acompanhavam o processo de feitura dos desenhos e permitiam anotações dos comentários das crianças –, Sylvio Rabello se mostrava favorável ao uso deste procedimento. No entanto, após todas estas considerações, ele optou em seu estudo pelo método estatístico, alegando que: "O método biográfico é moroso e de difícil aplicação. Mas o que grandemente prejudica este método é a impossibilidade de apuração da frequência de certas características em um determinado grupo de indivíduos, sob as mesmas condições de idade, de sexo, de meio, de escolaridade, etc."[22].

A preocupação com a credibilidade científica dos seus resultados e com o critério de replicação do experimento se sobrepôs às suas próprias argumentações. "Todavia fechamos os olhos a tudo isso e preferimos, pelo número, o método estatístico, corrigindo o mais possível os seus defeitos. O que procurávamos obter eram médias de frequência"[23]. E propondo-se a tentar corrigir os defeitos deste método, numa atitude de conciliação, ele introduziu um procedimento a mais em seu experimento:

> Sempre que houve oportunidade anotamos o comentário feito pelos desenhadores de três, quatro e cinco anos, época em que as garatujas são quase incompreensíveis e conseguimos dar uma certa naturalidade à atividade gráfica das crianças, fazendo-as sair, tanto quanto possível, da esfera da influência escolar[24].

A natureza do teste que buscava avaliar o grau de aptidão para o desenho foi outra questão debatida pelo pesquisador. A própria interpretação do conceito de aptidão sofre alterações no decorrer do livro. No início, Sylvio Rabello conceituou a aptidão como "uma disposição de caráter inato que depende fracamente da idade". Quando avaliou o resultado do teste, procurando justificar os resultados inferiores encontrados em nossas crianças, ele colocou em questão o conceito fazendo uma revisão teórica das principais tendências da época.

> A clássica noção de que as aptidões têm uma origem rigorosamente inata vem sendo pouco a pouco substituída pela que admite a possibilidade da transmissão de caracteres adquiridos. Depois das pesquisas de Pavlov não é possível permanecermos fora da evidência dos fatos. Falar de aptidões que se formam a custa de uma fixação lenta de caracteres já não constitui, hoje, uma heresia científica[25].

22. Idem, p. 37.
23. Idem, p. 38.
24. Idem, ibidem.
25. Idem, p. 93.

E foi além, acrescentando que admitia uma "certa plasticidade das aptidões" resultante das interações dos fatores hereditários e da influência do meio ambiente e ressaltando a importância da educação. Sylvio Rabello apontava com este raciocínio uma justificativa plausível para a inferioridade dos resultados das crianças pernambucanas, tendo como ideia central a fixação de caracteres adquiridos ao longo da história e da "pré-história" do indivíduo.

Assim, não é fora de propósito atribuir a nossa incapacidade para o desenho à influência hereditária: os nossos bisavós não frequentaram escolas, os nossos avós e os nossos pais não desenharam absolutamente e durante o nosso estágio escolar quase não desenhamos. As crianças de hoje não poderiam ser em massa outra coisa do que são. Os resultados a que chegamos correspondem perfeitamente à realidade dos fatos[26].

Outro ponto também alvo de críticas de Sylvio Rabello foi o valor dos testes de aptidão. Ele colocou em evidência a fragilidade desses testes, alegando que até aquele momento não se tinham conhecimentos suficientes acerca das funções mentais que estariam compreendidas em cada aptidão específica. A pergunta que ele se fazia era a seguinte: como organizar e avaliar um teste para medir a aptidão para determinada atividade se não conhecemos os processos mentais que entram em função nesta mesma atividade? E segue criticando a falta de rigor científico de Decroly, avaliando que nem o teste nem o processo de apuração dos resultados estavam direcionados para a elucidação dos processos mentais neles contidos.

Sylvio Rabello se valeu ainda da opinião de Stern para colocar em questão a tentativa de isolar aspectos particulares do conjunto da personalidade de um indivíduo através de testes específicos. Para Stern, os testes tinham um valor científico relativo, aprofundavam detalhes, mas, as particularidades só teriam significados se analisadas e compreendidas no conjunto da personalidade de cada indivíduo.

E para arrematar o problema da inferioridade dos resultados encontrados em nossas crianças, Sylvio Rabello foi buscar em Wallon e Adler a ideia de que a consciência de uma insuficiência em determinado terreno pode levar o indivíduo a tentar se superar através do exercício. Ele estava indicando que os resultados inferiores de nossas crianças poderiam ser superados através da conscientização e de uma prática efetiva.

Apesar de não enfocar o desenho pelo viés de sua prática na escola, em diversos momentos do livro, Sylvio Rabello se referiu à relação do desenho no contexto escolar. Afinal de contas, quase toda a pesquisa havia sido aplicada neste ambiente onde também tinha sido gerada.

26. Idem, p. 94-95.

Aparece evidente em vários momentos o pressuposto de que a influência escolar era maléfica à espontaneidade do desenho infantil. A crítica recaía tanto sobre os métodos tradicionais, que não permitiam a prática do desenho espontâneo, quanto sobre os métodos "ativos" da Escola Nova.

Nas nossas escolas, até bem pouco tempo, não era o desenho uma atividade de todo momento; antes, era uma disciplina como a aritmética ou a geografia, com o seu programa e o seu horário especiais.
O mesmo não acontece nas escolas belgas. Nestas o desenho não é apenas uma disciplina cujo progresso esteja mais ou menos dependente dos esforços de cada aluno. O desenho constitui nestas escolas uma atividade geral que penetra todo o trabalho escolar. A propósito de qualquer lição há oportunidade para as crianças desenharem. É um instrumento de aprendizado e um fator de desenvolvimento. Mesmo no plano estabelecido na escola decroliana, já inteiramente difundida na Bélgica, o desenho faz parte do terceiro momento da marcha de qualquer lição: a expressão – o que torna o desenho uma atividade tão importante e tão exercitada quanto a leitura ou a escrita[27].

Ana Mae Barbosa[28] discutiu os efeitos desta prática do desenho, enquanto atividade complementar a outras disciplinas, como instrumento de aprendizado de outros conceitos, difundida pelos que interpretaram o ideário da Escola Nova no Brasil sob a influência de John Dewey. Sylvio Rabello, apesar de reconhecer a importância do exercício do desenho nas escolas belgas, percebia também, que de alguma forma, esta prática era redutora e procurou avaliar suas consequências.

Com as aulas de desenho há alguns anos instituídas nas escolas primárias e especialmente com a nova orientação manualista dos métodos ativos, muito tem perdido o desenho infantil de sua espontaneidade e simplicidade primitivas, à medida que se torna mais exato, mais objetivo e mais realista.
No curso das lições, os mestres vão sugerindo os motivos a desenhar, em geral relacionados com as noções aprendidas, corrigindo os defeitos, preenchendo as lacunas, aperfeiçoando, fazendo repetir as tentativas frustradas. Tudo isto acabará por fixar certas tendências para motivos familiares e consequentemente a representação gráfica aprendida por influência escolar sendo exata quanto à realidade perceptiva, distancia-se quantitativamente e qualitativamente das características mentais da criança. As noções de profundidade, de síntese, etc. lentamente adquiridas por influência escolar, muito concorrem para o desvirtuamento do estado de "pureza" da mentalidade infantil[29].

Impregnado das ideias de Rousseau sobre o inocente estado natural da criança, Sylvio Rabello atribuía à escola e aos fatores ambientais o desvirtuamento desta inocência, elevando o desenho infantil a um tipo de expressão próxima do "ser primitivo" e acreditando, como um bom rousseauniano, no poder da escola para modificar o homem para o bem ou para o mal.

27. Idem, p. 92.
28. *John Dewey e o Ensino de Arte no Brasil*.
29. S. Rabello, *Psicologia do Desenho Infantil*, p. 38-39.

Sua concepção do desenho e da criança estava também de acordo com todo o movimento modernista que buscava inspiração na arte infantil. Ao tomar as concepções de Luquet como paradigmas na elaboração de sua pesquisa, Sylvio Rabello se aproximava ainda mais das relações estéticas de sua época, afirmando que o desenho infantil podia ser comparado com as manifestações análogas da arte pré-histórica, da arte selvagem e de épocas arcaicas, da arte antiga e moderna, gêneros que, segundo Luquet, poderiam ser considerados arte primitiva.

Sylvio Rabello tinha Luquet como "um dos mais agudos interpretadores do desenho da criança" e sendo assim, fundamentou-se especialmente nele para fazer sua análise sobre as características do desenho infantil. Usou toda a conceituação e seguiu as fases de desenvolvimento, comparando, quando necessário, com as de Rouma e Burt. Entretanto, discutiu e questionou alguns pontos, principalmente as questões relativas ao início da atividade gráfica da criança e sua nomenclatura. Luquet se refere à evolução como: *fase dos rabiscos*, seguida do *realismo fortuito* para o *realismo falhado*, do *realismo intelectual* para o *realismo visual*. Sylvio Rabello toma de Cyril Burt e de Vermeylen o conceito de *garatuja*, que se subdivide em *garatuja pré-intencional* e *garatuja intencional*, seguida do *esquematismo* ou *simbolismo* para chegar ao *realismo lógico* e finalmente ao *realismo visual*. Não se trata apenas de diferenças de nomenclatura, mas de discordâncias em relação a importância da fase inicial do grafismo e ao processo de construção das primeiras representações.

A construção do capítulo sobre as garatujas demonstra a sensibilidade e intuição de Sylvio Rabello, nas minúcias e detalhes da análise que empreendeu sobre todos os aspectos contidos nesta fase, até então tão pouco considerada. Comparando os desenhos que havia recolhido com os resultados da pesquisa de Vermeylen, fez uma análise da incidência das curvas contínuas e fechadas da garatuja que indicavam uma certa disciplina na atividade gráfica. Este aspecto foi exaustivamente estudado anos depois por Rhoda Kellogg[30] e Sylvia Fein[31].

Vale a pena registrar um fato que não era muito comum naquela época, o cuidado que levou Sylvio Rabello a reproduzir 27 desenhos, distribuídos em cinco quadros distintos no capítulo sobre as garatujas, em que procurou exemplificar todos os aspectos que estavam sendo analisados.

Em vários momentos de seu livro, nas interpretações dos desenhos, Sylvio Rabello fez algumas reflexões relativas a aspectos contextuais da produção dos desenhos. Por exemplo, ao analisar o resultado da pesquisa das aptidões para o desenho de Decroly, que

30. *Analyzing Children's Art.*
31. *First Drawings.*

incluía uma ordem para desenhar um balão e outra para desenhar uma vista aérea a partir de um aeroplano, Sylvio Rabello observou a incidência de casos em que as crianças desenharam o zepelim em lugar do balão e do aeroplano. Ele explicou que a pesquisa foi realizada logo após a passagem do dirigível por Recife, fato que teria causado a maior sensação. Analisando a influência do incidente sobre as crianças, teceu comentários sobre como os contextos determinam os interesses e "dominam o espírito do tempo", principalmente o tempo lúdico das crianças.

Ainda sobre os desenhos do zepelim, outra observação interessante registrada em gráficos pelo autor foi a incidência do dirigível nos desenhos dos meninos contra uma percentagem mínima nos desenhos das meninas que preferiam desenhar flores. Em todos os gráficos as diferenças entre os sexos foram registradas por diferentes curvas e não passaram despercebidas de Sylvio Rabello que se perguntava: "Haveria uma tendência feminina para desenhar flores? Seria influência das leituras?". As questões colocadas ao longo das análises foram deixadas talvez para despertar interesse em outros pesquisadores.

Sylvio Rabello pretendia dar continuidade às suas pesquisas sobre o desenho infantil, pois anunciou em diversos momentos do livro. Pretendia publicar os resultados do teste de Fay e Goodenough, que já estava em fase de aplicação. Anunciou também uma interpretação psicanalítica dos motivos preferidos pelas crianças que seria feita em próximo estudo, *A Psicanálise do Desenho Infantil*. Entretanto, seus interesses e suas pesquisas tomaram outros rumos deixando em aberto este campo de estudo com todas as suas possibilidades.

> Um aspecto de desenho infantil que ainda se acha longe de ser bem esclarecido é o que diz respeito às diversas influências do meio em que vive a criança: a. vizinhanças do mar e dos rios, de engenhos, de fábricas e de quartéis; b. infiltração do ambiente escolar no que se refere à reprodução de objetos frequentemente vistos e desenhados e à aquisição de noções mais nítidas de proporção, perspectiva etc.; c. efeito de fatos sensacionais, como guerras, grandes desastres etc.
>
> Outro aspecto que merece estudo meticuloso é o relativo à correspondência entre os desenhos e os interesses infantis. Muito há ainda a fixar a propósito do desenho como forma de comportamento[32].

Em 1937, Sylvio Rabello publicou o livro *Psicologia da Infância* que veio suprir a carência de um livro didático de apoio à disciplina "Psicologia Aplicada à Educação" nas escolas normais e institutos de educação. Com uma estrutura de manual, em que cada capítulo encerra algumas referências bibliográficas fundamentais para o aprofundamento de cada assunto, apresenta no final um resumo e um glossário dos novos termos introduzidos. O desenvolvimento dos ca-

---

32. S. Rabello, *Psicologia do Desenho Infantil*, p.118.

pítulos seguia percurso semelhante ao do programa de seu curso e o capítulo 10 foi dedicado à expressão gráfica da criança.

Nesse capítulo, Sylvio Rabello fez um resumo do seu livro anterior, *Psicologia do Desenho Infantil,* destacando as principais concepções sobre o desenho e retirando a detalhada descrição das pesquisas. Manteve, entretanto, os resultados que o levaram a elaborar as considerações teóricas e, apesar de resumido, conservou do original todas as ilustrações. Acrescentou um último tópico sobre a "Psicanálise do Desenho Infantil" em que discutiu esse novo ponto de vista, diferente do psicológico, informando sobre os trabalhos de Melanie Klein, Hug-Hellmuth e Morgenstern. Mesmo tendo abandonado diretamente os experimentos sobre o desenho, Sylvio Rabello continuou interessado nas atualizações.

Por ter sido uma publicação mais ampla, que incluía todo um programa básico dirigido aos cursos normais, esse livro teve uma penetração muito maior do que aquele sobre o desenho, bem mais específico. Foi reeditado em 1943 o que nos faz supor ter sido adotado por outros professores da época.

Sugestões para Futuras Pesquisas
As questões deixadas por Sylvio Rabello como sugestão para a continuidade das pesquisas sobre o desenho da criança apontam para duas direções: as influências contextuais implícitas no ambiente e explicitadas nos desenhos, e os mecanismos de aprendizagem da representação gráfica, notadamente aqueles mecanismos ou conhecimentos que deveriam ser ensinados no ambiente escolar. Dois campos de pesquisa ainda em aberto para aqueles que desejam enfrentar a aventura do desenho infantil.

Ao tornar visível o exemplo de Sylvio Rabello como educador e pesquisador, espero ter despertado nos leitores deste texto o desejo de tornar visíveis outras histórias de outros personagens, professores e professoras, que com seus exemplos e atuações possam contribuir para a construção da história do ensino de arte no Brasil.

BIBLIOGRAFIA

ARAÚJO, Maria Christina. *A Escola Nova em Pernambuco.* Dissertação de mestrado, Recife: Universidade Federal de Pernambuco, 1987.
BALLARD, P. B. What London Childrens Like to Draw. *Journal Experimental Pedagogy,* London 1 (1911-1912), p 185-197; 2 (1913-1914), p. 127-129.
BARBOSA, Ana Mae. *Arte/Educação no Brasil*: das origens ao modernismo. São Paulo Perspectiva, 1978.
_____. *John Dewey e o Ensino de Arte no Brasil.* São Paulo: Cortez, 2001.
BURT, Cyril. *Mental and Scholastic Test.* Londres: King and son, 1922.
COUTINHO, Rejane Galvão. *Sylvio Rabello e o Desenho Infantil.* Dissertação de Mestrado, São Paulo: ECA-USP, 1997.

DECROLY, Ovide. La psychologie du dessin, developpement de l'aptitude graphique. Bruxelles: Ecde Nationale, 1906.
FEIN, Sylvia. *First Drawings*: genesis of visual thinking. California: Exelrod Press, 1993.
KELLOGG, Rhoda. *Analysing Children's Art*. California: Mayfield Publishing, 1967.
LUQUET, George-Henri. *Le Dessin d'un enfant*. Paris: Felix Alcan, 1913.
_____. *Le Dessin enfantin*. Paris: Felix Alcan, 1927. Tradução portuguesa, *O Desenho Infantil*. Porto: Livraria Civilização Editora, 1969.
PEREIRA, J. O Ensino do Desenho na Escola Primária. *Boletim Oficial do Ministério de Instrução Pública*, Lisboa, 3, 1932.
PERRELET, Louise Artus. *O Desenho a Serviço da Educação*. Rio de Janeiro: Editora Villas Boas/ Cia. Artus Perrelet, 1930.
RABELLO, Sylvio. *Psicologia do Desenho Infantil*. São Paulo: Companhia Editora Nacional, 1935.
_____. *Representação do Tempo na Criança*. São Paulo: Companhia Editora Nacional, 1938.
_____. *Psicologia da Infância*. São Paulo: Companhia Editora Nacional, 1937. 2. ed. Ilustrada, 1943.
_____. *Farias Brito ou Uma Aventura do Espírito*. Rio de Janeiro: José Olympio, 1941. 2. ed. Civilização Brasileira, 1967.
_____. *Itinerário de Sylvio Romero*. Rio de Janeiro: José Olympio, 1944. 2. ed. Rio de Janeiro: Civilização Brasileira, 1967.
_____. *Tempo ao Tempo*; memórias e depoimentos. Rio de Janeiro: Civilização Brasileira, 1979.
_____. *O Povoado*. Rio de Janeiro: Civilização Brasileira, 1980.
_____. *Euclides da Cunha*. Rio de Janeiro: Editora Casa do Estudante do Brasil, 1948. 2. ed. Rio de Janeiro: Civilização Brasileira, 1966. 3. ed. 1983.
RICCI, Corrado. *L'Arte dei bambini*. Bologna: N. Zanichelli, 1887.
RIOUX, Georges. *Dessin et structure mentale*. Paris: PUF, 1951.
ROSAS, Paulo. Contribuição de Ulysses Pernambucano e Seus Colaboradores para a Psicologia Aplicada no Brasil. *Psicologia*, n. 11 (3), p. 17-33, 1985.
ROUMA, Georges. *Le langage graphique de l'enfant*. Paris: Misch & Thorn, 1913; tradução espanhola, *El lenguaje grafico del niño*. Buenos Aires: El Ateneo, 1947.
SAMPAIO, Nereo. *Desenho Espontâneo das Crianças*: considerações sobre sua metodologia. Rio de Janeiro: Escola Normal, 1929.
VASCONCELOS, Faria de. Estudo sobre a Aptidão para o Desenho. *Boletim do Instituto de Orientação Profissional Maria Luiza Barbosa de Carvalho*. Lisboa, [s/d.]
VERMEYLEN, G. *Psychologie de l'enfant et de l'adolescent*. Bruxelles, 1926.

7. Mário de Andrade e os Desenhos Infantis

Rejane Galvão Coutinho

Soube da existência da coleção de desenhos infantis de Mário de Andrade, em 1989, através do catálogo da exposição idealizada por Ana Mae Barbosa no MAC. Naquele ano, vim a São Paulo para participar do III Simpósio Internacional sobre o Ensino da Arte e sua História. Um dos objetivos da exposição dos desenhos da coleção de Mário de Andrade era homenagear o pioneirismo do modernista na arte educação. No texto do catálogo, havia uma sugestão de Ana Mae para que se fizesse um estudo comparando as características da arte da criança valorizadas pelo escritor em seus artigos, com a qualidade das imagens apreciadas por ele em sua coleção.

A sugestão repercutiu fortemente em mim. Se Mário de Andrade, um dos grandes construtores de nossa modernidade, possuía uma coleção de desenhos de crianças e se interessava por essa produção, a ponto de tecer comentários em seus artigos nos jornais da época, e incluir o tema em suas aulas num curso de história da arte, o fato era de grande relevância para a história da arte educação brasileira. Assim, guardei o catálogo e a sugestão.

Em 1997, quase dez anos depois, estava em São Paulo terminando uma pesquisa desenvolvida no mestrado sobre o livro publicado em 1935 pelo professor pernambucano Sylvio Rabello sobre o desenho infantil. A história e o desenho da criança haviam se entrelaçado em meu caminho. As origens das ideias e teorias sobre o desenvolvimento gráfico, resgatadas através da análise do livro de Rabello, produziram mais questionamentos na minha maneira de olhar o desenho da criança do que alimentaram certezas. Resolvi continuar pesquisando o desenho na história. Então, percebi que o tema e o personagem estavam lá, aguardando o momento propício para entrar em cena: a coleção de desenhos e seu colecionador, Mário de Andrade.

Neste artigo tentarei reconstituir os movimentos de Mário de Andrade em torno do tema do desenho infantil, confrontando alguns desenhos de sua coleção com as informações contidas nas anotações deixadas por ele entre os desenhos da coleção, com alguns textos e artigos publicados por ele em jornais da época, e com outros textos inéditos como anotações de aula que fazem referência a este universo. O interesse de Mário de Andrade pelo desenho infantil durante o período em que esteve colecionando, entre 1920 e 1942, assumiu características diferenciadas.

MÁRIO DE ANDRADE COLECIONANDO E CONHECENDO O DESENHO INFANTIL

É difícil precisar o momento exato em que Mário de Andrade começou a se interessar pelo tema do desenho infantil. Tomando como referência os desenhos datados em sua coleção, podemos considerar 1920 como um início deste interesse. Entre 1920 e 1927 se encontram catalogados um conjunto de trinta e seis desenhos oriundos do ambiente escolar. Dos 2160 desenhos de sua coleção 77% têm indicação de data. Imagino então o período de 1920 a 1927, como um período em que os desenhos infantis fazem parte da vida de Mário de Andrade não de maneira acidental, mas são acolhidos com curiosidade e despertam o seu interesse. A partir de 1927 a coleção toma corpo com alguns conjuntos de desenhos escolares e em 1937 ela se torna consistente, recebendo os 1,25 mil desenhos do concurso promovido por Mário de Andrade e realizado entre as crianças que frequentavam os parques infantis e a Biblioteca Infantil da cidade de São Paulo. A coleção se constitui de desenhos de crianças e jovens com idade entre dois e dezesseis anos e entre os desenhos se encontram algumas anotações de Mário de Andrade, revelando o estado de pesquisa do material.

Seguindo a cronologia sobre a vida e a obra de Mário de Andrade elaborada por Telê Ancona Lopez[1], sabe-se que no início da década de 1920 ele já era professor de história da arte no Conservatório Musical e que no final da mesma década tanto sua produção literária quanto seu papel como crítico de arte já eram reconhecidos e identificados com o movimento modernista brasileiro. O interesse de Mário de Andrade pelo tema do desenho infantil deve ter sido alimentado por questões relativas a estes universos de atuação: no campo da história da arte, pelas pesquisas empreendidas em busca de se entender a ori-

---

1. Uma Cronologia para Mário de Andrade, em M. de Andrade, *Entrevistas e Depoimentos*, p. 5-11.

gem da arte e as frequentes comparações que se estabeleciam entre a produção gráfica da criança com a arte dos "primitivos"; por outro lado, no campo das produções e ideias defendidas pelos artistas modernistas e suas referências às crianças, aos loucos e aos "primitivos" como produtores de "arte".

De acordo ainda com Telê Porto Ancona Lopes[2], a iconografia infantil já havia surpreendido o jovem pesquisador através de um artigo da revista alemã *Deutsch Kunst und Dekoration*, de 1919, encontrada em sua biblioteca. Já Marta Rossetti Batista[3] chama atenção para a crônica publicada em 1923, na Revista do Brasil, em que Mário de Andrade avaliou positivamente os trabalhos do artista e dos alunos do professor e artista alemão Wilhelm Haarberg, elogiando principalmente o método de ensino das artes plásticas desenvolvido por este professor, com as crianças e jovens de uma escola alemã em São Paulo.

Em 1929, o interesse de Mário de Andrade pelos desenhos das crianças aparece também de maneira generalizada nas crônicas do *Diário Nacional* na coluna "Táxi", "Da Criança Prodígio" – 1, 2, e 3, publicadas respectivamente em 26 e 28 de junho e 2 de julho de 1929. Analisando as três crônicas percebe-se que a criança prodígio foi um tema usado por Mário de Andrade, para contrapor e discutir a arte produzida por antigos e modernos. Chamando atenção para as "forças excepcionais e expressivas da sensibilidade de algumas crianças", que se manifestariam de maneira "prodigiosa nas artes plásticas", ele compara os "desenhos magníficos" que "abundam" nas nossas escolas primárias com desenhos produzidos por "um Rembrandt, um Goya, um Daumier ou um Picasso". O cerne da discussão era o quanto, e de que maneira, a inteligência atuaria na criação plástica. Nos antigos a inteligência se sobrepunha à sensibilidade plástica, e nos modernos a "expressão puramente plástica" induzia ao abandono da inteligência. Como a criança poderia "sentir o estado-de-sensibilidade plástica", estado este que prescindia da inteligência, e desse modo desenhar tanto quanto um artista moderno, as produções de ambos poderiam possuir um igual valor. A distinção entre essas produções estaria no domínio da técnica. Para Mário de Andrade: "Só quando coincide o estado-de-sensibilidade plástica com os poderes técnicos da criança, é que esta cria a obra-prima. Ao passo que o artista força a coincidência pela técnica desenvolvida. E foi isso que me obrigou a falar de uma feita que as obras-primas infantis são meros frutos do acaso"[4].

Era o Mário de Andrade modernista que estava colocando em foco, na pauta de um jornal diário, a produção da criança para, de alguma maneira, defender também a arte moderna. Apesar de reconhecer no pró-

---

2. Mário de Andrade e o Artefazer da Criança, em *Mário de Andrade e a Criança*.
3. *Wilhelm Haarberg (1891-1986)*.
4. Da Criança Prodígio III, *Táxi e Crônicas no Diário Nacional*, p. 138.

prio texto das crônicas, a dificuldade de se aceitar, naquela época, tanto a produção da criança quanto a própria arte moderna. Era de fato uma provocação! Mas, de quais desenhos estaria se referindo Mário de Andrade quando falava de "obras-primas" infantis em 1929? Estaria pensando nas poucas centenas de desenhos de sua coleção? Pelo que sabemos, naquele momento sua pequena coleção ainda era composta de desenhos oriundos do ambiente escolar, muitos deles definidos por ele mesmo, em anotações encontradas entre os desenhos como "desenhos inferiores servindo só pra estudo". Que outras imagens estariam servindo de referência para alimentar o olhar de nosso modernista?

Na crônica "Da Criança Prodígio I", Mário de Andrade citou a produção das Escuelas al Aire Libre do México, onde, segundo ele, a orientação dada à criança era mais legítima, resultando numa produção de "obras-primas inestimáveis"[5]. A *Monografia de Las Escuelas de Pintura al Aire Libre* (Monografia das Escolas de Pintura ao Ar Livre) faz parte de sua biblioteca. Esta publicação de 1926 é ricamente ilustrada com trabalhos dos alunos; crianças e jovens das quatro escolas das diferentes províncias que participaram deste movimento mexicano desenvolvido no período de 1913 a 1933. Segundo avaliação de Ana Mae Barbosa[6], este movimento foi pioneiro na América Latina e o único movimento modernista de ensino da arte que integrava a ideia de arte como livre expressão e como cultura. Analisando os trabalhos dos alunos que ilustravam aquela publicação, Ana Mae avalia que correspondiam aos cânones expressionistas e pré-cubistas europeus, diferentes de outros trabalhos produzidos pelos alunos das *escuelas* que traziam referências diretas à cultura popular mexicana. É interessante ressaltar que esta publicação foi produzida junto com uma programação de exposições dos trabalhos dos alunos, com o intuito de divulgar o movimento em algumas cidades da Europa.

Ao que parece, Mário de Andrade estava atento às produções infantis que mereciam o título de "obras-primas", e passava a perceber o quanto um ensino de arte de qualidade poderia propiciar condições para que esta produção florescesse. No artigo "Pintura Infantil"[7], de 1930, em que comenta a exposição de pinturas e desenhos dos alunos de Anita Malfatti, da Escola Americana da rua Itambé em São Paulo, ressalta a qualidade de alguns desses trabalhos, elogiando a orientação pertinente da professora modernista. Nesse artigo, como indicava o título, o foco era a produção da criança e as características especificamente técnicas dos trabalhos observados. À medida que se familiarizava com as imagens produzidas pelas crianças, Mário de

---

5. Da Criança Prodígio I, *Táxi e Crônicas no Diário Nacional*, p. 130.
6. As Escuelas de Pintura al Aire Libre do México: liberdade, forma e cultura, em A. D. Pillar, (org.), *A Educação do Olhar no Ensino das Artes*, p. 97-117.
7. Pintura Infantil, *Táxi e Crônicas no Diário Nacional*, p. 277-279.

Andrade refinava sua percepção, perguntando-se, por exemplo, até que ponto a inabilidade técnica da criança dava uma aparência de invenção ao seu desenho, ou analisando as características pictóricas contidas nesses trabalhos.

Os movimentos de Mário de Andrade em torno do tema do desenho infantil e de sua coleção foram também alimentados pelas leituras de importantes obras de referência em sua época. Na sua biblioteca pessoal, hoje pertencente ao Instituto de Estudos Brasileiros (IEB-USP), encontra-se entre outros, o livro do pesquisador belga Georges Rouma de 1913, *La Language graphique de l'enfant* (A Linguagem Gráfica da Criança). Um dos pontos fartamente discutidos por Rouma nesse livro é o método de coleta de desenhos, questão que, segundo o autor, interferia na qualidade do material a ser estudado. Mário de Andrade usou alguns procedimentos de coleta de desenhos em sua coleção, como as doações dos professores e o concurso. Sabe-se que foram poucas as situações em que esteve presente diretamente junto à criança produtora do desenho, como atestam as anotações com sua grafia em alguns deles. Entretanto, este cuidado indica que ele estava atento à importância dos comentários da criança sobre seu desenho, como ressaltava Rouma.

O processo de construção gráfica era uma questão que interessava o colecionador, assim como os procedimentos e métodos utilizados pelos professores enquanto instruíam as crianças a desenhar, pois ele sabia que esses procedimentos interfeririam na qualidade e nos resultados dos desenhos. Nas anotações que se encontram entre os desenhos da coleção, há algumas que ressaltam e confirmam a percepção crítica de Mário de Andrade em relação aos métodos de ensino da época. Ele anotou, por exemplo, sobre um conjunto específico de desenhos: "Desenhos de interesse plástico. Alunos do Grupo Escolar Campos Salles (S. Paulo). Infelizmente a professora pelo menos às vezes apresentava gravuras incitando as crianças à reprodução. Daí certas coincidências e certas sabedorias inúteis em alguns dos desenhos"[8].

A livre expressão da criança era um ideal a ser conquistado. Os métodos de ensino de desenho estavam centrados no desenho de observação e nas cópias. Encontra-se na coleção vários exemplos deste tipo de desenhos que representam jarras, flores e naturezas mortas; outros de desenhos geométricos e cópias de estampas, alguns inclusive deixam visíveis os tracejados ou a marca do decalque. A expressão de Mário de Andrade "desenhos de interesse plástico", mencionado na nota anterior, assim como "desenhos para estudo", ou "mais desenhos inferiores servindo só para estudo", indicam sua

---

8. Coleção de Desenhos Infantis, Acervo Mário de Andrade, Documento n. 1025, IEB/USP.

atenção e revelam seus critérios assim como sua intenção em ampliar o estudo e a pesquisa em torno deste assunto.

No período de 1927 a 1936, a coleção de desenhos infantis foi lentamente acrescida de novas doações ano a ano. À medida que o seu interesse sobre o tema do desenho infantil crescia, contagiava os amigos e amigas que, de alguma maneira, tinham contatos com o universo da criança. As doações vinham de escolas da capital e também do interior, de Araraquara, de Piracicaba e até de Varginha em Minas Gerais que foram trazidos por Oneyda Alvarenga quando já trabalhavam juntos no Departamento de Cultura em 1936.

Para Mário de Andrade, a oportunidade de participar do projeto inicial e dirigir o Departamento de Cultura do Município de São Paulo (1935-1937), junto com um grupo de amigos que comungavam dos mesmos ideais, abriu espaços para realizações de projetos culturais nas mais diversas áreas. Os projetos dos parques infantis e da Biblioteca Infantil buscavam dar assistência às crianças nos horários extraescolares e, ao mesmo tempo, logo depois de implantados se tornaram espaços geradores de dados e informações sobre a criança para pesquisas. A ideia de Mário de Andrade, realizar um concurso de desenhos e figurinhas de barro nesses espaços delimitados, deve ter surgido em consequência de suas inquietações com relação à falta de controle sobre a produção dos desenhos que recebia e observava. Era o Mário de Andrade pesquisador procurando pôr em prática as informações que assimilava acerca dos métodos de coletar desenhos. Esta ideia foi acolhida no ambiente propício para o desenvolvimento de pesquisas que se estabeleceu durante sua gestão à frente do Departamento de Cultura. O curso de etnografia, coordenado por Dina Lévi-Strauss, estava em pleno processo gerando pesquisas publicadas na *Revista do Arquivo Municipal* e principalmente instrumentando o pessoal, como o próprio Mário, nos métodos científicos de coleta e análise de dados. A subdivisão de documentação social já havia realizado pesquisas sobre o público frequentador dos parques infantis. A Biblioteca Infantil alimentava os pesquisadores do laboratório de psicologia da recém criada Universidade de São Paulo com dados sobre os seus leitores. Na realidade, o concurso proposto por Mário de Andrade poderia ser realizado com as crianças dos parques e Biblioteca em condições ideais, bastando para isso que alguns cuidados fossem tomados em sua preparação e execução. A vontade de realizar essa pesquisa e de ter acesso a esse material foi tamanha, que Mário de Andrade custeou as despesas do material para o concurso do próprio bolso, papel canson e lápis de cor de boa qualidade.

No segundo semestre de 1937, Mário de Andrade elaborou o edital do concurso e o enviou para a chefe da secção de parques infantis, Maria Apparecida Duarte, e para a diretora da Biblioteca Infantil, Lenyra Fraccaroli, pedindo a estas que providenciassem o material necessário para o início do concurso que teria a duração de sessenta dias. Nas instruções detalhadas, ele garantiu a posse do material que seria produzido ao incluir na cláusula vii que "os trabalhos premiados ou não, ficariam com o instituidor do concurso". Percebe-se também que a tônica do concurso era o respeito à produção da criança, procurando evitar a cópia e a reprodução que eram procedimentos comuns nas escolas daquela época. Entre as cláusulas constava explicitamente a iv e v que diziam: "São proibidas as cópias, e os desenhos e figurinhas têm de ser feitos nos parques. É absolutamente proibido qualquer sugestão e muito menos correção das Instrutoras ou quem quer que seja aos trabalhos dos concorrentes"[9].

Este cuidado evidencia que Mário de Andrade procurava garantir que os trabalhos das crianças não sofressem influência direta dos adultos, e com este procedimento talvez fosse possível observar a qualidade expressiva dos desenhos daquelas crianças. Era uma tentativa de testar a ideia defendida pelos modernistas de que o ensino tradicional interferia negativamente no desenvolvimento da capacidade de representação e expressividade da criança, como pregava Franz Cizek, por exemplo. Mário de Andrade possivelmente conhecia as experiências das classes de Cizek em Viena através do livro de R. R. Tomlinson que ele possuía em sua biblioteca. O livro de Tomlinson, *Picture Making by Children* (Pinturas Feitas por Crianças), foi publicado em 1934 em Londres, e nele o autor fez um apanhado do que chamava de "modernas tendências" de ensino de arte em várias partes do mundo, com ênfase maior para as experiências desenvolvidas na Inglaterra e na Áustria. O trabalho pioneiro de Cizek foi avaliado pelo autor como a experiência mais bem sucedida até aquele momento, com repercussões no ensino de arte inglês e em várias partes do mundo. Tomlinson entendia que a fase da livre expressão deveria ser vivida mais intensamente pelas crianças pequenas, até a idade dos oito ou nove anos, quando deveria ser reforçada a autoestima da criança em relação ao seu potencial criativo, e para isso acontecer, o professor deveria instrumentá-la para a representação através de exercícios de observação de objetos. Em seu livro, Tomlinson usou como ilustrações alguns trabalhos das crianças da escola de Viena e outros de crianças inglesas, possivelmente selecionadas como exemplo de "obras-primas" infantis, como diria Mário de Andrade.

Apesar de possuir o livro de Tomlinson em sua biblioteca, não podemos afirmar com certeza que Mário de Andrade já o possuía na época em que elaborou o concurso. Entretanto, como observava o próprio Tomlinson, os pioneiros da liberdade de expressão da criança estavam trabalhando nessa direção em várias partes do mundo na

---

9. Coleção de Desenhos Infantis, Acervo Mário de Andrade, Documento n. 2258, IEB/USP.

mesma época. E no nosso contexto, cabe aqui perguntar de que maneira as orientações do concurso de Mário de Andrade foram recebidas entre as instrutoras dos parques infantis e da Biblioteca. Será que essas orientações provocaram uma atitude de maior respeito em relação à produção infantil, contribuindo para uma modificação do olhar desses adultos sobre esta produção?

É difícil avaliar o impacto das orientações indicadas por Mário de Andrade em seu concurso, entretanto, entre as anotações e inscrições no próprio desenho dessas crianças, encontram-se algumas que indicam um cuidado diferenciado. Por exemplo, no verso de vários desenhos, principalmente de crianças pequenas, aparece uma observação escrita possivelmente pela instrutora que diz: "Nota: foi respeitada a expressão da criança quando disse o que fez". Vale ressaltar que a mesma nota, que se repete em vários desenhos, foi sempre escrita com as mesmas palavras, sem variações, o que indica ter sido este um cuidado divulgado entre as instrutoras, e talvez necessário para a compreensão do que a criança dizia ter representado com seu desenho. Interpreto essa situação como se fosse necessário repetidamente assegurar o respeito à expressão da criança e principalmente não interferir na leitura que ela, a criança, faz de seu próprio desenho. Havia talvez por parte dos adultos uma dificuldade em ler, ou um estranhamento com aquelas imagens iniciais, já que a nota é encontrada com maior frequência em desenhos de crianças pequenas. Nas figuras 1 e 2 temos dois exemplos de desenhos que contém essa nota no verso, onde se observa também que a instrutora anotava, junto a cada elemento do desenho reconhecido pela criança, o seu significado.

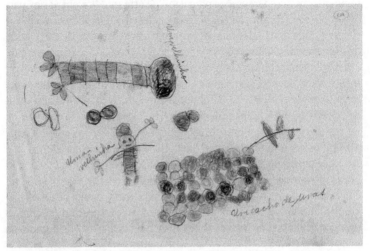

Figura 1: *Des. 2044, Luiza Barreto, quatro anos, Concurso, 1937. Inscrições: um velhinho, uma velhinha, um cacho de uvas.*

Figura 2: *Des.2171, Cely Antonieta Severino, cinco anos, Concurso, 1937.*
Inscrições: um rio e aero planinhos.

Talvez como consequência do respeito e cuidado expresso na situação comentada anteriormente, encontramos em alguns desenhos inscrições explicativas que iniciam com as expressões: "Isto é", ou "Isto significa", ou ainda "Isto representa". Podemos imaginar que essas inscrições surgiram como respostas a perguntas do tipo: "O que isto significa?", ou "O que isto representa?" feitas pelas instrutoras às crianças. Algumas dessas inscrições contêm erros de grafia e caligrafias singulares que indicam terem sido escritas pelas próprias crianças em seus desenhos a pedido das instrutoras. Fica evidente que, embutido no respeito à expressão da criança, encontrava-se um cuidado para não fazer uma interpretação antecipada sobre a imagem observada. Nas figuras 3 e 4 a seguir, percebe-se também que muitas vezes estas inscrições são redundantes, acabam por repetir e reforçar o que pode ser lido através da própria imagem, aliás, as inscrições de uma maneira geral são descrições explicativas das imagens.

Figura 3: *Des.1786, Leonor Vedano, onze anos, Concurso, 1937. Inscrições: essa paisagem representa um riacho e um pasto, duas vacas pastando e o sol resplandecendo.*

Figura 4: *Des.1763, Renato Constantino, dez anos, Concurso, 1937. Inscrições: este representa uma casa com uma grama com uns burrinhos.*

Outra resposta das crianças, que denota a orientação das professoras com relação às exigências de Mário de Andrade, pode ser percebida nas observações encontradas em alguns desenhos, salientando que eles tinham sido feitos *de imaginação*. Quando observados atentamente percebe-se que muitos deles representam esquemas já aprendidos anteriormente pelas crianças, possivelmente em suas aulas de desenho nas escolas. Entretanto, nos parques e na Biblioteca eles foram produzidos a partir da imaginação, não foram copiados de modelos ou feitos a partir de observações do natural, não havia sugestões de temas ou imagens presentes no momento da execução dos mesmos. As figuras 5 e 6 são exemplos que ilustram bem esta questão.

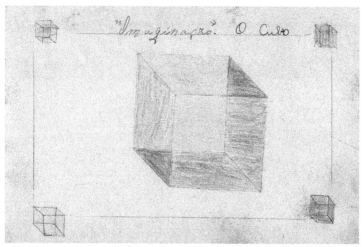

Figura 5: *Des. 1665, Clara Stefani, doze anos, Parque da Lapa, 1937. Imaginação: "O Cubo".*

Figura 6: *Des. 654, Gelcy Trajano, oito anos, Parque da Lapa, 1937. Imaginação.*

As expressões "desenho de imaginação" e "desenho de memória" faziam parte do vocabulário gráfico, aprendido através dos métodos de ensino e de aprendizagem do desenho na época. São termos encontrados frequentemente entre os desenhos tanto do concurso quanto do ambiente escolar como pode ser conferido nas figuras 7 e 8.

Figura 7: *Des. 509, Elvira Pissaia, dez anos, Concurso, 1937. Desenho de memória: um cesto com frutas.*

Figura 8: *Des. 1902, Ida Acetoze, onze anos, s/local, 8.11.1930. Imaginação: um baile na roça.*

As imagens observadas por Mário de Andrade nos desenhos feitos para o concurso não diferiram muito do universo de imagens produzidas no ambiente escolar que ele já possuía em sua coleção. As crianças que frequentavam os parques e a Biblioteca, em sua maioria estavam em idade escolar e já haviam aprendido a responder às solicitações gráficas dos seus professores. Os esquemas e modelos já estavam introjetados, prontos para serem usados. Apesar de colocadas em situação de "livre expressão", não foi desenvolvido um trabalho sistemático nesta direção, então o que brotou foram os desenhos aprendidos no universo escolar. Um universo iconográfico aparentemente heterogêneo, mas que pode ser agrupado em torno de alguns temas comuns.

Entre as anotações de Mário de Andrade encontradas na coleção, existe uma série que faz referência direta a critérios de ordenação e análise dos temas encontrados nos desenhos. Mário de Andrade manifestou a intenção de usar uma classificação da historiografia da arte para os desenhos infantis. Ele sugeria em suas anotações que os desenhos poderiam se "distinguir por: natureza-morta, paisagem, quadro de gênero, retrato e objeto puro". Como a paisagem era o tema aparentemente mais frequente, pois ela aparecia tanto como tema quanto como título de muitos desenhos infantis, Mário de Andrade procurou "definir paisagem como concatenação de pelo menos três elementos: céu – água – navio", por exemplo, e procurou diferenciar o que entendia ser no paisagismo da criança "pura paisagem (plástica)" de "cena representativa (homem derrubando árvore, criança brincando no trapézio)"[10].

Entretanto, considerando as várias possibilidades de interpretação de cada um destes critérios de classificação (principalmente levando-se em consideração as mutações na própria historiografia da arte ao longo do século XX, e das dificuldades mesmas de adaptação do conjunto de categorias relativas ao campo da arte para o da produção gráfica infantil), a identificação dos critérios de classificação sugeridos por Mário de Andrade gera alguns problemas diante das imagens observadas. Estes problemas são basicamente de adequação de um modelo de classificação de um universo para outro, bastante diverso e amplo. A começar pela larga faixa etária do conjunto das imagens aqui tratadas – crianças de dois a dezesseis anos – compreendendo, portanto várias fases do processo de aquisição gráfica.

No entanto, seguindo este raciocínio, podemos dizer que a paisagem, entendida no sentido amplo como cenas representativas e paisagens puras, perfazem 72% do total dos desenhos. É o tema que mais aparece na Coleção, principalmente as cenas que representam um conjunto de 54% do total. As figuras 9, 10, 11 e 12 ilustram um pouco as possibilidades desse vasto universo que se agrupa e se cruza entre paisagens e cenas.

10. Coleção de Desenhos Infantis, Acervo Mário de Andrade, Documento n. 2262, IEB/USP.

Figura 9: *Des. 78, Martha Miguel, nove anos, Concurso, 1937.*

Figura 10: *Des. 477, Modesta Boggian, treze anos, Parque da Lapa, 1937.*

Figura 11: *Des.1865, Lineu Ferraz, Grupo Modelo, Piracicaba, 23.07.1929.*

Figura 12: *Des.1921, Elza, s/local, s/data.*

Por estes exemplos entendemos também uma outra preocupação de Mário de Andrade ao observar os desenhos de sua Coleção: teria a criança uma tendência a ser mais descritiva ou decorativa nas suas produções ? Em nossa análise constatamos que se privilegiarmos o espaço interno do desenho, delimitado pela moldura desenhada no entorno do papel, podemos dizer que 78% deles são do tipo descritivo. Os 22%

considerados como decorativos apresentam a característica ornamental em todo seu conjunto como os exemplos das figuras 13 e 14 a seguir.

Figura 13: *Des.1904, Sebastiana Sampaio, onze anos, s/local, s/data.*

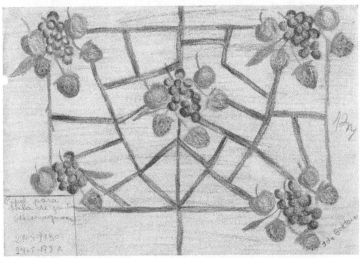

Figura 14: *Des.1905, Ida Acetoze, onze anos, s/local, 24.05.1930.*

O uso da moldura riscada a lápis no papel era uma prática comum que denotava um momento de preparação, cuidado e organização do espaço dado a desenhar. No entanto, a decoração sobreposta a esta moldura é um elemento visual que se destaca nesta Coleção, chamando a atenção pela variedade de motivos que contém. Este elemento fazia parte do contexto estético presente naquela época em vários segmentos do ambiente visual da criança, como as peças de mobiliário, os frisos aplicados nas paredes, nos livros, nas peças publicitárias, nos rótulos e embalagens de produtos e nas próprias molduras das obras de arte. Este contexto decorativo, que se identifica com o movimento Art Nouveau, era uma prática comum no mundo ocidental. Mas, se comparamos a produção das crianças brasileiras através desta Coleção, com coleções de desenhos de crianças estrangeiras da mesma época, como a coleção de desenhos das crianças espanholas que se encontram na biblioteca da Universidade de Columbia em Nova York, por exemplo, percebemos que as brasileiras são insistentemente decorativas. Uma das razões para esta situação talvez seja a ênfase dada a este elemento no nosso modelo de ensino de desenho.

Figura 15: *Des. 1523. Exemplo de desenho com moldura.*

Figura 16: *Des.1338. Exemplo de desenho com moldura.*

Figura 17: *Des.1329. Exemplo de desenho com moldura.*

Figura 18: *Des.1949. Exemplo de desenho com moldura.*

Em nossa análise constatamos que a sugestão de Mário de Andrade, de utilizar os critérios de classificação tomados de empréstimo ao campo da historiografia da arte, não funciona adequadamente neste contexto. Esta sugestão evidencia muito mais os fundamentos estéticos que permeavam o ensino de arte de então, assim como o olhar daqueles que buscavam entendê-lo. Tem-se, por exemplo, um grande conjunto de desenhos que são resultados de exercícios de desenho de observação como os praticados nas academias de Belas Artes, que poderiam ser incluídos nas classificações clássicas, como retratos, objetos e naturezas mortas, porém é mais adequado considerá-los meros exemplares resultantes de processos de aprendizagem como as figuras 19 e 20.

Figura 19: *Des.1055, Odila Hantovitz, Piracicaba, 11.11.1933.*

Figura 20: *Des. 1186, Grair Verza, treze anos, s/local, s/data.*

MÁRIO DE ANDRADE ESTUDANDO E PESQUISANDO OS DESENHOS INFANTIS

Os indícios deixados por Mário de Andrade entre os desenhos da Coleção através de suas anotações, indicam que esse material coletado era objeto de estudo e de pesquisa. O cuidado com que foram conservados, a maneira como se encontravam separados e agrupados denotam um processo de observação e análise. Entre os procedimentos de estudo utilizados por Mário de Andrade, ressalta-se o da observação dos desenhos nas diferentes faixas etárias. São vinte e quatro folhas de papel ofício dobrado ao meio, inseridas na sequência dos desenhos, cada uma com uma notação de idade, dos três aos treze anos. Essa talvez tenha sido uma das primeiras preocupações de Mário de Andrade: a de ordenar através de um método suas observações para entender a capacidade de representação, e as características específicas do desenvolvimento do grafismo das crianças brasileiras através dos exemplares de sua Coleção.

Um outro procedimento de estudo, identificado também a partir das anotações deixadas por Mário de Andrade, é o que aponta diretamente para a metodologia de estudo de casos. O fato de ter destacado estes casos, demonstra que ele já havia observado com bastante atenção os desenhos e selecionado os mais significativos. Estudar 'casos', assim como realizar estudos biográficos ou longitudinais, eram procedimentos de pesquisa destacados por autores importantes da época como Georges Rouma, George-Henri Luquet e Sylvio Rabello que faziam parte de sua biblioteca. Mário de Andrade identificou em sua coleção alguns exemplos que chamaram sua atenção, tanto pela quantidade de trabalhos produzidos, como foi o caso de Modesta Boggian que tem vinte e três desenhos na Coleção, quanto pela qualidade dos trabalhos como foi o caso de Renato Santos de Abreu com seis trabalhos. É interessante ressaltar que, ambos autores, além de terem sido destacados como caso para estudo foram também premiados no concurso. Modesta Boggian, que tinha 13 anos, recebeu o primeiro prêmio do Parque da Lapa e Renato Santos Abreu, de 8 anos, ficou com o segundo prêmio da Biblioteca Infantil. As figuras 21 e 22 exemplificam a produção de cada um deles.

Figura 21: *Des. 1821, Modesta Boggian, treze anos, Parque da Lapa, 1937.*

Figura 22: *Des. 2145, Renato Santos Abreu, oito anos, Biblioteca Infantil, 1937.*

Quase todos os casos destacados por Mário de Andrade foram de crianças com idade entre treze e dezesseis anos. Renato Santos de Abreu era o mais jovem dentre eles, com oito anos. Maria de Castro tinha dezesseis anos e um conjunto de nove desenhos. Huguette Israel tinha catorze anos e um conjunto também de nove desenhos. Leo Ravinovich tinha quinze anos e seis desenhos. Cecília Ulson Matos com quinze anos e dois desenhos e Edgar Fleury de quinze anos tinha apenas um desenho. Os desenhos desses jovens adolescentes chamam atenção pela excelência de suas habilidades técnicas, eram crianças que já haviam passado por um processo de aprendizagem e possuíam um domínio dos instrumentos e da capacidade de reprodução de modelos como pode ser visto nas figuras 23 e 24.

Figura 23: *Des.709, Huguette Israel, catorze anos, Biblioteca Infantil, 1937.*

Figura 24: *Des. 680, Maria de Castro, dezesseis anos, Biblioteca Infantil, 1937.*

Uma outra questão que chamou a atenção de Mário de Andrade em suas observações foi a dos casos de excelência de habilidade técnica entre os membros de uma mesma família. Assim ele destacou o caso dos irmãos Santos Abreu: Renato o premiado de oito anos, Haroldo de treze anos e Arnaldo de quinze anos. O caso dos irmãos Croce: Therezinha de nove anos, Luiz, também premiado com o terceiro lugar da Biblioteca Infantil, com catorze anos e Plínio de dezesseis anos. E o caso de Therezinha Affonso Camargo de doze anos, premiada com o primeiro lugar na Biblioteca Infantil e de sua irmã Maria Luiza de dez anos. As figuras 25 e 26 mostram a produção dos irmãos de Renato Santos Abreu.

Figura 25: *Des.2164, Haroldo Santos Abreu, treze anos, Biblioteca Infantil, 15.10.1937.*

Figura 26: *Des.2215, Arnaldo Santos Abreu, quinze anos, Biblioteca Infantil, 18.10.1937.*

Na Coleção existem poucos desenhos de crianças com idade inferior a sete anos, a idade do início da escolarização. Nos Parques, a idade mínima para o ingresso era de quatro anos e na biblioteca, seis anos. Mário de Andrade foi buscar exemplos de desenhos de crianças pequenas entre os filhos de amigos e parentes. Esses desenhos chegaram à Coleção depois do concurso quando ele estava, talvez, querendo completar o ciclo de observação. O caso de Marcus Vinícius de Andrade que tinha dois anos e meio e de Pituca, filha de Paulo Magalhães, de três anos foram também destacados para observações particulares. As figuras 27 e 28 são exemplos deste universo.

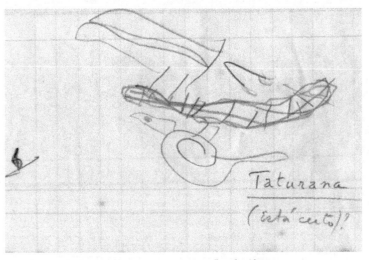

Figura 27: *Des. 1265, Pituca, três anos, s/local, s/data.*

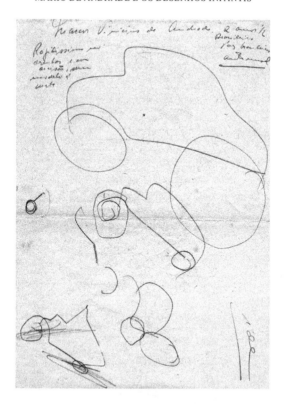

Figura 28: *Des. 1363, Marcus Vinicius de Andrade, dois anos, s/local, s/data.*

Mário de Andrade procurou também observar como o contexto cultural poderia estar presente nos processos de representação através dos desenhos. A nota "duas obras primas de japonesinha e mais outro desenho de japonesinha comparável como técnica" se refere aos desenhos escolares de crianças orientais, das quais reproduzimos nas figuras 29 e 30 os dois exemplos que acompanham a nota.

Figura 29: *Des. 974, Hiromu Itinose, s/local, s/data.*

Figura 30: *Des. 977, Magoti, Kuroba, s/local, s/data*

Os desenhos de uma escola alemã também foram reunidos por Mário de Andrade que escreveu no verso: "desenhos de uma criança ensinada 8 a 10 anos de uma escola alemã de S. Paulo". A seguir temos nas figuras 31 e 32 dois exemplos dos desenhos de Herbert Mayer.

Figura 31: *Des. 1926, Herbert Mayer, (oito a dez anos), Escola alemã, s/data.*

Figura 32: *Des. 1929, s/autor, Escola alemã, 19.07.1934.*

O olhar do etnógrafo preocupado com as identidades culturais fez de Mário de Andrade um precursor da linha culturalista de pesquisa sobre o desenho da criança de nossa contemporaneidade. Enquanto os pesquisadores do início do século XX estudavam as comunalidades dos desenhos infantis, buscando estabelecer as linhas gerais do desenvolvimento gráfico, ele estava também atento às especificidades que as heranças culturais poderiam trazer para a cena gráfica das crianças. Desta maneira as informações contidas no verso dos desenhos do concurso das crianças que frequentavam os Parques e a Biblioteca, sobre a nacionalidade de cada uma delas e de seus pais, assim como, no conjunto de desenhos das crianças de Varginha, a inclusão de informações sobre a profissão do pai, eram dados relevantes para uma pesquisa das relações iconográficas e culturais contidas nesta produção.

Podemos também ter uma dimensão do teor e da amplitude das indagações de Mário de Andrade frente ao universo de imagens produzidas pelas crianças brasileiras através das anotações contidas em outras quatro folhas de sulfite escritas a lápis grafite. Diante das evidências de suas observações sobre os desenhos, junto com os conhecimentos e experiências que possuía no campo da arte e da estética e frente ao referencial teórico específico que lia sobre o assunto, ele se perguntava:

> Até que ponto a habilidade de representação realista da imagem auxilia a beleza plástica do desenho?
> Até que idade a beleza plástica é puramente ocasional?
> Até que idade a aquisição duma técnica aprendida não facilita a obtenção de beleza?
> [...]
> Qual a beleza procurada pela criança? A plástica ou a expressiva?
> Quais os elementos da beleza plástica que primeiro surgem? Em que idades?
> Quais os elementos de beleza expressiva que mais aparecem? Casa – flor – fruta – avião – automóvel – pato – árvore – crianças – trem etc
> [...]
> Em que idade a criança congrega os elementos descritos num conjunto único?
> A estilização é própria da criança, ou antes, a simplificação?
> Si a simplificação quais os elementos mais desprezados, no geral, na representação de qualquer imagem? Quais os mais desprezados em cada imagem expressiva (casa, pato) em particular?
> [...]
> Quais os elementos expressivos que a criança espontaneamente representa melhor?
> Quais os que com técnica obtida ela representa melhor?
> A técnica imposta auxilia mais a expressão realista ou estilizadora?
> [...]
> [Há] Relação da cor com objeto representado?
> Observar ainda o uso da cerca ou do muro fechando recintos por sexo.
> Parece que os meninos têm mais força de congregação paisagística que as meninas; quer pela concatenação das diversas e mais variadas [sic] imagens entre si, como por serem estas mais variadas. Verificar[11].

11. Coleção de Desenhos Infantis, op. cit.

Estas anotações testemunham o estado e a profundidade de sua investigação e apontam relações entre processos de aprendizagem e aquisições de habilidades técnicas com as fases do desenvolvimento, assim como deixam evidentes as tentativas de qualificar e situar este universo de imagens. Mário de Andrade buscava entender o processo de construção figurativa da criança, tendo por base as categorias correntes da historiografia da arte como a de beleza plástica ou expressiva e a estilização e/ou simplificação. O leque de questões se amplia ainda mais com a inclusão das diferenças de gênero na representação.

Nas pastas que contém o material referente ao curso de filosofia e história da arte[12], que Mário de Andrade ministrou na Universidade do Distrito Federal, no Rio de Janeiro, em 1939, encontram-se também algumas anotações referentes ao desenvolvimento de uma pesquisa sobre sua coleção de desenhos infantis. São rascunhos de levantamento de dados sobre a coleção, anotações em fichas de aula e um texto manuscrito inédito com o título: "Estudo sobre o Desenho Infantil entre as Crianças de São Paulo sob o Ponto de Vista da Beleza". A localização desse material nas pastas do curso de filosofia e história da arte confirma a estreita relação entre o interesse do colecionador e pesquisador do desenho infantil, com o do professor pesquisador da história da arte. Essa relação se consubstancia na aula "A Criança", que representava a quinta parte do primeiro ponto de seu programa de curso cujo título era: "Das Origens da Arte: os Primitivos".

Nessa sua pesquisa informal, citada como uma "pesquisa realizada extraoficialmente pela Diretoria do Departamento de Cultura de São Paulo"[13], ele criou um método para contagem dos elementos que apareciam com mais frequência nos desenhos de sua coleção. Ao lado de cada elemento discriminado, como por exemplo, *homem*, ou *balanço com criança*, ou *paisagem*, ele quantificava discriminando a idade e o sexo da criança. A explicação para seu procedimento se encontra em uma ficha que diz: "O ponto sobre o número indica meninos, debaixo do número, meninas. O número indica a idade. Assim: 6 (com um ponto em baixo) indica uma menina de seis anos"[14]. Dessa maneira ele pôde, por exemplo, saber que no Parque Pedro II quatro crianças desenharam o zepelim e entre elas, três eram meninos de nove, dez e onze anos e uma menina de doze anos. No Parque Ipiranga apenas um menino de dez anos desenhou o mesmo tema e no Parque da Lapa, dois meninos de nove e dez anos.

A inclusão do tema do desenho da criança no seu curso de história da arte foi um contraponto essencial para a discussão das várias

---

12. As pastas do curso de filosofia e história da arte se encontram no Arquivo Mário de Andrade do IEB/USP.

13. M. de Andrade, Curso de Filosofia e História da Arte, *Depoimentos*, n. 2, p. 73.

14. As fichas de aula estão em envelope indexados como MMA – 37 – 591-622 no Arquivo do IEB/USP.

interpretações sobre as origens da arte. É importante entender em que contexto e sob quais condições Mário de Andrade incluiu a criança e sua produção. Apesar de criticar a obviedade da comparação do "primitivo" com a criança, ele instigava seus alunos a pensar com ele a questão. Na segunda parte do desenvolvimento do tema "das origens da arte", quando procurava situar os "conceitos do primitivo", ele explicava que o termo "primitivo" estava sendo empregado para designar diferentes manifestações. Entre essas manifestações, ele identificou as relativas ao homem pré-histórico; ao homem natural ou selvagem; à criança; aos relativos históricos, ou seja, às civilizações precedentes a outras, os egípcios, por exemplo, seriam primitivos em relação aos gregos; e o primitivo estético, um conceito introduzido pelos modernistas, que era explicado por Mário de Andrade como "ser civilizado, adotando por escolha estética processos técnicos ou estilísticos usados por crianças, homens naturais e pré-históricos, arte negra e início do cubismo"[15].

Para clarear o campo conceitual é importante entender como Mário de Andrade situava os conceitos por ele identificados. Sobre o homem pré-histórico, ele aceitava a terminologia que era então generalizada na história e na crítica de arte, mas achava abusiva por congregar a produção de diferentes estágios da evolução da humanidade. Achava mais coerente o uso do termo primitivo em relação à produção do homem natural por apresentar "comprovadamente um estágio mental primário"[16]. Quanto aos relativos históricos, ele "desautorizava" o uso do termo em seu curso, e também em relação ao primitivo estético ele entendia ser "um mero nome de batismo", uma questão muito mais de atitude e não um estágio de representação.

Em relação ao uso do termo primitivo para designar a produção da criança, Mário de Andrade em suas notas de aula afirmava ser bastante aceitável a comparação, pois, concordava com a ideia dos evolucionistas da repetição da filogênese pela ontogênese e acrescentava que a criança era "incontestavelmente primária em sua mentalidade"[17]. Em texto publicado posteriormente na *Revista da Academia Paulista de Letras* intitulada "Primitivos"[18], ele confessou que usava essa doutrina por uma questão de comodidade. Tanto nas notas de aula, quanto no texto posterior, ele alertava para o perigo de se usar a comparação da criança e do homem natural para explicar as produções e o comportamento dos homens pré-históricos. Desse modo, ele introduziu na discussão a diferença entre paralelismo e identidade. Para Mário de Andrade, as semelhanças entre as produ-

15. Curso de Filosofia e História da Arte, op. cit., p. 43.
16. Idem, p. 44.
17. Idem, ibidem.
18. Primitivos, *Revista da Academia Paulista de Letras*.

ções das crianças e dos considerados primitivos eram apenas aparentes e para justificar sua posição ele usou vários argumentos.

Em primeiro lugar, Mário de Andrade reconhecia que o estágio mental da criança só poderia ser considerado primitivo em relação ao adulto que esta criança viria a ser, e chamando a atenção para o problema da hereditariedade cultural no processo de aprendizagem da criança, ele explicava:

> A criança sofre, desde que abre os olhos e os ouvidos, o contágio artístico dos quadros, das oleogravuras, das revistas e do rádio do pai. Se ela não canta logo tonalmente nem pinta naturalisticamente, a sua incapacidade técnica, a sua ignorância técnica intervém tão violentamente no problema, que não permitem absolutamente identificá-la ao pré-histórico[19].

Além de ressaltar a importância do contágio cultural a que a criança é submetida desde que nasce, como um fator determinante para diferenciar a produção da criança da dos primitivos, Mário de Andrade usou também a conclusão final de Rouma em seu livro.

> Rouma observa no último capítulo de seu livro que além da inferioridade de observação a criança tem inferioridade manual sobre o Paleolítico e Homem Natural que impede comparações. Estes têm mãos habituadas a mil manejos, que a criança não tem. De fato a conclusão geral de que a criança tem mão que obedece mal à vontade, é verdadeira e importante[20].

Mário de Andrade entendia que o problema das comparações entre a produção das crianças e a dos primitivos se situava em uma outra esfera.

> De resto, todos os paralelismos (e não são tão numerosos assim...), todas as coincidências se baseiam, a meu ver, numa grave confusão nossa. Confusão que torna o ponto-de-partida de quaisquer comparações fundamentalmente errado. Nós falamos em "arte", em "manifestação artística", ao nos referirmos ao desenho ou à cantarola da criança pré-escolar. Com que direito?[21]

Para Mário de Andrade era um grande mal entendido dizer que a criança pequena, ou pré-escolar como ele qualificava, faz arte e tem "manifestações artísticas". Para ele, a criança desenha ou "faz arte" como uma atividade lúdica, um jogo ou exercício de aprendizagem que se insere e se relaciona com outras linguagens. "Tudo na criança se confunde no mesmo gasto de energia, numa mesma atividade. Seus desenhos, cantarolas etc. [...]. A atividade de desenhar na criança é apenas manifestação do poder representar *figuras*, imitar sons, ou

---

19. Idem, p. 26.
20. M. de Andrade, anotações em ficha com indexação MMA – 37 – 510 do arquivo do IEB/USP.
21. Primitivos, op. cit., p. 26.

gestos coreográficos"[22]. Esta concepção mais ampla do poder de representação das crianças e da interação das diferentes linguagens é um prenúncio das teorias pós-modernas que concebem a produção gráfica infantil não isolada, mas como uma ação interativa entre diferentes mídias, dependente dos contextos sociais e comunicacionais, e com múltiplas finalidades[23].

Para comprovar suas ideias, Mário de Andrade destacava algumas observações acerca dos desenhos de sua coleção. Para ele a produção gráfica da criança não poderia ser encarada como "arte", porque a criança seria antitécnica, por não desenvolver pesquisa com as técnicas, e imitativa por buscar a semelhança com a coisa representada não se importando em criar o belo ou o feio. Ele lembrava ainda que em suas observações percebeu que a criança esquematizava, porém não estilizava a representação como os homens naturais que se afastavam do naturalismo, ou os pré-históricos que criaram e desenvolveram uma arte geométrica[24]. Em resumo, em sua pesquisa Mário de Andrade não identificou uma predisposição da criança para a arte. Segundo ele, o que havia era um aprendizado cultural através da "consciência dos exemplos" e da "obediência aos estímulos"[25].

Colocados os argumentos em defesa das características específicas da "atividade desenhística" da criança e das precauções que deveriam ser tomadas, nos paralelismos desta produção com a dos "primitivos", Mário de Andrade passa em seu curso a discutir a sistematização teórica de Luquet. Naquela época, aqui no Brasil, as sistematizações de Luquet eram recorrentes entre os pesquisadores do desenho infantil, e autores como Nereo Sampaio[26] e Sylvio Rabello[27] já haviam se servido de seu sistema teórico para discutir esta produção. A grande questão que moveu inicialmente as pesquisas de Luquet foi a do nascimento da arte. O projeto comparativo – primitivo *versus* criança – atravessava completamente a sua tese. Em seu livro *L'Art primitif* (A Arte Primitiva) Luquet defendeu e usou este recurso comparativo, afirmando que tanto as produções das crianças quanto a dos homens naturais e, consequentemente pré-históricos, eram movidos por motivos estéticos. Mário de Andrade não concordava com os exageros dos paralelismos defendidos pelo autor francês e com o mesmo espírito inquisidor se voltou para o sistema teórico do desenho infantil estabelecido por ele, discutindo sua adequação e

---

22. Curso de Filosofia e História da Arte, , op. cit., p. 44.
23. A. Kindler; B. Darras, Development of Pictorial Representation: a teleology-based model, *Journal of Art & Design Education*, n. 3; B. Darras, *Au Commencement était l'image*; Imagerie initiale au risque de l'art, em M. Jimenez, (ed.), *Le Risque en art*.
24. Curso de Filosofia e História da Arte, op. cit., p. 46.
25. Idem, ibidem.
26. *Desenho Espontâneo das Crianças*.
27. *Psicologia do Desenho Infantil*.

sua terminologia conceitual, aproveitando para deixar mais clara suas posições em relação ao tema.

Ao apresentar a descrição do autor francês para as fases da evolução do desenho infantil, Mário de Andrade chama a atenção para o fato de que *embora* "sucessivas as fases montam umas sobre as outras". Vejamos qual o entendimento dele acerca das fases definidas por Luquet:

> Desenho involuntário
> (A criança risca, e em *seguida*, descobre nos riscos analogias com imagens do mundo fenomênico)
> Realismo frustrado
> (Incapacidade de sistematizar num conjunto coerente os detalhes que desenha)
> Realismo intelectual
> (Representações do objeto, não como é visto, mas na imagem, na idea [sic] mesmo, que a criança se faz desse objeto)
> Realismo visual
> (Procura enfim dar representação do objeto tal como é visto, caracterizada por esboços de perspectivas)[28].

Enquanto Luquet considerava o realismo intelectual o apogeu do desenho infantil, Mário de Andrade ponderava que "de fato é a fase mais *característica* da atividade desenhística da criança, mas seu abandono determina exatamente a adoção de uma atitude artística, pois é com o realismo visual que a criança finalmente *opta* por um estilo, por uma estética (o realismo) e lhe procura a técnica". E esclarecia que no seu ponto de vista, não se tratam de fases consecutivas, mas de atitudes que muitas vezes coincidem e são concomitantes. Segundo ele, "não se dá *passagem* de uma para a outra. Apenas a criança vai abandonando aos poucos a atitude idealista para se fixar na realista"[29].

Nesta sua concepção de desenho e de arte, Mário de Andrade considerava então que a produção da criança só poderia ser considerada como objeto artístico no momento em que se aproximasse da atitude realista, do realismo visual. Explicando seu argumento ele diz:

> Numa atitude a criança completa o objeto naqueles elementos lhe impostos pela consciência, pela *Idea* [sic] que ela tem do objeto; noutra atitude a criança representa o objeto naqueles elementos lhe impostos por um ato de visão imediatista, pela imagem que num determinado momento ela guardou do objeto. A primeira atitude não é estética, porque implica o conhecimento interessado, o conhecimento prático, o conhecimento que não é contemplação livre do objeto. A segunda atitude já pode ser estética, (embora não o seja na primeira idade infantil, como já vimos), porque pra ser estética, tinha, no caso, de ser também artística, por ser criação voluntária da criança. E já vimos sobejamente que não é artística por ser antitécnica e antiestilística. Mas poderia ser estética, porque poderia implicar um conhecimento contemplativo, sem ser prático,

28. Curso de Filosofia e História da Arte, op. cit., p. 71.
29. Idem, ibidem.

livre desinteresse derivado do prazer de uma representação gráfica e do conhecimento gratuito do significado dessa representação. E, de fato, a criança só sistematiza a representação do realismo visual quando dos oito para os nove anos, isto é: numa idade em que, pelo seu desenvolvimento mental, muitas vezes pela alfabetização e sempre pelo estímulo ou contato dos maiores, ela está em condições mais amplas de partir para o nascimento da arte[30].

E Mário de Andrade continua discutindo as afirmações de Luquet:

> Luquet diz que apesar dos estímulos, da alfabetização, da hereditariedade, a criança, abandonando todos estes fatores, realiza por si mesma, por sua própria experiência, o nascimento da arte. A mim me parece tal afirmativa um grave e fundamental engano. Parece incontestável, pelo que sabemos da criança até agora, que até um certo ponto, abandonando os fatores estimulantes, a criança realiza por sua conta e risco, pela sua própria experiência, *um*, não *o*, mas *um* nascimento do poder humano da representação figurística. Mas desde que ela passa desta fase, que é de caráter linguístico, hieroglífico, e não pesquisa de sensações estéticas, à procura sistemática destas sensações, ela abandona totalmente a evolução gradativa do grafismo idealista, da criação de uma escrita, que vinha fazendo. Não há mais evolução: dá-se mudança completa de rumo. E esta mudança coincide com um desenvolvimento mental em que a criança já se tornou sensível aos fatores da hereditariedade, dos contágios e da alfabetização[31].

Duas questões importantes estão colocadas no parágrafo anterior. Primeiro, Mário de Andrade entende que o desenho da criança é de caráter linguístico, ou seja, se inscreve no âmbito das comunicações, como uma linguagem que se concretiza através de um "poder humano da representação figurística". Ao enfocar o poder de representação gráfica como uma linguagem e como uma possibilidade inerente ao ser humano, Mário de Andrade amplia seu conceito de desenho para além das fronteiras da arte. Apesar de não desenvolver essa sua concepção, ele aponta e se aproxima das concepções linguísticas quando inclui a característica "hieroglífica" do sistema gráfico da criança, ou seja, do sistema de escrita narrativa e figurativa presentes nos desenhos de crianças e de adultos de diversas culturas[32]. O desenho por essa ótica pode ser entendido como uma linguagem que expressa e comunica o pensamento figurativo e que é dependente de regras socioculturais.

Em segundo lugar, e como consequência, na medida em que introduz na discussão os aspectos contextuais e principalmente culturais dos *contágios* no processo de aprendizagem dos códigos da linguagem do desenho pela criança, Mário de Andrade se opõe à visão romântica

---

30. M. de Andrade, Estudo sobre o Desenho Infantil entre as Crianças de São Paulo sob o Ponto de Vista da Beleza, texto manuscrito que se encontra na VI Pasta do Curso de Filosofia e História da Arte, documento inédito do Arquivo Mário de Andrade do IEB/USP.
31. Idem.
32. B. Darras, *Au Commencement était l'image*.

dos pesquisadores e teóricos modernistas da arte infantil. Chega a enfatizar alguns aspectos do comportamento gráfico da criança que apresentam características opostas a uma atitude artística modernista. Por exemplo, a necessidade de repetição e fixação de tipos e convenções gráficas. É o que ele chama de "caráter rotineiro do desenho infantil", já que o entende como um sistema de comunicação. Não que ele "considere este aspecto pejorativo, tal como fazem alguns. É antes derivado de condições psicológicas: do hábito e suas vantagens; e de uma tal ou qual prudência diante do novo que pode ser pior"[33]. Para ele o importante é perceber que este caráter rotineiro não implica em evolução, mas em fixação, "contrário à pesquisa e à invenção" que seria próprio de uma atitude artística.

É interessante perceber como Mário de Andrade, esteta e professor de história da arte, faz uso de critérios artísticos e estilísticos em sua análise da produção da criança, para justamente qualificar esta produção de não artística. Ele identifica, por exemplo, que as crianças por ele observadas são indiferentes à pesquisa de materiais. Não têm uma visão de conjunto nas suas composições. Raramente misturam cores para obter novas cores. São anticlássicas e antirromânticas, mas expressionistas por natureza. E em meio às contradições próprias do período em que vive, ele termina sua aula explicando:

> O expressionismo expressivo é o domínio legítimo da arte desenhística infantil. O seu realismo é de natureza expressionista [...].
> A criança, mesmo artista, mesmo já obedecendo à perspectiva e outras leis do realismo visual, jamais copia a natureza. A sua tendência à imitação é sempre coada através de um sentimento lírico, ou melhor, mítico, das coisas, antirrealista por essência, e que a tudo reveste de uma violenta e inocente poesia[34].

Todo o processo vivido pelo escritor em torno dos desenhos infantis, de colecionar, estudar e pesquisá-los, foi de extrema importância quando situado em sua época. É importante lembrar que antes do período modernista havia pouquíssimos vestígios de desenhos de crianças. O século XIX, com a fabricação automática do papel e a expansão da escolarização, mantém esta produção atrelada ao sistema de aprendizagem dos valores escolares de reprodução estética. Foi necessária uma mudança nos conceitos de arte e de infância no século XX, para que esta produção passasse a existir. Os primeiros desenhos observados pelos pesquisadores refletiam a situação de enquadramento em que essa produção estava circunscrita. Foi necessário que pesquisadores como Mário de Andrade insistissem na liberação de espaços para a criança desenhar livremente, para exercitar seu grafismo e aparecer ou fazer reaparecer uma produção até então negligenciada. O período de liberação

---

33. Curso de Filosofia e História da Arte, op. cit., p. 73.
34. Idem, p. 76.

modernista foi fundamental para a construção do conhecimento que temos hoje acerca do desenho infantil.

Quando avalio o estado em que se encontram as pesquisas sobre o desenho da criança, hoje, percebo que as questões postas por Mário de Andrade em 1938 estão presentes nas mais importantes linhas de pesquisa em desenvolvimento sobre o assunto. A questão dos contágios, ou do aprendizado inserido no contexto cultural, direciona uma linha de pesquisa culturalista iniciada por Brent e Marjorie Wilson[35] no Estados Unidos, e que tem ligações com os trabalhos de Paul Duncum[36], na Austrália e de Maureen Cox[37], na Inglaterra. Esta mesma tendência se impôs como tema de um simpósio realizado na Lituânia, em 1997, que gerou a publicação dos artigos, em 2000, com título *The Cultural Context: comparative studies of art education and children's drawings*. A outra questão colocada pelo escritor, que entende ser o desenho da criança uma linguagem que se inscreve e se articula entre os sistemas de comunicação, está presente nas pesquisas de abordagens cognitivas, semióticas e sistêmicas como as desenvolvidas por Howard Gardner[38], por Claire Golomb[39], por Kindler e Darras[40] e por Darras[41].

Mário de Andrade se antecipa ao nosso tempo ao se opor à visão romântica dos pesquisadores e teóricos modernistas da arte infantil. Sua concepção do desenho da criança, calcada em uma estética realista, não glorifica a "originalidade" nem lamenta a perda da "inocência" na medida em que a criança cresce e seu desenho responde às demandas escolares e culturais, enfim, às expectativas dos vários contextos envolvidos.

SUGESTÕES PARA FUTURAS PESQUISAS

Espero que a leitura deste artigo sobre Mário de Andrade e o desenho infantil já tenha despertado muitos questionamentos nos leitores. As próprias questões deixadas por ele podem ser retomadas e ampliadas, tanto diante dos próprios desenhos de sua coleção como diante de outros conjuntos de imagens. Como é próprio a uma pesquisa exploratória e principalmente a um processo de pesquisa que não teve um desfecho como o de Mário de Andrade, as questões saltam aos

35. Uma Visão Iconoclasta das Fontes de Imagem nos Desenhos de Crianças, em A. M. Barbosa, (org.), *Arte/Educação*.
36. The Origins of Self-Expression: a case of self-deception, *Art Education*, p. 32-35.
37. *Desenho da Criança*.
38. *Artful Scribbles*.
39. C. Golomb (ed.), *The Development of Artistically Gifted Children*.
40. Idem, ibidem.
41. *Au Commencement était l'image*.

olhos. É importante informar que toda a coleção foi digitalizada e catalogada durante a minha pesquisa, colocando à disposição de outros pesquisadores um instrumento mais ágil que pode ser acessado no IEB da USP.

O tema do desenho infantil muitas vezes é encarado como de menor valor diante de tantas outras questões que parecem mais importantes para o ensino de arte da atualidade. No entanto, o que temos feito no Brasil é assimilar e concordar com as "verdades" dos autores estrangeiros consagrados. Poucas pesquisas têm sido feitas sobre a diversa produção das crianças brasileiras e as crianças continuam desenhando, apesar do computador e de outras mídias, e os adultos, pais e professores continuam tendo dificuldade de entender e situar esta produção, principalmente porque eles não sabem lidar com seus próprios desenhos.

BIBLIOGRAFIA

ANDRADE, Mário de. Primitivos. *Revista da Academia Paulista de Letras*, São Paulo, set. 1944.
_____. Do Desenho. *Aspectos das Artes Plásticas no Brasil*. São Paulo: Martins, 1965.
_____. *Depoimentos*: publicação periódica para debate de arquitetura, São Paulo, Centro de Estudos Brasileiros, GFAU/USP, n. 2, 1966.
_____. O Movimento Modernista. *Aspectos da Literatura Brasileira*. São Paulo: Martins, 1974.
_____. *Táxi e Crônicas no Diário Nacional*. Estabelecimento de texto, introdução e notas de Telê Porto Ancona Lopez. São Paulo: Duas Cidades/ Secretaria da Cultura, Ciência e Tecnologia, 1976.
_____. *Entrevistas e Depoimentos*. Organização de Telê Porto Ancona Lopez. São Paulo: T. A. Queiroz, 1983.
BARBOSA, Ana Mae. *Arte/Educação no Brasil*: das origens ao modernismo. São Paulo: Perspectiva, 1978.
_____. Mário de Andrade e a Arte/Educação. *Mário de Andrade e a Criança*. Catálogo da exposição. São Paulo: MAC/IEB-USP, 1988.
_____ (org.). *Arte/Educação*: leitura no subsolo. São Paulo: Cortez, 1997.
_____. As Escuelas de Pintura al Aire Libre do México: liberdade, forma e cultura. In: PILLAR, Analice Dutra (org.). *A Educação do Olhar no Ensino das Artes*. Porto Alegre: Mediação, 1999.
_____. *John Dewey e o Ensino de Arte no Brasil*. 3. ed. rev. e aum. São Paulo: Cortez, 2001.
BATISTA, Marta Rossetti; LIMA, Yara S. *Coleção Mário de Andrade*: artes visuais. Catálogo. São Paulo: IEB/USP, 1984.
BATISTA, Marta Rossetti. *Wilhelm Haarberg (1891-1986)*: dados de pesquisa. Curadoria de Marta Rossetti Batista, catálogo. São Paulo: IEB-USP, 1991.
COUTINHO, Rejane. *Sylvio Rabello e o Desenho Infantil*. Dissertação de mestrado, São Paulo: ECA-USP, 1997.

_____. *A Coleção de Desenhos Infantis do Acervo Mário de Andrade*. Tese de doutorado, São Paulo: ECA-USP, 2002.

COX, Maureen V. *Desenho da Criança*. São Paulo: Martins Fontes, 2001.

DARRAS, Bernard. *Au Commencement était l'image*: du dessin de l'enfant à la communication de l'adulte. Paris: ESF éditeur, 1996.

_____. Imagerie initiale au risque de l'art. In: JIMENEZ, Marc (ed.). *Le risque en art*. Paris: Kincksieck, 2000.

DUARTE, Maria Apparecida. Parques Infantis no Estado de São Paulo. *Revista do Arquivo Municipal de São Paulo*, São Paulo, v. 78, 1938.

DUNCUM, Paul. The Origins of Self-Expression: a case of self-deception. *Art Education*, p. 32-35, sept 1986.

FRACCAROLI, Lenyra. Biblioteca Infantil do Departamento de Cultura. *Revista do Arquivo Municipal de São Paulo*, São Paulo, v. 64, 1940.

GARDNER, Howard. *Artful Scribbles*: the significances of children's drawings. London: Jill Norman, 1980.

GOLOMB, Claire (ed.). *The Development of Artistically Gifted Children*: selected cases study. Hillsdale, NJ: L. Earlbaum Associates, 1995.

KINDLER, Anna M. (ed.). *Child Development in Art*. Reston, Virginia: NAEA, 1997.

_____. From Endpoints to Repertoires: a challenge to art education. *Studies in Art Education*, v. 40, n. 4, 1999.

KINDLER, Anna M.; DARRAS, Bernard. Young Children's Understanding of the Nature and Acquisition of Drawing Skills: a cross-culture study. *Multiculture and Cross-Culture Research in Art Education*. Ohio, v. 13, n. 1, 1995.

_____. Development of Pictorial Representation: a teleology-based model. *Journal of Art & Design Education*. London, v. 16, n. 3, 1997.

_____. Culture and Development of Pictorial Repertoires. *Studies in Art Education*, v. 39, n. 2, 1998.

LINDSTRÖM, Lars (ed.). *The Cultural Context*: comparative studies of art education and children's drawings. Stockholm: Stockholm Institute of Education Press, 2000.

LOPEZ, Telê P. A. *Mário de Andrade*: ramais e caminhos. São Paulo: Duas Cidades, 1972.

_____. Mário de Andrade e o Artefazer da Criança. *Mário de Andrade e a Criança*. Catálogo da exposição. São Paulo: MAC–IEB–USP, 1988.

LUQUET, George-Henri. *L'Art primitif*. Paris: G. Doin, 1930.

_____. *Le Dessin enfantin*. Paris: Felix Alcan, 1927.

_____. *Arte Infantil*. Portugal: Companhia Editora do Minho, 1969.

MEXICO. Secretaria de Educación Pública. *Monografia de las Escuelas de Pintura al Aire Libre*. Mexico: Editorial Cultura, 1926.

QUAKERS (orgs.). *They Still Draw Pictures!*: a collection of 60 drawings made by Spanish children during the war. Introdução de Aldous Huxley. New York: the Spanish Child Welfare Association of America Friends Service Committee, 1938.

RABELLO, Sylvio. *Psicologia do Desenho Infantil*. São Paulo: Companhia Editora Nacional, 1935.

ROUMA, Georges. *Le Langage graphique de l'enfant*. Paris: Misch & Thorn, 1913.

SAMPAIO, Nereo. *Desenho Espontâneo das Crianças*: considerações sobre sua metodologia. Rio de Janeiro: Escola Normal, 1929.
TOMLINSON, R. R. *Picture Making by Children*. London: The Studio Limited, 1934.
WILSON, Brent.; WILSON, Marjorie. Uma Visão Iconoclasta das Fontes de Imagem nos Desenhos de Crianças. In: BARBOSA, Ana Mae (org.). *Arte/Educação*: leitura no subsolo. São Paulo: Cortez, 1997.

8. A Liberdade como Método

um projeto moderno em ação "pioneira" de ensino da arte no Museu de Arte de São Paulo

Rita Luciana Berti Bredariolli

> *Dediquei minha vida dinamizando um binômio de máxima responsabilidade: a integração da criança com o museu – a viabilização do verdadeiro encontro entre o novo e o imortal. A criança sendo respeitada na integridade do seu processo real de desenvolvimento e símbolo da semente do futuro e o museu de arte como laboratório vivo do que existe de mais expressivo em experiências artísticas e elevação do espírito humano.*
>
> SUZANA RODRIGUES[*]

O "LABORATÓRIO VIVO"

Ocupando mil metros quadrados da sede dos Diários Associados no edifício Guilherme Guinle, o Museu de Arte de São Paulo foi inaugurado em 2 de outubro de 1947. Seu programa fora elaborado de acordo com as concepções modernas de museu[1], assumindo o caráter de um "museu-vivo", dinâmico, voltado à educação artística-cultural de um grande público. Este "novo sentido social" do museu inspirava uma

---

[*] *Depoimento de Suzana Rodrigues sobre o "Clube Infantil de Arte" do Museu de Arte de São Paulo.*

1. Um museu moderno define-se como uma instituição ligada a uma função social pública amparada e impulsionada por seu relacionamento com a iniciativa privada. Em *Museo, storia e funzioni di una macchina culturale dal '500 a oggi* (Museu, História e Função de uma Máquina Cultural dos 500 até Hoje), Lanfranco Binni, ao elaborar esta sua caracterização de museu moderno, destaca dois marcos originais: o primeiro em 1753 quando da abertura do British Museum, expandindo a "forma-museu" por seu caráter público, abarcando as características da sociedade moderna, burguesa e "livre"; o segundo determinado pela Revolução Francesa, responsável pela compreensão do museu como "máquina educativa pública". Este padrão de museu moderno ou "museu-vivo", voltado à educação pública, foi adotado e difundido, ainda nas palavras deste mesmo autor, pelas instituições norte-americanas, firmadas como modelo para museus de todo o mundo a partir do Pós-Primeira Guerra. Os museus norte-americanos já nasceram modernos sob aspiração da burguesia do século XVIII, diferente dos europeus, cuja longa história encontra seus princípios nos interiores das "moradas das Musas" da Antiguidade clássica.

programação dirigida "especificamente à massa não informada, nem intelectual, nem preparada"[2]. O Museu de Arte de São Paulo foi assim definido e concebido como o grande redentor de um país imerso em uma "cultura em início".

Estabelecer o Masp como um museu moderno, voltado para a educação de um grande público, era uma preocupação notável na fala de seus fundadores, organizadores e colaboradores, reiterada desde a sua inauguração pelas páginas dos jornais e revistas do grupo Diários Associados, "porta-voz" oficial dos eventos promovidos por Assis Chateaubriand[3].

As atividades educativas no Masp tiveram seu início antes mesmo de sua inauguração[4], caso, por exemplo, do curso de preparação para monitores[5]. Em "O Museu como Era", ficaram registrados os cursos promovidos pelo museu na tentativa de torná-lo um "organismo vivo" a fim de "manter o interesse" das "trezentas pessoas" que o frequentavam. Para estimular esta frequência, o "Museu estabeleceu um constante diálogo com o público", criando cursos de história da arte, de arquitetura, de teatro, de estética, de história e estética do cinema, entre outros, sempre acompanhados por "conferências, debates, projeções, audições, recitais, concertos etc.". Artistas e intelectuais brasileiros e estrangeiros como De Ruggero, Silvio D'Amico, Germain Bazin, Alberto Cavalcanti, Deoclécio Redig de Campos, Gilberto Freyre, José Lins do Rego, José Geraldo Vieira, Oscar Niemeyer, Heitor Villa-Lobos, Murilo Mendes, Hans-Joachim Koellreutter entre outros, foram alguns dos que passaram pelo Masp promovendo cursos ou palestras. O Masp fora instituído como "um autêntico museu vivo, um museu-escola, uma casa de cultura"[6].

CLUB INFANTIL DE ARTE: UMA EXPERIÊNCIA "PIONEIRA"[7] DE ENSINO DA ARTE NO MASP

Dentre os cursos organizados no Masp um foi especialmente dedicado às crianças. Criado pela atriz de teatro de bonecos Suzana Rodrigues, o Club Infantil de Arte, a "sociedade dos pequenos amigos do Museu"[8],

2. L. Bo Bardi, Função Social do Museu, *Habitat*, n. 1, p. 17.
3. A. Chateaubriand, Esplendida Conquista do Espírito Coletivo: o Museu Vivo que abriu suas portas ao povo de São Paulo, *O Diário de São Paulo*, p. 10.
4. "A primeira preocupação do professor Pietro Maria Bardi foi formar jovens que pudessem esclarecer o público sobre questões de arte. Antes de sua inauguração o Museu de Arte já era uma Escola". O Museu Como Era, *Diário de São Paulo*, p. 3-14.
5. Descrito na matéria "Monitores para o Museu de Arte", assinada por Arlindo Silva e divulgada pela revista *O Cruzeiro*.
6. O Museu como Era, op. cit.
7. Termo utilizado pela artista e professora de artes Hebe de Carvalho, contemporânea de Suzana Rodrigues, ao se referir sobre o Club Infantil de Arte.
8. A Criança no Museu, *O Diário de São Paulo*, p. 3.

foi inaugurado no dia 3 de abril de 1948. Como eventos de sua abertura, foram realizadas palestras sobre teatro de bonecos e a peça *O Príncipe da Espadinha Brilhante*, ambas de Suzana Rodrigues. Logo após a abertura, iniciaram as inscrições, abertas às crianças de cinco a doze anos.

As concepções e ideais orientadores do programa do Club Infantil de Arte coincidiam com as aspirações e conceitos presentes nos discursos educacionais, elaborados e difundidos desde o final do século XIX e início do XX, reiterados e intensificados depois da eclosão das Grandes Guerras: o anseio por formar indivíduos íntegros, educados intelectual, emocional, estética e moralmente, capazes de agir de forma cooperativa, constituindo, portanto, uma sociedade equilibrada e controlável. Estes objetivos ficam explícitos na fala de Suzana Rodrigues sobre seu trabalho no Club Infantil de Arte. O respeito à individualidade da criança e a educação estética como meio de ascensão moral, permeando atividades voltadas ao congraçamento coletivo, são constantes de seu texto e reforçam a certeza de sua imersão no vórtice das ideias modernistas sobre arte e educação.

Propiciar um ambiente adequado para "dar à criança condição de ela se expressar como ela quer", era ponto básico da concepção de trabalho da diretora do Club Infantil de Arte. O professor deveria manter o respeito àquilo que a criança estivesse expressando, deveria "entrar no mundo dela" esta seria a graça do professor de arte. A interferência só deve ocorrer quando a criança estiver se repetindo, caso contrário, se estiver "interessada vivamente no que está fazendo [...] respeita [...] deixa ela lá fazendo"[9]. Para Suzana Rodrigues, a liberdade de expressão foi um "toque de mágica" naqueles anos de 1940 e 1950, quando as crianças eram "incentivadas a colar e copiar desenhos, principalmente de tampas de caixas de bombons com muitas paisagens de neve, paisagens brancas pelo inverno com nevascas e que não tinham nada a ver com a nossa realidade e os nossos invernos"[10].

O interesse pela "livre-expressão" teve como impulso os estudos psicopedagógicos desenvolvidos desde o final do século XIX. Alguns dos autores que usaram o desenho infantil "livre" como fonte de seus estudos centrados no relacionamento entre a evolução da espécie humana e o desenvolvimento infantil são citados pelo professor da Escola Normal de São Paulo, Adalgiso Pereira em sua pesquisa "Notas sobre o Graphismo Infantil"[11]. A busca por uma explicação da psicogenia, a gênese e desenvolvimento das funções psíquicas do ser humano, por meio de estudo comparativo entre a evolução da espécie e do indivíduo, foi a responsável pelo despertar do interesse

9. S. Rodrigues, Entrevista Concedida a Rita Bredariolli.
10. Depoimento Concedido a Rita Bredariolli.
11. A. Pereira, *O Laboratório Experimental de Pedagogia Experimental*.

da psicologia pelo desenho infantil[12]. Em 1887, foi publicado *A Arte da Criança* de Corrado Ricci. Um ano depois Bernard Perez, lançava *A Arte e a Poesia da Infância*. Ambos influências para James Sully, autor de *Estudos sobre a Infância*, obra lançada no final dos anos de 1890, considerada fundamental dentre estas primeiras pesquisas. Estes estudos moveram outros ao longo do século XX, como os de George-Henri Luquet, Sylvio Rabello, Nereo Sampaio, Piaget e Inhelder, Viktor Lowenfeld, para citar alguns dos nomes mais populares. As ideias destes autores, bem como as de muitos outros do início do século XX[13] expandiram-se para os campos artístico e educacional, estimulando um interesse cada vez maior pela expressão infantil, principalmente aquela manifestada "espontaneamente", ocasionando desdobramentos teóricos, até a culminância da instituição da "livre-expressão" como "método".

Concomitante a proliferação destas pesquisas sobre o desenvolvimento e expressão artística da criança, tornaram-se comuns as mostras de produções infantis, excitando discussões e acirrando a curiosidade sobre esta manifestação expressiva. Jonathan Fineberg[14] menciona o final dos anos de 1890 como período inicial das exposições de trabalhos infantis. Marcel Brauschvig[15] faz referência a uma exposição sobre a "Arte na Vida das Crianças", realizada em Berlim em março de 1901, montada em sete seções dentre as quais a decoração da escola e da casa, os livros e estampas e a "criança-artista", incluindo desenhos escolares. Artistas como Paul Klee, Wassily Kandinsky, Gabrielle Münter, Mikhail Larionov foram alguns daqueles que com seu trabalho impulsionaram o interesse pelo desenho infantil.

No Brasil, Flávio de Carvalho foi um dos responsáveis pela difusão dos novos valores atribuídos à produção gráfica e plástica infantil. No ano de 1933, então à frente do CAM, Clube dos Artistas Modernos, realizou, como ficou conhecido, "o mez [sic] dos alienados e das crianças", aproximação bonita, segundo um artigo da época[16], pois unia dois tipos que viviam na "libertação mais completa". Durante

---

12. "É importante identificar o interesse que motivou as primeiras pesquisas sobre o desenho infantil. Elas tinham como base a teoria da recapitulação que, neste caso, procurava explicar a psicogênese humana utilizando o desenho infantil como um instrumento de comparação entre a evolução da espécie e a evolução do indivíduo". R. Coutinho, *A Coleção de Desenhos Infantis do Acervo Mário de Andrade*, p. 42.

13. Rejane Coutinho estabeleceu um quadro de referências teóricas, onde elenca os vários autores do final do século XIX e primeira metade do XX que realizaram pesquisas relacionando a expressão infantil e a psicologia. Cf. *Sylvio Rabello e o Desenho Infantil*, p. 97-117.

14. J. Fineberg, The Innocent Eye, *Artnews*.

15. *El art y el niño*.

16. Crianças-Artistas, Doidos-Artistas, *Rumo*.

este "mez" várias palestras foram realizadas[17], mobilizando os círculos artístico e intelectual paulistano às discussões modernistas sobre o relacionamento entre arte e psicologia, destacando as manifestações expressivas infantis espontâneas, como possibilidades de reconhecimento da evolução da espécie humana. Dentre as palestras realizadas no CAM durante o "mez" dos loucos e das crianças, estava a do Dr. Pedro de Alcântara, publicada em resumo pela revista *Rumo* sob o título "Ensaio de Psychologia e de Pedagogia do Desenho Infantil"[18].

"Crianças-Artistas, Doidos-Artistas" traz um texto exemplar, pelo registro das ideias recorrentes no universo modernista, sobre a relação entre a expressão infantil, a evolução da espécie humana e os artistas. Neste, afirma-se que os desenhos das crianças, quando "não estupidamente controlados pelos professores", teriam uma "profunda importância psychologica [sic]", pois evidenciariam "todo o drama animico dos homens das cavernas, do *epithecanthropus erectus*", apresentando como num "panorama" da espécie humana, as "formas de uma evolução longínqua". As produções infantis, segundo o texto, quando geradas pelo impulso livre do lápis desdobrariam toda a "tragédia da vida e do mundo, todos os cataclysmas [sic] da alma e do pensamento". As crianças seriam capazes de ver a "dolorosa caricatura de tudo" apresentando-a numa "simplicidade de fórmas [sic] e de cores" que faria "inveja aos grandes artistas". Os "verdadeiramente grandes artistas", seriam aqueles que produzissem com a mesma "espontaneidade inconsciente" da criança, mantendo-se à distância "dos 'trucs' dos prestidigitadores das escolas de belas artes", encarregados de "abafar ou matar qualquer surto de originalidade que aparece na fantazia [sic] da criança".

Outros nomes importantes para a introdução da "valoração estética da arte infantil"[19] no Brasil, especialmente em São Paulo, são os de Anita Malfatti e Mário de Andrade.

Em 7 de junho de 1963, a então jornalista do *Diário de São Paulo*, Suzana Rodrigues, assinava em sua Página A uma coluna sobre Anita Malfatti, a "Personalidade Feminina da Semana". O texto ressaltava o

17. De acordo com o artigo "Crianças-Artista, doidos-Artistas", além da palestra do dr. Pedro de Alcântara, "Interpretação dos Desenhos de Crianças e o Seu Valor pedagógico", realizada em 13 de agosto de 1933, houve ainda no dia 19 de setembro de 1933, a conferência do dr. Durval Marcondes, "Psychanalyse dos Desenhos dos Psychopathas"; no dia 26 do mesmo mês e ano, a palestra de A. C. Pacheco e Silva, diretor do Juqueri, "A Arte e a Psychiatria através os Tempos"; no dia 3 de outubro, Dr. Neves Manta discursou sobre "Marcel Proust Literaria e Psychanalisticamente"; em 10 de outubro, dr. Fausto Guerner abordou o tema "O Louco sob o Ponto de Vista da Psychologia Geral"; e por fim no dia 17 de outubro, "A Musica nos Alienados" foi o assunto de José Kliass.
18. Ensaio de Psychologia e de Pedagogia do Desenho Infantil, *Rumo*, Rio de Janeiro, n. 5/6, set/out. 1933, p. 30.
19. A. M. Barbosa, *John Dewey e o Ensino da Arte no Brasil*, p. 112.

"espírito revolucionário [...] coragem e [...] ativa participação" de Anita Malfatti ao tentar "abrir novas perspectivas para as emboloradas artes plásticas no Brasil", clareando espaço para inúmeros jovens e os impulsionando "na luta por um ideal que não se atinge, mas cuja determinação por isso é toda a grandeza de uma vida"[20]. Anita Malfatti, tornou-se professora de desenho em 1928, quando regressa ao Brasil depois de uma temporada de estudos em Paris. Ao verter sua formação "moderna" e "expressionista" para suas aulas, Anita inova a concepção de ensino de desenho vigente, ao considerar os "sentimentos" infantis: "meu methodo [sic] é meramente mecanico [sic] e intuitivo, orientado por observações psychologicas [sic] que me induzem a aproveitar o sentimento do alumno [sic]"[21]. Este trecho, referente a um artigo do jornal *Correio da Tarde*, apresenta também uma exemplificação deste seu método a partir da descrição de uma série de desenhos realizados sob a sugestão de uma representação de um piquenique. O jornalista ressaltava a diversidade de resultados, calcados na subjetividade, nenhuma das figuras correspondia às regularmente esperadas: "Nenhum delles [...] teve a sugestão do almoço[...] parecerá estranha esta diversidade. Funda-se, todavia, subjectiamente [sic], naquillo [sic] que produziu maior sensação na criança [...] dos desenhos [...] depreende-se o elevado grau de fantasia"[22].

As mencionadas "obras" foram comentadas por Tarsila Amaral no artigo "Instrucção Artística-Infantil"[23] veiculado pelo *Correio da Tarde* de 28 de Agosto de 1931; neste texto, avalia a importância das exposições ocorridas em 1930 para a arte moderna. Afirma a importância da "instrucção artística" por ser a "manifestação contemporânea de pendores artísticos que possam vir a ser grandes valores". Destaca e elogia os trabalhos criados sob orientação de Anita por obter "promissores resultados, cultivando principalmente a imaginação de seus alumnos"[24].

Mário de Andrade foi outro modernista interessado por esta exposição, dedicando a ela um artigo no *Diário Nacional* de 23 de novembro de 1930. Nele exalta a qualidade espontânea dos trabalhos, criticando aqueles que demonstravam ainda uma certa propensão à cópia , "frios como Cambuci". Para o crítico, nesta mostra "havia não só muito que aprender, como teoria de pintura e como psicologia, mas também umas três ou quatro obras-primas indiscutíveis"[25].

---

20. S. Rodrigues, Anita Malfatti: a grande pintora brasileira, *O Diário de São Paulo*.
21. A. Malfatti, Mostrando às Crianças os Caminhos para a Sua Formação Artística, *Correio da Tarde*.
22. Idem, ibidem.
23. Texto veiculado pelo *Correio da Tarde*, 28 jan. 1931, apud A. M. Barbosa, Para Que História?, *Revista AR'TE*, n. 6, p. 2-4.
24. Idem, ibidem.
25. M. de Andrade, *Pintura Infantil*.

Nesta descoberta de "obras-primas" dentre a seleção exposta, Mário de Andrade evidencia uma tendência instalada pelo ideário moderno, estimulada "pelas pesquisas pictóricas dos artistas modernistas"[26]: a valorização da produção infantil como objeto artístico[27].

Mário concebia a produção infantil como "obra de arte", mas não toda. Possuía critérios de julgamento para qualificar o valor artístico de uma obra e responsabilizava o acaso se porventura se deparasse com uma "verdadeira obra de arte realizada por crianças"[28].

Concomitante ao interesse pela arte infantil, desde a década de 1930, a frequência de exposições de trabalhos infantis aumentava no contexto paulista, mas foi a exposição de desenhos de crianças inglesas de 1941, que foi considerada pelos modernos da segunda geração como a de fundamental importância para a mudança de mentalidade e consequente valorização da produção gráfica e plástica da criança. Suzana Rodrigues também a mencionou quando levantou os fatores responsáveis pelo despertar do interesse pela arte da criança durante a década de 1940.

Esta mostra foi trazida ao Brasil por uma iniciativa conjunta do Ministério da Educação, Museu Nacional de Belas Artes, Instituto Nacional de Estudos Pedagógicos (Inep), Associação Brasileira de Educação, Associação dos Artistas Brasileiros e Sociedade Brasileira de Cultura Inglesa. A apresentação do catálogo é assinada por Herbert Read.

Inicialmente montada no Museu Nacional de Belas Artes do Rio de Janeiro, viajou para outras quatro cidades brasileiras, inclusive São Paulo, sendo instalada na Galeria Prestes Maia, em Dezembro de 1941 e visitada por 26 mil[29] espectadores registrados.

Cecília Meireles dedica dois artigos da sua Página de Educação do jornal *A Manhã* a este evento. A primeira delas, do dia 5 de outubro de 1941, traz a inauguração da mostra no dia anterior, descreve a montagem organizada seguindo a idade dos "jovens artistas", avaliando-a positivamente, pois assim o espectador poderia acompanhar

---

26. R. Coutinho, *A Coleção de Desenhos Infantis do Acervo Mário de Andrade*, p. 46.

27. Mário de Andrade colecionou desenhos infantis. Rejane Coutinho catalogou e analisou esta coleção que está arquivada no Instituto de Estudos Brasileiros (IEB), localizado na Universidade de São Paulo. Este trabalho foi descrito em sua tese de doutorado acima citada, nota 26. A autora define os inícios desta coleção entre os anos de 1920 e 1927, quando Mário já havia se tornado professor de história da arte no Conservatório Musical. Além das pesquisas psicológicas em torno dos desenhos infantis, Rejane Coutinho aponta como fator do interesse de Mário de Andrade pela produção gráfica da criança, o próprio debate modernista sobre a polêmica produção artística das crianças, dos loucos e dos primitivos.

28. M. de Andrade, *Pintura Infantil*.

29. S. G. Pedrosa, *The Influence of English Art Education Upon Brazilian Art Education from 1941*.

"desde um enternecedor desenho de uma criança de três anos até as composições dos adolescentes de dezessete". Ainda neste artigo faz considerações sobre os trabalhos expostos, notando que temas mais "sombrios" vão surgindo nas produções de acordo com a idade: "até os doze anos está tudo tranquilo [...]. Mas o grupo dos treze anos tem uma inspiração menos sossegada". A reação do público também foi comentada, lamentando-se a falta de compreensão e de "elegância" de alguns espectadores que não contemplavam com a "devida seriedade uma exposição que, afinal, nesta altura dos tempos, tem um significado especial". No parágrafo final de sua crônica, deposita esperanças nas palestras[30] a serem realizadas durante a mostra, como forma de esclarecimento para aqueles de "alma volúvel, distraída, obscurecida", fazendo com que "estes desenhos sejam para todos o que estão sendo para os artistas verdadeiros, e para os verdadeiros educadores – um encantamento completo, uma festa poética, um sonho e uma purificação no meio dos dias atrozes a que assistimos"[31].

Em seu segundo texto de 10 de outubro de 1941, Cecília Meireles registra a abertura da mostra que ocorreria no dia seguinte. Exalta o seu valor educativo, recomendando-a para todos aqueles, além dos pais e professores, que "podem influir na obra de educação artística". Segue dizendo tratar-se de uma ótima oportunidade para discussões sobre arte, pois "as crianças, os primitivos e os loucos são os que se acham em melhores condições de dar exemplos de arte verdadeira, porque se movem em uma atmosfera sem restrições, onde o impulso criador assume formas de inteira liberdade poética"[32].

Herbert Read, na abertura ao catálogo desta exposição[33], chamou a atenção para as alterações ocorridas no âmbito educacional durante a primeira metade do século xx, devido ao "nosso crescente conhecimento da base psicológica da pedagogia". Mostra-se consciente de que a situação do ensino da arte no currículo escolar está distante de uma solução bem sucedida, mas admite as mudanças ocasionadas, motivadas pela atuação de James Sully, Franz Cizek e Ebenezer Cooke, chamando-os de "pioneiros da reforma", os quais foram, segundo Herbert Read, responsáveis pela árdua tarefa de "reivindicar

---

30. Nos dias 16 e 23 de outubro de 1941, foram realizadas uma série de palestras sobre desenhos infantis, promovidas pela AAB, Associação dos Artistas Brasileiros. Georgina de Albuquerque, Lourenço Filho, Celso Kelly e Peregrino Junior, compuseram o grupo palestrante do dia 16 de outubro. A conferência do dia 23 de outubro foi realizada Heloisa Marinho. *Anuário do Museu Nacional de Belas Artes*, p. 71.
31. C. Meireles, Desenho de Crianças Inglesas, em L. A. de Azevedo Filho, *Cecília Meireles*: crônicas de educação, v. 5, p. 115-117.
32. C. Meireles, Desenhos Infantis, *Crônicas de Educação*, p. 127-129.
33. *Exposição de Desenhos de Escolares da Grã-Bretanha*. Catálogo de exposição, 1941-1942.

o valor estético" dos desenhos infantis produzidos sob as circunstâncias da livre-expressão.

Transformações ocorridas no sistema escolar estariam forçando uma mudança funcional do professor, o qual passaria a sugerir ao invés de impor. Read também discorreu sobre o ambiente de aprendizagem, cuja organização deveria propiciar "uma atmosfera que induza a criança a exteriorizar a fantasia rica e cheia de vida que está em sua mente", dotando a aprendizagem de naturalidade e prazer, como também o queria, Suzana Rodrigues, para o seu Club Infantil de Arte.

A livre-expressão era para o trabalho de Suzana Rodrigues o seu principal motivador. No entanto, é necessário fazer e deixar clara a distinção desta "livre-expressão", cujo significado indica a conquista de uma arte/educação "renovada", fruto das mudanças propiciadas por uma mentalidade modernista, vinculada às teorias do campo da psicologia, em cuja concepção ainda era presente a discussão sobre o conceito de liberdade. É exemplar um pequeno trecho da autora Lucie A. Mc. Call, contido na apresentação do livro *Teatro de Títeres en la Escuela* (Os Marionetes na Escola), pois nele é exposta, sinteticamente, a ideia de liberdade requerida por estes teóricos modernos. Engana-se quem pensa que a livre-expressão, em seu sentido inicial, era um estímulo a uma produção absolutamente sem restrições. A liberdade era um conceito debatido, tinha um significado definido no conjunto deste ideário. Lucie A. Mc. Call apresenta a liberdade como outorga de direito à criança de expressar o que para ela é significativo e de máximo interesse, no entanto, trata-se de uma liberdade restrita, dirigida, limitada pela fronteira entre a diferença da expressão pessoal e o exibicionismo, evocando a distinção feita por John Dewey entre *self-expression* e *self-exposure*[34]. Para Lucie Call, reverberando as reflexões de seu tempo,

"os piores inimigos da arte original e forte são a licença desordenada, a submissão abjecta [sic], o descuido, a negligencia [sic] e a superficialidade. O ambiente próprio da liberdade vivifica os mais altos ideais de honradez e sinceridade. A criança deve sentir-se apta para buscar em si mesmo algo íntimo para dizer"[35].

Herbert Read[36] conceitua a livre expressão ao definir e distinguir dois tipos de expressão: a instintiva, inata e indireta, equivalente à

---

34. Ana Mae Barbosa aborda o conceito de expressão e autoexpressão elaborados por John Dewey, demonstrando, pela reprodução de um fragmento de texto deste autor, a preocupação em orientar o desenvolvimento infantil: "É comum nas crianças o desejo de se expressarem pelo desenho e pela cor. Se nos limitarmos a deixá-la dar vazão a esse instinto, permitindo que atue sem controle, o desenvolvimento da criança será puramente ocasional. É necessário, mediante crítica, sugestões e perguntas, excitar nela a consciência do que já fez e do que deve fazer", em *John Dewey e o Ensino da Arte no Brasil*, p. 79.
35. A. S. Bagalio, *Teatro de Títeres en la Escuela*, p. 5.
36. *Educação Através da Arte*, p. 19-20.

"disposição"; e a expressão direcionada a um fim, direta e concentrada, reconhecida por Read como sentimento. Em outras palavras, a primeira trata-se de reações impulsivas, instintivas; a segunda seria a expressão elaborada destas atividades reativas desconexas. Estas disposições impulsivas, por serem relativamente indiretas e aparentemente não dirigidas a um objetivo, são chamadas de "expressão livre", as quais podem "dar origem a uma necessidade de expressão muito positiva", no entanto, o autor ressalta em uma antecipação sugestiva, que "expressão 'livre' não quer dizer necessariamente expressão 'artística'". A expressão livre, segundo Herbert Read, era portanto um impulso a ser elaborado, para então promover o efetivo desenvolvimento, num primeiro momento, da criança e depois da sua arte, pois o que estava em jogo nesta concepção era a formação integral da criança e não a sua produção artística. A arte infantil, neste caso, era a ponte para, através dela, atingir a educação.

Este pensamento de uma educação pautada em uma "liberdade" orientada, em elaboração desde as concepções de Rousseau, atravessou o tempo tingindo as ideias de Dewey, adentrando a década de 1940 como representação de um avanço na qualidade da educação infantil, vislumbre de uma formação integral da criança na interseção entre intelecto e sensibilidade. Nos anos de 1970, o mesmo ideal libertário acaba assumindo as vestes do pejorativo *laissez-faire*, formato oportunista de antieducação artística, intencionalmente esvaziada de significado, na qual as crianças eram obrigadas a produzir por produzir, muito comum em nossas escolas durante a década opressora, gerando retrocesso e esvaziamento cultural. A liberdade de expressão perde seu sentido psicológico e artístico para tornar-se um fazer em desatino.

Parte desse quadro se deve à forma de inclusão do ensino de arte na escola. Aquilo que poderia ter sido muito bem aproveitado para a formação dos alunos – no caso muitos alunos, pois o ensino da arte era finalmente declarado obrigatório em todas as escolas, públicas ou privadas – tornara-se aberração. De um dia para outro, num só golpe, as escolas se viam obrigadas a incluir em seu currículo uma disciplina nova – que sequer foi caracterizada como tal, de acordo com o teor da Lei de Diretrizes e Bases responsável por sua imposição – sem qualquer profissional devidamente qualificado para ministrá-la. Não se trata de obra do acaso a inclusão da arte no currículo durante o período de ditadura militar. Em 1966, o Ministério da Educação recebeu o "auxílio" de técnicos da United State Agency for International Development (USAID) para desenvolver o programa educacional brasileiro. Programa este de cunho tecnicista-profissionalizante, apropriado para o "abastecimento" de mão-de-obra para as indústrias (multinacionais) em instalação no Brasil. No rastro deste plano, em 1971, pela LDB 5692/71, instituída em 11 de agosto, impõem-se como obrigatória a educação artística nas escolas, assim como, pela mesma lei, as disciplinas de educação moral e cívica, educação física e programas de saúde, reincidência de um projeto educacional moderno, calcado claramente no controle social pela educação. Mais uma vez a tão debatida equação moderna: arte aliada ao condicionamento físico, higiênico, moral, e cívico da população, em prol de uma sociedade controlável por um poder centralizador, uma educação na qual, em hipótese alguma haveria espaço para a abordagem crítica. A escola da década de 1970 "deveria ser um ambiente a-crítico, processador de um ensino-aprendizagem fragmentado, estereotipado, neutro e que conduzisse à 'repetitividade obsessiva e à obediência'"[37].

Seis anos depois, o relatório sobre o tratamento a ser dado aos componentes curriculares previstos no artigo 7º da Lei nº 5692/71, pela má escolha das palavras, acabou por oficializar o *laissez-faire* típico das aulas de "educação artística" da década de 1970: "Neste quadro, confirma-se a inequívoca importância da educação artística, 'que não é uma matéria, mas uma área bastante generosa e sem contornos fixos, flutuando ao sabor das tendências e dos interesses'"[38].

A livre-expressão defendida nos idos de 1948 ainda respirava os ares das utopias modernistas, apoiando-se em seus pressupostos, equilibrando-se sobre o objetivo definido de uma renovação do ensino da arte, por isso, legítima. Suzana Rodrigues, entusiasta do novo, atenta e envolvida com mudanças de seu contexto "moderno", não deixou, em fala alguma, de reiterar a importância da "livre-expressão", mas da mesma forma não deixou de salientar o valor da figura do professor como orientador em determinados momentos considerados oportunos.

Suzana Rodrigues assegurava a liberdade de expressão da criança, porém respeitando os limites impostos pela observação da natureza, evidenciando reminiscências românticas em sua empostação moderna, ao abrigar na mesma atitude a "imaginação e a observação"[39]. Se a criança cometesse algum "absurdo" em sua representação do natural, era levada a observar o seu modelo e comparando-o com seu feito, chegar à constatação de seu "erro". Sua livre-expressão era contida pelo limite da observação da natureza, próxima à concepção de John Dewey. Próxima também do texto do programa pedagógico para os jardins de infância e escolas primárias de Fernando de Azevedo: "em vez de corrigir-lhe a expressão, guiá-la [a criança] nas observações [...]. O professor chamará a atenção para as desproporções [...] para que o aluno vá aprendendo a comparar grandezas e

---

37. S. Benedetti, *Arte e Transformações na Cultura Escolar*, p. 28.
38. CEPSG, Sobre o Tratamento a Ser Dado aos Componentes Curriculares Previstos no Artigo 7º da Lei n. 5692/71, Parecer CFE n. 540/77.
39. Ana Mae Barbosa afirma que o ensino da arte movido pela relação dialógica entre imaginação e observação tem como inspiração o romantismo. Ver *John Dewey e o Ensino da Arte no Brasil*, p. 83.

possa ele próprio corrigir-se em futuros trabalhos"[40]. Indo mais longe, até a raiz destes conceitos, próxima às preocupações de Jean Jacques Rousseau quanto ao cuidado em estabelecer limites à liberdade do aprendiz, para desenvolver-lhe a responsabilidade, mantendo-o atento aos ensinamentos da natureza, mas sempre com muita discrição. Para Suzana Rodrigues "o professor deve falar o mínimo possível, se ele puder ser mudo melhor". A interferência se estabelece em momentos decisivos, ao perceber a atitude repetitiva da criança ou ao notar o seu distanciamento dos modelos naturais:

claro que se uma criança estiver desenhando uma figura humana com oito dedos, seis dedos, o papel do professor é chegar muito habilmente e dizer: opa! Vamos olhar nossa mãozinha, põe sua mãozinha aqui e vamos contar um, dois, três, quatro, cinco e lá quanto é que tem? Vamos contar quanto tem. Então cá está errado, não pode ser seis. E assim dessa maneira você vai induzindo uma criança a observar melhor, a fazer melhor, copiar melhor, reproduzir melhor, ela está aprendendo a entender que não é como ela quer às vezes precisa ser como é: uma mão, cinco dedos[41].

Em declarações recentes, Suzana Rodrigues ainda defendeu a ideia de dar livre abertura às manifestações artísticas da criança, provendo-a de um ambiente que "faça valer sua personalidade", mas com orientações expressas por um diálogo democrático, uma "troca de ideias". Pois às vezes "não é como ela quer às vezes precisa ser como é". A liberdade deve ser respeitada, no entanto limitada pela orientação e responsabilidade, distante do degradado, *laissez-faire*, que tanto contribuiu para a fragilidade do ensino da arte.

A LIBERDADE NO MUSEU: ATIVIDADES DO CLUB INFANTIL DE ARTE

O plano de curso do Club Infantil de Arte[42] foi assunto em 1 de abril de 1948, do jornal *O Diário da Noite*, cuja matéria destacava o caráter abrangente do plano quanto ao público almejado. Abaixo do título vinha a seguinte chamada: "Suzana Rodrigues elaborou interessante plano, que abrangerá todas as crianças de S. Paulo, das praças públicas, dos asilos, dos hospitais"[43].

O programa elaborado por Suzana Rodrigues para o Club Infantil de Arte mostrava-se como extensão dos seus ideais e de trabalhos anteriores com teatro de bonecos, enfatizando a produção coletiva do teatro de bonecos e a "liberdade" expressiva de cada criança. Dividia-se

---

40. F. de Azevedo apud A. M. Barbosa, *John Dewey e o Ensino da Arte no Brasil*, p. 163.
41. S. Rodrigues, Entrevista Concedida a Rita Bredariolli.
42. S. Rodrigues, *Plano de Trabalho para o "Clube Infantil de Arte"*.
43. Trabalhará no Programa Educacional Mantido com Êxito pelo Museu de Arte, *Diário da Noite*.

em duas partes chamadas de Plano A e Plano B. A criação de histórias, modelagem dos personagens, confecção de figurinos, desenhos para cenários, representação de histórias e desenho livre, bem como o projeto de um "trabalho externo", voltado para apresentações em "praças públicas e jardins de bairros populosos da cidade, interessando e arregimentando as crianças para o Club", faziam parte do Plano A. Concluindo as atividades componentes deste segmento do programa, Suzana Rodrigues planejou uma "síntese do trabalho geral, com vistas ao 'Museu de Arte'", propondo a inserção das produções infantis ao acervo do Museu, nestas palavras: "seleção de desenhos, figurinos e cenários, cabeças modeladas e histórias para figurarem nas coleções infantis do 'M. de. A.'".

O Plano B era reservado a "outras atividades" pensadas no intercâmbio entre o museu, hospitais e asilos de crianças. Na descrição dos seis itens integrantes desta parte identificamos os princípios do que mais tarde se tornaria a "Binquedoterapia"[44]. O item "a" propunha ao Museu a organização de visitas para crianças, quando ofereceria a elas "audições de música, possibilidades (materiais e meios) para desenhar, modelar, confeccionar figurinos e improvisar histórias no teatrinho". Esta ideia inicial não foi concluída totalmente, houve alterações, explicadas pela própria Suzana Rodrigues, justificando que a ida ao "museu, é para passear não para desenhar. Se quiser desenhar tudo bem, mas não é uma coisa que tenha que fazer. Para ela mais agradável é passear, então eu suspendi esse negócio!"[45].

Continuando, Suzana Rodrigues expõe no quarto item seu desígnio de criar "a possibilidade de incentivar os 'brinquedos em equipe' com grupos de crianças frequentadoras", reiterando que será considerada a "imaginação criadora da criança na confecção destes brinquedos". Nos dois últimos itens fica estabelecido como objetivo, o intercâmbio entre o Museu de Arte de São Paulo e os hospitais. O plano encarregava o Museu pela procura por crianças hospitalizadas, "oferecendo-lhes pequenos 'Teatros de títeres' próprios para funcionar em leitos", as crianças mais próximas da cura divertiriam as mais doentes. Estas seriam instruídas para confeccionar pequenos "teatros de sombra" e outros "divertimentos próprios". Além deste trabalho com os bonecos, Suzana Rodrigues planejou atividades plásticas, determinando a distribuição de grande quantidade de papel e tinta para que as crianças desenhassem "livremente", incluindo também como parte desta atividade, pequenas "exposições ambulantes nos

---

44. Paralelamente às atividades no Museu de Arte de São Paulo, Suzana Rodrigues desenvolvia o trabalho em hospitais e asilos. No final da década de 1940 esta iniciativa ganhou notoriedade e conquistou sua identidade, ao ser apelidada "Brinquedoterapia", nome criado pelo Dr. Enéias Aguiar de Carvalho, médico do hospital das Clínicas de São Paulo.

45. S. Rodrigues, Entrevista Concedida a Rita Bredariolli.

hospitais, constando de gravuras, desenhos, pinturas" que pudessem despertar interesse nas crianças. Finalizando o Plano B, a sugestão de instituir prêmios para as crianças que apresentassem "opiniões mais interessantes sobre essas mostras" para aquelas que escrevessem "historias [sic] mais interessantes" e para as que modelassem "personagens mais curiosos".

Rememorando o ambiente do Club Infantil de Arte, Suzana Rodrigues nos contou que o início de seu trabalho acontecia em uma antessala, chamada Sala Suja, onde as crianças pintavam sem qualquer intervenção em grandes papéis estendidos, presos sobre as paredes, usando tintas naturais e comestíveis "feitas com frutas, era com a mão que elas desenhavam, fazia aquele embaralhado de beterraba com laranja, com espinafre, tudo que desse cor de uma forma natural, se libertando"[46].

A criança passava algum tempo apenas experimentando o material. Depois cansava-se da monotonia da atividade e começava, por ela mesma, a elaborar um desenho. Neste momento, era conduzida para uma outra sala. Primeiro "faziam aquela bobagem na sala suja", depois iam para "o trabalho na outra sala, de atuação, de trabalho, de ocupação pessoal de cada um"[47].

A Sala Suja era uma espécie de método usado em instituições inglesas voltadas ao tratamento de jovens "delinquentes". Ibiapaba Martins ao redigir um artigo[48] sobre o trabalho realizado por Suzana Rodrigues em asilos e hospitais da cidade de São Paulo, menciona esta atividade, usando-a como introdução ao seu artigo. Seu texto foi baseado em uma publicação da Unesco, o *El Correo* do mês de fevereiro de 1950, que divulgou tal experiência apontando a eficácia deste "método" no tratamento de jovens agressivos. O artigo demonstrava que a passagem pela Sala Suja, auxiliava a liberação da agressividade contida, dando "vasão à raiva primitiva", liberando "seus pesadelos, temores e sonhos". Assim como as crianças do Club Infantil de Arte, após esse exercício de "liberação", os jovens eram levados para a "sala da calma e da limpeza", onde praticariam ações mais organizadas e construtivas. "Então, curam-se!". Por todo o conteúdo do texto, sintetizado por esta última expressão, este jornalista e crítico de arte configura a ideologia predominante de sua época, responsável pela condução do ensino da arte, vista, então, como um tratamento contra os males do espírito.

Suzana Rodrigues, atenta a seu contexto, movida pelos conceitos modernos de educação, inseriu a experiência da Sala Suja entre as atividades do Club Infantil de Arte, inicialmente desenvolvidas a partir da produção do teatro de marionetes, estendendo-se pouco a pouco

---

46. Idem.
47. Idem, ibidem.
48. I. Martins, *O Direito da Criança à Creação Artística*.

para as outras artes. Poesias de Cecília Meireles, Garcia Lorca eram fonte de leitura assim como "as aventura de Dom Quixote, as tramas de Shakeaspeare". Audição das músicas de Villa-Lobos outro complemento da formação das crianças frequentadoras do Club Infantil de Arte. As crianças eram divididas em grupos, cada qual responsável por uma tarefa, isso era "essencial". Alguns produziam o enredo, outros o cenário, figurino, e modelagem das cabeças dos bonecos, sempre sob orientação "segura e razoável, porém de absoluta discrição". Cada qual contribuindo com sua parte para a realização de um único trabalho coletivo. Esta atividade, assim realizada, segundo Suzana Rodrigues, desenvolveria nas crianças habilidades importantes para o bom relacionamento social:

As crianças que assim trabalharem [...] adquirirão desembaraço, perdendo a timidez habitual, que é muitas vezes um empecilho e um complexo, desenvolverão o seu espírito criador, o que lhes dará rapidez e amplitude ao raciocínio; adquirirão a noção de responsabilidade, pela pública mostra de seu trabalho. Finalmente essa organização do desenvolvimento estará silenciosamente [...] provendo a adaptação da criança para a vida, rápida e eficientemente[49].

O trabalho coletivo era bastante apreciado por Suzana Rodrigues, pois era compreendido como um exercício de responsabilidade. Outra atividade em grupo realizada no Club Infantil de Arte, indispensável em um atelier moderno, era o uso de grandes pedaços de papel como suporte para desenho e pinturas. Suzana Rodrigues lembrou destes trabalhos, atribuindo a eles especial importância pelo caráter coletivo. "Sempre em equipe, nunca individualizado, sempre em equipe", as crianças pintavam e desenhavam sentadas ao chão ou em pé, quando os papéis eram fixados à parede. Era uma "organização coletiva, todos trabalhavam para um fim comum, um desenho só"[50]. Um pouco triste, receou a perda destes "grandes rolos de papel", afinal somente "gente muito especializada" para entender como "coisa preciosa" aqueles grandes papéis enrolados.

A responsabilidade e a autonomia eram também exercitadas pela apresentação pública das peças criadas pelas crianças e pela organização de exposições de suas produções plásticas e gráficas. Ao buscar estes dois objetivos, Suzana Rodrigues estimulava os alunos a refletir sobre seus próprios trabalhos e os de seus colegas, declarando sua "preferência por submeter os trabalhos das crianças a outras crianças, [pois as considera] excelentes críticas"[51]. Advertiu, no entanto, que este tipo de atividade somente era possível depois de algum tempo de trabalho.

---

49. O Verdadeiro Teatro Infantil é a Adaptação da Criança para a Vida, *O Dia*.
50. Entrevista Concedida a Rita Bredariolli.
51. Idem.

O procedimento metodológico usado para o exercício do julgamento crítico das crianças iniciava-se com a escolha de trabalhos para a montagem de uma exposição, "inclusive com as próprias crianças, eles gostam de escolher". Os trabalhos ficariam dispostos em uma parede "na altura deles para poderem olhar bem". As crianças seriam motivadas a olhar os trabalhos expostos e a debater sobre as escolhas até chegarem a um resultado satisfatório. Depois, passeavam pelas obras e emitiam seus comentários.

Desta forma as crianças acabavam também por compreender os procedimentos de preparação de exposições, iguais àquelas com as quais conviviam no cotidiano do Museu de Arte de São Paulo: "Participávamos de todos os eventos, inclusive tínhamos acesso às fases preparatórias [...] As crianças adoravam participar de montagens de exposições, sobretudo a de artistas mais próximos de seu universo"[52].

Os alunos do Club Infantil de Arte, além de participar das montagens e visitar com frequência o acervo do Museu, sendo todas as "novas aquisições batizadas pelas visitas, comentários e perguntas das crianças", mantinham contato com "todos os artistas que faziam exposições no Masp [...] tanto nos espaços da mostra como no atelier".

Suzana Rodrigues expôs os benefícios e facilidades decorrentes da integração entre o Museu de Arte de São Paulo e o Club Infantil de Arte para a conclusão de um processo de aprendizagem[53]. Conhecendo os "bastidores" do museu a criança entraria em contato com a "realidade do cotidiano" desta instituição e ao conviver com a preparação de "vernissages, a limpeza das salas, a chegada de caixas", observariam todo "o processo de organização e respeito pelas obras de arte"[54].

Pelos relatos colhidos, concluímos que o acesso das crianças às mostras e acervo eram em certos momentos monitorados por Suzana ou pelos monitores do Museu; outras vezes as crianças eram deixadas livres para visitar as obras de acordo com seus interesses.

O tipo de atividade pretendida determinava a qualidade da visita. Mas, havia um passeio constante. De "quinze em quinze dias, de vinte em vinte dias", as crianças eram levadas por Suzana Rodrigues "a um passeio pela pinacoteca". Durante o percurso alguns só olhavam, outros começavam a desenhar usando a obra como contraponto ao seu trabalho, descobrindo, por comparação, que suas produções não eram uma "porcaria". O quadro mais apreciado era "aquelas duas meninas de Renoir"[55].

O contato com os artistas era um evento comum para as crianças do Club Infantil de Arte. Em algumas ocasiões de forma espontâ-

---

52. S. Rodrigues, *Depoimento de Suzana Rodrigues sobre o Clube Infantil de Arte do Museu de Arte de São Paulo*.
53. Idem.
54. Idem, ibidem.
55. Entrevista Concedida a Rita Bredariolli.

nea, outras por iniciativa do Museu. Suzana Rodrigues citou alguns encontros com artistas como Lasar Segall, Maria Martins, Teresa D'Amico e Sambonet, promovidos como atividades complementares do Club Infantil de Arte, como a de maior sucesso entre as crianças, lembrou a visita de Alexander Calder[56].

O Museu era um estímulo constante para aquelas crianças e Suzana Rodrigues, contradizendo, um dos lugares comuns da retórica modernista[57] (talvez os modernistas não sejam tão modernistas quanto pensamos), reconheceu o "quanto o fazer integrado ao conhecer gerava um genuíno interesse. Quanto um vermelho de Renoir podia ser apreendido por aquelas crianças que estavam sendo estimuladas a se expressar livremente. A convivência com obras de arte da maior expressão cultural ao invés de inibir propiciava o diálogo, a troca de ideias, e enriquecia o processo criador"[58].

Liberdade, respeito e responsabilidade eram palavras insistentemente mencionadas por Suzana Rodrigues, conformando seu discurso sobre arte e educação, o qual denotava a criança como "símbolo da semente do futuro", dotada de "ingenuidade e pureza". A ela deveria ser propiciado um ambiente adequado, para poder, com absoluta liberdade, liberar todas as suas emoções, pois reprimidas, poderiam se "reverter em agressividade". Neste processo de autoconhecimento, a partir do "descobrir-fazendo", por seus "próprios interesses", o reconhecimento do outro e o desenvolvimento da noção de responsabilidade individual em relação ao grupo, seriam estimulados. As atividades realizadas em "equipe [...] sempre em equipe [...] em uma organização coletiva", nas quais todos trabalham para um fim comum, também contribuiriam para a compreensão do "valor do trabalho integrado para um resultado social". Por meio desta "formação cultural com espírito de fraternidade", seria alcançada a "elevação do espírito humano através dos tempos", proporcionando "rápida e eficientemente", a formação de um adulto apto à integrar a vida em sociedade, o qual, pelo despertar de seu interesse por sua identidade cultural, seria levado a "amar o mundo". A arte "não se ensina se expressa", a criança deveria por si só inventar ou descobrir. O seu orientador deveria interferir somente em situações extremas, ao notar uma ação repetitiva ou uma criação "absurda", como uma "mão com seis dedos", por exemplo. Esta interferência deveria

56. *Depoimento de Suzana Rodrigues sobre o Clube Infantil de Arte do Museu de Arte de São Paulo.*
57. H. Read também defendeu o contato das crianças com as obras de artistas "maduros", antigos e modernos, alertando, entretanto, que os trabalhos infantis, de igual forma, são merecedores de respeito, devendo ser expostos em locais apropriados, emoldurados de maneira cuidadosa, assim tratados tornariam-se o melhor adorno para o ambiente escolar. *Educação Através da Arte*, p. 331.
58. S. Rodrigues, *Depoimento de Suzana Rodrigues sobre o Clube Infantil de Arte do Museu de Arte de São Paulo.*

ser feita com muitíssimo cuidado e discrição, vinculada à primazia da "valorização do [...] pensar" da criança e do respeito da "integridade do seu processo real de desenvolvimento".

Estes trechos do discurso de Suzana Rodrigues apresentam uma tendência educacional que tinha pela arte especial apreço, não por sua linguagem ou valor estético, mas como caminho de formação de uma nova sociedade, como instrumento da utopia. Nesta coletânea do pensamento de Suzana Rodrigues, podemos reconhecer a fala de Jean Jacques Rousseau, John Dewey e Jean Ovide Decroly; as pesquisas da psicologia e da pedagogia do final do século XIX e início do XX; o projeto moderno de ordenação social; o desejo modernista dos anos de 1920 e 1930 pela conquista de uma identidade cultural nacional; ou ainda o reflexo do discurso da arte como meio de educação para a paz entre os povos, difundido no Pós-Segunda Guerra, entre outros, pelo programa de ensino da arte da Unesco, sendo um de seus teóricos, Herbert Read, principal responsável pela introdução e divulgação da livre-expressão no Brasil.

Nas declarações e ações de Suzana Rodrigues podemos identificar os tempos ainda utópicos, da primeira metade do século XX, quando o homem moderno, encantado pela ciência, descobre a infância e a liberdade de expressão, amostra dos "mistérios" mais íntimos do ser humano. Esta "relíquia" deveria ser preservada e estimulada, pois significava a possibilidade de conservação da crença moderna num futuro promissor. Na criança estavam depositadas as esperanças de concretização deste futuro, por isso a necessidade de investimentos em sua plena formação, preservando o seu desenvolvimento natural das coerções externas que pudessem vir a macular a aspiração por um mundo melhor:

> Não podemos exigir da criança mais do que ela pode nos dar, assim, o respeito e o acatamento a toda a manifestação da sua personalidade, deve ser o nosso principal cuidado. Devemos compreender que todo o desenho produzido livremente por uma criança é antes de mais nada um retrato da sua alma, uma descarga das suas emoções. Antes de julgá-lo pela perfeição de suas formas, devemos analisá-lo pela sua expontaneidade[59].

SUGESTÕES DE PESQUISA

Muitas pesquisas sobre ensino da arte ainda estão para ser realizadas nos arquivos dos museus brasileiros. Além dos paulistas, outros se preocuparam com a educação artística de seu público como por exemplo, o Museu Nacional de Belas Artes no Rio de Janeiro, um dos modelos para Assis Chateaubriand. Sobre o trabalho de Suzana Rodrigues e outros modernistas que se voltaram para a educação, como Anita Malfatti, Mário de Andrade, Hebe de Carvalho e tantos

---

59. S. Rodrigues, *A Criança e o Desenho*.

outros também há muito material ainda a ser levantado e estudado. O interesse dos artistas, intelectuais e educadores modernos pelos desenhos das crianças, primitivos e loucos, apesar de sugerir um certo desgaste de tema, deveria ainda ser estudado com maior afinco. Muitos temas de pesquisa podem ser desdobrados da relação entre arte, educação, museus e modernidade brasileira, é um vasto e ainda pouco desbravado campo de estudo, assim como o é a história do ensino da arte no Brasil, terreno fértil à espera de novas araduras.

BIBLIOGRAFIA

A CRIANÇA no Museu. *O Diário de São Paulo*, São Paulo, 9 jul. 1950. Suplemento. Arquivo da Biblioteca do Museu de Arte de São Paulo, Masp.
ALCÂNTARA, Pedro de. Ensaio de Psychologia e de Pedagogia do Desenho Infantil. *Rumo*, Rio de Janeiro, n. 5-6, set/out. 1933.
ANDRADE, Mário de. Pintura Infantil. *Diário Nacional*. São Paulo, 22 nov. 1930. Instituto de Estudos Brasileiros (IEB), Arquivo Anita Malfatti, n. 138, (Série Recortes).
ANUÁRIO DO MUSEU NACIONAL DE BELAS ARTES: exposição de desenhos de escolares da Grã-Bretanha. Prefácio de Herbert Read. Rio de Janeiro: Imprensa Nacional, 1943.
BAGALIO, Alfredo S. *Teatro de Títeres en la Escuela*. 3. ed. Buenos Aires: Editorial Kapeluz & Cia, 1948.
BARBOSA, Ana Mae. *John Dewey e o Ensino da Arte no Brasil*. 3 ed. rev. e amp. São Paulo: Cortez, 2001.
_____. Para que História?. *Revista AR'TE*. São Paulo: Max Limonade, edição especial, n. 6, 1983.
BARDI, Lina Bo. Função Social do Museu. *Habitat*, São Paulo, n. 1, out.-dez. 1950.
BENEDETTI, Sandra C. Gorni. *Arte e Transformações na Cultura Escolar*. Dissertação de mestrado, São Paulo: ECA-USP, 2001.
BINNI, Lanfranco; PINNA, Giovanni. *Museo, storia e funzioni di una macchina culturale dal '500 a oggi*. Milano: Garganti, 1980.
BRAUSCHVIG, Marcel. *El art y el niño*: ensayo sobre la educación estética. Tradução de P. Blanco Suarez. 3. ed. Madrid: Daniel Jorro, 1914.
CARVALHO, Flávio de. Crianças-Artistas, Doidos-Artistas. *Rumo*, Rio de Janeiro, n. 5-6, set/out. 1933.
CEPSG. Sobre o tratamento a ser dado aos componentes curriculares previstos no artigo 7º da Lei n. 5692/71. Parecer CFE n. 540/77. Relator: Edília Coelho Garcia. 10 fev. 1977.
COUTINHO, Rejane G. *A Coleção de Desenhos Infantis do Acervo Mário de Andrade*. Tese de doutorado, São Paulo: ECA-USP, 2002.
_____. *Sylvio Rabello e o Desenho Infantil*. Dissertação de mestrado, São Paulo: ECA-USP, 1997.
ESPLENDIDA Conquista do Espírito Coletivo: o Museu Vivo que abriu suas portas ao Povo de São Paulo. *O Diário de São Paulo*, São Paulo, 3 out. 1947 2ª. seção.
EXPOSIÇÃO DE DESENHOS de Escolares da Grã Bretanha. Catálogo de exposição. Prefácio de Herbert Read, 1941-1942.

FINEBERG, Jonathan. The Innocent Eye. *Artnews*, New York, abr. 1995.

MALFATTI, Anita. Mostrando às Crianças os Caminhos para a Sua Formação Artística. *Correio da Tarde*. São Paulo, 1 dez. 1930. Instituto de Estudos Brasileiros, IEB, Arquivo Anita Malfatti, n. 16, (Série Recortes).

MARTINS, Ibiapaba. *O Direito da Criança à Creação Artística*. [S.l:s.n.]. Acervo pessoal de Suzana Rodrigues.

MEIRELES, Cecília. Desenho de Crianças Inglesas. In: _____. *Crônicas de Educação*, organização de Leodegário A. de. AZEVEDO FILHO. Rio de Janeiro: Nova Fronteira/Fundação Biblioteca Nacional, 2001, v. 5.

O LABORATÓRIO EXPERIMENTAL de Pedagogia Experimental. São Paulo: Typ. Siqueira/ Nagel & Comp, 1914.

O MUSEU como Era. *Diário de São Paulo*, São Paulo, 9 jul. 1950, suplemento.

O VERDADEIRO TEATRO Infantil é a Adaptação da Criança para a Vida. *O Dia*, São Paulo, 14 abr. 1948. [s.n.t.]. Arquivo da Biblioteca do Museu de Arte de São Paulo, Masp.

PEDROSA, Sebastião G. *The Influence of English Art Education upon Brazilian Art Education from 1941*. Tese de doutorado, Birmighan: Birmighan Institute of Art and Design, University of Central England in Birmighan, (em colaboração com a USP), 1993.

READ, Herbert. *Educação Através da Arte*. São Paulo: Martins Fontes, 2001.

RODRIGUES, Suzana. A Criança e o Desenho. Acervo Pessoal de Suzana Rodrigues, recorte de revista. (entre 1945 e 1949).

_____. Anita Malfatti: a grande pintora brasileira. *O Diário de São Paulo*, São Paulo, 7 jun. 1963, Página A. Instituto de Estudos Brasileiros, IEB. Arquivo Anita Malfatti, n. 446, (Série Recortes).

_____. Entrevista Concedida a Rita Bredariolli. São Paulo, 27 jan. 2002.

_____. Depoimento de Suzana Rodrigues sobre o Clube Infantil de Arte do Museu de Arte de São Paulo, jul. 1990. Texto datiloscrito. Acervo pessoal de Suzana Rodrigues.

_____. Depoimento Concedido a Rita Bredariolli. Depoimento enviado por carta. Rio de Janeiro, 2001.

_____. Plano de Trabalho para o "Clube Infantil de Arte". São Paulo, 18 mar. 1948. Texto datiloscrito. Arquivo da Biblioteca do Museu de Arte de São Paulo, Masp.

SILVA, Arlindo. Monitores para o Museu de Arte. *O Cruzeiro*, 20 set. 1947.

TRABALHARÁ NO PROGRAMA Educacional Mantido com Êxito pelo Museu de Arte. *Diário da Noite*, São Paulo, 1 abr. 1948. Arquivo da Biblioteca do Museu de Arte de São Paulo, Masp.

9. Movimento Escolinhas de Arte

em cena memórias de Noêmia Varela e Ana Mae Barbosa

Fernando Antônio Gonçalves de Azevedo

> *A memória é poder de organização de um todo a partir de um fragmento.*
> GILBERT DURAND

A trilha percorrida para a construção deste trabalho de pesquisa, aqui transformado em artigo, foi a da história – história da arte/educação no Brasil – e o atalho, descontínuo e prazeroso, da memória de arte/educadoras sobre o Movimento Escolinhas de Arte (MEA). Tal compreensão de história se apoia na seguinte afirmação de Marilena Chaui: "a história é descontínua e não progressiva, cada sociedade tem sua história própria em vez de ser apenas uma etapa numa história universal das civilizações"[1].

Em *Memória e Sociedade*, de Ecléa Bosi, encontrei a compreensão de história como memória que estabeleci como base para a interpretação das entrevistas: "Nosso interesse está no que foi lembrado, no que foi escolhido para perpetuar-se na história de sua vida. Recolhi aquela evocação em disciplina que chamei de memória trabalho"[2].

Ao entendimento de Bosi sobre a memória e ao de Chauí sobre história, articulei o que destaca António Nóvoa: "não é possível separar o eu pessoal do eu profissional, sobretudo numa profissão fortemente impregnada de valores e ideais e muito exigente do ponto de vista do empenhamento e da relação humana"[3]. Neste sentido destaca Nóvoa que

---

1. *Convite à Filosofia*, p. 50.
2. *Memória e Sociedade*, p. 37.
3. *Vidas de Professores*, p. 9.

a identidade não é um dado adquirido, não é uma propriedade, não é um produto. A identidade é um lugar de lutas e de conflitos, é um espaço de construção de maneiras de ser e estar na profissão. Por isso, é mais adequado falar em processo identitário, realçando a mecha dinâmica que caracteriza a maneira como cada um se sente e se diz professor[4].

A aventura, em seu sentido mais profundo, só se tornou possível através das entrevistas concedidas – memórias vivas – por dois marcos da arte/educação de nosso país: Noêmia de Araújo Varela e Ana Mae Barbosa. Parto do princípio de que é necessário ao arte/educador se reconhecer como sujeito histórico de uma minoria, no coletivo dos educadores, por compreender que o olhar histórico centra-se no hoje e revisita o passado pela via dos fragmentos da memória das personagens escolhidas. Isso pode contribuir para se reinventar o presente de maneira mais reflexiva e crítica diante do desafio ensinar/aprender/ensinar arte no contexto do mundo em que vivemos, caracterizado por intensas transformações científicas, tecnológicas, políticas, artísticas e culturais.

A metáfora é a de um caminho histórico percorrido e a percorrer, inventado e reinventado constantemente. Caminho que por ser histórico não é homogêneo e linear, mas múltiplo, heterogêneo e contraditório, cheio de altos e baixos, atalhos, trilhas, obstáculos e desafios. Caminho complexo que exige ser compreendido em, pelo menos, alguns aspectos de sua multidimensionalidade.

Um outro aspecto a destacar é o fato de que eu próprio como pesquisador já possuía laços estabelecidos com essa história e, para justificar tal envolvimento, cito Walter Benjamin em seu famoso texto, "O Narrador", pois não acredito em neutralidade na pesquisa e sim em desejo de conhecer melhor um determinado acontecimento, ou seja, contextos de sua complexidade. Diz Benjamin sobre o narrador: "a sua marca pessoal revela-se nitidamente na narrativa, pelo menos como relator, se não como alguém que tenha sido diretamente envolvido nas circunstâncias apresentadas"[5].

Lembro que um trabalho de pesquisa, por mais que se estabeleçam suportes teóricos, constitui-se em um ângulo de visão, uma forma peculiar de perceber, olhar, organizar e recriar um ponto de vista que é permeado de marcas subjetivas, pois envolve interpretação, hermenêutica, invenção e imaginação.

Um último destaque desta introdução é o motivo que desencadeou o desejo de pesquisar o MEA, aqui colocado em síntese reinventiva.

No ano de 1987 acontecia em Brasília o II Encontro Latino-Americano de Arte/Educadores articulado ao I Festival Latino-Americano de Arte e Cultura (I FLAAC). O encontro foi coordenado pela professora Laís Aderne e nele aconteceu a cena que motivou este trabalho de pesquisa.

4. Idem, p. 16.
5. O Narrador, em W. Benjamin, *Textos Escolhidos*, p. 69.

São minhas experiências de arte/educador que devo narrar a partir deste momento, e por isso recorro à memória e ao imaginário como possibilidade de dar sentido ao presente.

Comecei minha vida profissional trabalhando em uma escola pública estadual localizada no Alto do Mandú, no bairro de Casa Amarela, um dos mais populosos da cidade do Recife. Essa escola atendia uma clientela de baixa renda.

A experiência construída na Escola São Miguel foi de caráter polivalente, pois predominava a proposta tecnicista dos anos de 1970. Em arte/educação, a ênfase era nas técnicas, transformando cada aula em um acontecimento único e sem ligação com outro.

Mais tarde, nos anos de 1980, aos poucos foi nascendo em mim um desejo de aprimorar minha prática pedagógica, tentando compreender melhor o papel do arte/educador no processo educativo. Foi então que busquei a Anarte (Associação Nordestina de Arte/ Educadores), encontrando outros profissionais que desejavam também atualizar e fundamentar suas teorias e práticas pedagógicas.

O contato com outros arte/educadores, através da associação, possibilitou minha participação no I FLAAC, em 1987, e durante a programação do festival, assisti à marcante cena que mudou os rumos de minha vida profissional instigada pela necessidade de aperfeiçoar meus saberes estéticos e artísticos.

Tudo começou quando Noêmia Varela interrompeu uma palestra de Ana Mae, provocando uma discussão histórica – acalorada – entre ambas. Essa discussão, do meu ponto de vista, é extremamente representativa da transição entre a proposta de arte/educação modernista e a pós-modernista. Mas só hoje compreendo que esse embate pode ser considerado uma metáfora dos trânsitos entre a concepção de arte/ educação modernista e a pós-modernista.

Algumas informações acerca do contexto em que aconteceu o encontro histórico lançam *flashes* reveladores sobre certos aspectos políticos, ideológicos e conceituais, que permeiam a cena da discussão.

Laís Aderne, na qualidade de membro da equipe que organizou o I FLAAC, publicou um artigo que ajuda na contextualização da cena. Esse artigo foi publicado, como encarte, no jornal *Fazendo Artes*, da Funarte. Ele convida o leitor a pensar sobre a conjuntura política educacional brasileira nos anos de 1980, e mais especificamente fala sobre questões cruciais enfrentadas pelos arte/educadores naquele momento[6].

Apesar de a palavra tendência constar nesse artigo no singular, o acontecer da cena, no entanto, revelava a busca de demarcação territorial, de fronteiras existentes entre um modo e outro de compreender a arte/educação (transição entre a tendência modernista e a tendência

---

6. Espaço Nacional das Associações: tendência da arte-educação no país em 1987, *Fazendo Artes*, n. 2.

pós-modernista). Enfatizo a seguir o que afirma a autora em sua reflexão sobre o ano de 1987:

O ano começa com a notícia bomba que foi para nós a resolução 06/86 e o parecer 785 do Conselho Federal de Educação. Documentos sofismáticos que camuflam um retorno à velha filosofia do ler, escrever e contar, considerando que nossas crianças chegam semianalfabetas às Universidades, porque perdem tempo com a ecologia, história em quadrinhos, cinema ou mesmo aprendendo o que vem a ser uma catedral gótica[7].

Os documentos oficiais, resolução 06/86 e o parecer 785, provocaram a indignação e a crítica dos arte/educadores já organizados, naquela ocasião, em algumas associações ao longo do território nacional (Aesp – São Paulo; Anae – Roraima; Amarte – Minas Gerais; Anarte – regional Nordeste).

As associações elaboraram documentos contra-argumentando a posição imposta pelo Conselho Federal de Educação (CFE), defendendo a importância da arte-educação, e tais documentos reivindicatórios sequer foram respondidos pelo conselho. Assim realça Laís Aderne:

um outro documento, síntese de todos os anteriores para ser encaminhado ao Conselho Federal de Educação e como a resposta não vem, começa-se a trabalhar para o futuro, elaborando material para a nova constituição brasileira a partir de toda a documentação anterior: Manifesto de Diamantina[8], Carta de São João Del Rei[9], documentos da Aesp – São Paulo, da Anarte – Nordeste, Anae – Roraima, Encontro de associações e Funarte – Rio de Janeiro. Esse documento teve a participação de representantes de São Paulo, Amazonas, Rio Grande do Sul, Rio de Janeiro e Distrito Federal, englobando 29 entidades de classe da área de arte-educação, cultura e esportes. Sua elaboração foi presidida pelo deputado Hermes Zanetti que vinha acompanhando essa trajetória de luta[10].

Nesse contexto aconteceu o II Encontro Latino-Americano de Arte/Educadores, como parte do I Festival Latino-Americano de Arte e Cultura, reunindo, em Brasília, cerca de 1,5 mil arte/educadores do Brasil inteiro, entre os dias 13 e 25 de setembro de 1987.

Além do destaque para o Brasil, que se fez representar, entre outros, pelas arte/educadoras Ana Mae Barbosa, Noêmia Varela, Laís Aderne, Ivone Richter, também estiveram presentes ao encontro representantes dos seguintes países: Argentina – Néstor García Canclini

---

7. Idem, p. 3.
8. Documento elaborado e aprovado durante o encontro de arte/educação realizado em Diamantina (MG) em julho de 1985. Este encontro aconteceu durante o 17º Festival de Inverno da UFMG, após amplos debates que detectaram questões cruciais da arte em seus vários desdobramentos, em suas relações com a sociedade e em sua fundamental importância no processo de desenvolvimento nacional.
9. Elaborada no segundo encontro nacional de arte-educação realizado em São João Del Rei (MG). O encontro aconteceu entre os dias 7 e 10 de julho de 1986 na programação do 18º Festival de Inverno da UFMG.
10. Espaço Nacional das Associações..., op. cit., p. 3.

e Victor Kohn; México – Suzane Alexander; Paraguai – Olga Blinder; Peru – Manoel Pantigoso; Uruguai – Salomon Azar.

Laís Aderne considera dois aspectos importantes do encontro a destacar: primeiro, ele reuniu quase que a totalidade dos membros do Conselho Latino-Americano de Arte/Educadores (CLEA); segundo, as mesas especiais foram importantes para repensar a teoria e a prática da arte/educação no sentido de proposta política de não negar as dimensões estética e artística na formação das novas gerações. Participaram delas os seguintes países: Cuba, México, Equador, Venezuela, Colômbia, Chile, Peru, Paraguai, Argentina e Uruguai.

Para muitos dos arte/educadores presentes, esse foi o início da busca de novas propostas pedagógicas, porque tal encontro possibilitou uma espécie de mergulho profundo e intenso, do ponto de vista conceitual e político, no universo da arte/educação. Além disso, sua própria estrutura permitiu um contato com a produção artística latino-americana (em todas as linguagens), deflagrando a discussão sobre a arte, estética e ética, na situação dialética entre opressão *versus* resistência que vivia (e ainda vive) a América Latina em relação aos países considerados centrais. Com sensibilidade, Laís Aderne afirma:

> Desse "encontro marcado para sempre" fica um incrível acervo a partir dos pronunciamentos dos convidados especiais como: Néstor García Canclini, Suzane Alezander, Olga Blinder, Fayga Ostrower, Ana Mae Barbosa, Noêmia Varela, Manoel Pantigoso, Salomon Azar, Victor Kon[11].

Por essas razões, o II Encontro Latino-Americano de Arte/Educadores foi um marco histórico político e conceitual, à medida que se delineava a reorganização da sociedade civil, associada à crítica ao sistema que se implantou no Brasil a partir de 1964. Dessa maneira, formatava-se o processo de abertura política, permitindo à educação uma revisão dos projetos pedagógicos não críticos (projeto pedagógico tradicional, projeto pedagógico Escola Nova e projeto pedagógico tecnicista) e, de certa forma, o pensamento crítico de Paulo Freire encontra eco nos quatro cantos do país.

Para Ana Mae, é necessário olhar criticamente o período entre 1958-1963 para que se efetive a construção de nossa história da arte/educação:

> Para se compreender a arte/educação no Brasil hoje ou qualquer outra manifestação social, faz-se necessário compreender a dinâmica deste último período [...]. As tendências culturais mais vivas hoje têm sua origem neste período ou na sua curta fase de "renascimento" em 1968[12].

Sobre os acontecimentos que dinamizaram essa fase, Ana Mae destaca: uma lei federal que sanciona as classes experimentais favorecendo

11. Idem, ibidem.
12. A. M. Barbosa. *Recorte e Colagem*, p. 18.

a experimentação em arte/educação na escola regular; e a democratização de algumas ideias de Paulo Freire. Na educação, de um modo geral, esse período é marcado pela afirmação de um modelo nacional: fundação da Universidade de Brasília; desenvolvimento das concepções e métodos de Paulo Freire; e a decretação da primeira Lei de Diretrizes e Bases da Educação Nacional, conquistas que foram reprimidas pelo golpe de 1964.

De certa forma, contrapondo-se ao projeto implementado a partir de 1964, surge, entre 1980 e 1990, os projetos considerados mais progressistas de educação escolar: Dermeval Saviani e José Libânio chamam atenção para a importância de projetos mais críticos de educação tomando como referência o ponto de vista histórico social.

Em arte/educação a metodologia triangular[13], nesse momento, começa a ser gestada, com Ana Mae liderando um grupo de arte/educadores, no Museu de Arte Contemporânea da Universidade de São Paulo.

Cabe também contextualizar: em 1987, nesse clima de intensas discussões nasce a Federação de Arte/Educadores do Brasil (Faeb) com o intuito, entre outros, de organizar os congressos nacionais de arte/educação para mobilizar conceitual e politicamente os arte/educadores, e, de maneira mais específica, elaborar o documento "Declaração de Brasília".

O II Encontro Latino-Americano de Arte/Educadores foi tão significativo para mim e para meus colegas e amigos arte/educadores pernambucanos que, na volta para Recife, todos nós fizemos prova de seleção para o curso de especialização em arte, oferecido pela Universidade Federal de Pernambuco (UFPE). Passamos todos, eu, Rejane Coutinho, Patrícia Barreto, Ida Korosse, Fred Nascimento, Fátima Serrano e Maria das Vitórias do Amaral.

A discussão política mais ampla no Brasil durante a década de 1980 era a elaboração de uma nova Constituição e, para tanto, era necessário uma nova Lei de Diretrizes e Bases da Educação Nacional

---

13. Estamos denominando metodologia com o intuito de enfatizar historicamente como ela surgiu. Vejamos a seguir o que afirma Regina Machado: "A proposta triangular define o objeto da área, ponto de partida estrutural para a consequente enunciação de objetivos, conteúdos e procedimentos metodológicos a serem articulados pelo professor, tendo em vista – e isto é muito importante – as condições particulares em que se inscreve sua ação: características socioculturais da sua escola, faixa etária e nível de desenvolvimento dos alunos. Com base na proposta triangular, o professor de arte pode compreender que existem conteúdos a serem trabalhados: no sentido de propiciar aos seus alunos um conhecimento de arte, advindo não apenas de sua atividade criadora, ou seja, realizando formas artísticas, mas também de sua aprendizagem estética. Esta última, desenvolvida através da apreciação da obra de arte, vista dentro da história da cultura, da história das formas artísticas e da história pessoal dos artistas, bem como da leitura das mais diversas imagens do cotidiano". Anpap, *Anais, Arte-Educação*, p. 134.

(LDBEN). Esta necessidade conferiu ao encontro de arte/educação, no I FLAAC, maior importância, pois, com a criação da Faeb, os arte/educadores puderam se organizar e interferir na nova situação política e social que se desenhava no Brasil. Enfatiza Laís Aderne:

> A próxima etapa dessa trajetória integrando FAEB, Associações, Sobreart, é a convocação de todos os que trabalham com arte na educação para definir o papel da arte na escola, sua função social, suas especialidades dentro do contexto da Educação, da mesma forma como a matemática está para as estruturas lógicas ou o português para a organização do pensamento, da fala ou da escrita[14].

Pensamos que congregar pensadores eminentes da cultura e da arte/educação brasileira e da América Latina, na segunda metade dos anos de 1980, foi possível porque vivíamos sob o clima do movimento de abertura política e também por causa da inteligência e sensibilidade dos que não se conformavam com o modelo de educação artística vigente.

Tendo apresentado o contexto geral em que se inscreve a cena tão importante mobilizadora deste artigo, podemos agora retomá-la de modo mais significativo.

Surge mais um *flash* da cena reconstituída pelo fio da memória imaginativa: sobre o palco, Ana Mae fazia um discurso bastante desafiador, pelo menos para aquele momento, pois os arte/educadores presentes estavam sendo provocados perante sua afirmação: "no Brasil os arte/educadores ainda não chegaram à modernidade, enquanto que em outros países discute-se a pós-modernidade, aqui muitos de nós encontram-se na pré-modernidade".

No decorrer da palestra, Ana Mae criticou a concepção de arte/educação modernista, baseada na ideia da livre expressão, propagada pelo MEA, instigando Noêmia Varela a se levantar de seu lugar na plateia e defender de público o MEA, por seu valor libertário e suas bases teóricas em Herbert Read e Victor Lowenfeld.

Imaginem como foi para mim assistir à indignação de Noêmia Varela diante das ideias expostas por Ana Mae. Ali, diante dos meus olhos, estavam em posição de "combate intelectual" dois marcos de nossa arte/educação, que não pouparam argumentos para defender suas ideias. No entanto, uma tinha formado a outra e o vínculo nascido dessa relação permanecia vivo entre elas: guardavam (e guardam até hoje) laços de respeito, amizade e admiração afetiva e intelectual.

Daí o encantamento tomou conta de mim tornando aquele momento mágico. Elas tiveram a coragem de se enfrentar de modo combativo e ao mesmo tempo afetuoso, afinal naquele momento eram como mãe e filha diante de um público enorme, confrontando suas histórias e seus tempos de aprendizagem.

---

14. Espaço Nacional das Associações..., op. cit., p. 3.

Os argumentos de Noêmia Varela estavam fundamentados em Read, quando defendia a ideia da autoexpressão, como sendo uma necessidade inata do ser humano de comunicar aos outros seus pensamentos e emoções; em outro argumento de Noêmia Varela identificamos forte influência do pensamento de Wilhelm Viola, que, ao pesquisar Franz Cizek, foi por sua vez também marcado por ele: "nós, adultos, temos que cuidar para não estragar nossas crianças impedindo-as de exprimir seu mundo interior"[15]. Identificamos também, em seus argumentos, uma base teórica em Lowenfeld, quando ela afirmava: "cada desenho ou pintura elaborada por uma criança é uma expressão plena dela mesma"[16]; o que pode ser interpretado com base em uma síntese do pensamento dos dois autores que a influenciaram.

Noêmia Varela, ao defender a arte/educação modernista, opondo-se à crítica proferida por Ana Mae acerca dessa proposta de ensino do MEA, possibilitou o desvelar de tendências, colaborando eficazmente para que novas sínteses pudessem surgir. Quem ganhou com isso foram as novas gerações de arte/educadores, pois vislumbraram potencialidades da imensa responsabilidade social e política que é ser arte/educador, em um país que sonegava (e ainda sonega) a dimensão estética e artística para os deserdados sociais e culturais.

Depois dessa fala de Noêmia Varela, Ana Mae tratou de conceituar modernidade e pós-modernidade na arte/educação, afirmando que no Brasil o ensino modernista se apegava à crença de uma virgindade expressiva da criança, preservando-a do contato com a obra de arte.

Ao contrário, dizia ela, a arte/educação pós-modernista propõe o contato com a obra de arte pela via da contextualização, da leitura e do fazer. No decorrer da palestra, Ana Mae foi contextualizando seus posicionamentos, mostrando obras que faziam citações de outras obras (imagens de segunda geração), ou partiam de referências de imagens do cotidiano – em seu repertório, havia Marcel Duchamp, Andy Warhol, Roy Lichtenstein, entre outros.

Diante dos meus olhos e de todos os presentes manifestava-se a transição da arte/educação modernista para a pós-modernista. Dessa maneira, a discussão entre Noêmia Varela e Ana Mae pode ser pensada como anunciação emblemática de novos tempos. Tempos que se traduzem em aperfeiçoamento da articulação entre teoria e prática, conhecimento da história da arte/educação no Brasil e conhecimento dos movimentos artísticos instituídos e instituintes no mundo todo, e suas reverberações em nosso país.

Hoje percebemos que a cena em estudo pode ser compreendida como sendo a demarcação territorial entre a arte/educação modernista e a pós-modernista. Os trânsitos – entre tais tendências – vêm sendo

---

15. W. Viola, *Child Art*, p. 12.
16. V. Lowenfeld. *Desarrollo de la Capacidade Creadora*, p. 28.

cada vez mais discutidos à medida que se apresentam como o grande desafio pedagógico do processo educativo em arte. A transição entre uma tendência e outra acontece não apenas no âmbito nacional, pois é problema discutido em vários países, como Estados Unidos, Inglaterra e o Canadá.

Percebemos, à luz dos estudos sobre a transição do modernismo para o pós-modernismo no Brasil, que os argumentos a que recorreu Noêmia Varela para defender a proposta do MEA são de forte caráter modernista: constituindo-se, principalmente, na defesa do valor libertário do ensino promovido pelo MEA, fundamentado em uma postura filosófica de caráter idealista. O contexto do pós-guerra em que surgiu o MEA no Brasil fez com que a busca pela paz, com base numa postura filosófica do idealismo, permeasse toda a proposta do mesmo.

No desenrolar da cena, Ana Mae procurou enfatizar a importância histórica do MEA e, democraticamente, "aceitou" as críticas de Noêmia Varela, mas não abriu mão de suas observações sobre a proposta pedagógica do MEA por ser datada – de origem e desdobramento modernista.

Aproveitando pedagogicamente o embate, Ana Mae chamou a atenção dos presentes para seu encontro com Noêmia Varela que, junto com Paulo Freire, foi decisivo em sua escolha profissional. Guardamos da cena as palavras de Ana Mae, que disse mais ou menos assim: "este encontro se deu em Recife, nos anos de 1950, quando fiz um curso de preparação para o magistério, ministrado por Noêmia Varela e Paulo Freire no Instituto Capibaribe" (esta escola ainda existe em Recife, nascida do desejo de Paulo e Elza Freire e da professora Raquel de Castro, entre outros, inspirados nos ideais da Escola Nova).

Ana Mae, concluindo, afirmou que considerava Noêmia Varela a mãe da arte/educação brasileira e Augusto Rodrigues, o pai. Para fundamentar cito trecho do documento (não publicado) com o título de "Narrativa Circunstanciada" da própria Ana Mae:

> No Instituto Capibaribe, escola de vanguarda na época, funcionava um destes cursos dirigido por Raquel de Crasto e Paulo Freire. A primeira aula foi dada por Paulo Freire que simplesmente pediu que escrevêssemos um texto, explicando por que queríamos ser professoras. Paulo Freire me chamou então para uma conversa individual e me convenceu de que a educação não era o que eu tinha tido; era outra coisa que procuraríamos descobrir [...]. Descobri, sim, que educação é uma constante descoberta de si, dos outros e do mundo.
>
> O encontro com Noêmia Varela, naquele mesmo curso foi, especialmente, importante para me levar a um indissolúvel engajamento com educação. A ela coube dar aulas de arte/educação e me fazer descobrir as artes visuais. Até então, meu mundo sensível era alimentado pela literatura, Noêmia me conduziu para a experiência estética através do visual.
> [...]
> Estava no segundo ano de direito, quando não resistindo ao apelo de um trabalho mais autorrealizador, consegui ser colocada à disposição da Escolinha de Arte do Recife pela Secretaria de Educação. Comecei trabalhando como estagiária, depois como professora, coordenadora de cursos e, até diretora. Com a mudança de Noêmia Varela

para o Rio de Janeiro, passei a ocupar muitas das suas funções junto à Universidade de Pernambuco, todas elas, no geral, em convênio com a Escolinha de Arte do Recife[17].

É necessário introduzir, a partir desse momento, a narrativa das arte/educadoras, lembrando que a narração é matéria viva, instigante e contraditória que possui movimento próprio por ser dialógica: permeada de personagens, frases de encantamentos, revelações que às vezes adquirem um tom de denúncia, outras vezes de crítica, tristeza ou alegria.

A narração das personagens costura teorias e práticas, fragmentos de histórias que se inter-relacionam e, enfatizando determinadas experiências, expressam uma época, um momento histórico em sua complexidade.

Ao privilegiar a lembrança, a evocação, procuro a todo custo manter a força viva, crítica e poética das experiências reveladas nas entrevistas, tomando como base o pensamento de Bosi: "Uma lembrança é diamante bruto que precisa ser lapidado pelo espírito. Sem o trabalho da reflexão e da localização, seria uma imagem fugidia. O sentimento também precisa acompanhá-lo para que ela não seja uma repetição do estado antigo, mas uma reaparição"[18].

A memória mobiliza a emoção, a imaginação e a reflexão. Estas, em um processo de amalgamar-se com a história, tornam as entrevistas das arte/educadoras documentos extremamente complexos, pois, além de vivos, eles são personificados – permeados de valores, pulsantes de humanidade, reveladores de uma vida pessoal e profissional dedicada à arte/educação. Por isso, os depoimentos das arte/educadoras, neste trabalho, adquirem a categoria de documentos tão importantes quanto os textos escritos sobre a história do MEA.

Por tais razões não me propus analisá-los, deixando o leitor à vontade para construir seu próprio diálogo com o texto e a sua própria interpretação. Portanto, fragmentar, fracionar, selecionar trechos, textos, depoimentos, rasgos de conversas e depois religar tudo isso com o fio dinâmico da memória e da imaginação apresenta-se como a busca mais prazerosa neste trabalho, já que os depoimentos foram cuidadosamente colhidos para iluminar momentos do passado, num esforço de reorganizar os momentos do presente.

Gilbert Durand, cientista social francês, cujo pensamento é tomado como fundamento para a reflexão crítica acerca da pós-modernidade, afirma sobre a memória e o imaginário: "Longe de interceder a favor do tempo, a memória, como o imaginário, se ergue contra os semblantes do tempo, e assegura ao ser, contra a dissolução do devir (*devenir*), a continuidade da consciência e a possibilidade de voltar (*revenir*), de regressar, para além das necessidades do destino"[19].

17. Narrativa Circunstanciada, p. 8.
18. E. Bosi, op. cit., p. 81.
19. G. Durand apud D. Pitta, Apresentação: Imaginário e Memória, *Anais*, p. 7.

O PANO SE ABRE.
EM CENA: NOÊMIA VARELA E SUAS MEMÓRIAS DO MEA.

Era uma ensolarada manhã de abril de 1998. Noêmia Varela estava sentada na cabeceira da mesa da sala, sofisticadamente simples com seu penteado discreto em coque na nuca, vestindo uma blusa branca impecável.

O salão de reuniões da Escolinha de Arte do Recife (EAR) foi o cenário escolhido por ela para conceder esta entrevista. Esse cenário transparece em cada recanto uma marca profunda da história pessoal e profissional da mestra de todos nós; cada objeto disposto na sala é parte da memória imaginativa da apaixonante mulher e arte/educadora.

Em um dos cantos da sala destaca-se o piano doado pelo Conservatório Pernambucano de Música. No canto oposto uma grande estante toma toda a parede, guardando os livros e coleções de revistas nacionais e importadas de arte, arte/educação, filosofia e psicologia. Sobre a estante uma vitrina deixa à mostra uma coleção de brinquedos populares das feiras de Pernambuco. Ainda na mesma vitrina vê-se uma coleção de santos artesanais e há uma outra de artesanato, doada por Abelardo Rodrigues, de artistas de Goiana, Caruaru e Tracunhaém.

As paredes são ornadas com quadros doados por alguns artistas, entre eles Gil Vicente, Virgínia Colares e Zé Barbosa.

A sala contígua a esse salão guarda quase como num santuário, a biblioteca da EAR: Read em inglês e espanhol, Lowenfeld em três traduções e uma coleção dos jornais *Arte & Educação* desde o número zero, orgulho de Noêmia Varela quando diz que o presenteou à escolinha.

Muitos dos objetos reveladores da história da EAR foram doações suas, quase que desfazendo as fronteiras entre o pessoal e o profissional, pois identificamos a estética de Noêmia Varela com a estética da EAR: tudo é funcional e esteticamente organizado para atender às crianças e adolescentes da escolinha. Tudo é organizado com harmonia e simplicidade.

Foi nesse clima de encantamento que Noêmia Varela falou de seus primeiros contatos com a arte, com arte/educação, seu encontro com a EAB (Escolinha de Arte do Brasil) e seu papel no MEA.

Quando falou da EAR ressaltou que a assembleia para sua fundação aconteceu na Escola de Educação Especial Ulysses Pernambucano, na qual criou um ateliê de arte no final da década de 1940 e depois foi diretora.

FA – Qual foi o seu primeiro encontro com a arte?

NV – Bem, foi com experiências que despertaram a minha capacidade de sonhar, de criar e fazer coisas. O que eu posso dizer que foi para mim um encontro com a arte? Eu gostava muito de ler desde os nove anos. Já lia pequenos romances e romances grandes que existiam pela casa. Era o tipo de romance como de José de Alencar, Júlio Verne e por aí vai. Quanto à imaginação, os contos de fadas, as histórias que inventava para contar aos meus primos. Diziam que eram histórias, mas era tudo inventado e criado na hora. Bem, a minha escola primária, de certo modo, me fez descobrir tinta e pincel, um grupo escolar chamado Sérgio Loreto, na praça do mesmo nome – ainda existe em Recife? – onde as professoras receberam a influência da reforma Carneiro Leão, se falava muito em Escola Nova faziam experiências das mais variadas. Brincava-se com o barro nas aulas de trabalhos manuais, com o desenho nas ilustrações, as escritas e as composições. Recordo a Praça Sérgio Loreto, lembro que fizeram um laguinho, um coreto, e saímos para desenhar aquela praça e pelejei. Estava na idade da perspectiva e ninguém dizia que o meu desenho não era aquilo que via e sim outra coisa e me perturbei profundamente com essa história, porque depois olhava o lago e os patos, mas não consegui fazer como os via.

Essa foi uma experiência do meu encontro, bastava olhar o real e não tinha ideia de que fazer, mas se me dessem uma estampa para colorir, coloria ao meu jeito e se fosse pintar um príncipe ou uma flor na almofada com tinta a óleo e pincel, já era capaz de fazer essas coisas. Era expressividade, tinta, pincel, mas não pensava em arte. Descobri as artes plásticas, lembro muito de Degas, o grande pintor, na revista *Eu Sei Tudo*. Era uma revista fantástica na minha infância, nos anos de 1920, gostava de colecionar e isso tem a ver com o meu encontro artístico. Tinha uns cadernos de papel pautado onde copiava poesia, histórias, contos e botava os meus desenhos prediletos, as estampas que tirava.

Também quando fui para a Escola Normal, para um curso complementar, tive uma professora, casada com um professor famoso, que era muito amiga de Manoel Bandeira, e morava na rua da União. Quando voltávamos da Escola Normal, passávamos perto da casa de Ana Campos – parece que Ana Mae cita Ana Campos naquele livro, como se chama? *Recorte e Colagem*? – que era a minha professora de desenho, que passou várias experiências de desenhos: mandava copiar desenhos e quadricular, e eu achava quadricular o desenho, para copiar, muito difícil. Olhava e copiava. Junto de mim sentava uma colega que fazia maravilhosamente bem os quadradinhos. Eu ficava encantada, mas não conseguia (risos), mas a professora aceitava o meu desenho. Mandava: "vocês comprem aquarela e passem no tecido, escolham uma ave, por exemplo" e escolhi uma daquelas famosas araras que estampavam nos cadernos de desenho, às vezes dava modelos e eu fazia a minha com aquarela, tentativas e erros de usar a aquarela, porque não tive ensino de técnica nenhuma. Já tinha passado por outra professora do mesmo curso, todas saídas da escola famosa de formação de professoras que teve Pernambuco (Escola Normal Pinto Júnior). Então, quando minha professora de história antiga mandava fazer os mapas da Europa e da Ásia Antiga, os fenícios, a conquista da Grécia etc. dizia: "Faça aquarelado, fure o papel no estofadinho, que fica bonito o mapa", e eu arriscava a fazer tudo isso. Quando chegou a hora (falo dos meus encontros) de escolher uma atividade artística que não era o piano, porque eu não tinha piano em casa, pedi a minha mãe para estudar pintura e passei a estudar pintura com uma professora que morava perto de mim e que ensinava particular. E pintei, mas era pintar quadros olhando uma paisagem do Egito; olhava e copiava. Era assim que se ensinava. A irmã dela era da escola de Belas Artes que estava sendo fundada, estava no princípio. Ela dizia: "Vá para a escola de Belas Artes", mas ir para a escola de Belas Artes na minha família era um assombro. Tinha vontade, mas não podia, era pobre, precisava ir para a Escola Normal e estudar para ser professora (docência que exerceu entre 1938 e 1939). Na época se fazia em cinco anos ginasiais mais dois anos e depois o curso complementar da Escola Normal (foi mais ou menos assim: dois anos de curso complementar e cinco anos de ginásio, mais dois do curso pedagógico, substituindo o normal). Fui lembrada por uma colega que me admirava muito por causa dos meus desenhos e rabiscos, e encomendou os brasões dos donatários. Lembro que criei vários e depois aquilo ficou tão cansativo que deixei pra lá. Fazia, quer dizer, manejava, manipulava a tinta e o pincel, mas na época já copiava e pintava, pintava toalhas, ganhei dinheiro fazendo telas que me encomendavam, inventava quadros, pintura em madeira. Não havia eucatex na época, era tela ou qualquer coisa assim, mas gostava de desenhar em papel e por aí a fora, nunca deixei de rabiscar.

Não considero os meus rabiscos, desenho. Nem meus quadros de desenho. Considero experiências que me satisfazem, pois gosto muito de arte, de desenho, de pintura e artes visuais. Na área das artes visuais, desenhava, pintava e gravei quando encontrei a Escolinha de Arte do Brasil (EAB). Fiz um curso com Augusto Rodrigues e Aluísio Magalhães que achavam meus desenhos muito bons, que tinham movimento. Daí fui trabalhando sempre com arte na educação. Augusto até guardou muitos desenhos meus na coleção dele. Tenho alguns rabiscos por aí.

FA – Como foi seu encontro com a Escolinha? Que memória mais afetiva a senhora tem desse encontro?

NV – A memória foi o primeiro impacto. Em 1949, pela primeira vez fui ao Rio de Janeiro. Participei de um encontro sobre Educação Especial organizado pela Sociedade Pestalozzi do Brasil, no bairro do Leme. Estavam ali Anita Paes Barreto e Antônio Barreto e muitos outros colegas daqui. Terminara o curso de bacharelado em pedagogia, no ano de 1949. Foi nesse encontro que uma amiga me levou à EAB, disse: "como você gosta tanto de desenhar", não era bem isso o que eu fazia. Nessa ocasião eu era diretora da Escola Ulisses Pernambucano e lá desenhava para as crianças todas as histórias famosas: *Branca de Neve*; *A Formiguinha Viajeira*; na época havia esse livro que é uma história muito bonita; *Alice no País das Maravilhas*. Desenhei em madeira compensada e com tinta a óleo. Trabalhei loucamente, fiz quadros, expunha para eles que gostavam. Eram os painéis do meu galpão. Galpão onde trabalhava nessa escola. Um galpão grande como esse daqui (referindo-se ao salão em que fizemos a entrevista na EAR). Enchia as paredes com desenhos, pinturas, assim tinha o prazer de fazer aquilo para as crianças, para enfeitar, como fiz também um jardim na lateral. A minha classe era diferente, tinha os meninos, difíceis, que chegavam para esperar os testes, para ver a adaptação deles. A classe tinha um nome, não lembro agora, mas selecionava as crianças e as preparava. Elas aguardavam para onde deveriam ir, não é? Era um grande jardim da infância, porque tinha todas as idades de meninos com deficiências variadas. Bem, foram eles que me mostraram como era importante o desenho.

Estava interessada em saber por que as crianças deficientes desenhavam e se expressavam, às vezes com tanta garra e beleza. Nunca saiu da minha memória o menino "selvagem" pode se dizer entre aspas "terrível", "violentíssimo", que escolheu a mesa, a banca mais forte, esta banca que suspendia e soltava no chão. Quando estava zangado fazia isso, para quebrar os tacos da sala onde estávamos. Ele deixou de fazer isso depois. Mas quando pegava o lápis e o papel, desenhava barcos e barcos, com velas coloridas como as de Cingapura. Dizia isso na minha ignorância cultural, mais tarde, aprendi que no São Francisco há velas assim. Onde esse menino ia encontrar essas velas coloridas? Aqui no Recife não havia barcos com velas coloridas, mas lá no São Francisco, soube, havia. Não sei de onde trazia essas marcas arquetípicas.

Bem, voltando para a viagem ao Rio de Janeiro em 1949: fui conhecer a EAB e encontrei Lúcia Alencastro Valentim e Augusto Rodrigues, o meu primeiro impacto. É difícil lembrar o nome das ruas, penso que era rua Mem de Sá, hoje tem o metrô em frente, é uma que se encontra com a Graça Aranha, onde está o Prédio do Ipase, na sobreloja funcionava a EAB, na biblioteca Castro Alves. A entrada da biblioteca era uma área que, para chegar se entrava numa espécie de jardinzinho suspenso com plantas, onde vi, quando entrei, cerca de trinta meninos e meninas que pintavam e desenhavam. Adolescentes, pré-adolescentes e crianças até cinco anos; achei aquilo tudo tão lindo! De repente, via menino deficiente físico, deficientes mentais, neuróticos de guerra, e todos reunidos, interessados, talentosos, fazendo desenho e pintura. Era uma classe tão harmoniosa. Nessa época as crianças faziam um jornal chamado *Lune* e muita escultura em pedra, usando barro, gesso. Era uma época muito contada e falada, havia maquetas feitas por eles e também desenhos e pinturas. Vivi esse impacto, não lembro bem o que disse Augusto Rodrigues (não o conhecia). Lúcia (Valentim, uma das fundadoras da EAB) era uma jovem loura, de cabelos longos, que trabalhava com os alunos. Augusto me recebeu e falou sobre arte/educação, a história da escolinha e de Herbert Read. Pensava até que tinha chegado da Inglaterra (referindo-se a Augusto Rodrigues), depois soube que ainda não tinha ido, mas já estava imbuído das ideias e da importância da arte no processo da educação, visão que me deixou encantada. De repente, sem saber como, compreendi que era uma escola diferente, ali se realizava uma experiência que me dava uma resposta, que ainda não sabia bem qual, mas que me mandava procurar, estudar e aprofundar para conhecer aquilo. O que aprendera na faculdade sobre pedagogia e seus métodos, e tudo que pensava sobre o desenho, de repente deixaram de motivar, porque ali estava uma experiência viva e real se realizando e a se realizar. Esse foi um grande impacto que me levou às portas da Arte/Educação e da Cultura. Estética e Arte, tudo com letra maiúscula. Voltei para o encontro que fazia sobre Educação Especial no Leme, mas aquela escolinha não saía de minha cabeça. Entre outros amigos que fiz nessa ocasião está Luiz Cerqueira, médico da Escola Ulisses Pernambucano, aqui (referindo-se a Recife) da Escola Psiquiátrica, do grupo de estudos e que ficou muito satisfeito ao me encontrar; ainda não me conhecia. Tivemos notícias do trabalho que fazia, com uma professora daqui do Recife que estudava na Pestalozzi e trabalhava no Alto da Tijuca, no Instituto de Luiz Cerqueira; Natércia Machado nunca deixou o campo da Educação Especial. Apoiei muito o seu trabalho por sermos amigas e termos trabalhado na Escola de Educação Especial Ulisses Pernambucano, aqui em Recife. Foi na Ulisses Pernambucano que aconteceu a assembleia de inauguração da EAR em 1953.

FA – E quando a Sra. voltou, o que aconteceu?

NV – Voltei disposta a trabalhar. Desejava me preparar para alguma coisa diferente na Escola Ulisses Pernambucano e inventei um ateliê de arte para as crianças e Anita deu seis meses para que eu me organizasse. Anita Paes Barreto começou a me preparar para substituí-la nos anos de 1950, pois havia apoiado minhas iniciativas.

FA – Em que ano D. Noêmia?

NV – Foi em 1949. Esse ateliê era muito frequentado, funcionava entre a hora do recreio até a da saída, mais ou menos até dez para o meio dia. Tocava a sineta para se arrumar e eles trabalhavam cerca de uma hora, uma hora e dez. Ninguém era obrigado a subir, era livre a frequência, mas nunca deixei de ter aluno. Aprendi coisas maravilhosas, porque havia um grupo de crianças que o dr. Rodolfo Aureliano enviava do juizado de menores. Não queria que convivessem, entre eles, muitos epilépticos. Havia um que tinha constantes convulsões e ficava com um pincel na mão, eram rápidas as ausências. Havia um que dizia "Espere D. Noêmia! Espere, vai passar, espere!". Fui aprendendo como existia solidariedade entre eles, não apenas aquela fantasia. Havia uma história, entre aspas, de pavor de ir para a Escola Ulisses Pernambucano, chamavam "Escola de Loucos". Temiam aquelas crianças, que precisavam de quem as amasse, ah! E como havia vontade de aceitar. Não sabia o que estava fazendo e muitos de nós também, eram ensaios e erros. Não tínhamos livros mostrando o que era a arte da criança. O mais atualizado era a *Psicologia do Desenho Infantil* de Sylvio Rabello; aliás disse muita coisa dele a Rejane Coutinho. Os livros eram antigos, não havia material.

Escrevi para Lúcia Valentim e para Augusto Rodrigues, procurei me apoiar em minhas experiências anteriores, nas brincadeiras de fazer arte da minha adolescência e nos meus rabiscos – ter rabiscado ajudava nessa experiência, quer dizer, aprendi a primeira grande lição – a correlação que faço é: não posso acreditar no arte/educador que não tenha experienciado o ato de criar, isso foi fundamental para mim.

FA – Como a senhora define o contexto social, político e cultural da época? A senhora pode fazer uma retrospectiva? Refiro-me à segunda metade dos anos de 1940, especialmente, daquele momento em que a senhora encontra o MEA.

NV – Era uma época bonita. Politicamente, não tinha muitas simpatias por Getúlio Vargas. Hoje, confesso que Getúlio Vargas foi um homem que amou o Brasil e o respeito profundamente, mas o Rio de Janeiro, naquela época, era maravilhoso culturalmente. Lembro-me de Fernanda Montenegro fazendo teatro, e Sérgio Cardoso; gosto muito de teatro. Lembro dos cinemas, a vida no Rio era agradabilíssima. A Escolinha era um lugar agradável, onde sempre vi chegar, entrar e sair gente. Na Escolinha, descobri o samba, Heitor dos Prazeres foi meu professor de samba. Mais adiante, nos anos de 1960, no Curso Intensivo de Arte na Educação houve uma questão difícil até de entender, com relação ao termo arte/educação. Esse curso, quando terminava, tinha sempre uma festa com solenidade de entrega dos certificados e Heitor dos Prazeres levava as suas pastoras. Augusto sempre solicitava algo bem típico do Rio, era amigo de Heitor dos Prazeres. Heitor era *habitué* dos almoços da Escolinha. Num dos cursos, Heitor foi apresentar as pastoras, olhou pra mim e disse: "agora vou dar a minha aula didática de Samba" (risos). Isso porque perguntei-lhe o que era o samba. Fiquei encantada. Os jovens, que hoje estão de cabelos brancos, que brincam com o pandeiro de todos os jeitos, vi alguns que ainda estão lá quando a Mangueira desfila. Nós éramos mangueirenses. Mais tarde, nos anos de1980, trabalhei na Mangueira, com outra experiência muito diferente. Levava uma atividade criadora para a escola, que era muito pobre, fazia uma pesquisa pelo Conservatório Brasileiro de Música, onde era professora, mas isso é outra história.

FA – Pode falar. Isso é sua História, o resultado dessa experiência é aquele filme de...?

NV – (Interrompe) Um filme do Nelson Xavier. Ele trabalhou muito, fizemos muitas coisas. Quando fundei a EAR, com esses amigos e muitos já no Reino Encantado, tinha uma experiência que acreditava. Hoje me pergunto: onde estão aqueles que amam a educação? Como Anísio Teixeira, Celso Kelly, Augusto Rodrigues, Helena Antipoff e tantos outros. Falo de pessoas que tiveram influência no Brasil. Descobriam e diziam que a arte era fundamental no processo da educação, viam na Escolinha uma experiência inédita que deveria ser fonte de estudos e ser conhecida por todos os educadores do Brasil. Assim pensava o Anísio, e era assim que fazia quando levava alunos/professores de todo o Brasil para os cursos programados no Rio. Escolhia os elementos que tinham interesse em arte: música, teatro, dança, artes plásticas e levava para a EAB.

FA – Quero deixar isso registrado: qual era a relação do MEA com o Movimento Escola Nova e, antes disso, gostaria que a senhora falasse um pouco sobre o seu primeiro contato com o MEA e depois como foi ser a difusora dele?

NV – Em relação à Escola Nova e o MEA, acredito que naturalmente existe uma relação, porque a Escola Nova teve representantes maravilhosos no Brasil. O espírito da Escola Nova fez com que aprendesse mais sobre o desenho, a pintura, isso nas Reformas de ensino pernambucano, por onde passei, e no que vi fazer, pensar, sentir, analisar e divulgar o Movimento Escola Nova. Há uma profunda diferença de intencionalidade entre o MEA e a Escola Nova, uma delas é a influência de *Educação através da Arte*, a do filósofo Herbert Read. No MEA tentávamos ampliar a compreensão do pensamento de Read por meio de outras experiências semelhantes. Era fantástica a linha da Escola Nova, voltada para as classes experimentais, as reformas etc. Todas tiveram suas divergências e sua importância, tão sérias quanto a experiência de Freinet, que não é Escola Nova, nem Herbert Read, mas é um exemplo de um método de educação criadora, como também o de Paulo Freire, e o do MEA. É uma outra formação de educador. Quem defendeu muito, mesmo sendo do MEA, a influência da Escola Nova no MEA foi Onofre Penteado Neto, mas vejo, por exemplo, que não tinha muita ligação entre o MEA e a Escola Nova. Eu tinha vários livros, mandava buscar na França, na época podia-se fazer essas loucuras então aproveitava, mas não encontrava a relação de que falava Onofre. Não fazia o que se pensou fazer como Escola Nova. Agora me restam dúvidas sobre as influências. No meu curso de pós-normal, a Escola Nova foi muito estudada, levando à compreensão do que era educação progressiva de Dewey e a importância de um Decroly, que ninguém estuda mais hoje. Muita coisa se fez no passado e a gente tem que trabalhar o hoje aureolado de novidade, colocando o que fez no ontem para fazer nascer o hoje. Por isso, penso que é importante a dimensão histórica da Educação criadora no Brasil, e como sou uma pessoa que acredita em arte, no processo criador da educação, trabalho por essa linha. Sinto-me realizada como arte/educadora e acho muito importante essa função. Educar através da arte, para não fazer do outro um robô, mas educar para fazer dele um inovador do mundo, renovando-se, transformando-se. A arte/educação levou-me a conhecer a mim própria e me fez sentir que educação é algo construtivo, que carecemos sempre; por que, por exemplo, as ideias e a ótica de Herbert Read não são levadas em conta? Um positivo ideal é ver a educação pela arte, através da arte, como uma educação da paz, que trabalha os instintos agressivos para o encontro da harmonia. Muitas experiências foram feitas no mundo, nesse sentido, diferentes das que fizemos no Brasil, na França, na Inglaterra, na Alemanha e por aí afora. Gosto muito das diversidades e posturas que têm os arte/educadores que não imitam o imitável cotidiano, mas que procuram saídas adequadas ao momento existencial do homem e ao chão que pisa e ao corpo que ele carrega. Sinto-me muito bem como arte/educadora.

FA – E como difusora?

NV – Como difusora, esta é uma função de todo o educador. Precisa comunicar o que faz e pensar sobre o que faz, desde o momento em que assume o papel de mestre até a sua morte.

FA – D. Noêmia, como a senhora vê hoje esse estudo que delineia o MEA enquanto importante tendência modernista, como Ana Mae diz. De que maneira a senhora vê a tendência pós-modernista de arte/educação? A senhora percebe que o MEA avança para esta pós-modernidade?

NV – Acredito que o aspecto modernista do MEA não pode ser retirado. É um movimento com raízes na modernidade histórica, era a sua dimensão. Agora, não está escrito e nem há um selo afirmando que vai ficar como modernista a vida toda. Ele se transformará na mesma dimensão como enriqueceu a modernidade. Não estou falando em evoluir, mas em transformação, mudanças dos aspectos positivos e construtivos do ser humano, da sociedade em que vivemos. O MEA é uma forma de educar pelas linguagens da arte e qualquer outro movimento que venha a surgir no campo da arte/educação, deverá, também, ter força para abrir e iluminar o processo educativo.

FA – Quais pensadores foram mais significativos para a senhora?

NV – Muitos. No Brasil, gostei muito de ter conhecido o Anísio Teixeira, o Ferreira Gullar, mas de modo indireto, desde os anos de 1950, é marcante a influência que recebi do pensamento de Herbert Read, sobre a arte na educação. Naturalmente, outros me impressionaram, como Seonaid Robertson. Lá na Escolinha, encontrei muitos pensadores que me mobilizaram para o meu próprio desenvolvimento como educadora e pessoa que procura se conhecer melhor para a vida. Coisa difícil no Brasil. Foi graças à interferência do dr. Cerqueira, que pude visitar o Museu de Imagens do Inconsciente, onde conheci dra. Alice Marques, dr. Manoel Novaes, e logo depois, a dra. Nise da Silveira, com quem tive o prazer de conviver, estudar e apurar meus conhecimentos sobre a fundamentação psicológica básica da proposta de Herbert Read. Minha relação com a dra. Nise cresceu, sobretudo, durante os anos de 1962 a 1992, em que frequentei o seu Grupo de Estudos de Carl Gustav Jung. Os encontros realizavam-se toda quarta-feira. Nela (Nise da Silveira) encontrei a mestra, a orientadora e amiga que acreditava em educação e arte, quem me deu forças para suportar essa busca constante, que na minha pobreza em reais, vivendo no Rio de Janeiro com muitas limitações, tive de procurar em mim o que é melhor em mim mesma, para poder me transformar numa arte/educadora consciente e desenvolvida psiquicamente.

FA – Há uma crítica ao MEA que se refere ao cuidado com a preservação da virgindade estética e artística da criança. O arte/educador não deve promover o contato com a obra de arte. Isso se dava principalmente com as artes plásticas? Como percebe esta crítica?

NV – Mostrei a você o quanto Herbert Read influenciou o MEA. Várias vezes tenho dito que foi uma experiência muito rica, positiva. Read achava que não se devia levar a criança à imitação, porque a postura da criança diante da arte não era de uma concentração para fazer o trabalho como os artistas. Vem de dentro, a capacidade inata da criança expressar sentimentos, sensações, a imaginação da criança tem uma pureza, uma transparência. É aquilo que Matisse falava o tempo todo. Read, no seu livro *Educação através da Arte*, num texto sobre educação estética, mostra a importância de se respeitar essa forma peculiar da criança, mas que se a criança quisesse copiar, deveria fazê-lo. Por sua vez, Augusto Rodrigues tinha uma experiência verdadeira. Muitos alunos da Escolinha eram filhos de pessoas que viviam bem de vida e que nas suas casas havia coleções de Arte, quadros de Portinari, de grandes artistas brasileiros e internacionais. Os próprios filhos do Augusto tinham pelas paredes todos os desenhos e os retratos dele e de outros artistas. Na convivência com o trabalho do adulto, via que essa Escolinha recebia diariamente visita de artistas levando seus quadros e mostrando-os ao Augusto em seu gabinete, as crianças passavam e olhavam aquilo tudo ali exposto. Havia o cuidado de levar a criança a sair para ver coisas novas. Por exemplo, fui uma grande admiradora de Lowenfeld (referindo-se a *Desenvolvimento da Capacidade Criadora*), que nos anos de 1950 se tornou uma "doença". No entanto, podíamos fazer a leitura, aprender e levar a criança a se desenvolver, a interferir, levar à sensibilidade atípica, à capacidade tátil. Lowenfeld narra exemplos como o de um menino que ia desenhar uma escada e não acertava, dizia "desenhe a escada como se você estivesse subindo uma" e fazia a criança subir uma escada e sentir a escada. Quando o menino desenhava uma boca sem dentes, ele colocava uma maçã, um pedaço de pão ou qualquer outra coisa na boca da criança e fazia com que sentisse o movimento, o dente, a língua. Também fiz isso com deficientes mentais. Havia um desabrochar, um desenvolvimento comportamental. Eu ficava preocupada, pois não se tinha essa forma de agir na escola.

Fiz observação de classes na Inglaterra e o pensamento de Herbert Read era fundamental, mas lá todas as crianças tinham livro de arte dentro da própria sala de aula e olhavam os desenhos. Fui compreendendo que deve ter tido uma interpretação não muito correta, aqui, desse artigo do Herbert Read, não souberam ler nas entrelinhas. Não é forçar a criança a partir do que fazia o artista e sim levar naturalmente o menino ao artista, compreender que existe o artista, que pode fazer a sua própria forma, e isto é o MEA, o que você vê são sutilezas de uma preocupação comum à época. Na França se fazia a mesma coisa, onde a criança não via nada, não imitava.

FA – E esse era o cuidado do Augusto?
NV – O Augusto tinha esse cuidado sim.

FA – Mas a senhora subvertia um pouco isso?
NV – Não sei se eu subvertia, porque respeitei muito, procurei compreender, e fazer a releitura daqueles que leram Herbert Read. Um livro só não basta, porque se existe alguém que disse e desdisse, esse alguém foi ele. Como mostra a dominância natural que deu em toda a sua *Educação através da Arte*, para as artes plásticas. Fala da música, da dança, de tudo, mas a ênfase é em artes plásticas, no desenho da criança. E explica que dominava mais essa parte.

FA – Queria saber, D. Noêmia, qual é a sua fortuna?
NV – Sou pobre como Jó, não posso falar disso. Bem, uma fortuna minha são as estrelas do céu, estrelas longínquas, não tenho outra.

FA – Essa pergunta é inspirada nas pesquisas da professora Ecléa Bosi.

NV – É utópica, não?
FA – Metafórica. Uma bela metáfora! (risos) E muita gente, espero que tente desvendar e fazer uma interpretação do que a senhora falou com tanta beleza.

A CORTINA FECHA. E NOVAMENTE O PANO SE ABRE: SURGE EM CENA ANA MAE COM SUAS MEMÓRIAS DO MOVIMENTO ESCOLINHAS DE ARTE

A entrevista aconteceu em um final de tarde no mês de novembro de 1997. O cenário traduz sua vida intelectual perfeitamente interligada à sua vida pessoal e afetiva. A sala principal de seu apartamento em São Paulo revela, por meio da organização estética que mistura livros, obras de arte, artefatos artísticos, a sua personalidade marcante.

Com uma decoração em que predomina as cores fortes refletindo seu espírito nada conservador, o universo de seu apartamento parece ter sido pensado para receber muita gente, com sofás e poltronas obedecendo a uma disposição que facilita o diálogo entre amigos, orientandos, pesquisadores e intelectuais. Tudo neste universo acontece com a cumplicidade de sua família.

Quando não está em alguma de suas inúmeras viagens, recebe aos sábados grupos de amigos que vêm almoçar e discutir filosoficamente questões sobre arte/educação e arte. Ana Mae é casada com o professor de literatura comparada da USP João Alexandre Barbosa, intelectual reconhecido e respeitado por sua produção em literatura, esses almoços transformam-se em instigantes desafios ao pensar. E foi em uma dessas reuniões, que o professor João Alexandre revelou: Ana Mae nasceu no bairro de Vila Isabel, no Rio de Janeiro. Ela complementou dizendo que com a morte de seus pais foi morar em Alagoas e, ainda adolescente, foi estudar em Recife. Lá fez o curso normal e o de direito, casou e teve dois filhos – Frederico e Ana Amália. Lá, também, fez amigos e começou sua vida profissional, por isso se assume como culturalmente pernambucana.

Tudo no seu apartamento reflete o respeito que tem pelos livros, pelas obras de arte, por sua família, por seus amigos/aprendizes e pelo desejo de conhecer. O cenário em que vive Ana Mae traduz a postura que tem como profissional e como pessoa. Centrada em seu universo de busca constante de conhecimento e conectada com o mundo de ideias, de teorias e de construções filosóficas de nosso tempo, mantendo sempre uma atitude de questionamento e respeito pelo pensamento divergente, revela assim sua intimidade com o ato de polemizar.

Ana Mae pode e deve ser considerada a filósofa de nossa arte/educação, tendo constantemente se destacado por suas posturas críticas e reinventivas, dentro e fora do Brasil. Deste modo, não foi por acaso que recebeu, em 1999, o prêmio da Interational Society for Education Through Art (INSEA). Ela foi a primeira mulher latino-americana a ser agraciada com esse prêmio.

Suas obras são referências imprescindíveis para compreendermos a história da arte/educação no Brasil, a transição entre o modernismo e o pós-modernismo e a postura conceitual e política do arte/educador entre outros aspectos.

Durante a entrevista, Ana Mae não escondeu o tom apaixonado e questionador que a caracteriza, revelando fatos históricos sobre o MEA, e o respeito que tem por Noêmia Varela e Paulo Freire (seus mestres intelectuais), a relação divergente com Augusto Rodrigues, a criação da Escolinha de Arte de São Paulo (EASP) e de Brasília e, finalmente, suas principais críticas ao MEA.

FA – Gostaria primeiro que você colocasse uma lembrança da juventude, em relação à questão dos primeiros contatos com a arte. Depois, o contexto cultural em que esses primeiros contatos aconteceram e o desenvolvimento dessa opção, mas gostaria de que fosse pela via da memória (da recordação). Não pela via acadêmica.

AM – O meu primeiro contato com a arte? A minha mãe era musicista, mas faleceu quando eu tinha seis anos de idade. Ela era considerada, na família, "a talentosa" e, com a sua morte, fui viver com os meus avós, os pais dela, e então criei uma verdadeira resistência em relação à música, porque ouvia constantemente a frase: "Ah! A mãe era tão inteligente! Que pena que a filha não é assim", e ouvia isso da família e dos amigos de minha avó quando minha avó também comentava a inteligência e o talento da minha mãe. E sempre vinha o – "Era tão bom que você fosse talentosa como a sua mãe". Além disso, criou-se também um problema em relação à música erudita. Em casa todos os discos foram dados e quando tocava no rádio uma música erudita que a minha mãe costumava tocar, minha avó chorava. Então fui relacionando música com tristeza e raiva de não ser tão boa quanto a minha mãe. Em relação ao visual tem também um episódio terrível, mas tentei sobrepujar. É que estudava num colégio de freiras em Alagoas e houve um dia em que a freira nos mandou observar a estampa de uma borboleta para desenhá-la, e eu extrapolei na borboleta. Provavelmente desenhei algo que lembrava outra coisa. Hoje penso que a famosa borboleta desenhada por mim devia ser muito vaginal, como são as borboletas da Judy Chicago que deram lugar depois àquele projeto *The Dinner Party* que é uma homenagem às mulheres. Os pratos desta instalação são todos vaginais e as borboletas de Judy Chicago eram vaginais. Tenho a impressão de que a minha borboleta deve ter sido alguma coisa parecida, só pode ter sido isso, porque a reação que gerou na freira foi tão absurda: mandou-me ficar em pé e disse horrores do meu desenho, que aquilo ali era uma incapacidade absoluta, deu zero no meu desenho. Estava com tanta raiva que resolveu rasgar o desenho. Fui a única da sala de quem recusou completamente a borboleta. Tinha extrapolado, havia pintado o fundo, e ela queria uma borboleta bem realista. Os desenhos das outras ela mostrava: "olha que maravilha". E eu achava horríveis. Eram desenhos tímidos da borboleta. Naquele dia comecei a cutucar na biblioteca do meu avô para ver obra de arte. Meu contato com a obra de arte começou assim, para olhar e me convencer de que não era possível que arte fosse como as freiras queriam; devia passar pela minha cabeça que não era possível que o ruim para todo mundo estivesse bom para mim, entendeu!?

Comecei a consumir as imagens da arte. Cinema foi muito importante para mim. Tinha fascínio, quando adolescente, por cinema e colecionava fotografias de artistas de cinema. Rolava uma de troca, como hoje se trocam *cards*, nós trocávamos fotografia de artistas de cinema, eram caras na época. Então, começa bem por aí, até que fui para Recife. Na escola normal, nunca fui bem em matemática, tampouco em desenho. Eram as duas áreas em que não fui a primeira da classe. Assim que acabei de fazer a escola normal comecei a ensinar na escola primária, mas ao mesmo tempo fui fazer dois cursos. Fui compensar as minhas falhas e me matriculei num curso de matemática que era muito bom. Esse professor já morreu, depois lecionou na Universidade (refere-se a Waldecy Araújo). Acabara de chegar da França, na ocasião, com a matemática moderna e foi um encanto para mim. A matemática, a lógica, que nunca tinha conseguido entender. Dei-me tão bem, que quando acabei o curso chamou-me para trabalhar com ele, mas, ao mesmo tempo, estava tendo o deslumbre do contato com Paulo Freire e Noêmia Varela, a partir de um curso de preparação para o concurso de professora primária. Fiquei totalmente encantada em saber que estava certa e as freiras erradas (risos). Tinha me expressado e tinham recusado minha expressão, mas, na minha própria casa, já ficara mais pacificada com isso, porque na casa do meu avô havia muita reprodução de arte impressionista. Não havia modernismo na casa de meu avô, mas havia muita coisa impressionista, entendeu!? (Retornando à experiência da borboleta no Colégio de Freiras), e que a borboleta era só de pinceladinhas que tinha feito sem conhecer o impressionismo. Tinha sido meio pontilista. Já estava pacificada pelo impressionismo que via nos livros da casa de meu avô.

Do contato com Paulo Freire e Noêmia Varela, começou a minha relação com a Escolinha. Comecei a ver muita arte. Era noiva de João, que era sobrinho de Abelardo Rodrigues. Meu curso informal de história da arte foi dado por Abelardo Rodrigues. Abelardo Rodrigues foi meu primeiro professor de história da arte e era uma experiência fantástica, pois ele era o que Elliot Eisner chama de "conhecedor". Ele sabia discutir e ensinar a ver; até hoje eu tenho uma santa, ali, (mostrando uma santa em um canto de sua sala), que comprei e hoje o pessoal que chega aqui em casa se espanta e diz: "mas isso é uma fortuna de caro!". Mas comprei baratíssimo numa feira, porque na imagem reconheci uma produção das Missões. Fui educada por Abelardo a conhecer o que era um santo feito nas Missões. Ensinou-me muito, discutia com a gente, fazia brincadeiras e nos testava "vejam, qual foi feita em Missões? Qual é a mais europeia? Qual é a mais portuguesa? Qual é a mais mineira?", aí a gente ia descobrindo na conversa as características do barroco. Nos santos de Missões, as características mais fortes são panejamentos retos e o detalhe de esconder as mãos. Abelardo foi também meu professor de arte moderna.

A minha educação de arte moderna foi feita primeiramente naquela coleção de desenhos que hoje está no Museu de Olinda (Museu de Arte Contemporânea de Pernambuco). Ele possuía desenhos de quase todos os modernistas do Rio de Janeiro da década de 1930 e 1940 com biografias escritas por eles – era uma fascinação –; nós íamos para lá de noite e ficávamos horas discutindo arte. João era muito amigo de Abelardo, porque além de ver em João um diferente na família, tinha muito problema com a família da mulher, uma família de capitalistas portugueses. Não entendiam como tia Irene gastava tanto dinheiro naquela coleção do Abelardo. Como Abelardo era um estranho no ninho na família dela descobriu em João também um estranho no ninho na família dele, foi um acolhimento tremendo que deu a João e a mim também. Por meio de Abelardo fui para a EAR. D. Noêmia estranhou quando cheguei lá na Escolinha: "Eu estou aqui à disposição". "Como?", disse D. Noêmia. Respondi: "Pois é, venho através de Abelardo e de Fernando Amorim" (pai de Clarice Amorim, arte/educadora pernambucana, amiga de Ana Mae desde a adolescência), que tinha na Secretaria de Educação vários amigos. De repente, antes de avisar a D. Noêmia, estava lotada na Escolinha onde eu já estagiava.

Tive uma outra grande escola, o Gráfico Amador, que foi escola de toda uma geração. No Gráfico Amador duas figuras para mim foram absolutamente excepcionais: os escritores Orlando da Costa Ferreira e Gastão de Holanda. Gastão era uma pessoa absolutamente excepcional, porque dava enorme importância às mulheres do Gráfico, diferente do resto do grupo. Os mais jovens do Gráfico eram muito machistas, mas o Gastão não. Dizem hoje que o Gastão era muito paternalista, mas quando você vive numa sociedade machista o paternalismo é uma bênção; assim eu via em Gastão um respiro. A primeira vez que falei para um grupo de intelectuais de todas as áreas sobre arte/educação foi a convite dele. Era em sua casa e foi uma saraivada de contestação. Analisei o trabalho de Gaida ao longo de vários anos. Foi uma saraivada em cima de mim e a única pessoa que mostrou disposição para entender do que estava falando foi Gastão. As mulheres calavam e os homens queriam destruir meus argumentos.

FA – E como foi a repercussão dessa fala?

AM – Essa fala foi uma tragédia. Levei os desenhos de Gaida desde os seis até os dezoito anos de idade, para mostrar uma sequência de trabalhos feitos com ela por D. Noêmia. Usei até depois no meu livro (referindo-se a *Recorte e Colagem: influências de John Dewey no ensino de arte no Brasil*) uma pequena sequência, porque insisto nas derrotas até me convencer que perdi ou até vencer. No livro uso somente quatro imagens. Mas foi um desastre, porque todo mundo dizia: "você está dizendo o quê? Que ela hoje desenha bem? Esse desenho é uma porcaria". Foi uma coisa trágica, todo mundo criticando o que Gaida fazia, minha defesa era modernista: "não estou dizendo que é uma artista, estou dizendo que só chegou a isso aqui porque se desenvolveu, senão ia ficar naquilo, naquela de casinha com árvore". Insistia: "é isso que estou dizendo, que ela só chegou a isso porque desenvolveu a capacidade de ver. O desenho de observação dela é muito bonito, mas o problema não era esse". Não queriam ver, mas destruir, porque eu era mulher. Afinal, quem era eu para julgar uma coisa boa ou ruim? Um dos que mais massacrou foi Jorge Martins, foi a pessoa que mais atacou e com quem mais discuti nessa noite. Um excelente amigo que me levou a não ter medo de discutir com os homens. Gastão de Holanda foi um dos únicos que tentou entender o problema que eu estava colocando, um problema modernista da evolução da capacidade criadora, da evolução da capacidade de desenhar, de ver, de percepção visual. O resto foi massacrador e quanto mais o interlocutor era próximo à minha idade, mais massacrador. Então, fui a única mulher do grupo criado no Gráfico Amador, naquela época, a me expor e tive de aguentar a barra. Naquela ocasião, nesse circuito, eu fui a única a topar falar do meu trabalho para o grupo, e só muitos anos depois, é que percebi; era muito louca para dar a minha cabeça para bater. Foi loucura. Voltemos às influências. Aprendi muito com Abelardo e com todas as brilhantes cabeças do Gráfico Amador. A "Escola de Abelardo" mais *relax* e a do Gráfico mais tensa por ser mulher. Só fui fazer um curso de história da arte sistemático um pouco depois, quando D. Noêmia levou Carlos Cavalcanti para o Recife. Depois organizei um curso de história da arte com o professor Marcelo. Eram sistematizados, mas não eram cursos formais. Curso sistematizado e formal fui fazer nos Estados Unidos quando fiz mestrado. Curso sistematizado de história da arte americana, ou acerca do modernismo europeu. Todos os cursos que fiz lá eram sobre o código europeu e norte-americano branco. Não estudei nenhum artista negro americano e meu curso foi em 1972. Estudei com um dos grandes historiadores da arte americana, era um homem famosíssimo. Nós servíamos de cobaia para ele, para os *papers* que ia apresentar nos congressos etc., o que era muito bom, pois de volta dos congressos nos falava da reação do público ao trabalho, que havíamos discutido, e nos trazia muito material de pesquisa.

FA – Queria voltar só um pouquinho e tentar saber qual a memória mais forte, mais afetiva do início do movimento, ou melhor, quando você percebeu que era movimento?

AM – Não houve propriamente uma percepção; isso nos foi dito logo no começo quando fiz o curso de preparação para professora primária com Paulo Freire e Noêmia Varela. Ela já vinha nos contando que aquilo era um movimento, então, no meu primeiro contato com a EAR, já sabia que a instituição não era isolada. Fiquei logo sabendo que havia no Rio Grande do Sul, no Paraná. Estava se criando uma no Paraguai, na ocasião. A do Recife tinha se criado muito recentemente. Fiz esse curso em 1955.

FA – E naquele momento? Como é que você via esse movimento?

AM –Logo que comecei a estagiar na Escolinha, vi D. Noêmia voar do Recife para o Rio de Janeiro. Para mim era uma coisa muito natural, porque na minha casa era também assim; a referência cultural era o Rio de Janeiro. Minha mãe e minha tia estudaram no Rio. Para mim, a EAR estar sempre se referindo ao Rio de Janeiro era um reflexo da cultura do cotidiano de minha casa. Minha avó era de Alagoas. Alagoas nunca se referia ao Recife. Na época, a referência era o Rio de Janeiro. Para sair do circuito do Nordeste o padrão de qualidade era sempre o Rio de Janeiro. Mesmo no Recife nos referíamos ao Rio e não a São Paulo quando se tratava de Cultura.

FA – E como é que funcionava a relação entre a Escolinha e a Secretaria de Educação do Estado?

AM – D. Noêmia foi a primeira pessoa a ficar à disposição da Escolinha e, não tenho muita certeza disso, mas penso que fui a segunda, porque aconteceu o seguinte: fui para lá fazer estágio, Abelardo me perguntou se queria ser transferida para a Escolinha, D. Noêmia achou boa ideia, mas nem chegou a pensar direito e Abelardo e Fernando Amorim conseguiram, como já relatei. O secretário da época era uma pessoa muito ligada a Abelardo e Fernando. O pai de Clarice era um homem extraordinário, um ser humano raro de se encontrar – foi, naquela, época dos poucos homens ricos do Nordeste preocupado com a inteligência feminina, com um certo desenvolver da mulher, uma das poucas pessoas que disse para mim: "olha, minha filha, você é muito inteligente, não pare de estudar". E Fernando era uma pessoa assim, não deixava para amanhã se pudesse ajudar alguém. Quando falei que gostaria muito de ficar na Escolinha, já tinha feito concurso e era efetiva. Saiu no diário oficial e não apareci, porque não sabia, nem tinha a menor ideia de que seria tão rápido. Foi um apadrinhamento, mas foi também uma espécie de prêmio porque tirei o segundo lugar no concurso para professora. Poderia ter escolhido a escola em que quisesse trabalhar, a melhor de todas, mas escolhi continuar numa escola de crianças muito pobres dos alagados dos Coelhos, onde já ensinava a um ano como professora substituta. Isso era influência de Paulo Freire e de Laura, a diretora, uma educadora excepcional. Ninguém acreditava que eu não queria ir para o estrelato, para a Escola de Aplicação do Instituto de Educação onde todas almejavam ensinar. Então, quando me encantei pela Escolinha e pedi para ir para lá tinha esse crédito de ter continuado depois o concurso numa escola pobre. Como não tinha escolhido ir para o estrelato, meus colegas da Secretaria acharam justo eu passar para a Escolinha.

FA – A Escolinha era um estrelato para a época?

AM – Não, mas era uma situação de exceção. Tinha uma certa aura burguesa. Em 1963, foi publicado um artigo do Aguinaldo Silva, naquele jornal considerado de esquerda que era do Samuel Wainer, esqueci o nome, que foi fechado na ditadura. Ele escreveu um artigo dizendo que a Escolinha era de burgueses e fui lá tomar satisfação com ele. Lembro que no meio da discussão disse: "Tudo bem! Você tem razão! Mas acontece que damos muitas bolsas". Havia realmente uma política de dar bolsas para crianças mais pobres etc., dar bolsa para a criança que precisava. Era o motorista de táxi que aparecia com o filho, mas não deixava de ser uma escola que servia à educação da alta burguesia econômica ou intelectual do Recife. De qualquer maneira era uma situação de excepcionalidade. Não diria que era estrelato, como era a Escola de Aplicação; esta sim era o estrelato intelectual. Você ia para lá escrever artigos em jornal, artigos em revista, e ser depois poderosa, exercer o poder na Secretaria de Educação.

FA – Como os educadores da época percebiam o trabalho da Escolinha? Como percebiam a importância da arte?

AM – Ah! Teve repercussão naquela época, houve muita flexibilidade para ver a arte, porque estávamos em pleno modernismo, modernismo tardio. Na realidade o modernismo só chegou plenamente na educação depois da década de 1940. Tivemos o Movimento Escola Nova que foi abafado por uma ditadura. Foi um tremendo hiato da Escola Nova para a criação da EAB em 1948. Educador era considerado comunista. A Escola Nova havia criado a categoria de educador, e quando chega a ditadura do Estado Novo, Anísio Teixeira teve que ir para o Amazonas. A redemocratização do ensino de arte é mais tardia do que a da educação em geral, que começa em 1945, logo depois do Estado Novo. Só em 1948 começa o trabalho de redemocratização da arte/educação através das Escolinhas.

FA – Então você percebe que o MEA teve importância fundamental para a oficialização do ensino de arte?

AM – Ah, sim! Claro! Agora, voltando um pouco a essa questão política, para mim sempre foi um problema não resolvido. Saber que o MEA participou do movimento de redemocratização do Brasil, mas saber que estava muito mais aliado à burguesia, isso era uma coisa que me perturbava politicamente. Uma das razões da EASP ter fechado foi essa dicotomia que perturbava a cabeça de alguns de nós. Todo mundo da Escolinha era de esquerda e alguns até chegaram a esconder gente perseguida dentro de casa em São Paulo. Havia Joana (Joana Lopes, professora de Teatro), que dizia: "Gente!, Se eu sumir é por problema político". Joana era a mais atuante. Alguns eram da alta burguesia, mas de esquerda, alguns da classe média de esquerda e tinha a Joana, militante que conhecia mais o pessoal que estava na clandestinidade e ia pedir socorro na casa dela.

Nós perguntávamos: "A pesquisa que a gente fizer aqui tem valor? Pode ser generalizada?" Aí começamos a dar bolsas para a classe baixa periférica da burguesia, mas nunca nos satisfizemos a esse respeito, porque dizíamos o seguinte: "Nós temos sim, a classe pobre, mas é a classe pobre periférica da burguesia. Era o filho do motorista da madame. O filho da empregada doméstica que é periférica da burguesia, mas cadê a classe operária que não tem contato direto com a informação?". Isso nos perturbou muito. Nós lutamos muito para a introdução da arte/educação na escola pública. Demos muita aula na escola pública. Nós da EASP íamos aos congressos defender a arte na escola pública, tentávamos convencer. Tínhamos como objetivo a integração da arte na escola pública e isso era um pouco diferente das Escolinhas, que muitas vezes negaram ser possível a integração da arte dentro do currículo. Dizia-se que o currículo iria abafar, amordaçar a arte e que o ideal era ser mantida fora da escola. Então havia aqueles que defendiam a existência da Escola-Parque, como Anísio Teixeira, um modelo de escola vinda dos Estados Unidos e da Rússia. Eram escolas onde os alunos iam em horário diferente da escola comum. Desde o começo da Revolução Russa era assim. A criança passava quatro horas na escola, quatro horas no Centro dos Pioneiros, fazia exercícios, artesanato, esportes, dança, teatro, música. Eram grandes centros. No MEA havia uma corrente que era contrária, e nunca se entusiasmou com a integração da arte na escola. Quando em 1971 a arte entrou no currículo, havia quem criticasse essa entrada por não valorizar a arte; e outros por valorizá-la muito. Tinham medo que fosse submetida às outras disciplinas e que a escola tornasse a arte uma espécie de auxiliar das outras disciplinas. Havia essa discussão, e nós aqui da EASP defendendo a integração da arte na escola. A Escolinha existiu aqui de 1968 a 1971. Joana e eu éramos grandes defensoras da arte no currículo. Mas, depois da obrigatoriedade decretada, todas as Escolinhas procuraram contribuir. Houve um seminário depois disso na Universidade de Brasília (UNB), organizado por Terezinha Rosa Cruz, no qual se defendeu a interdisciplinaridade que praticávamos na EASP. Na EASP nós tínhamos a música, o teatro, a dança e as artes plásticas com professores diferentes, todos com formação específica, apesar de termos acertado pouco com música, porque era difícil encontrar quem ensinasse música com métodos homólogos aos nossos métodos nas outras áreas, baseados na liberdade de expressão porém com sistematização. Sistematização no sentido de ser capaz de dizer porque e como se estava fazendo isso ou aquilo em dança; o Laban nos dava um respaldo.

FA – Fale das pessoas que passaram pela EASP?

AM – A EASP foi criada em 1968. Trabalhamos nos anos duros da ditadura. Ela se tornou um lugar onde os intelectuais eram chamados a colaborar. Fizemos cursos sobre literatura, sociologia, antropologia etc. Antônio Cândido, Walnice Nogueira Galvão, Manuel Berlinck, Francisco Weffort, Juarez Brandão, todos deram aula. Havia um movimento enorme de cursos. Ela acabou por problemas financeiros, porque nós dávamos muitas bolsas e o aluguel ficou muito caro, mas quando inauguramos, a nossa proposta era fazer pesquisa, excitar nossas mentes. O trabalho foi um estímulo para que todas quisessem estudar mais. Tinha uma moça muito interessante, a Regina Berlinck, que foi estudar cinema na Escola de Comunicação e Artes (ECA) da USP, e até hoje trabalha com cinema. Outra, a Célia Cymbalista tornou-se uma conhecida ceramista, mas na ocasião resolveu estudar pedagogia. Maria Helena, a professora de dança resolveu ir para Londres estudar. Então não sobrou ninguém, todos estavam interessados no seu próprio desenvolvimento, inclusive eu que resolvi fazer mestrado nos Estados Unidos. Havia uma mulher magnífica, com perfil de administradora, mas perdi o contato com ela, a Julieta Berlinck. Quem ficou comigo por mais seis meses foi a Madalena Freire, mas o aluguel ia triplicar, era altíssimo, fomos obrigadas a fechar.

FA – E a exemplo do curso que existia na EAB, vocês fizeram algo parecido?

AM – Nós fizemos um curso de formação de professores muito bem sucedido; era uma briga para conseguir vaga. Ricardo Ribenboim, aos dezoito anos de idade, lecionava na Hebraica, mas se plantou na porta da EASP, dizendo que queria fazer o curso e fez, embora as vagas já tivessem se esgotado.

FA – E havia intercâmbio entre as Escolinhas nesse momento dos cursos?

AM – Havia. Não entre os cursos. Nós chamávamos professores daqui para dar palestras ou dávamos nós mesmas os cursos. Lembro que fui para Coventry (no Reino Unido) para o congresso da INSEA, em 1970, levar o trabalho da EASP. Fui com o dinheiro do curso para professores que tinha dado na EASP.

FA – O fato de você ter sido a primeira mestra, a primeira doutora no ensino de arte, como isso funcionou em relação ao movimento?

AM – Durante dez anos fui a única doutora em arte/educação no Brasil e a única orientadora do programa de mestrado e doutorado da ECA. Brincava com o pessoal dizendo: "Gente! Isso aqui é uma ficção! Como é que existe uma linha de pesquisa com um professor só? Tudo bem! Eu aguento! E isso é muito pesado!". E como tem sido pesada, muita coisa. Por exemplo: fui a primeira arte/educadora de São Paulo a dirigir um museu. Isso foi uma carga violenta. Além de ser nordestina, pois sempre me identifiquei como pernambucana, era arte/educadora. O preconceito foi muito forte; um aluno meu e funcionário do MAC disse para mim: "acho que seu problema é não ser daqui. Só alguém de São Paulo pode entender o MAC (Museu de Arte Contemporânea da Universidade de São Paulo), a importância do MAC". As coisas que ouvi eram absurdas nesse período, e ser arte/educadora piorava tudo. Fiz muitas curadorias e trouxe artistas como Christo, Barbara Kruger e Frank Stella. Alex Katz, Clans Oldenburg, Larry Rivers fizeram gravuras especialmente para o museu. Consegui isso tudo e ainda continuaram dizendo que eu só fazia arte/educação. Era preconceito mesmo. Agora, fiz o que quis em arte/educação e acho que mudou a cara da arte/educação no país o trabalho que fizemos no MAC. Fiz o catálogo das obras do museu quando o último fora editado em 1973 por Zanini, catalogação que tinha começado com Aracy, terminei e publiquei o catálogo. Fiz a informatização de todas as obras do museu, com imagens, e tinha computador com programas para se consultar as imagens em vários pontos da USP, inclusive no Centro Cultural Maria Antonia. Até construí a sede da Cidade Universitária, em plena era Collor com o dinheiro do Brasil congelado. Com tudo isso, ninguém podia dizer que só fazia arte/educação. Essa coisa é curiosa, arte/educador é sempre suspeito de estar fazendo coisas medíocres e de ser corporativo.

FA – Pelos artistas?

AM – Por todos. Por historiadores, é pior ainda! São em geral muito conservadores e se acham no direito de serem os donos da arte.

FA – Afirmei numa conversa com D. Noêmia que o Movimento de Arte/Educação (MAE) difere do MEA do ponto de vista filosófico e político e ela discordou. Entende que um é a continuação do outro. Como você vê isso?

AM – Para mim é complicado, não queria, tanto que reagi quando encontrei esta afirmação no seu trabalho. Depois vi que você pôs no seu trabalho, porque encontrou isso nos Parâmetros Curriculares Nacionais (PCNS). Quando li isto nos PCNS, que o Movimento de Arte/ Educação começou em 1980, disse para Helô Ferraz e Mariazinha Fusari "Pelo amor de Deus! Não digam isso!", porque aprendi o termo arte/educação com D. Noêmia, portanto, já existia. Aí as duas me convenceram: "Não. A gente sabe que o termo já existia, mas o que havia era o MEA. Arte/educação dentro do MEA. O MAE a gente data da Semana de Arte e Ensino porque se trata de um movimento eminentemente político, é diferente". Concordo com os dois lados O MAE é uma continuação do MEA, mas diferentemente direcionado. O MAE é diferente pela tônica política e pela adesão à pesquisa. Aí concordo com Helô e Mariazinha. Mas, inicialmente tive a mesma reação que D. Noêmia. E pior, perguntava: "o que vão dizer de mim? Que eu estou querendo que as coisas comecem comigo? Isso é um absurdo total!" Politicamente o MAE nasce de uma luta contra o governo ao qual a Sobreart e a EAB eram ligadas umbilicalmente através da diretora de ambas, Zoe Chagas Freitas. Ela era mulher do governador do Rio e se recusou a ajudar, contra o governo Maluf, que aqui em São Paulo criou um programa de movimento coral. A educação artística passou a ser só canto-coral, porque Maluf queria fazer a festa de Natal no Pacaembu com milhões de vozes de crianças cantando. Cada professor que preparasse seus alunos para cantar as musiquinhas escolhidas ganharia cinco pontos de acesso na carreira docente. E sabe quanto valia o mestrado nessa época? Dez pontos! Então nós ficamos umas feras com isso e não encontramos ninguém que nos apoiasse. O Movimento Coral, um grupo bom de profissionais sérios de canto coral, começou a luta e apoiou a gente. Foi aí que surgiu a necessidade de uma entidade para falar por nós; decidimos fazer um encontro para fundar uma associação. Um encontro com cerca de três mil pessoas na ECA, a Semana de Arte e Ensino em 1980. A Libelu bloqueou nosso propósito, mas foi criado um núcleo pró associação e no ano seguinte a Associação de Arte/Educadores de São Paulo foi fundada inicialmente para lutar contra a política cultural de Maluf.

Fiz Escolinha até 1980. Digamos que a experiência da EASP é a experiência do MEA ao qual tínhamos orgulho de pertencer, partilhávamos a mesma política. Servíamos à burguesia, tentando aplacar nossa consciência, por causa disso, demos bolsas de estudo etc. Começamos a mudar quando insistimos na ideia da arte entrar na escola comum. O grupo todo da EASP éramos MEA, íamos a todas as reuniões do MEA no Rio, mas nós víamos como um mal necessário trabalhar fora da Escola, porque não podíamos estar dentro dela, queríamos nos inserir na escola pública para que todas as classes sociais tivessem acesso a arte e vimos que essa luta não se daria só no plano intelectual, havia de ser política também. Há uma diferença básica; o MAE passa a se vincular às pesquisas e às universidades, mas as Escolinhas não tinham vinculação com pesquisa.

Começamos muito empiricamente a pesquisa na EASP. Mas essa ideia de pesquisa para ver o que vai acontecer e depois você elaborar isso teoricamente, não havia no MEA. Isto surge com as pós-graduações nas universidades. Começa a haver muito inicialmente na EASP e passa a se consolidar depois nos anos de 1980. As primeiras teses no Brasil foram de 1982. Lembro que já fazia algumas pesquisas históricas desde 1972 para o meu mestrado, e que uma das grandes chateações de Augusto Rodrigues foi com o meu livro *Teoria e Prática da Educação Artística*, pois refiro ao trabalho de Mário de Andrade, que é anterior ao de Augusto. Mas essa coisa de ser pioneiro orgulhava muito o Augusto. Julgou que por me referir ao trabalho do Mário, criando bibliotecas infantis e escolas infantis com ênfase em arte aqui em São Paulo, implicitamente estava questionando seu pioneirismo. Augusto discutiu isto comigo e chegou a dizer que o Mário estava preocupado com a arte e ele com a Educação, o que não é bem verdade.

FA – Pode-se dizer que o MEA sistematizou melhor?

AM – Não! Começamos a pesquisar, a desconfiar mais, chamo até de primeira fase de desconfiança. Outro dia, alguém me lembrou que numa palestra eu dissera que "a época da Escolinha de Arte foi um período de fé na arte/educação". Eu diria, por extensão, que o MEA foi um período de fé na arte/educação. Depois começa o período da desconfiança, questionamos o MEA, nunca criticamos pois sabíamos em que sociedade o MEA operava, mas nos inquietavamos politicamente: "Estamos trabalhando apenas para uma classe social?" Esta foi nossa primeira desconfiança. Surgem mais questões: "O que é aprender e ensinar? O que é aprender para a criança? De que arte estamos falando? Você prepara para a aprendizagem da arte? Ou não interessa aprender arte? O que importa são somente os efeitos da arte na educação?" Para mim, foram muitas as perguntas que me influenciaram: "Estou trabalhando apenas para uma classe social burguesa que já tem tudo e ainda mais um pouco de compreensão de arte? E só para os periféricos da burguesia, a classe periférica? Por outro lado nos perguntávamos: "Será que as crianças que passam quatro ou cinco anos fazendo arte na escola, se desenvolvendo criadoramente através do fazer arte depois vão ser bancárias? Como é que elas vão continuar a se desenvolver criativamente?". E essa é uma pergunta terrível, porque vivi isso.

No Recife, no Grupo Escolar Manoel Borba, tive como alunos crianças pobres e trabalhava com arte. Além disso, acreditava tanto na liberdade de expressão que usava um processo engraçadíssimo. Por causa da crença na autoexpressão, tinha horror a ver criança escrever sem entender o que estava lendo. O famoso "escreveu não leu o pau comeu!". Não tinha mimeógrafo na escola, não havia nada. Achava que criança tinha que fazer dever de casa, principalmente pela classe social, porque tinha de interessar o pai e a mãe pelo que ela estava fazendo e etc. Aí pegava papel de seda, várias camadas de papel de seda e entre elas, papel carbono, e fazia o dever para as crianças. "Complete: eu gosto de... Faça as continhas: Some 3+5+2 etc.". Fazia tudo e dava para a criança que precisa escrever ali as respostas, só as respostas. Havia um problema, porque elas estavam começando a escrever, então possuíam a escrita muito pesada e, às vezes, o papel se rasgava, não queriam trazer rasgado. Alguns pais inventaram de colar um papel mais forte e deu certo. Era um ensaio de acerto e erro, tentando chegar lá, porque eram quarenta alunos. Não é como hoje, que há o computador.

Anos depois houve uma coisa que me marcou muito. Um dia, já vivendo em São Paulo, fui ao Recife. Já estava na EASP e entrei naquela casa de tecidos, Casas José Araújo. Uma balconista vem me perguntar se tinha ensinado no Grupo Escolar Manoel Borba. Disse que sim e a menina se mostrou encantada em me reencontrar, disse que foi minha aluna. Fiz uma pergunta a ela: "você lembra o que você fazia na minha aula?" "Eu desenhava e pintava muito e tinha os exercícios que a senhora fazia em papel de seda e que aquilo era um inferno para mim, porque eu rasgava e chorava quando rasgava o papel, porque não podia entregar sujo, mas só depois entendi que a senhora não exigia, não precisava ser limpinho e arrumadinho". Aí, fiz outra pergunta: "você acha que isso serviu de alguma forma para você?". "Eu penso que sou mais feliz que a maioria de minhas amigas que nunca tiveram esse tipo de ensino". Ela não disse com essas palavras, mas era mais ou menos isso. Ela continuou explicando que conseguia ter prazer de ver e apreciar coisas simples como os grafites nos muros e os filmes no cinema, mais do que as outras que não tiveram tal oportunidade. Isso balançou minha cabeça. Essa resposta leva a outras perguntas: "será que estamos ensinando comportamentos cognitivos, estilos cognitivos? Que tipo de aprendizagem está se dando?" Às vezes recebia reclamação de alguns pais, porque, para eles, as crianças não estavam aprendendo nada e só desenhavam. A Laura, diretora da escola, ajudou-me muito. Laura era historiadora e uma mulher muito interessante. Depois foi ensinar numa universidade.

FA – O que levou você a diferenciar o movimento modernista do movimento pós-modernista em arte/educação?

AM – Olha, uma interpretação completamente errada se dizer, por exemplo, que a abordagem triangular é uma cópia, ou transcrição para o Brasil ou ainda uma adaptação do DBAE (Discipline Based Art Education), completamente errado. Minha primeira influência não foi do DBAE e epistemologicamente não é, porque o DBAE transforma em disciplina os componentes da aprendizagem: nomeia a crítica de arte, a estética, e a história da arte e desde o começo a abordagem triangular não tomou o fazer artístico, a leitura da obra de arte e contextualização como disciplinas, mas como ações. Crítica, estética, *gestalt*, semiótica, seja o que fosse. O professor podia escolher a disciplina com a qual podia trabalhar em leitura e em contextualização.

No começo, designar a história da arte como componente foi mais uma influência do museu, território onde foi sistematizada, do que do DBAE. Museus respiram história e aspiram ao histórico. Há uma aproximação epistemológica muito maior da Abordagem Triangular com o Critical Studies, inglês do que com o DBAE americano. O fato de ter estudado nos Estados Unidos me torna sempre suspeita de americanismo.

Em 1982, passei o ano inteiro na Universidade de Central England, a Politécnica de Birmingham. Vi começar a discussão sobre pós-modernidade no ensino da arte sem ainda se usar o termo. Encantei-me com as ideias de Peter Fuller que criticava o expressionismo em arte/educação chamando-o de academicismo do modernismo. Havia um debate de Peter Fuller em que desancava o Herbert Read, injustamente, pois quem merecia crítica eram os que atribuíam a Read adoração do espontaneísmo. Mostrou-se depois que Read não era o espontaneísta que os modernistas tinham feito dele. Eu estava influenciada pelas ideias de Peter Fuller, porque ele discutia hegemonia cultural. Era o começo do multiculturalismo. Passei pela primeira experiência multiculturalista de uma universidade inglesa. Estava na sala e Helga, uma das professoras, me convidou para participar de uma pesquisa que pretendia criar um material didático para escola primária sobre um objeto que tivesse diferentes usos ou significações em diferentes culturas. O objeto escolhido foi a pipa ou pandorga ou papagaio como dizemos em Recife. Nós estávamos começando a fazer um trabalho em direção a um material para desenvolver o pensamento multiculturalista. Fizemos visitas a museus para ver diferentes pipas de outras culturas, muitas construídas como instrumento de pesca e não como brinquedo. Discutia-se com os alunos forma, função, diferenças e semelhanças, mitos e iconografia histórica etc. Tudo isso me levava a pensar: "O que esses ingleses estão querendo? Se redimir do colonialismo?"

Quando voltei, em 1983, organizei a parte pedagógica do Festival de Campos do Jordão, (dirigido para professores do ensino público) em que se começou a tratar de arte/educação com uma visão pós-moderna, na qual a contextualização era a base de tudo. A leitura do entorno era a contextualização de tudo que a gente estudava. Para começar, fizemos uma pesquisa sobre o que havia de cultura em Campos do Jordão. Quais os agentes culturais? Foi extremamente rica a pesquisa que embasou nosso trabalho e era o começo. Os americanos ainda não tinham chegado ao DBAE. Só fui conhecer o primeiro livro sobre DBAE em 1984. Quando li foi fantástico, eu dizia: "É tudo parecido ao que estávamos fazendo no festival".

Entretanto, para mim, a influência maior foi do Critical Studies. Outro dia, um amigo, o Juan Carlos Araño de Sevilha me disse que via em meus textos influência de David Thistlewood. David foi o grande teórico do Critical Studies. Na Proposta Triangular houve enganos corrigidos depois como o de designar um dos componentes como história da arte. Não é história da arte, mas contextualização, seja social, sociológica, psicológica, enfim... do objeto ou do campo de sentido da arte, o que é requerido na Abordagem ou Proposta Triangular.

FA – E agora, só uma perguntinha. E sua maior fortuna?

AM – Encontrar gente interessante no meu caminho. Não é brincadeira encontrar Noêmia Varela e Paulo Freire e adotá-los como pais intelectuais. Minha sorte é ter encontrado muita gente interessante. Ter me apaixonado por um intelectual, porque se meu marido não fosse um intelectual, como eu iria equilibrar casamento, filhos, estudo, pesquisa, trabalho na sociedade pernambucana daquela época e mesmo em São Paulo? Eu e João tínhamos divergências intelectuais. Ele trabalhava num campo de conhecimento prestigiado, de superestrutura no Brasil, porque literatura é superestrutura no Brasil. Tem muito mais espaço e muito mais importância acadêmica do que qualquer outra área cultural. Herança jesuítica, não é? Ele era canônico e eu multiculturalista e adorávamos provocar um ao outro.

Tive muita sorte. Fui ensinar numa escola pública pobre no Recife. Não havia nem recreio. Nós tínhamos que comer na sala porque faltava espaço. Crianças dos alagados do Recife me fizeram entender a dignidade da pobreza.

Minha diretora (Laura) gostava de Educação e respeitava as crianças. Foi sorte ter encontrado gente assim. Os contatos com Abelardo. Foram também muitos os problemas. A faculdade de Direito foi um terror na minha vida, colegas e professores, barbaridade! Se não estivesse na Escolinha, não teria resistido até o fim na faculdade de direito. Lembro de um livro que me impressionou, na linha feminista, da Erica Young, *Medo de Voar*, porque descreveu o que eu vivia dentro da faculdade de direito. Mas até lá havia uma mulher maravilhosa, Eunice Robalinho, bibliotecária e mãe de uma das minhas três maiores amigas de adolescência. Tive encontros com mulheres muito interessantes e homens também, porque Paulo Freire, Abelardo e Gastão foram muito bons guias intelectuais. Minha fortuna foi ter encontrado gente boa no meio do caminho. E agora, os alunos são muito estimulantes, porque às vezes tenho vontade de desistir. Essa perseguição contra a arte/educação voltou ao que era antes e dá vontade de desistir, porque você vê que não adiantou nada. Chegou um momento que havia na ECA quatro doutores orientadores em arte/educação, agora só tem uma (referindo-se a Regina Machado) e sei o que é ser sozinha. Só não desisto realmente porque tenho meus alunos que são maravilhosos. Encontrei muitos alunos interessantes como Regina, as Helôs (Sales e Ferraz), a Lucimar, Cristina Rizzi, Lúcia, Analice, Rejane. Tanta sorte que tive mais de trinta alunos.

O PANO CAI... E SOU OBRIGADO A CONCLUIR.

> *como qualquer minoria, os arte-educadores precisam conhecer suas raízes, suas tradições, a herança de sua profissão, seus heróis e heroínas. Eles precisam conhecer acerca de seu passado, do mesmo modo que qualquer minoria precisa se orgulhar deste passado e de si mesmo.*
> ROBERT SAUNDERS

Noêmia Varela e Ana Mae são heroínas de nossa história da arte/educação. As importantes personagens de nosso estudo são referências por terem começado suas vidas profissionais no MEA, desafiando o conservadorismo da educação brasileira, que não percebia, (e ainda tem dificuldade em perceber), as importantes contribuições da arte para a educação.

Ana Mae, como ela própria diz, foi formada no modernismo, mas desde muito cedo elaborou críticas aos modos de ensinar arte que se fundamentavam na ideia da livre expressão, rebelando-se contra esse modelo, buscando alternativas reinventivas para a arte/educação nacional ao pesquisar o pensamento de John Dewey.

Desde seus primeiros voos, Noêmia Varela identificou-se aos ideais modernistas transformadores, fundamentada nas teorias humanistas do pós-guerra teve em Read e Lowenfeld as influências estrangeiras mais fortes. Tanto o primeiro quanto o segundo viveram os horrores da guerra: Read teve papel decisivo na fuga de Lowenfeld, quando Viena foi invadida pelos nazistas; e Lowenfeld contribuiu para a mais famosa obra de Read – *A Educação pela Arte*. Talvez, por isso, ambos tenham enfatizado nas suas obras o respeito à alteridade, a busca por democracia e paz.

Podemos dizer que Noêmia Varela é a mais representativa integrante do MEA; sua história confunde-se com a história do movimento. É uma significativa face da história da arte/educação brasileira, como ressalta Lucimar Belo:

> A professoralidade, e a pessoalidade de Noêmia estão ancoradas numa memória tríade: arte, cultura e educação. A sua trajetória instala-se numa produção de aquarelas, poemas, textos sobre experiências vivenciadas e falas sobre a arte e seu ensino. O imaginário se dá no coletivo, nos atos pensantes e imaginantes a operar relações e inter-re-

lações de inventividades de vidas, quer na Escolinha de Arte do Recife, na Escolinha de Arte do Rio de Janeiro, no Conservatório Brasileiro de Música (no Rio), ou nas muitas mesas redondas, congressos, salas de aula, espaços educacionais nos quais continua atuando (desde os anos 40). A síntese [...] visibiliza uma educadora que figurativiza suas memórias, interligando o sensível e o inteligível e, ao mesmo tempo, questionando os "espaços" da arte e da cultura na educação[20].

Assim, uma importante contribuição do pensamento de Noêmia Varela para as novas gerações de arte/educadores é o respeito à liberdade no processo de educação, processo de busca de emancipação pela via da construção dos saberes artísticos. Considero, portanto, que esta aprendizagem é a grande herança histórica que o MEA tem para oferecer às gerações seguintes.

Quando Ana Mae afirma ter como pais intelectuais Noêmia Varela e Paulo Freire, entendo que, como arte/educadora, foi formada no seio do MEA, mas desde muito cedo assumiu uma postura crítica dentro dele; além disso, também realça a importância do reconhecimento e orgulho do passado para a formação dos arte/educadores.

Ana Mae, por meio de sua obra e de suas posições políticas, preconizou a democratização da arte via arte/educação, partindo de Paulo Freire, Noêmia Varela e de seus estudos sobre John Dewey – educadores identificados com a reconstrução educacional e com a valorização da experiência estética.

Nos anos de 1980, Ana Mae, liderando um grupo de arte/educadores do MAC, do qual era diretora, sistematizou com inventividade a Metodologia Triangular.

Tal metodologia, mais tarde revista por ela mesma e renomeada de proposta ou abordagem triangular, propunha a articulação de três vertentes: a leitura da obra de arte, o fazer artístico e a história da arte.

A Imagem no Ensino da Arte anunciou a nova metodologia provocando uma intensa discussão entre os arte/educadores, reações adversas, leituras distorcidas e, até mesmo, certo modismo: quem trabalhasse com a triangulação era bom profissional e seus alunos aprendiam maravilhosamente bem. Ao contrário, aqueles que trabalhassem com a ideia da livre expressão eram considerados ultrapassados.

Entre as inúmeras reações contrárias à abordagem triangular, presenciei uma que ocorreu no Recife, protagonizada pelos arte/educadores da Secretaria de Educação da Prefeitura da cidade do Recife. Esse grupo assumiu, diante da proposta de Ana Mae, ao contextualizar a obra de arte e a estética do cotidiano, uma atitude de revolta. Revolta, hoje, compreendida como profunda identificação a uma atitude modernista que considerava o ensino da arte como uma atividade livre e espontânea e que, por isso, deveria enfatizar a catarse

---

20. L. B. Frange, *Noêmia Varela e a Arte*, p. 18.

emocional pela via do fazer. Defendiam o fazer, enquanto Ana Mae propunha um ensino contextualizado.

Esse acontecimento histórico foi registrado em um texto de Rejane Coutinho. Vejamos a seguir o que enfatiza a autora:

> A batalha de Ana Mae pela conscientização histórica dos professores de arte nos envolvia fortemente. O 3º Seminário de Arte/Educação realizado em Recife, em julho de 1988, organizado pelas Secretarias de Educação do Estado e do Município e pela Anarte, cujo tema – Repensar a credibilidade da arte/educação na escola pública – gerou polêmicas entre os diversos grupos de professores participantes.
>
> Na pessoa de Ana Mae, única convidada de outro Estado, se concentraram as divergências e as reações. Não foi por acaso que isso aconteceu. Sua presença carismática e o conteúdo de suas palestras: "A Modernidade e a Pós-Modernidade no Ensino da Arte" e "Metodologia da Apreciação Artística", provocaram inquietações. Hoje percebo que, na verdade, o que inquietava e incomodava o público presente ao seminário, era a ideia do resgate histórico como possibilidade de revisão do presente[21].

Surgiam, portanto, reações à ideia de arte/educação pós-modernista que vamos encontrar em *A Imagem no Ensino da Arte*, apesar de que, em seus textos, cursos, palestras e conferências, desde meados dos anos de 1980, há uma ebulição e um delineamento de contornos acerca das mudanças de paradigmas na arte/educação nacional.

A abordagem triangular apresenta-se como fato histórico, conceitual e político que alterou sensivelmente os rumos da arte/educação no Brasil, já que a mesma desencadeou um processo de debates sobre a transição entre o modernismo e o pós-modernismo.

Com estes fragmentos de narrativas memorialistas busquei religar tempos vividos por outros, com o tempo que vivemos; amalgamando fatos e imaginação tentamos contribuir para a recomposição de parte da história da arte/educação de nosso país, ao mesmo tempo em que reconstruímos a nossa identidade de arte/educador.

Ao final desta caminhada chamo a atenção para três pontos importantes que compreendi, no trabalho de pesquisa sobre a história da arte/educação no Brasil, por meio das narrativas memorialistas de Noêmia Varela e Ana Mae: a arte/educação é feminina no gênero, multiculturalista nas abordagens e quer ser libertária nas suas diversas formulações.

Em cena, memórias desses dois marcos de nossa arte/educação; é um tributo, uma homenagem e o reconhecimento de que as profundas transformações deste campo de estudo e pesquisa, no Brasil, têm sido conduzidas, quase que totalmente, pelas mãos, corações e mentes de mulheres sensíveis e inteligentes como Noêmia Varela e Ana Mae Barbosa.

---

21. R. Coutinho, em ANARTE, Reflexões: por que a história dos fundamentos da arte-educação? *Ensino de Arte*, p. 24.

SUGESTÕES PARA PESQUISA

Penso que o tema da história da arte/educação é de extrema importância, pois necessitamos consolidar a ideia de arte como conhecimento construído histórica e socialmente, que não pode ser sonegado pelo processo de educação escolar brasileiro.

Assim, minha primeira sugestão de pesquisa é fruto de conversas com Ana Mae Barbosa e Noêmia Varela, referindo-se a uma análise do acervo de desenhos de crianças da EAR, que possue trabalhos de 1953 até os dias atuais, em processo de catalogação feita empiricamente pelo professor Fábio Lago. Outro aspecto que pode ser pesquisado a partir desse acervo é com relação ao trabalho de arte/educação desenvolvido na EAR e sua interferência na vida de artistas. Dentre os artistas que foram alunos da EAR destaco Gil Vicente como um interessante personagem a ser pesquisado.

Ressaltando a articulação entre arte e educação seria interessante uma pesquisa sobre o papel da EAR na história mais ampla da educação em Pernambuco.

Pode ser pesquisado, ainda, o pioneirismo de Noêmia Varela na proposta de diálogo entre arte e educação especial. Neste sentido, o papel de Ulisses Pernambucano na liga de higiene mental e sua importância para o MEA, também se apresenta como relevante para a pesquisa. Não podemos esquecer da participação de Noêmia Varela no Grupo de Estudos Junguiano, criado e coordenado pela psiquiatra Nise da Silveira. Por meio do estudo sistemático desses dois personagens – respectivamente Ulisses Pernambucano e Nise da Silveira – e suas relações com o MEA, podemos compreender aspectos significativos da história da arte/educação e suas ligações com a arte terapia.

Seria injusto não citar como possibilidade de pesquisa no âmbito do MEA as contribuições advindas do pensamento de Helena Antipoff e de Anísio Teixeira, ambos significativos personagens na história do MEA.

Sobre as influências estrangeiras no MEA, o foco recai nas contribuições de Herbert Read e Viktor Lowenfeld.

BIBLIOGRAFIA

Ensaios, Livros e Produção Acadêmica

ANPAP. *Anais, Arte-Educação*. Recife, 1996.
AZEVEDO, Fernando A. Gonçalves. *Movimento Escolinhas de Arte*: em cena memórias de Noêmia Varela e Ana Mae Barbosa. Dissertação de mestrado, São Paulo: ECA-USP, 2000.
BARBOSA, Ana Mae. *Recorte e Colagem*: influências de John Dewey no ensino de arte no Brasil. São Paulo: Cortez, 1982.
_____. Narrativa Circunstanciada. Material datilografado. São Paulo, [s. d.].

_____ (org.). *História da Arte/Educação*: a experiência de Brasília. São Paulo: Max Limonad, 1986.
_____. *A Imagem no Ensino da Arte*. São Paulo: Perspectiva, 1991.
_____. *Arte-Educação*: leitura no subsolo. São Paulo: Cortez, 1997.
_____. *Tópicos Utópicos*. Belo Horizonte: Com/arte, 1998.
_____ (org). *Inquietações e Mudanças no Ensino da Arte*. São Paulo: Cortez, 2002.
_____. *Arte/Educação Contemporânea*. São Paulo: Cortez, 2005.
BENJAMIN, Walter. A Obra de Arte na Época de suas Técnicas de Reprodução. In: BENJAMIN, Walter. *Textos Escolhidos*. Organização de Zeliijk Loparié e Otília Arantes. São Paulo: Abril, 1975. (Coleção Os Pensadores)
_____. Sobre o Conceito de História. In: *Magia e Técnica, Arte e Política*: ensaios sobre literatura e história da cultura. Tradução Sérgio Paulo Rouanet. 7. ed. São Paulo: Brasiliense, 1994. (Obras Escolhidas, v. 1).
_____. O Narrador. In: BENJAMIN, Walter. *Textos Escolhidos*. Organização de Zeliijk Loparié e Otília Arantes. São Paulo: Abril, 1975. (Coleção Os Pensadores)
BOSI, Ecléa. *Memória e Sociedade*: lembranças de velhos. São Paulo: Cia. das Letras, 1994.
BRITO, Jader de Medeiros. *I Encontro Latino-Americano de Educação Através da Arte, Anais*. Rio de Janeiro, 1977.
CHAUI, Marilena. *Convite à Filosofia*. São Paulo: Ática, 2005.
COUTINHO, Rejane. Reflexões: por que a história dos fundamentos da arte-educação? In: ANARTE. *Ensino de Arte*: reflexões, Recife: Anarte/ Editora da Escola Técnica Federal de Pernambuco, 1994.
DEWEY, John. *Art as Experience*. New York: Capricorn Books/ G. P. Putnam's Sons, 1958.
_____. *Democracia e Educação*. São Paulo: Nacional, 1959.
EFLAND, Arthur D. *A History of Art Education*: intellectual and social currentes in teaching the visual arts. New York: Teachers College Columbia University, 1990.
_____. Cultura, Sociedade, Arte e Educação em um Mundo Pós-moderno. In: BARBOSA, Ana Mae *A Compreensão e o Prazer da Arte*. São Paulo, Sesc Vila Mariana, 1998.
FEITOSA, Márcia. *Educação Cultural*: um salto qualitativo para a arte/educação em Museus. Recife: Fafire, 2006.
FERRAZ, Heloisa ; FUSARI, Maria Felismina. *Arte na Educação Escolar*. São Paulo: Cortez, 1992.
_____. *Metodologia do Ensino da Arte*. São Paulo: Cortez, 1993.
FRANGE, Lucimar Bello. *Noêmia Varela e a Arte*. Belo Horizonte: Com/Arte, 2001.
HELLER, Agnes. *O Cotidiano e a História*. São Paulo: Paz e Terra, 1970.
HUDSON,Tom. Educação Criadora. Texto mimeografado. Rio de Janeiro, 1974.
LOWENFELD Viktor. *Desarrollo de la Capacidad Creadora*. Buenos Aires: Kapeluz, 1961.
MAGALHÃES, Sônia Campos. *Uma Experiência em Educação*. Salvador: Gráfica da Prefeitura da Bahia, 1982.
NÓVOA, António (org.). *Vidas de Professores*. Porto: Porto, 1995.

PILLAR, Analice Dutra (org.). *A Educação do Olhar no Ensino das Artes*. Porto Alegre: Mediação, 1999.

PIMENTEL, Lucia Gouveia (org.). *Som, Gesto, Forma e Cor*: dimensões da arte e seu ensino. Belo Horizonte: Com/Arte, 1995.

_____. *Limites em Expansão*: licenciatura em artes visuais. Belo Horizonte: C/Arte, 1999.

PITTA, Danielle Perin Rocha. Apresentação: Imaginário e Memória. In: *ANAIS*. Recife, XI Ciclo de Estudos Sobre o Imaginário, 2000.

PONTES, Gilvânia M. Dias (org.). *Livro Didático 4*: o ensino de artes 5ª a 8ª. Natal: Paideia/UFRN, 2005.

_____ (org.). *Livro Didático*: arte e inclusão. Natal: Paideia/UFRN, 2006.

READ, Herbert. *A Educação pela Arte*. São Paulo: Martins Fontes, 1958.

RICHTER, Ivone Mendes. *Interculturalidade e Estética do Cotidiano no Ensino das Artes Visuais*. Campinas: Mercado das Letras, 2003.

RODRIGUES, Augusto (org.). *Escolinha de Arte do Brasil*. Brasília: Inep, 1980.

ROLLNIC, Adriana. *Uma Visão Contemporânea do Pensamento de Herbert Read e sua Influência na Arte/Educação Brasileira*. Recife: Fafire, 2006.

SANTOS, Mônica Correia. *O Ensino das Arte Visuais na Educação Infantil*: perspectivas, limites e desafios. Recife: Fafire, 2006.

VIOLA, Wilhelm. *Child Art*. London: University of London Press Ltd, 1942.

Jornais e Revistas

ADERNE, Laís. Depoimentos ao Fazendo Artes. *Fazendo Artes*. Rio de Janeiro, Funarte, n. 12, 1988.

_____. Espaço Nacional das Associações: tendência da arte-educação no país em 1987. *Fazendo Artes*. Rio de Janeiro, Funarte, n. 12. 1988.

MACHADO, Regina Stela Barcelos. Sobre o Teatro na Educação: em busca do equilíbrio perdido. *Revista ar'TE*: estudos de arte-educação, São Paulo: Polis, 1982.

RODRIGUES, Augusto. Escolinha: 20 anos de arte. *Revista Visão*, Rio de Janeiro, 1968.

10. "Bom Dia, Crianças!"

um dia na escolinha de arte Cândido Portinari

Vicente Vitoriano Marques Carvalho

O exercício da pesquisa em arte, mais precisamente a pesquisa sobre a história do ensino de arte, tem sido o caminho pelo qual tenho pautado meu trabalho na universidade, desde 1984, com largos espaços dedicados primordialmente ao ensino e à prática artística. Com isto, naturalmente, a pesquisa cambiou para o ensino e a aprendizagem da leitura de obras de arte ou para tecnologias artísticas. Mas, no momento de dedicar-me a uma pesquisa que tinha a redação de uma tese como ponto de chegada, retornar à história do ensino de arte provou ser profícuo e capaz de trazer extensos prazeres intelectuais e até estéticos ao labor acadêmico. Os prazeres foram ampliados ao dispor do esteio de Marta Maria de Araújo (UFRN) e pela inestimável ajuda e vigoroso estímulo de colegas, como Ana Mae Barbosa (USP), também minha ex-professora e efetiva iniciadora na pesquisa da história do ensino de arte.

É verdade que, quando iniciei estudos para o doutorado, a minha propensão à época, 1998, era a de especular sobre a história da arte do Rio Grande do Norte, mesmo porque já estava trabalhando com os arquivos deixados pelo artista natalense Newton Navarro Bilro (1928-1992). Compilei e classifiquei textos manuscritos, pedaços de papel com anotações, trazidos do bar, deixados dentro de um livro. Especulava seus hábitos de leitura, ao tempo em que tentava discernir que caminhos ele percorria para a criação literária e visual. No entanto, o "vírus" da história do ensino de arte foi mais enérgico em sua contaminação e as atividades de Navarro[1] nesta área apresentavam-se como estimulante campo de estudos. Particularmente importante foi o fato de ele introduzir o ensino de arte modernista em Natal, mediado pelo movimento das Escolinhas de Arte, com a Escolinha de Arte Cândido Portinari (EACP), em 1962.

A tese desenvolvida partiu de uma abordagem histórica baseada em *A História Cultural* de Roger Chartier, em que se tomou Navarro como um *flâneur*[2] e dirigiu-se para uma análise do ideário didático-pedagógico praticado na Escolinha. A análise viu este ideário como uma representação operada por Navarro e seus colaboradores, baseada nas apropriações do que chamei de pedagogia do movimento das Escolinhas de Arte e de suas vertentes.

O texto a seguir constitui uma seção do capítulo da tese dedicada a essa análise e é proposta como uma síntese. Sua redação, de teor formal literário ou dramatúrgico, se aproxima de um aporte etnográfico, bastante distinto do restante da tese. É evidente que, em se tratando de reconstituir "uma aula típica" da Escolinha, percebe-se ausente uma ampla gama de aspectos da pesquisa e da redação etnográficas, embora eu tome emprestado de Peter McLaren[3] alguns enfoques do ritual escolar, entendido como transmissor de códigos culturais, neste caso, aqueles códigos próprios da dramaturgia ritualística observada que deixam entrever-se o ideário pedagógico envolvido e os motivos teóricos para a prática de uma liberdade criativa.

Para esta publicação, além de fazer certas correções imprescindíveis, acrescentei pontualmente algumas digressões a fim de melhor situar o leitor, sem remetê-lo diretamente à tese ainda não publicada.

"BOM DIA, CRIANÇAS!"

Como um *flâneur*, e também como artista plástico e educador, lanço mãos da imaginação para me colocar como um observador extraordinário que não está presente onde se dá o fenômeno e, ao mesmo tempo, lá está, como se pairasse sobre tudo, esforçando-se por equilibrar emoção e olhar crítico, em atitudes que mesclam uma requerida postura de historiador e outra de um apaixonado literato, enfim, construindo as imagens como um artista. Meu intento é, partindo das fontes disponíveis, reconstituir o ritual de uma aula típica na EACP e estender a análise feita sobre objetivos e procedimentos metodológicos do ensino de arte lá praticado, atentando para as atitudes do corpo

---

1. Newton Bilro Navarro ficou mais conhecido como simplesmente Navarro, sobrenome recebido de sua mãe e que ele escolheu para assinar suas obras, inicialmente acrescido do preposto "di".
2. C. Baudelaire, 1996; W. Benjamin, *Charles Baudelaire*.
3. *Rituais na Escola*.

docente e para as circunstâncias físicas e materiais da sala de aula capazes de garantir ou dificultar a efetivação do princípio de liberdade. As descrições de ambientes e equipamentos baseiam-se em fotografias feitas logo após a inauguração da Escolinha em sua sede no bairro do Alecrim, na Praça São Pedro. Também recorro a fotos de como se organizavam os espaços quando da instalação da Escolinha na sede da Fundação José Augusto, na rua Jundiaí. Minhas próprias memórias também se fazem presentes quando as trago de uma visita que fiz à Escolinha, já em 1984, bem depois da "fase" em que estivera sob a coordenação de Navarro. Estas referências conduzem necessariamente a uma configuração espacial idealizada – "o imaginário é mais rico que as objetivações histórico-culturais vividas", ensina Maria da Conceição Almeida[4]. Esta configuração define uma instância sintética ou unitária no interior da narrativa, e mesmo assim, está marcada pela complexidade histórica de sua múltipla constituição. Afinal, a narrativa criada divide-se entre anotações provindas do imaginário e discussões teóricas, entre as construções que idealizei e os registros precisos sobre a metodologia modernista e suas tendências de superação.

Já a narrativa das ações desenroladas antes, durante ou depois da aula sintetizada está baseada no material documental utilizado na tese como um todo. São, principalmente, recortes de jornal com matérias e notas sobre a Escolinha. Mas as fontes também incluem documentos como os rascunhos de seus estatutos, planos de aula ou listagens de professores e de atividades, alguma correspondência e, também, informações prestadas em entrevistas orais por Salete Navarro[5].

As salas estão prontas para receber as crianças. Os assentos das cadeiras e os tampos das mesas têm altura adequada para as pequenas estaturas, do mesmo modo como foram desenhadas as prateleiras em que se dispõem os materiais, sempre à mão das criaturas que apenas começam a crescer. Mas também há pranchetas para adultos numa das salas laterais, como uma promessa. As paredes e as esquadrias pintadas de branco brilham com a luz que entra abundante pelas janelas. Nos painéis e murais, as imagens sobrepõem-se aos textos, também em função da leitura possível para as crianças. A sensação de ordem e de limpeza é um convite a estar.

Chego a uma janela, e as crianças estão na calçada ou ensaiam brincadeiras de pegar no pátio que faz um "L" em volta do prédio. Algumas acabam de chegar. Vêm andando desde a parada de ônibus ali próxima ou descem velozes dos carros de seus pais carregando suas sacolas de material. Sei que umas são muito pobres, de famí-

4. Identidades/Desidentidades: um diálogo civilizado com "a louca da casa", *Estudos de Psicologia*, n. 1, p. 70.
5. Salete Navarro foi coordenadora pedagógica da EACP, sendo também responsável por turmas e pela orientação do corpo docente. A seguir, uso nomes de professoras dados por ela ou que aparecem na documentação tomada como fonte.

lias proletárias, e estão ali porque ganharam bolsas de estudo[6]. São meninos e meninas entre os dois e os doze anos[7] e mostram-se muito à vontade desde que suas mães os liberam da segurança de suas mãos. Neste dia em que os observo, eles não estão vestidos com o uniforme que foi solicitado em 1971[8] e que, de fato, foi usado em algum período do funcionamento da Escolinha. Assim diferenciadas por suas roupas, as crianças mostram-se vivamente excitadas quando Salete aparece à porta principal para convidá-las ao início das aulas. O perfil franzino não esconde a energia que emana principalmente de seu sorriso e as crianças, solícitas, atendem ao convite como se pressentissem que algo de especial estava para acontecer. Na verdade, cada dia na Escolinha poderia ser um dia especial, pois, em geral, as atividades estão relacionadas a algum aspecto da cultura vivido pela cidade ou que tenha sido proposto por alguma das crianças.

Decido acompanhar o grupo que vai instalar-se na sala central, de onde posso ver também algo do que acontece nas salas contíguas. A entrada das crianças não se dá sem as naturais correrias, o arrastar de cadeirinhas e alguma ou outra discussão sobre os lugares para sentar. O barulho e a mais completa descontração que se pode observar neste momento fez o jornalista Antônio Melo falar sobre os meninos de roupas sujas e rostos lambuzados de tinta, em matéria que intitulou sintomaticamente de "Façam Barulho, a Aula Vai Começar"[9]. Mas, como ainda há pouco, em todo o ambiente há um sentido de ordem sob este barulho e esta descontração que me fez lembrar a metáfora de Jaime Wanderley: "um bando de aves implumes cantando num viveiro doirado"[10].

A imagem de aves evocada por Wanderley é por demais ajustada à noção de liberdade que desde já se revela na atitude da professora Auristela, que também faz parte do burburinho, saudando as crianças com bons-dias, perguntando a uma e a outra sobre o que fizeram no dia anterior. Suas interferências suavemente vão conseguindo diminuir a algaravia ao tempo em que consegue atrair a atenção de todos. Há uma ansiedade nos olhinhos que esperam o encaminhamento da aula no quase silêncio instaurado. Mas, este silêncio é logo interrompido

---

6. Em 1967, a EACP cobrava uma mensalidade e davam-se bolsas "a crianças pobres que desejavam aprender, junto aos de sua idade cujos pais podem pagar aquela importância mensal". 80 CRIANÇAS..., 1967, recorte dos arquivos da Escolinha. Em novembro de 1968, a Escolinha, "embora constrangida", elevava "para o próximo ano a taxa de matrícula, bem como a sua mensalidade", cf. Escolinha de Arte, *Tribuna do Norte*.

7. As referências à idade do alunado da EACP descrevem uma faixa que vai dos dois aos doze anos. Porém, na mais recente delas, lê-se que "não tem limite de idade para criança", A. M. Barreto, Cursinho de Arte, *A Republica*, p. 4.

8. Escolinha de Arte Cândido Portinari, Ofício Circular 01/71.

9. Façam Barulho, a Aula Vai Começar, *Diário de Natal*.

10. A Escolinha de Newton, *Folha da Tarde*.

porque, ao mesmo tempo, várias crianças atabalhoam as vozes sugerindo o que deve ser feito naquela aula:

- Desenhar com lápis de cera!
- Desenhar com "hidrocor"!
- Pintar com guache!
- Não seria melhor ensaiar a bandinha?
- Ou brincar com os fantoches?
- Quem sabe, recortar papéis e fazer colagens?
- Talvez, modelar com barro...
- Podemos fazer tudo isto! Responde a professora. Só que não vai dar para todos fazerem tudo. Então, cada um escolhe o que quer fazer e vamos dividir os grupos por tipo de atividade. Quem quer fazer colagem?

Ao fim, o grupo inteiro resolve pintar com guache, não sem um certo alívio da professora. Ela solicita que se organizem para que todos possam trabalhar ao mesmo tempo, individualmente ou em grupos. Os materiais devem ser usados de forma compartilhada para que ninguém precise interromper seu trabalho. Uma nova onda de atividades invade a sala quando as crianças apanham pincéis, potes de tinta, lápis e folhas de papel que se encontram nas extensas prateleiras montadas em uma das paredes. Dois meninos prontamente abrem os potes de tinta à sua frente e começam a preencher com cores suas respectivas folhas de papel. Mas a maioria parece ainda esperar uma palavra da professora que a tudo observa ajudando a distribuir o material. Um garotinho interrompe a expectativa com uma voz potente e pergunta se pode pintar alguma coisa de que se lembrou. Após a resposta afirmativa da professora, o menino informa que deseja fazer uma "obra de arte" como as que ele viu na exposição do Tio Newton.

Ao invés de incitar a criança a buscar em si mesma a fonte para a sua criação, o que ainda podia ser ouvido nas reuniões pedagógicas como desejável, Auristela aquiesce e até pergunta se outras não querem fazer o mesmo. Emanoel Nery dá uma boa noção de como as crianças encaravam seus trabalhos como "obras de arte", inclusive sobre seus desejos de se tornarem "grandes pintores"[11]. Tal expectativa das crianças, certamente inspirada também pelos pais, indicava a disposição que a Escolinha tinha de, desde sua inauguração, proporcionar "aos que têm vocação para a arte, motivos de progressos e aperfeiçoamento"[12], em paralelo ao premente desejo de permitir-lhes a liberdade de expressão e o fluxo da sua criatividade.

Tratava-se de uma atitude que, pela ampliação de opções de partidos criativos, visava garantir extensa liberdade de criação, uma incondicional aceitação do desejo infantil. É importante notar que esta

11. Na Hora de Pintar, Todos Esquecem de Brincar, *Diário de Natal*.
12. Inaugurada Domingo a Escolinha de Arte "Cândido Portinari", *Tribuna do Norte*.

atitude implicava um procedimento criativo em arte visual a ser dado em detrimento do pavor à cópia e da idealizada condição de extrair imagens exclusivamente do universo interno da criança, tão característicos do ideário modernista do ensino de arte. Assim, a professora também praticava o que eu via como um avanço em relação a este ideário. Era a flexibilidade de um programa de contornos mais ou menos rígidos, que apontava para o comportamento de produção artística pós-modernista, baseado em apropriações e citações históricas sem culpa. Nos anos de 1980, seguindo mesmo a tendência vivida internacionalmente pelos artistas a partir da transvanguarda, atitudes como esta passariam a ser apregoadas no ensino de arte ao tempo em que se processava a crítica ao método da livre expressão.

Saindo de minha reflexão, observo que, enquanto algumas crianças buscam na memória as imagens vistas na exposição para transpô-las para o papel, outras simplesmente se põem ao trabalho como não tendo projetos específicos a desenvolver. Há um pequeno grupo empenhado apenas em misturar tintas passando-as de um pote para outro.

Talvez se sentindo invadida ou percebendo que o espaço na mesinha tornava-se pequeno para seu "projeto", uma menina quer pintar no chão. A professora concorda e ajuda a apanhar material na prateleira. Daí, a menina é seguida por coleguinhas que se sentam ou mesmo se deitam nos ladrilhos para continuar suas obras. As pinturas feitas no chão passam a refletir a possibilidade de gestos mais largos em que todo o corpo desenha. A professora parece compreender isto e dedica mais atenção ao grupo que, de repente, conscientiza-se de suas posturas, abandona a pintura, e passa a imitar peixes e cobras e todo tipo de répteis cujos nomes são lembrados. Seria uma oportunidade para variar a aula, trazê-la para o âmbito do teatro, pensa Auristela, mas a sua intenção é interrompida por outra cena: uma garotinha levanta-se e dirige-se para um menino em outra mesa para começar a pintar-lhe bigodes... Vermelhos! "Deixa eu fazer o bigode e a barba como o papai", pede a menina só depois de agir. "E o menino sorrindo oferece-lhe a face. Logo, os demais colegas se pintam mutuamente, de Papai Noel, vovô e também as paredes. [...] A algazarra é tremenda"[13].

A professora não pede silêncio, não procura pôr "ordem na classe". É como se ela tivesse uma ideia particular de disciplina escolar. Ou de indisciplina. Lembro como Herbert Read discute a "naturalidade" nos processos de ensino[14]. O que, para o adulto, é indisciplina, trata-se da ordem "natural" no comportamento infantil e, como tal, deve ser mantida no interior de um processo em que a espontaneidade, em suma, a liberdade de expressão deve ser permitida de forma irrestrita. A liberdade, enquanto estado de abertura para a escolha de

---

13. A. Melo, op. cit.
14. H. Read, *A Redenção do Robô*.

propósitos absolutamente pessoais, "precisa" estar garantida. A disciplina ou a "ordem" decorrerá ou será "o resultado da absorção da criança em sua experiência, e não algo imposto pelo professor"[15]. A disciplina, o comportamento "ordeiro" é resultante mesmo da liberdade diante daquilo em que a criança deseja absorver-se, uma liberdade que se projeta na experiência, baseada na possibilidade de exercício de fazer escolhas, como sugere John Dewey[16].

As crianças das outras classes são atraídas pelo vozerio e querem participar também. O espaço torna-se exíguo. A um canto, um menino que permanecera fazendo sua pintura esforça-se até conseguir ser atendido pela professora. Ele havia acabado seu trabalho e desejava mostrá-lo. Auristela, a esta altura já acudida pelas colegas das outras classes, observa a obra e, depois de alguns segundos de reflexão não expressa, convida o menino a pendurá-la em uma das prateleiras destinadas originalmente para a guarda dos materiais.

Salete chega à sala e anuncia a hora do lanche. Enquanto umas crianças põem-se em prontidão para atendê-la, outras escolhem lugares nas prateleiras para pendurar seus trabalhos. Um arrefecimento na balbúrdia parece indicar uma possível tranquilidade. Nem todos expõem seus trabalhos e vão saindo aos poucos seguidos por suas professoras.

Continuo na sala sem as crianças. A calmaria me ajuda a pensar sobre o ritual da exposição. Ritual nem sempre concluído como ainda há pouco. Expor as "obras": início de um exercício-ritual de avaliação que talvez se realize após o lanche. Os comentários devem partir das próprias crianças, daí é que Auristela apenas pensou os seus e, tacitamente, avaliou positivamente o trabalho do menino, elegendo-o para pendurar. Ciente de que as ações da criança sobre os materiais e a sua interação intensa ou parcial com as outras é que permitiria a eficácia de seu trabalho pedagógico. Os valores artísticos e estéticos daqueles trabalhos seriam consequências em longo prazo; ela não deveria forçar para que fossem melhores imediatamente. Sua preocupação neste momento era a de que as crianças tivessem praticado a sua expressão sem o concurso de orientações, deixando-a "pintar o que quer e da maneira que entende", inclusive se espelhando no trabalho de um artista adulto, como Navarro. Mas seu pensamento ainda estaria imbuído da noção de que "a Escolinha não se propõe a formar artistas"[17], e sim desenvolver a capacidade de criação das crianças, sua sensorialidade, "assim como o seu ajustamento emocional e social"[18].

---

15. A. L. Stone apud H. Read, op. cit., p. 63.
16. *Experiência e Educação*.
17. A Escolinha Vai Expor, *Diário de Natal*.
18. Escolinha De Arte Cândido Portinari, Ofício Circular 01/70.

Observando a professora, eu não pude deixar de entrever nas suas atitudes a ascendência de Salete Navarro e o que isto significa em termos de apropriações teóricas. Certamente Salete teria lhe dado algum livro para que lesse, ou já tivesse falado numa reunião pedagógica sobre as ideias básicas que deveriam indicar as formas de trabalho com as crianças. Ideias lidas em Read e em Josefina Rodriguez[19], ouvidas de Navarro, que ouvira Augusto Rodrigues, que lera Read[20] e o livro de Viktor Lowenfeld em parceria com Lambert Brittain[21] e os teria discutido com Noêmia Varela. Não está claro se Salete realizou sessões de treinamento, repetindo experiência que tivera no curso de arte educação, em 1961, na Escolinha de Arte do Brasil do Rio de Janeiro. Mas é certo que a forma pela qual Auristela me aparecia era resultante de um exercício prático, baseado nas informações que Salete obtivera naquele curso e nas suas leituras. Não é difícil acreditar que o curso tenha agido sobre Salete, segundo a afirmação de Augusto Rodrigues, sobre a influência que o mesmo exercia sobre o aluno-professor e como este voltava para seu lugar de trabalho imbuído de "uma nova atitude e um novo conceito de educação", pois que, após o curso, teria se operado uma "verdadeira reformulação e a redescoberta das próprias potencialidades criadoras"[22]. A professora estaria acrescentando mais um ponto à rede de apropriações teórico-metodológicas que eu havia detectado na Escolinha.

Sem quebrar a suave tranquilidade da sala vazia, Auristela volta sozinha à sala e recolhe os trabalhos sobre as mesas e os dispõe, como os outros, ao longo das prateleiras e paredes. É um paciente exercício de *layout* deixar que todos estejam bem visíveis no espaço disponível que fica completamente preenchido[23]. Afinal, ela sabe, não seria recomendável destacar qualquer um deles. A exposição, embora funcione positivamente enquanto catalisadora da ampliação do autoconhecimento e da autoestima da criança, não pode ser entendida como consumação do processo do uso educativo das atividades artísticas. O seu encontro com o outro, o observador, não se trata, como muitas vezes para um profissional das artes visuais, de um momento de culminância de seu trabalho. A exposição dos trabalhos infantis deve ser entendida como ponto de partida para novas experiências

---

19. *El Arte del Niño*.
20. *A Redenção do Robô*.
21. *Desenvolvimento da Capacidade Criadora*.
22. 20 Anos da Escolinha de Arte: uma experiência viva em educação, *Revista Visão*, p. 51.
23. Nery dá uma indicação como era feita a exposição de trabalhos após as atividades: "O local onde estavam colocando toda a produção da tarde já está repleto e a professora Salete tem que improvisar outro local e alguns cavaletes são retirados da sala para que deixem lugar para ser expostas toda as obras de arte dos garotos", cf. Na Hora de Pintar, Todos Esquecem de Brincar, op. cit.

após uma conversa a seu respeito, sobre suas qualidades apontadas pela ótica das próprias crianças. Então, continua Auristela a discutir consigo mesma, por que fazermos mostras dos trabalhos abertas aos pais, à sociedade? Eu não poderia ajudar, naquele momento, a professora em dúvida. No entanto, ensaiava alguma contribuição, imaginando que as intenções da EACP em fazer mostras públicas dos trabalhos de seus alunos decorreriam ora de uma expectativa dos próprios pais, que viam na frequência de seus filhos à Escolinha como uma possibilidade de formação artística, ora de uma estratégia publicitária de Navarro, tanto para a Escolinha como para a sua própria imagem de artista e de educador em arte. Mesmo imbuída dos ideais readeanos da educação pela arte, a EACP era uma escolinha de arte. Para a comunidade natalense, certamente incapaz de compreender uma noção de "educação pela arte", isto significava que ali as crianças começavam um processo de formação artística ou, no mínimo, tinham os seus talentos artísticos despertados e que poderiam, no futuro, ser mais amplamente cultivados e amadurecidos. Esta compreensão, ou diríamos representação da Escolinha feita pela sociedade, fica implícita quando Nery pontilha uma matéria sobre a *aula pública* realizada pela EACP com termos do tipo "miniartista", "minipintor" ou "obras de arte dos garotos", por exemplo, encontrados em vários outros textos de jornal estudados[24].

Não obstante, Newton e Salete Navarro mantinham-se prestando informações que se revelavam, assim, contraditórias. Como citado, nestas declarações à imprensa, eles apregoavam que "a Escolinha não se propõe a formar artistas", pois que "artista não se faz"[25], jargões ou clichês do modernismo pedagógico em arte. É fato, porém, que a documentação pesquisada aponta para uma praxe da EACP em realizar exposições de trabalhos de seus alunos. Consta, por exemplo, a mostra "junina" em 1968[26] e também a aula pública Crianças Pintam na Galeria, acima citada por Nery, para uma audiência de pais e jornalistas, no dia 3 de setembro de 1971, na Galeria da Biblioteca Pública Câmara Cascudo[27]. Consta ainda a participação da EACP, junto a artistas natalenses, na 3ª Explo/Sesc, aberta no dia 15 de dezembro de 1972 e apresentada pelo escritor e poeta Anchieta Fernandes[28], e ainda a exposição comemorativa do aniversário de doze anos da Escolinha, realizada na Agência Central da Empresa Brasileira de Correios e Telégrafos, na Ribeira, aberta no dia 10 de

---

24 E. Nery, op. cit.
25. A Escolinha Vai Expor, op. cit.
26. São João: uma tradição para velhos e alegria para jovens, *Tribuna do Norte*.
27. Escolinha de Arte Cândido Portinari, Ofício Circular 01/71; E. Nery, op. cit.
28. Serviço Social do Comércio, convite para a 3ª Explo SESC/72.

maio de 1973[29]. É claro que estas ações ainda podem ser vistas como moldeadas pela Escolinha de Arte do Brasil, que organizava anualmente, já a partir de 1950, exposições nacionais de arte infantil, chamando a atenção, porém, para que "o critério a que obedece a escolha dos trabalhos expostos não é o do reconhecimento de habilidade nem do bem acabado, e sim daquilo que nos parece mais expressivo e que melhor representa a criança na sua pureza e fantasia"[30]. Como visto, o desencontro destas ações com certas declarações prestadas por Navarro ou por Salete Navarro não impedia, porém, a expectativa de que nestas exposições seriam vistos trabalhos de pequenos artistas.

É possível compreender que esse contexto implicasse um direcionamento da EACP para a adoção de uma linha de abordagem do ensino de arte essencialista, esta que viria, em equilíbrio sintético com o projeto de educação pela arte, notadamente contextualista, caracterizar o ensino pós-modernista de arte. Até hoje, a valorização do produto da atividade artística infantil como essencialmente artístico é entendida por muitos como inadequada no ensino de arte, se enfatizada em detrimento dos processos implicados pela atividade artística em si. Uma ênfase como esta, que entendo como resultante da dicotomia entre processo e produto, sugerida por uma leitura imprecisa de Lowenfeld e Brittain[31], poderia estar colocando a EACP em confronto até mesmo com o exemplo das exposições internacionais e nacionais de arte infantil, nas quais a seleção dos trabalhos dava-se a partir de critérios como a espontaneidade e a expressividade, dentro do modelo praticado pela EAB, e em que, conforme citado, não importava uma qualidade artística propriamente dita[32].

Sabe-se, no entanto, que certos procedimentos, como a adoção de imagens em sala de aula, tenderam a extrapolar o projeto modernista do movimento das Escolinhas de Arte em direção a posturas hoje compreendidas como pós-modernistas. Entre os anos de 1960 e 1970, período tomado por este estudo, A Escolinha de Arte Cândido Portinari já levava a cabo uma postura *intervencionista* como esta, o que se apresentava como uma *novidade* profícua, novidade que a educação artística – conjunto de atividades artísticas na escola generalizadas pela Lei 5692/71, permaneceria rejeitando. Este deslocamento de postura da Escolinha fazia que a mesma se aproximasse de

---

29. Fundação José Augusto, Convite para a abertura da mostra de trabalhos da Escolinha de Arte Cândido Portinari.
30. Escolinha de Arte do Brasil, III Exposição Nacional de Arte Infantil.
31. A "incompreensão" das ideias de Lowenfeld e Brittain é apontada em Carvalho e, de certo modo, esclarecida em A. M. Barbosa, *Arte-Educação*.
32. Em 1948, ano da fundação da primeira Escolinha de Arte, trabalhos de crianças brasileiras foram recusados para participarem da Exposição Internacional do Centro Pedagógico de Milão, *por falta de originalidade e espontaneidade*, cf. 20 Anos da Escolinha de Arte: uma experiência viva em educação, *Revista Visão*.

um enquadramento no que hoje compreendemos como ensino de arte pós-modernista, pela particular ênfase na opção pelo uso de obras de arte ou de suas reproduções como dispositivos pedagógicos imagéticos para atingir abertamente objetivos essencialmente artísticos. É preciso entender que Navarro, passando a acentuar aspectos essencialistas das práticas pedagógicas na EACP, acreditava estar ampliando a gama de desígnios ao alcance do aluno, no sentido do exercício de sua liberdade criativa.

Lembro que, já em 1968, Newton Navarro fazia chamada para matrículas na Escolinha, informando que se passariam a utilizar "novas técnicas e métodos de ensino atualmente postos em prática no sul do país, *visando maior aprendizagem no campo da arte visual*. Com projeção de *eslaides e de filmes*, o rendimento escolar terá resultados mais positivos e os objetivos das aulas serão sem dúvida mais atingidos"[33]. Esta nota deixa claro que a incorporação de processos didáticos "atualizados" se trata de uma nova apropriação de experiências educativas do MEA, provavelmente informadas desde o Rio de Janeiro ou de Porto Alegre, onde se estaria aderindo às novas tecnologias educacionais importadas dos Estados Unidos, tendo em vista o parâmetro de eficiência baseado no tecnicismo educacional. Pode-se, então, neste movimento na direção de um essencialismo pedagógico em arte, apreender Navarro mantendo-se em sua *flânerie* na busca de inovações, comportamento que significa um engajamento em relação aos ideais modernistas.

As minhas divagações e, obviamente, as da professora Auristela foram interrompidas com a agora quase tranquila volta das crianças para as salas. Estas vinham chegando e procuravam seus trabalhos pendurados, sobre os quais faziam comentários entre si, deixando a professora meio atarantada diante de já tantas ideias que eram expressas. Por que não vamos nos sentar e cada um comentar seu trabalho e os dos outros? Sugeriu a professora desejando realizar uma avaliação. Afinal de contas, era preciso que ela anotasse estas ideias no seu diário de classe, observasse sistematicamente os trabalhos com as crianças, detectasse algum tipo de problema, definisse de alguma forma seus progressos ou retrocessos, inclusive de aprendizagem. Tais notas e observações garantiriam primordialmente, no entanto, o acompanhamento do sucesso das aulas em termos da socialização, da abertura para a criatividade, do ajustamento das crianças ao mundo.

Auristela procurava dirigir os depoimentos imprimindo uma dinâmica que permitia a todos se fazerem ouvir e ver. Mas, apesar da relevância daquele momento, a hora da conversa deveria ocorrer de modo que ainda sobrasse tempo para uma sessão de *slides* ao final da aula. Notei um grande interesse das crianças em justificarem suas

---

33. Escolinha de Arte, op. cit.

escolhas temáticas ou como se revelavam seguras ao descreverem os passos dados na realização de suas "obras de arte". A alegria de descobrir como fazer variar as tonalidades do azul pelo acréscimo de tinta branca, compreender que a predominância de linhas inclinadas dava mais "ligeireza" à imagem ou como era possível conferir transparência ao guache diluindo bastante a tinta com água. A professora deixava ver sua admiração, mesmo acostumada àquelas sessões em que se demonstravam percepções artísticas e estéticas "tão avançadas".

Um novo rebuliço acontece na sala. O "tio" Newton Navarro, diretor da Escolinha, acabou de chegar com um fotógrafo. Ele viera dar uma "passadinha" em cada classe sem ser explícito, em sua pressa revelada pelos óculos de sol que não tirara. Certamente fizera um desenho em alguma das salas e, como agora, posara com as crianças, falando "com aquela mesma meiguice, com aquele mesmo carinho que São Francisco de Assis falava a seus pássaros", segundo a comparação de Wanderley[34]. Navarro mostrava uma tranquila naturalidade que o mimetizava entre as crianças. Chamava-as pelos nomes, parecendo uma delas. Ele se despia da couraça de gente grande, envolvida com não sei quantas coisas fora dali, para sentir-se também uma daquelas crianças ou uma outra, exumada de um quadro de Portinari, o pintor de crianças cujo nome havia sido escolhido para também ser o da Escolinha.

Um trabalho chama a atenção de Navarro, aquele em que o pequeno autor descobrira como dar dinâmica à imagem. Aproximando-se da pintura, Navarro pergunta ao menino o que ele queria expressar em seu trabalho e este, meio atrevidamente, responde com outra pergunta: "você nunca viu chuva, não?". Navarro, como a professora, queria entender as motivações das crianças, verificar a efetivação da liberdade criativa "total no desenho, nas cores, nos temas e nos traços"[35]. Uma resposta como esta acendia um brilho no olhar de Navarro. Não obstante saber da inteligência viva infantil, ele entrevia, ali, que a atividade artística realizada teria surtido o desejado efeito. E, assim, continuou procurando ouvir revelações provenientes das crianças, absorvendo-as com inegáveis complacência e prazer, talvez reservando aquelas falas e as personalidades por trás delas para um escrito futuro. As crianças como personagens, do mesmo modo como ele próprio, uma personagem e uma criança. Sentindo-se valorizadas, as crianças punham-se à vontade para falar, atendendo ao que eu sentia como sendo as expectativas de Navarro.

O tempo se esvai. O horário da aula está chegando ao fim e o artista-*flâneur* pede licença para sair e deixar a professora concluir seu trabalho interrompido, mas complementado por ele. Urge, para ele,

---

34. J. do G. Wanderley, op. cit.
35. A Escolinha Vai Expor, op. cit..

novamente sair deambulando pela cidade, buscar nas ruas o tempo inconcluso e a ele dar termo em mais uma obra, em mais uma ação. Vai cumprir sua saga de andarilho e colecionar motivos para novas obras de arte.

Auristela, também premida pelo tempo que consulta no relógio, avisa que, infelizmente, só na próxima aula projetará os *slides* com obras de artistas modernistas. Sua intenção é a de mostrar as aproximações formais entre as imagens da arte modernista e aquelas produzidas pelas crianças e, com isto, acredita ampliar sua confiança nos empenhos figurativos de seus alunos. Será apenas isso? Mostrar *slides* não implica também uma "interferência"? Ah! "Mas é apenas uma interferência induzida", pensa a professora. "No final, com isto, vou mesmo é abrir um grande leque de motivos visuais e técnicos para as crianças, vou mesmo é ampliar a sua liberdade. Vou sim, mostrar as vaquinhas de Chagall, os cavalos de Navarro". Os animais, um tema específico muito recorrente nos trabalhos de seus alunos, serão enfocados nos *slides*.

As crianças, mesmo que algumas aparentemente desejem continuar o trabalho, pois ainda estão intensamente absorvidas em suas atividades, animam-se para voltar para suas casas. Ao seu modo, algumas se dispõem a colocar os objetos em ordem; outras, apressadas, ainda querem expor novas pinturas, mas a maioria simplesmente diz qualquer palavra de despedida para a professora e sai em disparada.

A sala vai ficando vazia. Auristela reflete neste momento de quase silêncio. Terá desempenhado bem suas tarefas? Em que terá contribuído para estas crianças? O sentido de um vazio a faz pensar que amanhã terá outra oportunidade. Depois que as crianças saem, ela se põe a refazer a ordem na sala. Observo que as paredes não estão muito sujas, mas as mesinhas e o belo piso são francos leitos pra manchas de tinta, pedaços e bolas de papel. Quando a tudo é dada a mesma ordenação de antes, é hora de deixar a Escolinha.

Navarro já se foi, deixando na equipe a ciência de que não está sozinha. As crianças se foram ou algumas poucas fervilham na calçada esperando os pais.

É hora também de eu ir embora. Vou procurar Navarro. Talvez eu o encontre em um bar da Ribeira, talvez nos gabinetes dos mandatários, talvez na Redinha, "do outro lado do rio, entre os morros". Ou, quem sabe, ele não tenha aportado hoje em seu ateliê, para desenhar mapas em que se indiquem as direções de sua origem?

SUGESTÕES PARA FUTURAS PESQUISAS

O texto pode suscitar novas pesquisas, inclusive o seu próprio aprofundamento. Uma abordagem etnográfica do dia-a-dia escolar remete a estudos semelhantes aplicados a outras situações de ensino-aprendizagem em arte. Por outro lado, está implícito um princípio histórico, do que também podem decorrer análises de outros núcleos do movimento de Escolinhas de Arte, a fim da montagem de uma ampla história deste fenômeno educacional.

BIBLIOGRAFIA

20 ANOS DA ESCOLINHA de Arte. *Uma Experiência Viva em Educação*. Revista *Visão*, 7 jun. 1968.

80 CRIANÇAS. Recorte dos arquivos da Escolinha. [S.l: s.n], 1967.

A ESCOLINHA vai expor. *Diário de Natal*, Natal, 8 maio 1973.

ALMEIDA, Maria da Conceição de. Identidades/desidentidades: um diálogo civilizado com "a louca da casa". *Estudos de Psicologia*. Natal, v. 1, n. 1, p. 67-75, 1996.

BARBOSA, Ana Mae (org.). *Arte/Educação*: leitura no subsolo. São Paulo: Cortez, 1999.

BARRETO, Ana Maria Cascudo. Cursinho de Arte. *A Republica*, Natal: Aldeia Global, 27 abr 1975.

BAUDELAIRE, Charles. *Sobre a Modernidade*: o pintor da vida moderna. Edição de texto de Thaís Nicolete de Camargo. Rio de Janeiro: Paz e Terra, 1996.

BENJAMIN, Walter. *Charles Baudelaire*: um lírico no auge do capitalismo. Tradução de José Carlos Martins Barbosa e Hemerson Alves Baptista. São Paulo: Brasiliense, 1989. (Obras Escolhidas, v. 3).

CARVALHO, Vicente Vitoriano M. *O Desenho Aplicado ao Teatro na Educação*. Dissertação de mestrado, Natal: Programa de Pós-Graduação em Educação-UFRN, 1991.

CHARTIER, Roger. *A História Cultural*: entre práticas e representações. Tradução de Maria Manuela Galhardo. Lisboa: Difel, 1990.

DEWEY, John. *Experiência e Educação*. Tradução de Anísio Teixeira. São Paulo: Companhia Editora Nacional, 1971. (Cultura, Sociedade, Educação).

ESCOLINHA DE ARTE Cândido Portinari. Ofício circular 01/70, de 26 de janeiro de 1970. Informa sobre abertura de inscrições e dá outras orientações.

_____. Ofício circular 01/71 de 30 de agosto de 1971. Comunica realização de aula pública em comemoração ao Dia da Pátria.

ESCOLINHA DE ARTE do Brasil. III Exposição Nacional de Arte Infantil. Rio de Janeiro: EAB, 1953. (Folder).

ESCOLINHA DE ARTE. *Tribuna do Norte*, Natal, 8 ago. 1968. (Recorte sem número de página).

FUNDAÇÃO JOSÉ AUGUSTO. Convite para a Abertura da Mostra de Trabalhos da Escolinha de Arte Cândido Portinari. 10 maio 1973.

INAUGURADA DOMINGO a Escolinha de Arte "Cândido Portinari". *Tribuna do Norte*, Natal, mai. 1962. (Recorte sem número de página).

LOWENFELD, Viktor; BRITTAIN, Lambert. *Desenvolvimento da Capacidade Criadora*. Tradução de Álvaro Cabral. São Paulo: Mestre Jou, 1977.

MCLAREN, Peter. *Rituais na Escola*: em direção a uma economia política de símbolos e gestos na educação. Tradução de Juracy C. Marques e Angela M. B. Biaggio. Petrópolis: Vozes, 1991.

MELO, Antônio. Façam Barulho, a Aula Vai Começar. *Diário de Natal*, Natal, ago. 1969. (Recorte sem número de página).

NERY, Emanoel. Na Hora de Pintar, Todos Esquecem de Brincar. *Diário de Natal*, Natal, 7 set. 1971. (Recorte sem número de página).

READ, Herbert. *A Redenção do Robô*: meu encontro com a educação através da arte. Tradução de Fernando Nuno. São Paulo: Summus, 1986.

RODRIGUEZ, Josefina. *El Arte del Niño*. Madri: Benzal, 1959.

SÃO JOÃO: uma tradição para velhos e alegria para jovens. *Tribuna do Norte*, Natal, 23 jun. 1968. (Recorte sem número de página).

SERVIÇO SOCIAL do Comércio. Convite para a 3ª Explo Sesc/72, 15 dez. 1972.

WANDERLEY, Jaime dos G. A Escolinha de Newton. *Folha da Tarde*, Natal, 1963. Coluna Figuras & Fatos. (Recorte sem número de página).

11. As Escolas Experimentais de São Paulo na Década de 1960

sua contribuição para a formação do cidadão*

Ilsa Kawall Leal Ferreira

Do início da década de 1960 até o começo dos anos de 1990, o ensino da arte passou por profundas modificações.

No início dos anos de 1960 a preocupação com as desigualdades sociais ocasionou a politização de estudantes e trabalhadores, e a fermentação das ideias veio acompanhada da conscientização da necessidade de uma renovação cultural.

Acrescente-se a isso a decretação da Lei de Diretrizes e Bases da Educação Nacional em 1961, que possibilitou a flexibilidade para a abertura de novas experiências educacionais em vários Estados do país, como Rio de Janeiro, Bahia, São Paulo, Pernambuco e Brasília.

Em São Paulo essas escolas ficaram conhecidas como escolas experimentais, apresentavam currículo flexível, aberto a experiências, incentivavam a pesquisa nas diversas disciplinas, possuindo orientadores pedagógicos e educacionais.

Além das contribuições que trouxeram à abertura de outras propostas educacionais com a valorização de métodos renovados, introduziram também uma preocupação especial com a área de humanas, possibilitando transformar o ensino da arte, até então sob moldes acadêmicos, multiplicador de modelos.

O Instituto de Educação "Narciso Pieroni", na cidade de Socorro, interior de São Paulo, em 1959, lança as bases para a instalação das classes

---

* Capítulo da tese de doutorado de Ilsa Kawall Leal Ferreira editado por Cildo Oliveira com anuência da autora. Cildo é artista plástico e mediador cultural (N. da O.)

experimentais. Experiência pioneira no Ensino Oficial no Estado de São Paulo, orientada pela professora Maria Nilde Mascellani, viria a ser a coordenadora do Serviço Vocacional da Secretaria de Estado da Educação de São Paulo.

Em 1962, foram instalados, os ginásios vocacionais, João XXXIII, em Americana, e Candido Portinari, em Batatais.

O Colégio Estadual Vocacional Oswaldo Aranha surgiu em 1963, igualmente em decorrência da portaria do Ministério da Educação datada de 1953, a qual permitia aos estabelecimentos de ensino públicos ou particulares, a realização de experiências educacionais, em nível das técnicas e métodos de ensino.

Em março de 1963 foram instalados os Ginásios Vocacionais de Rio Claro (Ginásio Vocacional Chanceler Raul Fernandes) e de Barretos (Ginásio Vocacional Embaixador Macedo Soares).

Escola Estadual de 1º Grau Experimental Dr. Edmundo de Carvalho, da Lapa, criada em dezembro de 1955 pela Lei nº 3.269, integrada à rede comum desde 1976 e o Colégio de Aplicação, à rua Gabriel dos Santos, São Paulo, foi fundado em 1957 com aproveitamento de um prédio já existente.

DÉCADA DE 1950

As grandes e renovadoras transformações ocorridas em São Paulo aconteceram a partir da segunda metade da década de 1940, no período pós-guerra. Nessa época, número significativo de instituições, escolas e ateliês iniciaram um trabalho de grande importância, introduzindo o ensino da arte em enfoque totalmente diverso do tradicionalista, imprimidor de modelos.

Nesse novo dimensionamento a arte passou a ser considerada como elemento integrante da personalidade, presente como potencial criativo em todos os indivíduos, descartando a ideia elitista de que somente alguns elementos dotados, estariam aptos a usufruir da prática artística.

ESCOLAS DE ARTE PARTICULARES

Nos anos de 1950, as tendências de caráter renovador multiplicaram-se em São Paulo, tanto no campo educacional como no cultural. O papel das escolas de arte infantil foi marcante nesse período, motivo pelo qual merecem menção especial. Surgiram em diferentes momentos, mesmo tendo, em linhas gerais, a mesma intenção: trabalhar o ensino da arte, com crianças na faixa de quatro a quinze anos. Várias dessas escolas foram dirigidas por mulheres, na sua maioria artistas plásticas.

Na década de 1950 a Escola Chapeuzinho Vermelho dirigida por Miriam Fragoso, desenvolvia de modo integrado cursos de artes visuais, musicais e dança, com artistas e professores especializados.

Ana Mae Barbosa, vinda de Recife, fundou a Escolinha São Paulo, na década de 1960, filiada à escola de Augusto Rodrigues (Escolinha de Arte do Brasil-Rio de Janeiro-Recife) envolvendo atividades artísticas de desenho, pintura, modelagem e posteriormente foram organizados cursos destinados à formação de professores.

O Ginásio Paes Leme, no fim dos anos de 1950, passou a oferecer aulas de artes plásticas, ministradas por Heloísa Sandoval Gregory, sendo sem dúvida, uma das primeiras experiências com o ensino da arte empregando metodologia não acadêmica em nível ginasial.

Adotando o método Montessori, a Escolinha Infantil Cristo Operário, ligada à comunidade de trabalho Unilabor, situada na estrada do Vergueiro, funcionou de 1953 a 1959 e a sua clientela, na maioria filhos de operários, originava-se na classe C. Abrangia várias atividades, entre elas pintura, desenho, colagem, marcenaria, jogos e teatro. Dirigida por Cynira Fausto e Sebastiana Gervásio, contou com a colaboração de Helou Motta, Flávio Império e Maria Tereza Vargas, os dois últimos encarregados das atividades de teatro. Flávio Império iniciou-se na área de teatro nessa escola, encenando *Pluft, o Fantasminha*, de Maria Claro Machado, com as crianças da comunidade.

Fui colaboradora do curso de artes plásticas na escolinha infantil durante três anos, de 1956 a 1958, como orientação para o trabalho, lia o livro *Educação pela Arte* de Herbert Head.

Apesar de o método Montessori não se estender às artes plásticas, emprega como recurso para a aprendizagem material visual muito rico em formas e cores; nesse sentido, relaciona recursos ligados à percepção como o aprendizado de outras disciplinas, como a matemática, por exemplo. Durante os dois últimos anos houve também, nessa escola, influência metodológica da educadora francesa Helena Lubienska, uma variação do método Montessori.

INÍCIO DO GINÁSIO VOCACIONAL

Pela lei nº. 6.012, regulamentada em 27 de junho de 1961, foi criado o Serviço Vocacional. O Ginásio Vocacional foi programado nesse mesmo ano e, no ano seguinte, a experiência começou a ser implantada. Foi procedido treinamento para a primeira seleção de professores, e uma segunda seleção após seis meses de treinamento pedagógico.

Durante o ano letivo havia reuniões pedagógicas uma vez por semana, reuniões de estudos quinzenais e, mensalmente em nível de comunidades, de uma área para outra. A cada seis meses todos vinham a São Paulo para reciclagem de planejamento, de pedagogia etc.

Foi escolhido para sediar a escola do bairro do Brooklin, em prédio já existente, aproveitado através de reforma. No início havia alunos das classes baixa, média e alta. Depois, a experiência ganhou prestígio, tornando-se famosa; muito divulgada por notícias nos jornais, o que causou grande concorrência pela obtenção de vagas. Apareceram, em certa ocasião, 1,5 mil candidatos para o preenchimento de 120 lugares; havia candidatos vindos do interior para se inscrever no programa. Depois disso foi montado o mapa da comunidade escolar, a fim de definir a área que atenderia os candidatos a alunos.

Os pais participavam muito da vida da escola: como mediadores nas relações entre esta e a comunidade. Organizavam-se também em grupos de trabalho, grupos de estudo, comissões para discutir educação, pedagogia, até a sua própria educação.

Em determinadas ocasiões eram chamados os pais que possuíssem alguma especialização para discutir seu trabalho com os alunos; essa atividade fazia parte da orientação vocacional geral. A comunicação era dirigida à equipe da qual fazia parte seu filho e aos colegas de outras equipes.

Em todos os ginásios foi instalado um coral formado por pais e amigos do Vocacional. Constituído por pessoas do bairro, da comunidade, que gostassem de cantar. O coral apresentava-se na escola, em outras instituições e até em outras unidades do interior, como Rio Claro, por exemplo.

SELEÇÃO DOS PROFESSORES DE ARTE

Para professor de arte buscava-se, sempre que possível encontrar o próprio artista praticante de determinada linguagem. Nesse sentido, fato interessante foi a descoberta do dramaturgo Jorge Andrade, em Barretos, vivendo numa fazenda, a escrever peças de teatro. Isso ocorreu por um levantamento dos valores locais. Foi então convidado para ensinar teatro em Barretos, com excelentes resultados. Posteriormente, veio a São Paulo para trabalhar no Vocacional do Brooklin.

Outro famoso artista a integrar o serviço do ensino vocacional foi Bassano Vaccarini, que lecionou artes plásticas no Vocacional de Batatais, permanecendo como consultor desse Serviço, sobre assuntos referentes a sua área de atuação.

Eram valorizados candidatos que acreditassem no trabalho em grupo, nos trabalhos de integração de disciplinas, compreendendo autoavaliação, avaliação de grupo, desenvolvimento de senso crítico do aluno. No caso da história da arte, eram feitas algumas perguntas sobre conteúdos.

Não era exigência oficial que os professores contratados para o Vocacional tivessem formação universitária. O critério utilizado era buscar pessoas com formação universitária ou específica, em nível superior ao do colegial. Havia critérios para não serem admitidos profissionais egressos de escolas de arte com tendências desatualizadas.

O ensino da história da arte começava a partir da 7ª série. "Nesta faixa etária, psicologicamente, o raciocínio já está organizado: então é possível ao aluno fazer extrapolações, comparações, coisa que aos dez ou onze anos não é provável que faça. Permitindo alguns enfoques em nível de observação e constatação", explica Maria Nilde[1].

O ENSINO DA ARTE

Nos ginásios vocacionais a arte era considerada, enquanto um todo, realidade globalizante. Nos objetivos gerais do Vocacional procurava-se demonstrar que a formação artística é algo que se integra à formação científica e ao compromisso da pessoa para com a sociedade. "Disso tudo resulta uma concepção de educação como engajamento da pessoa na sociedade na qual ela vive, para isso desenvolvendo sentido crítico, toda uma expressão desta realidade", explica Maria Nilde[2].

Não havia, portanto, uma divisão que é comum; a criatividade, do lado das artes, e o método científico, do lado das ciências. "Enquanto na ciência é necessário maior rigor no controle das variáveis integrantes de projetos, no tocante à arte, o que distingue é o sentido de maior liberdade", comenta Maria Nilde[3].

Nas escolas públicas comuns havia, em geral, somente artes plásticas e ou música; a escola procurava integrar o antigo professor do canto orfeônico ou o de desenho. Não havia professores de teatro ou de expressão corporal. As artes industriais também eram cultivadas, seguindo o modelo norte-americano. "Esse nome era intencional", critica Maria Nilde: "queriam que o prazer com a repetição das formas pudesse ser julgado artístico. Era uma questão polêmica naquela época"[4].

No Vocacional havia artes plásticas, música, teatro e também dança, esta somente durante um ano. A integração das várias expressões era comum, embora o teatro se destacasse como área que envolvia a participação das outras mais facilmente.

No teatro, inúmeras atividades se entrecruzam: a redação do texto, envolvendo criação de linguagem escrita, linguagem oral, expressão corporal: a dança, a música utilizada na fabricação do cenário e do figurino, as artes plásticas.

"Houve uma representação no Teatro Paulo Eiró na qual, por meio de música, teatro, dança e artes plásticas, mostrava-se um trabalho sobre o Brasil, a América Latina, e a situação mundial", conta Mª. Nilde[5].

Havia cuidado com a criação de um cenário shakespeariano, quando a peça era de Shakespeare", completa[6].

---

1. Entrevista com a autora.
2. Idem, ibidem.
3. Idem, ibidem.
4. Idem, ibidem.
5. Idem, ibidem.
6. Idem, ibidem.

Na integração com outras disciplinas havia relação muito orgânica com estudos sociais, embora o enfoque dessa disciplina, no Vocacional, fosse diferente daquela proposta em estudos sociais pela Lei 5.692. Havia sempre correlação das artes com o meio, com o ambiente em que o aluno vivia, com problemas do homem, do seu tempo, do seu mundo.

"Criava-se uma dimensão social e política da educação", diz Maria Nilde.

Acho que a arte sempre existiu, em todas as sociedades. O primeiro objeto humano foi artístico, assim tornando possível correlacionar, pelo lado da história, o lado da geografia, da antropologia. Português, através da literatura. Quanto às ciências biológicas, física, biologia, era significativo o estudo dos materiais, de sua composição, das transformações por que passam, como o barro através da temperatura, a madeira pelo corte dos buris, e assim por diante. A composição química, a energia, o efeito ótico, as cores e suas propriedades etc.[7]

A expressão corporal era integrada à educação física, ao mesmo tempo em que a observação do corpo em movimento para sua representação gráfica. "No teatro a expressão corporal ganhava sua expressão maior", comenta Maria Nilde[8].

Algumas facilidades foram obtidas para operacionalizar o funcionamento dessas aulas. As classes eram limitadas a até 33 alunos, trabalhando-se em grupo, em equipes. Como as verbas destinadas a essas escolas eram iguais às das outras, tornava-se imprescindível a colaboração dos pais dos alunos.

A colaboração dos alunos relacionava-se aos serviços de manutenção: lavar a escolas, ajudar a preparar o almoço, lavar os pratos, varrer, lixar as carteiras, trocar vidros, tudo em sistema de mutirão.

A Associação dos Pais fazia promoções e angariava doações de materiais. No caso das artes plásticas, os artistas plásticos doavam material. Os alunos confeccionavam pranchetas, cavaletes e banquetas para a sala de artes plásticas.

Foi solicitada ao Estado a construção de uma ala destinada às salas de artes plásticas. O teatro usava o espaço destinado ao refeitório, havia ainda uma sala especial para audição de música instrumental. Tudo conseguido através de campanhas, arrecadações feitas pelos alunos, com venda de trabalhos por eles produzidos. Havia feiras de trabalhos industriais, e eram convidadas pessoas do bairro para participar. Também eram organizadas festas e bailinhos.

7. Idem, ibidem.
8. Idem, ibidem.

SETOR DE ARTES PLÁSTICAS

Entre aqueles que trabalharam nesse setor, os seguintes professores podem ser citados: Evandro Carlos Jardim, gravador, que começou a lecionar em 1964, trabalhando com Ana Cinquine, Itajahí Martins e Clemência Pecorare, que trabalharam com as 2ª e 3ª série, também no sistema de duplas. Armando Accorsi Neto permaneceu de 1964 a 1979, dando aulas no curso ginasial para 3ª e 4ª séries.

Fernanda Milani trabalhou no Vocacional no seu início, participando do primeiro treinamento de seis meses, realizado em 1961. Com seus alunos, no ano seguinte, organizou a pintura das paredes externas do prédio, na execução de painéis registrando os elementos da comunidade. Usaram têmpera com óleo de linhaça e ovo batido. Permaneceu no Vocacional até 1963, quando, juntamente com Sérgio Vasconcellos, foi trabalhar na televisão, no Serviço de Ensino pelo Rádio e TV. Nesses programas, organizava turmas de crianças que vinham pintar e desenhar, atividades levadas ao ar, transmitidas pela televisão.

O pintor Maciej Babinsky trabalhou, durante pouco tempo, nesse mesmo setor. Chegado em 1953, educado na Inglaterra, estudou artes no Canadá. Viveu no Rio de Janeiro nos anos de 1950, onde teve contato com Goeldi. Ele e Itajahí Martins seguiam o expressionismo como forma de expressão em seus trabalhos artísticos. Itajahí preocupava-se com as questões sociais, sendo um exemplo de artista engajado. Deixou o Vocacional em 1964*, substituído por Accorsi Neto.

Evandro C. Jardim e Accorsi Neto eram formados pela Escola de Belas Artes de São Paulo. Foram alunos, entre outros professores, do gravador Francis Domingo Seguro, artista espanhol, mais conhecido nos museus do Prado e de Barcelona, do que em São Paulo. Na década de 1950, a Escola de Belas Artes seguia linha tradicional no ensino da Arte.

No Vocacional, desde 1965, Accorsi Neto dava aulas de pintura, desenho e gravura. Comenta seu trabalho falando da orientação que imprimia em seus cursos, ensinando o aluno a ver, a transmitir através da arte, sua visão de mundo, "buscar na arte um meio de expressão, e não arte pela arte"[9].

Como os planejamentos gerais eram feitos em conjunto, dentro das diversas áreas, o trabalho de cada um, ainda que fossem mesmos os objetivos gerais, incluindo-se sempre as experiências de integração das artes e destas com as áreas acadêmicas.

---

* Babinsky deixou o Vocacional do Brooklyn para ensinar na Universidade de Brasília em 1965. Com a tomada da UnB pelo exército e a demissão coletiva dos professores, Babinsky voltou a São Paulo e ao Vocacional do Brooklyn temporariamente. (N. da O.)

9. Entrevista com a autora.

Na sistemática de trabalho, quando possível, o professor iniciava suas atividades de ensino com a 1ª série e acompanhava esses alunos até o curso colegial. Foi o que Jardim fez. Todos os professores da equipe trabalhavam dessa maneira.

A partir de 1967 foi instalado o 2º ciclo, Evandro passou a trabalhar nele como professor colaborador e supervisor de área. Sua função era orientar e discutir o que fosse necessário com os professores da mesma área. A partir de 1969, passou a trabalhar no setor de Serviço de Ensino Vocacional. Dividia o seu tempo entre o 2º ciclo e essa colaboração.

O colegial foi organizado em subconjuntos, Evandro ficou ligado ao subconjunto de edificações. Formava o edificador de nível médio e, ao mesmo tempo, funcionava como curso colegial preparatório para as áreas de arquitetura. "Havia até canteiros de obras na escola", mencionou.

Em 1967, Accorsi foi transferido para a coordenação pedagógica do colegial e, no ano seguinte, tornou-se diretor pedagógico geral do Vocacional, dos 1º e 2º graus. Em 1969, nomeado diretor geral do Oswaldo Aranha.

Ana Ciquine entrou para o Vocacional ainda em seu primeiro treinamento em 1961. Participou também do segundo, organizado de agosto de 1961 a fevereiro de 1962, já então objetivando a seleção de professores. "Foi um curso muito bom, com objetivos claros e definidos. Passei por uma mudança de conceitos", revela.

Trabalhou inicialmente na unidade de Batatais, com início de atividades em março de 1962, seguindo a mesma organização das demais unidades e tinha como núcleo do trabalho a área de estudos sociais. Faziam dupla com o mestre Bassano Vaccarini, este responsável por história da arte. "Fazíamos pintura com têmpera, guache e óleo. As telas eram feitas pelos alunos. Pintavam em filme lavado com ecoline, para depois ser projetado".

Em 1969, Ana Maria Nogueira foi convidada por Maria Nilde para trabalhar no Vocacional, responsabilizando-se pela área de artes plásticas. Além de colaborar com Evandro Jardim na supervisão, ensinava desenho geométrico, a partir da 5ª série e no 2º grau, desenho técnico no curso de edificação, geometria descritiva no curso de eletrônica, quando a questão da aplicação do desenho passava a ser uma coisa concreta, diferente das propostas dos manuais da época, inserindo a disciplina no dia-a-dia do aluno.

As formas geométricas eram concretizadas dentro da estrutura das edificações reais, possibilitando nova visão de mundo, quando as estruturas podiam ser vistas aplicadas.

Ao lecionar desenho geomérico, Ana Maria procurava deixar bem caracterizada a observação da realidade, a sua visualização e a construção geométrica da mesma. No início o desenho era feito à mão, a partir do que evoluíam, até chegar a sua geometrização. A análise de paralelas, de concordância e de retas transformam o desenho de observação em estruturas de construções.

"O Vocacional pregava o compromisso do sujeito com a sua cultura e com a sociedade, isto é, a ligação da escola com o mundo. O Vocacional também contou com profissionais muito qualificados, pessoas que lideravam a proposta. Mas a situação política acabou por interromper o trabalho", completa. "Vivemos num sistema de experimentação: quando entra um novo governante, não há propostas para a realização de uma reflexão sobre o que está acontecendo, tudo é mudado" conclui Ana Maria[10].

Na área de comunicações, o trabalho era voltado para a visão mais ampla da história da arte, visualizada sob diferentes enfoques, inclusive problemas sociais ligados à arte. Havia o mesmo sistema de integração, mas de forma mais profunda. Era um trabalho ao mesmo tempo prático e teórico. Os alunos visitavam museus, frequentavam exposições, tornando-se dessa maneira, atualizados com a produção contemporânea da arte em nível nacional e internacional: visitavam a Bienal, o Masp, a Pinacoteca, entre outros locais culturais.

Sob a coordenação de Itajahí Martins foi montada, em 1964, a Galeria de Arte do Ginásio Vocacional do Brooklin, inaugurada com a exposição de trabalhos de artes plásticas dos alunos do próprio ginásio. Posteriormente foram também expostos trabalhos de artistas da cidade de São Paulo.

Entre os diversos artistas que expuseram na galeria do Vocacional estavam; Yolanda Mohalyi, Wega Neri, Marcelo Grasmann, Van Acker, Mário Gruber, Mário Zanini, entre outros.

Alguns críticos de arte, como Paulo Bonfim, José Geraldo Vieira e Sérgio Milliet fizeram apresentações das mostras em catálogos. Os professores também expunham seus trabalhos nessa galeria.

A política do Vocacional de trazer o artista para dentro da escola obteve bons resultados nesse intento, por possibilitar aos alunos estabelecerem contatos com artistas e saber sobre seus trabalhos, aproximando os artistas dos alunos. "A escola conseguiu desempenhar papel de polo cultural. A galeria de artes ficava aberta à noite, e lá reunia-se todo o grupo de professores e de alunos, a cada vez que uma exposição, ou outra atividade, de teatro, de música, era realizada", afirmou Evandro[11].

---

10. Entrevista com a autora.
11. Entrevista com a autora.

CARACTERÍSTICAS DAS ESCOLAS

Foi considerada a possibilidade de atendimento a uma parcela considerável da população, localização em bairros populosos de classe média, e oferta de cursos diurnos e noturnos.

Começava-se pelo método de ensino da arte que considera a obra de arte resultante do inter-relacionamento compositivo dos três elementos: o psicológico, o sociológico e o elemento estético, nas suas mais variadas manifestações.

Esses três elementos são assim trabalhados através das metodologias do ensino da arte: o elemento psicológico atende à individualidade, manifestando-se sempre pela diferenciação dos elementos compositivos e representativos do trabalho artístico: o sociológico permeia a configuração das especificidades que traduzem o contexto social. Quanto a conteúdos, trabalhava-se cenários, entorno urbano, meio ambiente – todos os elementos que refletem determinada sociedade em determinada época –, a questão formal estava muito relacionada com a atualização da arte.

Essa visão de mundo é obrigatoriamente contemporânea. Um artista atual não pode produzir uma visão de mundo ultrapassada, através de simbologia de outra época. Não estaria produzindo arte, mas repetindo fórmulas. A contemporaneidade se traduz pela busca de configurações, ideológica e esteticamente indicativas de seu tempo.

ESCOLA ESTADUAL EXPERIMENTAL DR. EDMUNDO DE CARVALHO

Pequeno Histórico

A Escola Estadual Dr. Edmundo de Carvalho foi criada em dezembro de 1955 pela Lei n. 3.269, regulamentada em março de 1956 e regimentada pelo ato da Secretaria da Educação em novembro de 1958. No ano de 1957 foi criada uma comissão para a redação do Regimento Interno, apresentado e aprovado pela Secretaria da Educação em 1958.

Adicionado a isso, em 1961, o governador do Estado, prof. Queiroz Filho, empossou, como Secretário da Educação, o Dr. Luciano Vasconcelos de Carvalho, que veio dar apoio às escolas experimentais que começavam a surgir nessa época.

No ano seguinte assumia a direção da Escola Estadual Dr. Edmundo de Carvalho, já existente, a professora Terezinha Fran, que daria um impulso considerável a essa experiência, permanecendo nesse cargo até 1972. Foi através de sua iniciativa e dos demais elementos de sua equipe que foram fundados, no fim dos anos de 1960, os quatro ginásios pluricurriculares da Lapa, uma extensão da experiência que estava sendo realizada na escola primária.

A formação profissional de Terezinha Fran abrangia o curso de psicologia clínica na PUC de São Paulo, e cursos de educação (extensão) nos Estados Unidos. Havia sido também professora de psicologia do desenvolvimento, na universidade onde estudara anteriormente.

O Experimental da Lapa tinha como finalidade mais geral tornar-se um núcleo para experiência e pesquisa, dirigido às crianças do curso primário 1ª e 4ª séries.

Na questão da identidade cultural, buscava-se evitar colonialismos numa linha de democratização educacional.

Havia orientação pedagógica e educacional. Procurava-se oferecer atendimento integrado de educação e saúde. O Centro de Serviços oferecia atendimento em fonoaudiologia, psicologia e odontologia. O Experimental procurava, dessa maneira, formar um conjunto educacional, social e psicológico que atendesse à clientela numa dimensão abrangente.

A área de artes incluía artes plásticas, industriais, economia doméstica, educação musical e expressão corporal.

O primeiro relatório das atividades do Experimental data de 1967, informando que foi o primeiro a ser feito, depois de dez anos de trabalhos contínuos. Afirma que os resultados, embora não totalmente satisfatórios, tornava possível verificar progresso na linha de trabalhos para a construção de um currículo.

O relatório comenta a tentativa frustrada de se introduzir, em 1961, o Método Montessori-Lubienska, que estava colhendo bons frutos no Colégio Sion. Entretanto, informa o documento, a experiência provou não ser adaptável à escola pública.

A reformulação dos objetivos em seguida, visava à formação de uma escola comunitária. Nesses objetivos nota-se a presença de duas dimensões que se tornou a dualidade constante nas escolas experimentais: as necessidades sociais individuais do cidadão.

Também fica evidenciada a influência dos conceitos básicos da Escola Nova europeia. Na aprendizagem, a sequência de etapas concebe a experiência como uma dimensão complexa, abrangendo a autodireção, descoberta e pesquisa. Fala-se também em dados coletados e em avaliação.

É sempre explicitada a fase de descoberta, seguida de ênfase nas tarefas a serem seguidas, e da análise sobre o trabalho realizado. É destacada a lembrança do aprendizado como adequado às condições de maturação da criança.

Os conteúdos eram centralizados em torno do núcleo de estudos sociais, considerada a área que permitia maior integração dos conceitos formados.

O currículo dava liberdade ao professor para arquitetar seu planejamento. Os planejamentos deveriam abranger itens básicos como objetivos comportamentais, objetivos referentes a conhecimentos ou unidades de estudos, conteúdos adequados, técnicas de desenvolvimento de conceitos, recurso e auxílios adicionais, e avaliação de resultados.

ARTES PLÁSTICAS

No início dos anos de 1960, o Experimental da Lapa introduzia o ensino das artes plásticas de maneira contemporânea: sem receitas, livre do desenho cópia, das regras acadêmicas.

A primeira professora do setor de artes plásticas foi Hebe Carvalho, artista plástica que fora aluna do pintor piracicabano Nelson Nóbrega, formado pela Escola Nacional de Belas Artes, e nos anos de 1930 integrante da Família Artística Paulista.

Na década de 1940, Hebe Carvalho havia iniciado sua carreira de professora na Escola Graduada de São Paulo (antiga *graded school*), onde introduziu desenho do natural – objetos e flores – e composição de formas geométricas.

Em 1954, Hebe foi substituir Suzana Rodrigues, então dirigindo um grupo de crianças que fazia teatrinho de bonecos no Museu de Arte de São Paulo*. Trabalhando com artes plásticas, Hebe orientava turmas em diferentes faixas etárias, desde crianças com quatro anos de idade.

No mesmo ano esses cursos foram transferidos para o prédio da Fundação Armando Álvares Penteado. Nessa escola Hebe Carvalho permaneceu até 1965, quando deixou a Fundação. Além de desenho e pintura, "trabalhava-se com gravura, argila, madeira, nanquim. Havia muita exigência com relação à técnica, enquanto era incentivado o desenvolvimento da linguagem visual de cada um", contou Hebe[12].

A partir de 1962, Hebe Carvalho tornou-se também professora do Experimental da Lapa, onde permaneceu até 1965. "As turmas eram grandes e havia uma sala ambiente; o material era todo doado pela APM". Explicando seu método naquele tempo, relatou que "procurava eliminar práticas não criativas, então em moda: preenchimento de espaços, uso de fórmulas abstratas bonitas, mas convencionais e fora do interesse da criança, isso não transforma a forma expressiva da criança, e sim a amplia enriquecendo o trabalho", comenta[13].

Hebe havia feito curso normal, portanto, estudara psicologia infantil. Como leitura sobre o ensino da arte, conhecia *Desenvolvimento da Capacidade Criadora* de Viktor Lowenfeld e Lambert Brittain, e também *A Educação pela Arte* de Read, além de livros de Arno Stern e Pierre Duquet.

* Ver capítulo 8 desta edição. (N. da O.)
12. Entrevista com a autora.
13. Idem.

Em 1963, Alice Brill, também artista plástica, nascida na Alemanha, veio trabalhar com Hebe no Experimental. Em São Paulo tornou-se aluna do pintor italiano Rossi Osir, um dos fundadores do grupo Santa Helena e que, juntamente com Vitório Gobbis, era um aficionado das técnicas pictóricas, o que os tornou instrutores do *metier* artístico desse grupo.

Isso vinha de encontro aos ideais artísticos de Alice Brill, seguidora fiel dos objetivos da Bauhaus, escola de desenho industrial que conhecera ainda em seu país de origem. Hebe Carvalho foi quem a iniciou em seu novo trabalho com as crianças. Essas duas professoras traziam, portanto, sólida formação das práticas artísticas. Dessa forma, como um denominador comum, ambas incutiam em seus alunos espírito de dedicação ao aprimoramento do trabalho.

Uma segunda leva de professores veio juntar-se ao primeiro grupo. Em 1964, Guiomar del Guercio, pintora autodidata e professora pública com experiência anterior em zona rural, veio trabalhar com Hebe Carvalho. Isaura Célia, aluna da FAAP, foi trabalhar no Pré, mais tarde transferida para o Ginásio Estadual Pluricurricular, conhecido como GEP I.

Em 1968, recém formada pelo curso de bacharelado em arte educação pela Universidade de Maryland, EUA, passei também a integrar o setor de artes plásticas.

Nos anos de 1950 eu já havia trabalhado ensinando artes plásticas para crianças juntamente com Cynira Fausto e Sabatina Gervásio, na Escola do Cristo Operário, anexa à comunidade de trabalho da Unilabor, na estrada do Vergueiro.

Também nessa década havia me tornado gravadora, aluna de Lívio Abramo no atelier por ele dirigido no Museu de Arte Moderna de São Paulo, de 1953 a 1959. Anteriormente, havia seguido diversos curso de arte como desenho, pintura e desenho industrial no Masp.

Constituímos assim um grupo de professores artistas, sendo o nosso denominador comum a familiaridade com os processos de criação, fator esse que unificava nossos objetivos e imprimia ao nosso trabalho caráter seguro e ao mesmo tempo transformador.

LINGUAGEM VISUAL SUBSTITUI MODELO

Enveredando por uma Trilha de Modernidade

O Experimental da Lapa possibilitou o surgimento de várias inovações no terreno do ensino das artes plásticas: o desenho livre veio substituir a cópia, pela criação gráfica; as tonalidades acadêmicas pelo colorido vivo inusitado; os cenários tradicionais pelos diferenciados através de soluções originais na interpretação do espaço, pelas proporções simbólicas, pela maneira própria do tratamento dado aos elementos constitutivos como forma, textura, equilíbrio, dimensão.

Uma outra vertente privilegiava o estudo do meio, diferenciado conforme a série. Trabalhando com crianças do curso primário, esse objetivo era atendido, tornando familiar ao aluno o seu entorno, a sua comunidade, a sua cidade.

Procurava-se desenvolver a linguagem plástica na criança, diferenciada e imaginativa. Através de técnicas variadas, os alunos demonstravam facilidade e entusiasmo em relatar graficamente seu cotidiano, sua família, seus pertencentes, seu meio ambiente, criando uma iconografia que caracterizava o universo de cada um.

As aulas eram, em sua maioria de desenho, pinturas, modelagem, recorte, colagem e também de técnicas mistas. Às vezes colocávamos materiais diversificados para a criança escolher livremente. Outras vezes o trabalho restringia-se a uma técnica apenas.

A duração das aulas era de cinquenta minutos e as turmas eram grandes, em geral com mais de 35 alunos. Contou Guiomar que:

> Em alguns casos havia necessidade de dar a mesma atividade naquele dia, porque não havia tempo de trocar o material. Especialmente quando tratava-se de modelagem, por exemplo, que requeria o preparo do barro para todas as turmas. Inicialmente explicávamos como era o material, de onde provinha, qual suas características, exemplificando através de técnicas diversas, como as utilizadas pelos índios, pelo artesanato brasileiro, pelas artes industriais[14].

Havia forno funcionando a partir de 1969. Até então os alunos pintavam com guache as peças de cerâmica, depois de secas. O forno possibilitou a queima de peças, após o que se passou a ensinar o emprego de pátinas, apropriada a alunos de primário. Procurávamos também familiarizá-los com objetos de cerâmica popular brasileira, da Bahia, de Taubaté, as famosas cerâmicas do mestre Vitalino de Pernambuco, as cerâmicas dos índios etc.

Com relação às outras técnicas de artes plásticas, como pintura, gravura, desenho, construções, usava-se a mesma sistemática, de explicar as especificidades de cada uma. Esse respeito pela diversificação de cada linguagem, devia-se aos conceitos que seguíamos sobre o ensino da arte. Ao mesmo tempo em que favorecíamos o desenvolvimento de uma linguagem expressiva de cada aluno, atribuíamos uma importância considerável ao fazer artístico, à produção de um trabalho que explorasse as possibilidades oferecidas pelo material trabalhado.

Exemplificando outras práticas artísticas, nas 3ª e 4ª séries, ensinávamos os alunos a fabricar *papier mâché*, trabalho que exigia técnicas mais sofisticadas, como por exemplo, construir a estrutura da

14. Entrevista à autora.

figura planejada, fosse bicho, figura humana ou objeto. Essa técnica também favorecia o desenvolvimento da imaginação, pois conduzia a invenções diversificadas, não somente quanto à forma, mas aos acabamentos e acessórios.

Havia uma sala somente para artes plásticas. O material de sucata era sua maior parte, coletado pelos próprios alunos. Os papéis e outros materiais mais caros eram comprados pela Associação de Pais e Mestres, participante ativa nas atividades da escola.

Em 1969, foi instituído no Experimental o trabalho em duplas, nas áreas de artes. Nas artes plásticas, Nelgi, professora de música, e eu, trabalhamos juntas durante todo o semestre. Nelgi, porém continuou dando aulas, atuando assim em dois setores ao mesmo tempo.

Essa experiência não pretendia treinar professores para tornarem-se polivalentes. Visava, na verdade, oferecer aos alunos, dinâmicas novas de trabalho, o que realmente foi atingido.

ESPECIFICIDADE ESTÉTICA

Para desenvolver nos alunos a sua linguagem visual específica, ou seja, a sua visão de mundo através de seus desenhos, pinturas, modelagens etc., nosso objetivo básico era necessário promover o desenvolvimento da percepção dos elementos estéticos constitutivos do objeto artístico. Trabalhando com crianças de sete a onze anos, procurávamos organizar os planejamentos de maneira a conseguir o nosso intento através de trabalhos, técnicas e projetos diferenciados.

Dessa forma, dependendo de qual elemento estivéssemos querendo enfocar, o planejamento era estruturado levando-se em conta esse fator, para cada série separadamente.

Para isso elegíamos a cada semestre dois ou três elementos, sobre os quais os programas eram concentrados. Como exemplo, pode-se citar cor e forma; linha e movimento; espaço, volume e cor; textura e volume; entre outras opções.

Diferentemente do que possa parecer a um leigo quando observa aulas de artes plásticas com crianças pequenas, e mesmo de oito ou nove anos de idade, o que ocorre nesses períodos, os trabalhos dele resultantes, seja de desenho, pintura, colagem ou outras tantas modalidades, parece apenas brinquedo divertido, passatempo colorido e variado, forma de ocupar a criança.

O desconhecimento dos processos de criação nas artes visuais, que se evidenciam através de seus elementos estéticos específicos, como também na música, no teatro, ou em outras modalidades de linguagens artísticas, transmite essa ideia de passatempo. Atividade agradável, decorativa. Para se diferenciar uma coisa de outra, é preciso examinar com cuidado os planejamentos existentes, e também observar, nas aulas, a metodologia empregada.

O estudo do significado das diferentes linguagens, através de seus elementos constitutivos, nos leva a compreender que num simples desenho de uma criança em um pedaço de papel, temos algumas dimensões compositivas, um discurso de configurações, indicativas da presença de elementos particularizados de determinada criança que, ao mesmo tempo, são reflexo de sua história social.

O psicólogo russo Vygotsky, já no começo do século XX, trabalhando em Moscou no Instituto de Psicologia, desenvolveu um método experimental para traçar a história do desenvolvimento das funções psicológicas da criança. Ao lado da história da criança, considerava os estudos da história da cultura e da sociedade como coadjuvantes da empreitada de explicar o progresso da consciência e do intelecto humanos.

Durante os estágios que fiz, tanto nos Estados Unidos, junto às escolas públicas na região de Washington DC, como em São Paulo, nos diferentes lugares onde já trabalhara na década de 1950, e posteriormente no Experimental, tive várias oportunidades de observar a produção visual continuada da criança. Nesse processo de desenvolvimento do desenho infantil fica evidenciada a existência da evolução contínua na forma por meio da qual a criança se expressa.

Pudemos comprovar esse fato diariamente através das aulas no curso primário e, ao mesmo tempo, essa comprovação levou-nos a estabelecer comparações com os desenhos e pinturas que podiam ser observados, através da série de trabalhos de crianças e adolescentes apresentada por Read em seu famoso livro, *A Educação pela Arte*.

O que despertava maior atenção era a semelhança entre uns e outros, realmente significativa: na maneira de ir descobrindo a organização do espaço, mas também na forma de transformá-lo depois em configurações mais diversificadas; no traço gráfico sintético predominante nas crianças menores, e na sua elaboração mais requintada dos anos seguintes; na descoberta gradativa das cores, na evolução do desenho esquemático de concentração em figuras destacadas, até chegar – aos oito, nove anos de idade – à apresentação de cenas mais complexas, panorâmicas, de paisagens marítimas e rurais ou de eventos sociais, como jogos de futebol, circo, além dos cenários urbanos muito comuns, com suas ruas espelhadas, efeitos de rebatimento, de superposição de imagens, de raio x etc.

Sobre essa mesma questão, é também muito significativo o estudo aprofundado e extenso que Edmund Burke Feldman apresenta sobre a evolução da arte infantil, no capitulo 5 de seu livro *Becoming Human Throught Art* (Tornar-se Humano através da Arte). Apesar de praticamente seguir a mesma evolução adotada por Read, o autor apresenta várias outras contribuições ao debate, enriquecendo descrições e análises, introduzindo o fator comunicação como uma das dimensões do panorama visual criado por um indivíduo.

Ao chamar atenção para o significado da arte infantil, considera o seu trabalho artístico como reflexo de sua visão de mundo:

as habilidades artísticas da criança são quase sempre adequadas às representações visuais de sua experiência. [...] consequentemente, não é sensato, [...] dar indicações visando a correção ou ajuste de sua representação imaginária. Isto se resolve por si mesmo[15].

Feldman discorre sobre peculiaridades da arte da criança, passando a considerar como uma das evoluções do desenho infantil, quando este começa a evidenciar tendência para um dos dois grupos

que polarizam o estilo que é visível através de toda a história da arte: o clássico-romântico, visual-háptico, perceptual-conceitual, impressionista-expressionista. Quando atinge os sete anos, a expressão artística da criança pende mais para um lado do que para o outro [continua ele]. E esta personalidade irá exibir sua afinidade estilística em casa dimensão do comportamento da criança.

Outra questão que se tornou peculiar à arte da criança dos seis, sete anos, é a representação do espaço. O livro de Lowenfeld já havia mostrado a transformação que se opera na distribuição da figuração do papel, passando a ser ordenada ao longo de uma linha de base.

Feldman também se ocupa dessa questão: "a representação de casas, gente, objetos naturais e tudo o mais, significa que a criança adquiriu um repertório de imagens que precisa ordenar em relação a cada um"[16]. Esse conhecimento não é inato, afirma ele. Enquanto para muitos as imagens visuais refletem predominantemente conceitos de espaço-tempo, Feldman expõe as ideias de que conceitos culturais sobre espaço e tempo podem refletir o estágio no qual o desenvolvimento estético de muitas pessoas, culturalmente, foi interrompido[17].

Feldman fala de uma lógica do espaço como desejo de tornar o terreno firme. A criança coloca as pessoas uma ao lado das outras, sem se tocarem, "uma espécie de mapa que acompanha a escritura de um terreno".

Toda esta questão das transformações por que passa a arte infantil, em geral examinadas sob o ponto de vista da percepção visual, encontra em Rudolf Arnheim, seguidor da teoria de *gestalt*, um defensor da teoria que todo pensamento produtivo se baseia necessariamente na imagística perceptiva e que, inversamente, toda percepção ativa envolve aspectos do pensamento. Estas reivindicações foram profun-

---

15. E. B. Feldman, *Becoming Human Throught Art*, p. 15.
16. Idem, p. 31.
17. Idem, p. 32.

damente importantes para a educação e conferiram à educação artística um papel central no currículo de boas escolas ou universidades.

SUGESTÕES PARA FUTURAS PESQUISAS

Estudo comparativo dos programas de artes visuais do Experimental da Lapa e do Vocacional do Brooklin, estudo sobre o que havia de pessoal na metodologia de ensino da arte de Babinsky, Evandro Carlos Jardim, prof. Celeste e outros; sobre quais livros os influenciaram. Houve transferência da ação educativa dos artistas para o ensino universitário, principalmente: de Babinsky na UNB, na Universidade Federal de Uberlândia; e de Jardim na Faap e na ECA-USP?

BIBLIOGRAFIA

ARNHEIM, Rudolf. *A Psychology of Art*. Los Angeles: University of California, 1966.
_____. *El Pensamiento Visual*. Buenos Aires: Eudeba, 1971.
_____. *Arte e Percepção Visual*. São Paulo: Pioneira-Edusp, 1980.
_____. *Intuição e Intelecto na Arte*. São Paulo: Martins Fontes, 1989.
FELDMAN, Edmund Burke. *Becoming Human Through Art*. New Jersey: Prentice-Hall, 1970.
LOWENFELD, Viktor. *As Crianças e Sua Arte*. São Paulo: Mestre Jou, 1977.
READ, Herbert. *História da Pintura Moderna*. São Paulo: Círculo do Livro, [s. d.]
_____. *As Origens da Forma*. Rio de Janeiro: Zahar, 1967.
_____. *Arte e Alienação*. Rio de Janeiro: Zahar, 1967.
_____. *Arte de Agora, Agora*. São Paulo: Perspectiva, 1972.
_____. *O Sentido da Arte*. São Paulo: Ibrasa, 1972.

12. Inter-Relação de Conhecimentos

o projeto interdisciplinar nos anos de 1970

Heloisa Margarido Sales

A complexidade para mim é o desafio, não a resposta. A complexidade não é um fundamento, é o princípio regulador que não perde de vista a realidade do tecido fenomenal no qual nos encontramos e que constitui o nosso mundo.

EDGAR MORIN*

Com o surgimento no século XVII da investigação empírica, independente dos dogmas de fé, surge a ciência moderna. Mesmo rudimentares, os instrumentos de pesquisa para a época, vão trazer credibilidade ao novo conhecimento do universo, agora geometrizado, matematizado, descentralizado e infinito. A nova atitude de investigação, que vai permitir essa reorientação do conhecimento mítico para o conhecimento científico, apoia-se na observação do cientista e no crédito conferido a seus próprios sentidos, na dúvida, na experimentação e no raciocínio indutivo. Impõe-se a construção de um método, uma ordenação entre os elementos investigados.

A partir do século XVII, as novas sistematizações vão explicar homem e universo por princípios mecanicistas, pela física gravitacional, pela química do princípio de conservação da matéria, posteriormente pela biologia da teoria da origem das espécies. O surgimento dos diversos recortes não inviabiliza a busca por uma pansofia que harmonize e supere o crescente desdobramento do conhecimento. Já Jean Amos Comenius, pedagogo tchecoslovaco desse século, concebeu um Colégio Universal Pansófico, onde pretendia desenvolver um sistema unificado de todos os conhecimentos.

A noção de unidade de conhecimento é especialmente enfatizada no século XVIII, pelo desenvolvimento das ideias iluministas e das preocupações humanistas. Se ainda não podemos falar de uma ciência do homem

---

* *Introdução ao Pensamento Complexo.*

o caráter geral do pensamento é intelectualista e enfatiza a forte crença na razão expressada principalmente pelos enciclopedistas. As leis naturais universais podem ser conhecidas a partir do método científico e especialmente a educação tem a tarefa de amplificar os conhecimentos.

As ciências humanas até o século XIX vinculam-se à filosofia confirmando a unicidade do homem como sujeito do conhecimento e promovendo de forma geral uma "filosofia da consciência"[1]. Evolucionismo, psicanálise e marxismo, a partir desses três grandes eixos podemos falar de ciência do homem. Concomitantemente, surge um novo problema de ordem epistemológica. Se a reflexão sobre a consciência tinha como objetivo o homem ideal as ciências humanas passam a investigar o homem real, ou seja, o homem em sua natureza individual e social. O modelo de cientificidade é emprestado das ciências naturais e seu rigoroso estatuto científico adquire nesse século o grau de verdade incontestável confirmado pelo progresso da indústria.

Penetrar na multiplicidade dos fenômenos humanos sempre foi problemático e o primeiro efeito produzido pela rigidez da norma científica foi a divisão do conhecimento em "duas culturas"[2] – a cultura científica e a cultura humanista – e o surgimento de diversas crenças como o mito da cientificidade, como único conhecimento digno de crédito, o mito do conhecimento especializado, o mito da tecnocracia e o mito do progresso.

A interdisciplinaridade surge como uma exigência contemporânea de resgatar a compreensão do fenômeno humano pelo inter-relacionamento dos conhecimentos.

Contemporaneamente a interdisciplinaridade se refere tanto ao desenvolvimento e à reflexão sobre a própria pesquisa científica como produção de conhecimento, seus métodos e procedimentos internos, como à difusão e transmissão desses saberes, portanto ligada às instituições universitárias e educacionais da sociedade. Nesse sentido essa modalidade de integração de conhecimento diz respeito tanto a uma reflexão como à ação, ou seja, à harmonia entre a teoria e a prática.

Para a compreensão dos propósitos do projeto interdisciplinar é necessário esclarecer primeiramente os conceitos que são mais utilizados: o conhecimento para esse projeto é entendido como um processo – "conhecimento-processo" – que, com sua historicidade, pode progressivamente desvendar aspectos de nossa realidade. "Se nosso conhecimento se apresenta 'em devir', só conhecemos quando realmente passamos de um conhecimento menor a um conhecimento maior"[3]. As contribuições de várias disciplinas estão sempre se renovando e o projeto interdisciplinar como um conhecimento vindo da

---

1. H. Japiassu, *Introdução ao Pensamento Epistemológico*, p. 174.
2. C. P. Snow, *As Duas Culturas*, p. 17.
3. H. Japiassu, *Interdisciplinaridade e Patologia do Saber*, p. 27.

interseção de várias disciplinas será sempre provisório, sempre processual e não definitivo.

Por saber, entende Hilton Japiassu "todo o conjunto de conhecimentos metodicamente adquiridos, mais ou menos sistematicamente organizados e suscetíveis de serem transmitidos por um processo pedagógico de ensino"[4]. O saber se refere tanto à aprendizagem prática como à reflexão teórica e tem um sentido mais amplo que ciência.

Disciplina é entendida como "essa progressiva exploração especializada numa certa área ou domínio homogêneo de estudo"[5]. A disciplina envolve desde o domínio material e conceitual, seus métodos e as "contingências históricas", sua evolução no tempo e seu estágio de transição atual.

Quando analisamos as diversas disciplinas científicas, e no nosso caso, as disciplinas artísticas – teatro, artes plásticas e visuais, música, dança, fotografia, cinema e vídeo –, podemos recuperar através de sua evolução um sentido mais global na reconstituição de suas filiações e na formação de seus domínios teóricos, práticos, técnicos e metodológicos. Nessa reconstituição já se percebe vários níveis de colaboração entre disciplinas e o nascimento de novos recortes como, por exemplo, no campo da psicologia social, derivada da psicologia, da sociologia e da antropologia. Nesse sentido é possível falar de um grau de integração sempre presente e esperado no interior das disciplinas científicas.

O projeto interdisciplinar orienta-se, entretanto, para um progressivo descobrimento das múltiplas significações presentes no fenômeno humano. Torna-se necessário verificar os graus e as modalidades dessa integração distinguindo-os inicialmente dos níveis multidisciplinares – nas quais as várias disciplinas operam sem estabelecer relações entre si – e o pluridisciplinar – em que se justapõem diversas disciplinas revelando as relações existentes, mas sem coordenação. O nível interdisciplinar de integração revela tanto as relações existentes como a finalidade do projeto, ou sua coordenação, podendo ir da integração de objetivos até "a integração mútua dos conceitos-chave, da epistemologia, da terminologia, da metodologia, dos procedimentos, dos dados, da organização da pesquisa e do ensino que daí resulta"[6]. A coordenação é, segundo o autor, creditada à filosofia, não como imposição de métodos nem como condição necessária, mas como condição iluminadora das finalidades do projeto, "uma filosofia do homem 'em trabalho', participando ativamente do espírito com que os cientistas vão construindo seus conceitos, mas impedindo-os sempre de crer que possam totalizar o sentido ou que possam permanecer fechados à história e aos acontecimentos"[7].

---

4. H. Japiassu, *Introdução ao Pensamento Epistemológico*, p. 15.
5. H. Japiassu, *Interdisciplinaridade e Patologia do Saber*, p. 61.
6. Idem, p. 71.
7. Idem, p. 205.

Um projeto assim concebido pode explorar de forma abrangente a correspondência entre diversos saberes no interior de uma mesma região de conhecimento ou entre disciplinas. Pode também reduzir o isolamento das especializações crescentes nas instituições de pesquisa e ensino, promovendo o diálogo e o intercâmbio de métodos e técnicas, gerando denominadores comuns, reduzindo a oposição entre teoria e prática e necessariamente promovendo uma mudança de atitude na pesquisa e no ensino, criando por fim, "uma inteligência e uma imaginação interdisciplinares"[8].

Caracterizando o interdisciplinar "pela intensidade das trocas entre os especialistas e pelo grau de integração real das disciplinas no interior de um projeto de pesquisa", Japiassu afirma uma reciprocidade e mutualidade efetiva dos sujeitos envolvidos. Através do comprometimento de cada participante no projeto, incorporam-se resultados de várias disciplinas, aproximam-se métodos e quadros conceituais. É uma ação de construção que assegura o crescimento pessoal e conceitual de cada participante, conferindo segurança, assegurando o retorno enriquecido à sua área de origem. O interdisciplinar se apresenta como uma prática, e ela envolve o nível individual de abertura, o desenraizamento, e a busca de novas perspectivas. No nível coletivo surge o diálogo, a complementaridade das perspectivas, a reflexão aprofundada que dá origem a novas abordagens de pesquisa ou de ensino. "A prática amplia as perspectivas do possível. Interfere na determinação dos objetivos de escolha. Aceita o devir e a diferença"[9].

Enfatizando igualmente o momento de integração dos participantes como condição ao interdisciplinar, Ivani Fazenda ressalta o aspecto da intersubjetividade como critério de desenvolvimento da sensibilidade. Somente através dela e "num regime de copropriedade, de integração, é possível o diálogo, única condição de possibilidade da interdisciplinaridade"[10].

Podemos ir um pouco adiante e observar que nesse domínio, mais que um contato onde cada sujeito se apoia em sua formação especializada, as conexões intersubjetivas garantem que aflorem sensações, percepções e impressões encobertas cujo aparato conceitual não revela de imediato. Existe um conhecimento não enunciado, ou um "coeficiente tácito", conforme Michael Polanyi[11], que pode ser pronunciado através das trocas intersubjetivas, enriquecendo o quadro conceitual.

Para que esse contexto intersubjetivo seja efetivamente proveitoso ao projeto interdisciplinar, entretanto, é necessário que cada

8. Expressão de George Gusdorf, cf. Idem, p. 65.
9. *Interdisciplinaridade e Patologia do Saber*, p. 88.
10. I. Fazenda, *Integração e Interdisciplinaridade no Ensino Brasileiro*, p. 8.
11. *The Tacit Dimension*, p. 86.

participante tenha formação específica aprofundada, esteja familiarizado com os conceitos e métodos mais utilizados e esteja minimamente atualizado com as informações de áreas correlatas à sua. Tendo em vista que o projeto interdisciplinar deve responder a uma necessidade, sobretudo social, de desenvolvimento de padrões de ensino e de pesquisa, estreitando regiões vizinhas e contribuindo no desenvolvimento de cada disciplina, ele deve responder também às necessidades dos próprios docentes ou das instituições escolares na transformação de atitudes e de mentalidade frente ao saber especializado, garantindo aos alunos uma orientação integrada nos estudos e em seu futuro profissional.

APROXIMAÇÕES INTERDISCIPLINARES

Diversos modelos de interdisciplinaridade são analisados por Ivani Fazenda e Hilton Japiassu, partindo ambos dos resultados do Seminário sobre a Interdisciplinaridade nas Universidades, organizado pelo CERI (Centre pour la Recherche et l'Innovation de Coopération et Développement Économique). Fazenda analisa os modelos: empírico de Heinz Heckhausen, formal de Max Boisot e socioantropológico de Erich Jantsch. Japiassu procura sintetizar os modelos em dois enfoques: interdisciplinaridade "linear", uma forma mais elaborada de pluridisciplinaridade, e interdisciplinaridade "estrutural", igual correspondência de interação de duas ou mais disciplinas sem primazia de qualquer uma. Há o enriquecimento mútuo, "uma espécie de fecundação recíproca". As disciplinas nesse caso se relacionam "por combinação" para atender a novos problemas, cujo alcance demanda a convergência de um ou mais saberes[12].

Jean Piaget, cuja obra é construída a partir de diversos campos de saber, propõe que entre as disciplinas adultas se proceda de início a uma comparação de problemas ao se relacionar as disciplinas humanas com as ciências da vida, como ele denomina as ciências naturais, para chegarmos aos mecanismos comuns.

Relacionando as ciências biológicas com as ciências do homem, Piaget extrai três noções fundamentais: a produção de estruturas novas, o equilíbrio e a troca de informação, combinadas com as dimensões diacrônica ou evolutiva e sincrônica ou de regulação interna. Essas três noções estão presentes em todas as ciências humanas, mas ele chama atenção para o problema de uma redução direta, já que "o domínio humano conserva-se específico devido à existência das culturas, que se transmitem socialmente e sustentam uma complexidade de fatores inextricáveis"[13].

---

12. H. Japiassu, *Interdisciplinaridade e Patologia do Saber*, p. 81.
13. J. Piaget, *Problemas Gerais da Investigação Interdisciplinar e Mecanismos Comuns*, p. 20.

Procede então a uma análise das estruturas, das funções e das significações nas ciências do homem, abrangendo diferentes momentos do conhecimento tanto individual como coletivo e científico, afirmando finalmente que é possível uma colaboração interdisciplinar no campo da epistemologia do sujeito humano em geral e que "ela se une aos grandes problemas da epistemologia do conhecimento científico"[14]. Admite que esse trabalho não pode ser efetuado no âmbito dos resultados, mas deve ter como objetivo a verificação das tendências de cada disciplina. Nesse sentido a investigação interdisciplinar não pode situar-se simplesmente no terreno das fronteiras de cada uma. Piaget observa que as novas disciplinas, nascidas da conjunção entre campos, surgem por uma hibridação, ou seja, recombinação fecunda, que se reflete nas disciplinas "mães", enriquecendo-as. Esse é o objetivo da investigação interdisciplinar, ou seja, "uma reforma ou uma reorganização dos domínios do saber, por trocas que consistem, na realidade, em recombinações construtivas"[15].

A investigação de Piaget se dá no interior das ciências e revela sua grande contribuição ao considerar a interdisciplinaridade como "princípio de organização ou de estruturação dos conhecimentos", revelando também o esforço na compreensão mais integral do fenômeno humano.

Ainda dentro da abordagem estrutural e igualmente preocupado com aspectos referentes à metodologia de pesquisa, Umberto Eco aponta o filósofo – o "técnico do Todo" (em contraposição ao cientista, o "técnico do particular"), como a pessoa capaz de elaborar um quadro de referências através do que chama "similitude de estrutura". Partindo de analogias entre propostas artísticas e metodologias científicas, Eco acredita que, através da pesquisa interdisciplinar, o filósofo pode senão falar do Todo, pelo menos investigar as várias disciplinas, "reduzindo os vários resultados a modelos descritivos capazes de refletir a estrutura dos diferentes fenômenos e dos diferentes processos de investigação"[16]. Para ele, através da descrição é possível uma interpretação dos fenômenos que revele os juízos de valor no próprio ato de descrever, explicitando também "a atividade do discurso interdisciplinar, a colocação contínua das hipóteses clarificadoras e orientadoras"[17]. O objetivo dessas colocações é solicitar aos filósofos a criação de um quadro interpretativo geral a partir da arte e da ciência que nos elucide uma situação em que já nos encontramos, mas ainda não percebemos.

A noção de regularidade de relações nas estruturas fundamentais das disciplinas, enfatizada por Jean Piaget, influenciou vários pensadores

14. Idem, p. 141.
15. Idem, ibidem.
16. U. Eco, *Definições da Arte*, p. 265.
17. Idem, p. 268.

na área da educação. Jerome Bruner não se preocupou com a interdisciplinaridade, porém ressaltou a importância da estrutura disciplinar no sentido de ideias básicas ou fundamentos e princípios facilitadores dos raciocínios analógicos e intuitivos e da transferência na construção do conhecimento[18]. Na mesma linha encontramos *Taxionomia dos Objetivos Educacionais* de Benjamin Bloom, que enfatiza a inter-relação do conhecimento no nível do currículo e dos objetivos educacionais e sua relação com a natureza da experiência de aprendizagem e avaliação do aluno.

Outra modalidade interdisciplinar é apresentada por Ana Mae Barbosa a partir das colocações de Gerald Holton e se refere ao "princípio de incorporação funcional", concebido como princípio de solução de problemas. A integração de diversas disciplinas se daria no momento em que são chamadas a resolver o problema através da integração de conhecimento, experiência e organização de pensamento.

Na medida em que o método científico enfatiza a análise dos objetos de estudo, favorecendo o pensamento analítico em detrimento do pensamento de síntese, prioriza-se esse aspecto reforçado pela crença tecnológica de que ele levará ao aprofundamento do conhecimento. Segundo Barbosa, "para que o ensino corresponda ao processo natural de aquisição de conhecimento, o aspecto analítico deve se consolidar na busca da complementaridade sintética"[19]. A incorporação funcional se afirma por seu caráter operacional. Estabelecido um problema real a ser resolvido, a integração é pensada em um momento posterior ao desenvolvimento dos conhecimentos no interior de uma disciplina, momento esse correspondente à síntese daqueles desenvolvimentos.

Essas são as orientações que nortearam o amplo projeto de integração curricular fixado na Lei de Diretrizes e Bases da Educação Nacional – Lei 5692/71, conforme Ivani Fazenda. Analisando os aspectos de integração nas determinações legais a autora destaca no tratamento dado aos currículos dos, então chamados, 1º e 2º graus (Legislação Estadual de São Paulo. Atuais ensino fundamental e ensino médio) o enfoque interdisciplinar entendido "como uma construção que envolve a totalidade dos múltiplos setores componentes das instituições escolares". "A fim de conferir ao currículo organicidade, logicidade e coerência, impõe-se a necessidade de um enfoque global, interdisciplinar, que leve em conta as dimensões filosóficas, antropológicas e psicológicas. (Ind. 1/72 – CFE)"[20].

O currículo é estruturado pelas disciplinas observando-se o núcleo comum obrigatório: comunicação e expressão, estudos sociais e ciências, e a parte diversificada. "O currículo que o professor estabelece

---

18. J. Bruner, *O Processo da Educação*.
19. A. M. Barbosa, *Arte-Educação*, p. 73.
20. I. Fazenda, op. cit., p. 68.

é o somatório de responsabilidades das diversas esferas de atuação, mas integradas em essência. (Parecer 4.833/75 – CFE)"[21].

Com referência ao ensino de 2º grau, conforme Fazenda, a integração deve superar "as posições entre a cultura científica e humanista, realizando-se através de uma atitude de valorização uniforme de todas as matérias, em que nenhuma terá destaque especial. Todas serão igualmente importantes"[22].

Em relação aos termos integração e interdisciplinaridade, a autora mostra as incoerências conceituais com que eles são utilizados, sendo que a interdisciplinaridade fica reduzida a um "meio" para se chegar à integração de conteúdos, entendida como finalidade máxima de todo o processo educativo. A interdisciplinaridade tornou-se então, uma "utopia" na medida em que não ficou previsto nenhuma instância de treinamento de professores, ou um correspondente aprofundamento, através dos Guias Curriculares subsequentes à implantação da referida lei.

Essa mesma legislação providenciou a já bastante discutida polivalência compulsória no ensino brasileiro. Segundo essa medida um único professor ficou responsável em ministrar duas ou mais disciplinas. Conforme Ana Mae Barbosa essa organização dos currículos "representam contrafações do processo de interdisciplinaridade" na medida em que conferem a um professor a tarefa de impulsionar o aluno "à descoberta dos princípios e fundamentos básicos ao inter-relacionamento disciplinar" – no caso de educação artística: artes plástica, teatro e música (Parecer 349/72 – CFE)[23].

A interdisciplinaridade proposta pela legislação de 1971 caracterizou-se mais como uma inspiração à integração de objetivos e conteúdos, sendo estes, conteúdos da mesma disciplina. O que acabou por ser providenciado foi o nível multidisciplinar, ficando a interdisciplinaridade enquanto inter-relação de conhecimentos circunscrita a algumas escolas, cuja seriedade de propósitos permitiu que essa prática fosse lavada a efeito.

DOMÍNIO INTERDISCIPLINAR NOS ANOS DE 1970

Do ponto de vista pedagógico a discussão sobre a prática interdisciplinar teve no Brasil um aprofundamento nos anos de 1970, através dos trabalhos de Hilton Japiassu e Ivani Fazenda, respondendo tanto ao progressivo fracionamento do saber, fruto de uma estrutura universitária tecnocrática, quanto às necessidades de novas posturas educacionais e de novas práticas no interior das redes de ensino. Já nos anos de 1980, a discussão feita por alguns educadores vai abordar essa prática,

21. Idem, p. 62.
22. Idem, p. 70
23. Idem, p. 94.

enfrentando a complexidade do fenômeno educativo[24] ou ressaltando os riscos de um ecletismo acrítico que a ação pode levar[25]. Para discutirmos a experiência interdisciplinar, vamos tomar como referência a proposta de Hilton Japiassu. Trata-se de uma proposta formulada enquanto metodologia formalmente organizada que encontramos na literatura referente ao assunto. Alerta o autor ainda, que as conexões interdisciplinares podem ser variadas, não podendo, portanto, tomar-se sua proposta como um "método único". Sua preocupação ao formular uma metodologia foi desenvolver etapas referentes à pesquisa interdisciplinar. Nesse sentido, como estamos analisando procedimentos didáticos, não tomaremos essas etapas de forma rígida. Vamos extrair de suas ideias aquelas que melhor possam esclarecer os desenvolvimentos de nossa prática, que possam, portanto, servir de referência para contextualizar o domínio do interdisciplinar.

Durante o levantamento de nossa pesquisa foram realizadas entrevistas com professores que participaram de projetos interdisciplinares no mesmo período de realização do curso integrado de artes do Colégio Equipe (anos de 1970). Pretendemos utilizar esses relatos na caracterização metodológica que iremos delinear. São eles:

Colégio Estadual do Paraná (Londrina/PR) – 1º semestre letivo 1974
Profa. Lúcia A. Bueno
Prática interdisciplinar com turmas de 5ª a 8ª séries

Escola Rainha da Paz (São Paulo/SP) – 1º e 2º semestre letivo 1977
Profas. Regina Machado e Maria Teresa Freitas
Prática interdisciplinar com turmas das 7ª séries

Festival de Música de Prados (Prados, MG) – A partir de 1977 (1977 a 1980)
Profas Maria Cristina Rizzi e Jerusha Chang (participaram também Clara Kurihara, Sharon Mollan, Suzana Farkas e Heloisa Carvalho)
Prática interdisciplinar com a comunidade da cidade de Prados, com apoio da Escola de Comunicações e Artes da USP e da Prefeitura de Prados.

Colégio São Domingos (São Paulo/SP) – 1º semestre letivo 1982
Profas Ingrid Koudela e Angélica Santi
Prática interdisciplinar com turmas das 8ª séries

Segundo Japiassu o projeto interdisciplinar envolve uma prática, uma tarefa e uma reflexão. A prática envolve um aprofundamento pelo qual disciplinas operantes se juntam, atuam e se constroem. Nesse momento são descobertos conceitos, verificadas tendências,

24. S. A. Leite, O Papel dos Especialistas na Escola, *Educação e Sociedade*, n. 22; C. J. Ferretti, Equipe Interdisciplinar: educação e ideologia, *Educação e Sociedade*, n. 26; L. C. Freitas, A Questão da Interdisciplinaridade: notas para reformulação dos cursos de pedagogia, *Educação e Sociedade*, n. 33.
25. G. Frigotto, A Questão Metodológica do Trabalho Interdisciplinar: indicações de uma pesquisa sobre vestibular, *Cadernos de Pesquisa*, n. 55.

constatados progressos, confirmadas ou alteradas previsões (nível prospectivo). Simultaneamente ocorre o momento de reflexão pelo qual os conteúdos surgidos são discutidos na perspectiva da pluralidade dos enfoques das disciplinas, a partir dos suportes teóricos e práticos de cada uma.

GRUPO DE TRABALHO

A primeira etapa diz respeito a "constituição de uma equipe de trabalho"[26]. Por essa constituição entendemos que sejam os participantes vindos de áreas e formações em diferentes disciplinas.

Conforme o autor essa prática deve ser "institucionalizada". Isso significa, por um lado, uma organização necessária ao trabalho de um grupo de professores, o estabelecimento de condições práticas como local, horários comuns, registros e documentação e um diálogo com a instituição que abriga o projeto. Por outro lado podemos dizer que a institucionalidade dos projetos acima referidos, mesmo que tendo sido absorvida de formas diferentes, tiveram aí sua condição de realização.

Apesar das escolas, através de seus diretores e orientadores, por vezes não "entenderem" os projetos, "achavam que estava tudo ótimo, não se interessavam em tomar contato com o que fazíamos"[27] ou "houve briga com a direção que não via 'aprendizado' em artes"[28], foram essas instituições que deram suporte aos projetos. Do contrário estaríamos discutindo uma prática espontaneísta sem valor educacional.

Constituir uma equipe interdisciplinar de trabalho também significa criar um compromisso, uma organização "concêntrica", diz Japiassu. Essa constituição pode responder a diversas necessidades dos próprios professores, por avaliarem que em determinados momentos passa a ser necessária a construção de uma visão e uma prática artística integrada para os alunos. Ou pela vontade ou desejo de criar juntos, ou se desafiarem, se desenraizarem. "Eu tenho que ser capaz de chegar lá e dividir o que eu sei com o saber deles"[29].

Conceitos-Chave

A segunda etapa consiste no estabelecimento dos "conceitos-chave" do projeto comum. Segundo o autor, esses conceitos devem irradiar-se para todas as disciplinas envolvidas, além de permitirem, pela sua

26. Sobre o método, ver H. Japiassu, *Interdisciplinaridade e Patologia do Saber*, p. 117-141.
27. Profa Regina Machado, Entrevista concedida para esta pesquisa em 1989. Um relato dessa experiência encontra-se em A. M. Barbosa, *Arte-Educação*.
28. Profa Lucia A. Bueno, Entrevista concedida para esta pesquisa em 1990.
29. Profa Maria Cristina Rizzi, Entrevista concedida para esta pesquisa em 1989. Um relato dessa experiência encontra-se em A. M. Barbosa, op. cit.

seleção, criar uma linguagem comum entre os participantes. Não significa que todos "falem" a mesma língua, mas que tenham "compreensão" razoável dos conceitos das outras disciplinas, ou o "conhecimento interpretativo das outras disciplinas".

Ana Mae Barbosa destaca, a partir das colocações de Mugh Petrie, como condições epistemológicas essenciais a esse projeto, a necessidade de se "identificar uma ideia dominante". Essa ideia ou problema deve ser claramente reconhecido por todos os participantes[30].

Um conceito sintetiza parte do conteúdo articulado de determinada disciplina. No nosso caso, como professores de arte, o conceito pode ser a referência de um processo artístico geral, de uma tendência específica da arte em um momento, de um movimento estético. Nesse sentido ele pode ser identificado e reconhecido por uma ou várias definições em que seja traduzido. Ele também pode fazer parte do que Barbosa chama de "mapa cognitivo", ou seja, o "conjunto de conceitos básicos, os métodos de pesquisa, as categorias observáveis, as representações técnicas, a significação dos termos mais utilizados", portanto, do próprio corpo de conhecimentos de uma disciplina.

Isolar um conceito significa dominar esse mapa cognitivo. Entretanto, no processo de discussão para se chegar ao conceito ou aos conceitos, vários aprofundamentos concorrem e são trocados entre os participantes. Essa discussão funciona como uma atualização em que todos tomam contato com a produção, a pesquisa, os conceitos secundários das outras disciplinas, ao mesmo tempo em que uma região de interesses vai se configurando. Ao se localizar mais especialmente os conceitos-chaves, torna-se necessário uma perfeita tradução de seus significados entre todos os participantes.

Michael Polanyi distingue dois tipos de conhecimentos que estão envolvidos em uma atividade: o conhecimento focal e o conhecimento tácito[31]. O conhecimento tácito envolve uma série de impressões, sensações ou percepções subsidiárias, como ele chama, que tomam parte da ação focal, sem serem conhecidas. Ele diz respeito também às habilidades inespecíficas, ou que ainda não têm uma referência em regras. Ao decodificar um conceito o participante mobiliza todo seu aparato focal na disciplina ao mesmo tempo em que transmite subsidiariamente seu conhecimento tácito do objeto em questão. A troca dessas impressões focais e subsidiárias entre os participantes é fundamental para se criar correspondências polifônicas no universo conceitual do grupo.

Japiassu propõe um procedimento de transcodificação. Torna-se "indispensável que cada participante seja capaz de transpor, em termos de sua própria disciplina, as consequências das afirmações das

30. A. M. Barbosa, op. cit., p. 77.
31. M. Polanyi, *Personal Knowledge*, p. 55.

outras"[32]. Nesse processo de ultrapassagem, de extravasamento, como se refere Umberto Eco, novas significações vão sendo encontradas e incorporadas, novos elementos-chave vão sendo fertilizados. No relato da profa. Lúcia, seu grupo fez um itinerário através dos códigos de cada linguagem (artes plásticas, música, expressão corporal, oficina da palavra). Foram isolados o ritmo, a cor, a forma, o espaço. A profa. Regina e a profa. Teresa exploraram, a partir do conceito da *gestalt* de isomorfismo, os elementos da linguagem plástica: linha, cor, forma, textura, e na linguagem musical, os parâmetros do som: altura, intensidade, timbre e duração. Para a organização desses elementos tinham como objetivo a exploração do espaço bidimensional e tridimensional em plástica e, em música, a exploração de algumas relações como imitação, ritmo, densidade, simultaneidade, alternância, pontilhismo.

Definir um conceito, para Japiassu, "já significa formular um problema". Daí a importância de se registrar e analisar o momento de surgimento dos conceitos, os itinerários das trocas iniciais que irão dar forma ao projeto interdisciplinar.

PROBLEMÁTICA

A terceira etapa consiste "no estabelecimento da problemática do projeto". E definir a problemática é estabelecer a estratégia do projeto. É nesse momento que se multiplicam os objetivos, levantam-se os primeiros recursos, detalham-se os primeiros passos.

No caso do momento de planejamento de um curso as duas etapas – problemática e estratégia – podem aparecer juntas, sendo que a problemática, ou discussão dos objetivos específicos, por vezes, antecede a discussão conceitual ou de ideias dominantes.

A experiência na cidade de Prados foi pensada a partir da ideia de questionar "o que é Prados para cada cidadão". Partiu-se da formulação de Paulo Freire, com a preocupação de não submeter a pequena cidade e sua população com conteúdos exteriores e técnicas sem sentido para eles. A partir das noções de "enquadramento" e "construção" os diversos grupos escolheram um ponto da cidade e o representaram graficamente. Depois, reunidos por afinidades de locais "recriaram esse lugar em outro lugar como um cenário. Então eles ficaram com uma Prados real e uma Prados recriada"[33]. Trabalhar a partir da realidade da própria população, da realidade física da cidade, das formas naturais de convivência e de expressão, foi a problemática desse grupo de professores.

32. H. Japiassu, *Interdisciplinaridade e Patologia do Saber*, p. 131.
33. Profa Maria Cristina Rizzi, entrevista citada.

Para a profa. Regina a intenção principal era providenciar uma experiência que fizesse sentido para os pré-adolescentes. Eles deveriam aprender elementos de linguagem para poder organizar um discurso com sentido. Que aquilo passasse a ser uma comunicação efetiva do aluno e ele pudesse utilizar os elementos para ordenar a experiência dele. Dar forma à própria experiência*.

Essa operação de mão dupla – construir e construir-se – nas linguagens plástica e musical, deu substância a seu projeto interdisciplinar.

REPARTIÇÃO DE TAREFAS

De acordo com Japiassu a quarta etapa "consiste na repartição de tarefas". São discutidas questões de função, autoridade, hierarquia, ligadas propriamente à pesquisa científica. Fica ressaltada, entretanto, a necessidade de que uma disciplina não se sobreponha às outras ou monopolize a definição do problema. Ele chama a atenção ainda para o "clima democrático de trabalho" e para "o espírito de descoberta" nessa etapa. É importante lembrar que o autor concebe a tarefa interdisciplinar compreendendo uma coordenação que pode ser efetuada por um dos membros da equipe. "Salientemos imediatamente que os estatutos e os papéis não derivam propriamente do empreendimento comum, mas são impostos aos pesquisadores pela instituição em que trabalham ou pela sociedade global. Não nos conferimos papéis, mas os recebemos"[34].

Pode-se notar que a coordenação é vista pelo autor de maneira variada, ora sendo papel do filósofo como iluminador dos passos do projeto, ora nascendo da demanda que o próprio objeto de investigação impõe e finalmente como exigência institucional. Entendemos que o autor tem uma visão bastante clara quanto às bases materiais das pesquisas e quanto às finalidades da orientação interdisciplinar. Fica claro também que os valores que norteiam o projeto devem responder a um controle social. Entretanto, este não pode submeter essa orientação, mas deve existir.

Do ponto de vista do planejamento educacional dos cursos e projetos levantados pudemos verificar pelos relatos que as diferenças vão desde o planejamento de aulas, que são ministradas igualmente por cada professor para cada turma de alunos, não se obedecendo a especificidade de cada disciplina, até o planejamento organizado dentro de uma concepção comum, mas detalhada e aplicada em rotas paralelas.

A minha experiência em artes plásticas, trabalhando junto com um professor de teatro, é que elas [as disciplinas] entram como meio, fazendo parte do projeto. Aí fica

---
* Relato de conversa informal com a Profa. Regina.
34. H. Japiassu, *Interdisciplinaridade e Patologia do Saber*, p. 133.

um patamar diferente. Ou então, eu estou confeccionando um boneco que deve servir para uma representação. Aí eu vejo que essa prática fica pobre. Mas não foi o nosso caso. Por isso a gente defende tanto e se agarra tanto à nossa linguagem[35].

Mas o que é comum? É que as duas trabalhavam com elementos combináveis para formar a forma de cada uma. Então. A maneira de trabalhar era que a gente fosse seguindo paralelamente. Era o jeito de manter o que era específico de cada área[36].

Primeiro trabalhamos o ritmo, cada professor em sua área. O ritmo ligava mais as áreas no seu conjunto e era também facilitador. Por exemplo, a linha ou as palavras com ritmo. Aconteciam as relações, os alunos faziam, eles percebiam que os outros professores estavam trabalhando com o mesmo elemento e a gente trabalhava com cada elemento durante um mês. Eram quatro aulas[37].

Afonso Fonseca afirma que "o grupo é um espaço de trabalho intenso. De um trabalho intenso sobre si próprio, múltipla e dinamicamente articulado com um trabalho intenso sobre o mundo que nos diz respeito"[38]. As práticas interdisciplinares observadas guardaram a identidade de atuações e de momentos específicos de cada disciplina, sendo sempre enfatizado o trabalho conjunto ou de equipe e, como consequência, respeito e valorização do trabalho de cada professor participante. "Como se fosse um jogo de óculos. Se eu ponho uns óculos, eu vejo de um jeito. Se eu troco, estou vendo de outro jeito. Agora como eu sou uma só, minha cabeça vê de dois jeitos. Quem saiu ganhando? Eu"[39].

Comutar Resultados Parcelares

A quinta e última etapa metodológica tem como objetivo "colocar em comum" os resultados parciais alcançados. Como a base é a investigação científica, a partir da orientação interdisciplinar, Japiassu retoma os critérios de previsão e prospecção. "Através da previsão extrapolamos tendências atuais [...] mediante a prospectiva, procuramos dar-nos certos objetivos, a partir do diagnóstico da situação atual e de sua evolução"[40]. Faz referência ainda à necessidade de que seja colocado em comum o que já foi previamente analisado.

Essas colocações nos permitem verificar em que medida uma prática interdisciplinar pode transcender um projeto individual e em que medida a prática foi transformadora para o próprio professor. Detectamos em vários depoimentos fatores de crescimento, segurança e amadurecimento da própria autopercepção profissional.

---

35. Profa. Maria Angélica Santi, Entrevista concedida para esta pesquisa em 1989.
36. Profa. Regina Machado, Entrevista citada.
37. Profa. Lucia A. Bueno, Entrevista citada.
38. A. Fonseca, *Grupo: fugacidade, ritmo e forma*, p. 114.
39. Profa. Maria Cristina Rizzi, entrevista citada.
40. H. Japiassu, *Interdisciplinaridade e Patologia do Saber*, p. 135.

A profa. Maria Cristina nos falou do sentido de "ampliação do universo de referência" e de coragem. "Eram quatro professores pensando numa direção [...] e se essa ideia é boa ela se multiplica por quatro. No nosso caso o trabalho era aberto para acolher o que vinha de lá [Prados]. A coisa funciona como ampliação de uma simples ideia". A profa. Maria Angélica referiu-se ainda à ampliação de responsabilidade profissional. "O fato de se trabalhar pra valer interdisciplinarmente aumenta a responsabilidade dos seus domínios. Eles precisam ficar mais precisos para você mesma e não o oposto. Não existe a pulverização. É o contrário, existe um aprofundamento".

Para Japiassu a prática interdisciplinar é fundada sobre a tomada de consciência da multiplicidade de enfoques sobre o objeto e, nesse sentido, ela deve promover a operação de síntese, favorecendo as convergências e a descoberta das complementaridades de significação do objeto. "Se o espírito humano procede por análise e síntese [...] a síntese consiste em proporcionar um conhecimento mais rico e mais matizado"[41].

Para Barbosa a síntese que o aluno opera no processo interdisciplinar não recupera uma totalidade ou unidade do objeto do conhecimento, mas desenvolve "um processo de pensamento que o torna capaz de, frente a novos objetos de conhecimento, buscar nova síntese"[42].

A profa. Regina em seu depoimento nos oferece uma visão esclarecedora da ação do aluno:

a criança tem uma visão integrada das coisas e as coisas estão integradas nela. Ela pode utilizar os recursos que tem à disposição como o movimento, o traço. E ela faz tudo, às vezes dança o que está desenhando, às vezes canta, tudo junto. O fato de ela poder entrar em contato com as coisas dessa maneira, de flexibilizar seu pensamento, é como se ela estivesse vendo de vários ângulos a mesma coisa, significando com diferentes elementos a mesma coisa, é um exercício de significação. Dizer com a música, dizer com a cor, poder dizer de uma forma mais inteira. Mas à medida que vai crescendo ela vai perdendo essa ligação verdadeira, orgânica, viva. Na 7ª série ela já perdeu isso... Esse trabalho é enriquecedor, é uma coisa que os alunos vão descobrindo e só a possibilidade deles poderem ter uma "trilha sonora" [referindo-se a um trabalho onde os alunos construíram sonoridades e transparências de um órgão do corpo humano], é um exercício para eles, de juntar neles mesmos essas coisas, de relembrar, de atualizar uma coisa que é humana, que estava neles e eles perderam.

O projeto interdisciplinar, conforme o grau de interação dos participantes, deixou marcas na memória, detectadas pelo entusiasmo de certos relatos. Se o objetivo da prática interdisciplinar é uma reorganização do saber, o reconhecimento do terreno comum entre disciplinas, podemos então observar uma "compreensão penetrante"[43] da especificidade dessa prática e o reconhecimento das limitações

41. Idem, p. 167.
42. A. M. Barbosa, op. cit., p. 91.
43. W. Almeida, *Formas do Encontro*.

de uma atuação isolada. Por outro lado, o conhecimento mais aprofundado de outras práticas quando confrontadas com a nossa, tornou evidente o aspecto ético que as relações interdisciplinares circunscrevem. É a ética do reconhecimento, da construção de uma identidade profissional que a memória vai aos poucos revelando para cada professor. Se a prática interdisciplinar é uma prática datada e mais localizada nos anos de 1970, podemos concluir que ela foi um dos fatores de constituição da própria profissionalização no campo do ensino da arte nessa década.

Colégio Equipe – Anos de 1970

O Colégio Equipe foi criado em 1972, por um grupo de professores oriundo da Faculdade de Filosofia da Universidade de São Paulo. O grupo criou e atuou primeiro no Cursinho Equipe e, durante 1971, discutiu a linha pedagógica e o currículo que desejavam implementar no colégio dentro da nova Lei de Diretrizes e Bases, implantada naquele ano. A lei 5692/71 impunha a profissionalização compulsória estabelecendo o caráter de terminalidade no então ensino do 2º grau. A estrutura do modelo humanístico-científico do 2º grau propedêutico que, pela legislação anterior (1961), conquistou a equivalência entre o ensino secundário e o ensino técnico, foi bruscamente interrompida e imposto o modelo tecnológico-terminal. No caso daquele grupo de professores que idealizava o Colégio Equipe a opção por uma formação geral, humanista e crítica já fazia parte de sua postura educacional. O colégio iria atender a uma clientela de classe média com pretensões à continuidade dos estudos, portanto, o currículo seria dedicado, em grande parte, ao desenvolvimento das potencialidades dos adolescentes e à preparação para o ingresso na universidade. A alternativa encontrada para driblar a sujeição legal foi estabelecer, não sem problemas, a profissionalização em artes.

Posteriormente o currículo do colégio foi definido com habilitações em laboratório de análises clínicas, técnico em redação e redator auxiliar, que eram no entender do grupo aquilo que mais se aproximava do seu projeto. Já neste primeiro ajuste a opção pela profissionalização em artes foi abolida, mas não sua importância no corpo curricular.

Evidentemente aquelas habilitações técnicas tornaram-se fachadas. A impraticabilidade de uma lei, que não foi feita para ser cumprida, fez com que o Colégio Equipe, como outros colégios particulares, descobrissem o mecanismo necessário para "burlar" o engodo legal.

De acordo com levantamento feito por Maria Alice Nassif de Mesquita[44] a implantação da Lei 5692 em São Paulo, no âmbito do 2º

---

44. N. Piletti, *Ensino de 2º Grau*: educação geral ou profissionalização?, p. 82.

grau, "fez-se em duas fases sucessivas": de 1972-1975, implantação nas escolas particulares e municipais, escolas técnicas e nas antigas escolas normais. De 1976-1979, implantação generalizada em todas as escolas vinculadas à Secretaria de Educação. Do total de planos de implantação encaminhados por determinação à Secretaria de Educação de São Paulo em 1972, 98% foram devolvidos por variados desajustes com o parecer CFE 45/72[45].

A obrigatoriedade do ensino profissionalizante prevaleceu até 1976, e foi mantida a partir daí, mas não para a formação específica do aluno. Em 1982, uma nova reforma do ensino de 2º grau acabou com essa obrigatoriedade, passando a ser de responsabilidade de cada escola a manutenção de uma especialização.

Do ponto de vista da escola pública a "universalização e a obrigatoriedade do atendimento ao 1º grau reduziu consideravelmente o percentual investido no ensino de 2º grau, provocando algumas situações que contribuíram para a crescente deficiência desse grau de ensino"[46] e que ainda persistem. Se o setor público deixou esse ensino para o segundo plano pode-se questionar o que fez o setor privado. Aqui não houve diversificação nas ofertas, os concursos vestibulares continuaram comandando a orientação geral das escolas (incluindo o caso do Colégio Equipe) e como forma de oportunizar os lucros, reduziram-se custos, funcionando didaticamente na base da "saliva, quadro negro e giz".

Cabe perguntar como ficou o ensino da arte no quadro do ensino profissionalizante? É bom lembrar que pelo parecer nº 45/72, das 130 modalidades de habilitação, em apenas três aparecia alguma preocupação com profissões ligadas à arte. O desenho e a história da arte figuravam como parte das disciplinas para técnico em decoração e técnico em artes gráficas. E folclore, história da arte e museologia como parte das disciplinas para Técnico em Turismo.

Em 1986, o Conselho Federal de Educação reformulou os currículos de 1º e 2º graus em relação ao Núcleo de Comunicação e Expressão, eliminando o ensino de artes nos dois níveis e determinando como básicas as disciplinas de português, estudos sociais, matemática e ciências. Diante disso Ana Mae Barbosa questionou: "Será que eles, os secretários de educação e os membros do CFE não sabiam que a área de artes gera grande número de empregos no país?". E adiante afirma "mais de 2,5% das profissões neste país estão ligadas direta ou indiretamente às artes, e, seu melhor desempenho depende do conhecimento de arte que o indivíduo tem"[47].

---

45. Idem, p. 83.
46. M. L. B. Franco, Avaliação e Redefinição da Política do Ensino de 2º grau, *Cadernos Cedes* n. 20.
47. A. M. Barbosa, *A Imagem no Ensino da Arte*, p. 1-2.

Chegamos à conclusão que boa parcela de uma geração de jovens formou sua consciência de mundo, sua consciência profissional e de cidadania ao largo da escola. Fora tantas outras contradições armadas pela imposição da Lei, o aspecto mais importante sobre a profissionalização no ensino médio foi afastado dissimuladamente: a orientação do jovem para a vida e para o mercado de trabalho. O terreno movediço de contradições que se instalou no âmbito educacional ofuscou a discussão mais abrangente, que deveria ter sido feita no quadro de transformações sociais, culturais e políticas por que atravessou o país nos anos de 1970.

O Colégio Equipe, nesse período foi um dos espaços de grande efervescência cultural por sua postura destemidamente liberal frente ao momento político que a sociedade brasileira atravessava. O Colégio manteve de 1971 a 1981 o Centro Cultural que, sob o comando de Sérgio Groissman, ex-aluno, promoveu exposições de artes plásticas, shows e festivais de música, espetáculos de teatro e mostras de cinema, servindo como opção quase única para apresentação do trabalho de artistas e divulgação de muitas obras não apoiadas pela oficialidade da época.

O Colégio inaugurou suas atividades em 1972, como vimos, oferecendo um leque de cinco disciplinas – cinema, comunicação visual, fotografia, música e teatro. Quanto à concepção geral da ação educativa profissionalizante, podemos entendê-la através dos objetivos que nortearam a criação da própria escola. "A intenção central de realização do Colégio Equipe é que ele deve ser uma obra aberta [...] é uma obra aberta no sentido de que elementos possam ser permanentemente reorganizados e adquirir novas configurações"[48].

O sentido amplo que a profissionalização teve para o grupo que idealizava o Colégio é da experiência em determinado campo específico, sendo que as disciplinas artísticas deveriam constituir-se em centros de produção. A aquisição de conhecimento ou o desenvolvimento de uma habilidade não constituíam um fim em si mesmo; passaram a ser meios para uma atividade produtiva que dá sentido e enfatiza a necessidade de eficiência da preparação. O exercício significava a constante discussão e elaboração de produtos comuns, envolvendo professores e alunos e não um trabalho estritamente técnico.

Das disciplinas então oferecidas, aquelas ligadas à comunicação de massa mereceram maior empenho por parte da coordenação, considerando-se os recursos a elas alocados (laboratórios, equipamentos, e outros) e o grande número de alunos que atraíam, certamente influenciados pela força que as mídias visuais passaram a ter naquele momento. Para o coordenador do Colégio, Jocimar Archangelo,

---

48. Colégio Equipe, Documento 044/72, *Valores e Crenças a Respeito de Educação*, p. 5. A partir desse documento foram elaborados os objetivos gerais de 1972.

criou-se um trabalho muito prático em que os alunos efetivamente tinham condições de experimentar fazer um filme, fazer fotografia em todos os níveis. Havia condições para que os alunos tivessem uma profissionalização mínima na área que escolhessem. Principalmente nessas duas áreas foram criadas estruturas bem próximas a núcleos de trabalho. Um núcleo que era capaz de se organizar e chegar a um produto final[49].

No ano seguinte os professores de arte do Colégio vão tentar circunscrever as especificidades e características da área, seus fundamentos e metodologia, iniciando simultaneamente a aproximação entre comunicação visual e fotografia. Define-se o perfil de ação da área na linha das linguagens da arte.

Em 1974 inicia-se propriamente a integração das "áreas de imagem", tanto na formulação dos objetivos gerais quanto na introdução de recursos (textos-estímulo) comuns. Surge a preocupação com o aspecto avaliativo, entendido como a verificação constante do processo expressivo, agora figurando como um objetivo da área. O perfil da área firma-se na linha de integração a partir da criação do curso integrado de artes, em 1975, para os primeiros anos colegiais e para os alunos novos do segundo ano. Surge então a modalidade interdisciplinar de integração no primeiro semestre do 1º ano colegial, enquanto no segundo semestre o curso desenvolve-se por projetos. No 2º ano colegial os alunos optam por uma disciplina específica.

Essa estrutura integrativa, mantida no ano seguinte, sofre modificações em 1977. Novas alterações no quadro de professores apontam agora para duas linhas pedagógicas no Colégio: uma ligada a uma ação mais conteudista (surge a disciplina história da arte) e uma linha de ação mais experimental. Ambas irão marcar os anos seguintes no Colégio.

Podemos concluir que, dada a abertura e a liberdade de ação proporcionada nesses anos, a linha de ação integrativa respondeu, por um lado, aos objetivos do Colégio e dos próprios professores através do trabalho coletivo, pela mutualidade, pela troca de experiências, pelo enriquecimento e crescimento dos professores e alunos. Por outro lado, a linha integrativa, já delineada através dos objetivos gerais, vai consolidar-se em 1975 e 1976, com o aprofundamento interdisciplinar providenciando um novo enfoque de cada disciplina específica. Essa linha será mantida pelo Colégio, através de atividades de sínteses, em trabalhos que envolviam todos os alunos nos finais dos cursos de história da arte de 1978 a 1980[50].

---

49. Entrevista com Jocimar Archangelo, A. Hensi, *O Aprendizado de Cinema no Curso Colegial*, p. 45.
50. Um quadro geral do desenvolvimento da área de artes no Colégio Equipe, de 1972 a 1980, encontra-se pormenorizado no corpo da dissertação.

O Curso Integrado de Artes – 1975[51]

COLÉGIO EQUIPE – CURSO INTEGRADO DE ARTES – 1º SEMESTRE 1975

QUADRO GERAL DAS ATIVIDADES DOCENTES DA ÁREA, TREINAMENTOS, AULAS, ENSAIOS E APRESENTAÇÕES

DATA	PLANEJAMENTO/ TREINAMENTO	AULAS/ DESCRIÇÃO DO PROCESSO	PROCEDIMENTOS/ RECURSOS
04 mar	1ª reunião de planejamento		
11 mar	2ª reunião de planejamento		
19 mar	3ª reunião de planejamento	1ª aula: exposição objetivos do curso	Conversa com grupos
25 mar	4ª reunião de treinamento		
26 mar		2ª aula: aula do "andar". Percepção do corpo	Vivência e leitura do texto de Cortázar em grupos
01 abr	5ª reunião de treinamento		
02 abr		3ª aula: aula do "boneco". Relação corpo-corpo	Vivência e Discussão com grupos
08 abr	6ª reunião de treinamento		
09 abr		4ª aula: aula do "balão". Relação corpo-objeto	vivência e 1 bexiga por aluno
16 abr	7ª reunião de treinamento	5ª aula: aula do "quadrado". Relação corpo-espaço	Vivência e quadriculado com giz no chão das salas de aula
22 abr	8ª reunião de treinamento		

51. Uma descrição detalhada de cada momento do curso integrado de artes – 1975 encontra-se no corpo da dissertação. O caráter quase etnográfico dessa descrição teve como objetivos apontar: a forma como se deu a contribuição de cada professor na evolução do curso; de que modo o aproveitamento de recursos didático foi ampliado e otimizado no contexto da prática interdisciplinar; como se deu o desempenho dos alunos através da análise das fichas de avaliação aula-aula; alguns resultados ou momentos das aulas, através de ilustrações de trabalhos realizados pelos alunos individualmente ou em grupo.

23 abr		6ª aula: aula do "arame". Relação construção do corpo	Vivência e 5m de arame por dupla de alunos
30 abr		Assembleia geral de todos os alunos por encontrarem seus trabalhos destruídos	
06 maio	9ª reunião de treinamento		
07 maio		7ª aula: aula da "observação na rua" e trabalhos com mímica em grupos	Vivência e lápis e papel para cada aluno para anotações da observação
14 maio	10ª reunião de treinamento	8ª aula: aula do "desenho" e recursos gráficos	Vivência e papéis e lápis para cada aluno para desenho
20 maio	11ª reunião de treinamento		
21 maio		9ª aula: aula do "enquadramento e montagem" de uma narrativa em sequência	Vivência e papel com recorte para observação + papel para desenhos
28 maio	12ª reunião de planejamento	10ª aula: apresentação proposta do "Circo"	Discussão e anotação sugestões dos grupos
03 jun	13ª reunião de planejamento		
04 jun		11ª aula: composição de grupos por afinidade dos quadros e inicio dos ensaios	Vivência, levantamento de necessidades, criação caixa de empréstimos
10 jun	14ª reunião de planejamento		
11 jun		12ª aula: ensaio por quadros de apresentação	Vivência, ensaio, construção de figurinos, adereços, instrumentos
18 jun	15ª reunião de planejamento	13ª aula: ensaio por quadros de apresentação	Vivência, ensaio, testes finais de figurinos, de som,
24 jun		14ª aula: apresentação do espetáculo "Gran Circo Equipe"	

Optamos por apresentar de início o quadro geral das atividades do curso para mostrar, mesmo que de forma esquemática, as especificidades do projeto interdisciplinar, a estruturação e a organização de suas etapas, o envolvimento que se estabeleceu entre os professores participantes, o encaminhamento para um trabalho de síntese junto aos alunos.

O curso integrado de artes do 1º semestre de 1975 envolveu quatro disciplinas, a saber: cinema, sob a orientação do prof. Albert Hensi; comunicação visual, sob a orientação da profa. Ana Maria Beluzzo; fotografia, sob a orientação do prof. Jorge Lopes e teatro sob a orientação da profa. Heloisa Margarido Sales.

O perfil do aluno do curso colegial foi bastante discutido em nossas primeiras reuniões. Eram jovens mais atentos, curiosos e exigentes, oriundos da classe média que, em geral, haviam concluído o ensino fundamental em escolas particulares. Seus pais mostravam preocupação com uma educação humanista e valorizavam a continuidade dos estudos.

Decididos a trabalhar na linha das linguagens da arte procuramos isolar um ou dois conceitos por linguagem. Esses conceitos permitiriam que levássemos os alunos a uma visão estruturada das linguagens expressivas ao mesmo tempo em que estruturávamos o próprio curso. Estabelecemos então a seguinte ordenação:

CORPO/AÇÃO	3	Teatro
OBJETO	2 – 2	Comunicação Visual
ESPAÇO	2 – 2	Fotografia
TEMPO	2	Cinema

Passamos a contextualizar esses conceitos a partir de nossas experiências. Discutimos quais recursos seriam utilizados para a aproximação dos alunos a esses contextos e encontramos correspondências nos recursos expressivos e recursos perceptivos. Os recursos de expressão foram assim desenvolvidos a partir:

1. do corpo – através do gesto, das gestualidades, das posturas corporais;
2. do movimento – através dos ritmos, da fluência das relações de tensão-relaxamento;
3. da voz – através da palavra, dos parâmetros do som (altura, intensidade, duração, timbre);
4. do espaço – construção da espacialidade; aberta-fechada;
5. do desenho – através da linha, do claro-escuro, das texturas, das hachuras;
6. da imagem – através da construção da imagem em um campo, da sequência de imagens, da continuidade-descontinuidade.

Os recursos perceptivos concentravam-se em:

1. perceber o corpo – nas relações de movimento e da ação;
2. perceber pela visão – as relações espaciais (ambiente), de forma, de cor, de semelhança-diferença, de luz, de movimento. Perceber o outro.

3. perceber pela audição – as relações de timbre, de alturas, de intensidade, de duração, nas sonoridades, na voz, na música.
4. perceber pelo tato – as relações de volume, de texturas, de peso, de superfície, de temperatura.
5. perceber o outro – nas relações entre pessoas, entre pessoas e o espaço, entre pessoas e objetos (observação).

Sentimos então a necessidade de uniformizar os procedimentos. Iríamos dar a mesma aula para todas as turmas acrescidas dos alunos novos do 2º ano. Teríamos uma média de 170 alunos divididos em turmas de 25 indivíduos. Ficou decidido que faríamos um treinamento em nossas reuniões de área que passaram a ser reuniões de treinamento.

Em nossa 4ª reunião discutimos como seria a avaliação desse curso. A avaliação era proposta pela escola como um processo permanente, e não culminante, de aferição de aprendizagem. No nosso caso, deveria levar em conta o desenvolvimento dos aspectos expressivos e perceptivos, de atitudes necessárias ao tipo de trabalho e constituir-se como uma referência para o aluno, consigo mesmo e dele com seu grupo. Deveria ser então, ser processual e referencial. Para nós ela deveria ter um caráter indicativo das etapas atingidas e seu aprofundamento, do processo de cada aluno e do movimento mais geral de cada grupo. Por indicação da profa. Ana Maria, instituímos a avaliação "aula-aula", na forma de fichas de aula, para serem preenchidas por cada aluno a partir de símbolos com valores permanentes. A ficha abordaria os desenvolvimentos da aula, tanto os aspectos de conteúdo como os atitudinais, tornando-se um meio de orientação do aluno para o exercício constante de pensar sobre seu próprio processo em relação a seu grupo.

AVALIAÇÃO – SÍMBOLOS E SEUS SIGNIFICADOS	
⊖	acertei na mosca
⊕	fiz, pesquisando todos os recursos, e considero o resultado bom
Φ	fiz, pesquisando todos os recursos, e considero que o resultado poderia ser melhor
☐	fiz mecanicamente
○	não fiz

Discutimos, ainda nesse encontro, como seria a documentação do curso. Esse aspecto, tão relevante no plano dos processos educacionais em geral, demandaria maior organização em nossas práticas docentes cotidianas e conquistaríamos espaço no Colégio para armazenar o conjunto de documentos que iríamos criar. Ficou decidido que os alunos do 2º ano de cinema e fotografia, sob a orientação dos profs. Albert e Jorge, iriam fazer a documentação como parte de seus cursos. Buscávamos também estabelecer a integração entre as várias turmas do colegial. Tanto a documentação, com a presença de alunos de outras turmas nas classes, como o preenchimento da avaliação, foram satisfatoriamente absorvidas em todas as aulas.

Nas aulas que seguiram – "andar", "boneco", "balão", "quadrado", "arame" – percebemos o forte envolvimento dos alunos com as propostas que trazíamos. Nossas reuniões de treinamento tornaram-se rotina, momento de praticar, refletir e sondar a mutualidade de significações que transcendia nossas disciplinas. Emergindo dessa esfera de experimentação foram pensados recursos que apoiariam os alunos em seus processos expressivos. Para a aula do "andar" trouxemos o texto de Cortázar, "Instruções para Subir uma Escada". Ele foi distribuído para cada aluno no final da aula, solicitada sua leitura em silêncio, sem demais comentários. Queríamos que eles mesmos chegassem a suas próprias conclusões e sínteses. No final da aula do "boneco", distribuímos um pedaço de argila, explicamos como seria a construção de uma forma humana com significado em um monobloco e solicitamos que a partir da vivência da aula e da observação de outras pessoas em seu cotidiano, trouxessem um "boneco" na aula seguinte.

A partir da análise das fichas de avaliação percebemos o progresso nos aspectos de concentração, desinibição e iniciativa. Repensando as propostas relativas ao "corpo" sentimos que os resultados eram reveladores. Esse corpo juvenil e sua linguagem própria mostravam-se em cada aluno mais conhecido e articulado. O espaço desses fluxos de manifestação expressiva foi preenchido pelas relações intergrupais. O corpo enquanto centro de ação e como território de relações poderia ser agora estruturado por outros nexos – de forma, volume, extensões, linhas, pontos, arranjos. Pensamos na questão da escala, no corpo em proporções naturais e foi sugerido que fosse construído em arame em duplas – aula do "arame". Pensamos também que teríamos uma grande quantidade de bonecos, o prof. Jorge sugeriu que ficassem pelo colégio. Os alunos tomaram o colégio com seus bonecos. O espaço externo da sala de aula foi incorporado como possibilidade.

Justamente esses trabalhos não foram reconhecidos pelo pessoal da limpeza do colégio. Foram amontoados sem maiores cuidados em uma sala pequena, apesar de estarem em local próprio e identificados. A aula que seguiu, e deveria dar conclusão ao "boneco" e sua alocação pelo colégio, não pôde ser ministrada nem avaliada e os alunos fizeram uma assembleia geral. A indignação era geral, nossa e dos alunos, o que gerou a ação conjunta reivindicativa. Por outro lado, o colégio tornou-se um espaço de liberdade na defesa da expressão mutilada, no exercício concreto da cidadania, fundamentalmente distinto da atmosfera opressiva que vivíamos fora dele naqueles anos.

A partir dessa experiência e da percepção da autonomia dos alunos pensamos em expandir os domínios já conquistados. Os alunos já dominavam os conceitos que permitiam uma descrição de suas posturas, movimentos, e intenção de gestos. Quisemos então incorporar a cidade, a rua, a gestualidade das pessoas, a espacialidade, ritmos, sonoridades. Elaboramos uma ficha de observação. No retorno os alunos deveriam, em grupos, mostrar com mímica algumas das observações feitas. A observação foi bem organizada e os resultados em mímica apontaram para a introdução de recursos gráficos e a possibilidade do desenho como recurso de figuração. Nas aulas do "desenho" e do "enquadramento" os alunos utilizaram o desenho cego, desenho de observação, preenchimento do desenho com retalhos de papel colorido, tinta nanquim soprada com finalização em desenho. Fizeram diversas relações com os trabalhos em arame, perceberam que era possível captar com as linhas o "jeitão" do colega e identificaram sua gestualidade adolescente. Na aula seguinte foram feitos desenhos a partir do olhar através de um retângulo no papel. Esses desenhos foram organizados em uma sequência narrativa, introduzindo o que não tínhamos trabalhado até então: o som.

Na 11ª reunião de treinamento, com a proximidade do fim do semestre, surgiu a necessidade de envolvermos os alunos num só projeto e ele deveria ser suficientemente aberto para que envolvesse todo o colégio. Era a hora dos alunos organizarem a experiência que tiveram. O prof. Jorge sugeriu a ideia de um circo como um contexto cultural que abrigasse todas as linguagens. A profa. Ana Maria sugeriu que fosse criada a "casa" dos grupos – um espaço que abrigasse roupas, figurinos, cenários, materiais diversos, caixa de sugestões e empréstimos: "precisamos, emprestamos, damos". O prof. Albert sugeriu que fosse apresentado um documentário sobre circo e também que exibíssemos slides sobre a história do circo feitos a partir do livro *La Merveilleuse histoire du cirque* (A Maravilhosa História do Circo).

As aulas que seguiram tiveram uma organização diferente e foram chamadas "aulas-ensaio". Formados os grupos por interesses eles deveriam procurar os professores das linguagens escolhidas ou pelas necessidades surgidas. Cada grupo apresentou seu projeto, detalhando os acontecimentos, os personagens, o início e fim da apresentação, os materiais que utilizariam, o que já possuíam e o que necessitavam. Como poderia haver apresentações individuais, foi grande o número de projetos apresentados.

Os novos "grupos-equipes" foram assim divididos entre os professores: comigo ficaram os ciclistas (4 alunos), os ginastas (7), as zebras (2), os ventríloquos (2), os jogadores da perna de pau (2), o grupo da revolução dos bichos (5), o grupo da peça de teatro "O casamento" (6), o grupo do jogral (3), o grupo da abertura, as Equipetes (7), os lutadores (2), o macaco (1). Com a profa. Ana Maria em função da confecção das roupas, adereços e objetos de cena: o apresentador do circo (1), os equilibristas (4), os mágicos (2), o palhaço anão (1) para construção da cartola, a vendedora de maçã do amor (1), domador e fera (2) para construção da cabeça e corpo da fera – os atiradores de faca (3). Com os profs. Albert e Jorge ficaram as equipes de som e luz e os alunos que criaram personagens individuais como pipoqueira, amendoinzeiro, piruliteiro, a banda (7), grupo dos artistas do perigo, mestre de cerimônias, equipe de maquiagem, travesti, dupla caipira.

Discutimos em reunião geral de professores nosso projeto e o colégio resolveu alugar um circo próximo, o Circo Vic Militelo, com capacidade para trezentas pessoas. O Gran Circo Equipe foi apresentado no dia 26 de junho para um auditório de oitocentas pessoas entre alunos, amigos, professores, familiares e administração do colégio. Considerando que não tivemos um ensaio geral, a sequência dos quadros não teve maiores problemas e foi apoiada pelos alunos contrarregras, os iluminadores e pela equipe de som num espetáculo super agitado e divertido.

Balanço de um Projeto

Neste breve relato procuramos detalhar uma prática interdisciplinar no ensino de arte do 2º grau. Apontamos antes as determinações mais gerais que marcaram o ensino médio no período e, em seguida, as características de adequação, aprofundamento e continuidade da linha pedagógica do colégio e como essa prática ocorreu e se consolidou em seu interior.

Retomando a proposta metodológica de Hilton Japiassu, vimos que não se trata de um método rígido e sim de etapas, momentos através dos quais se revelam as conexões interdisciplinares, quando se explicitam as contribuições e surge um novo contexto fertilizado pela pluralidade de enfoques. As etapas sugeridas dão conta também das relações entre os especialistas, da ética que se imprime em relações cuja natureza supõe abertura, tolerância e mutualidade.

A criação da *equipe de trabalho* em nosso caso decorreu da linha de ação do colégio que estabeleceu uma área com várias opções em artes. O grupo de professores passa a circunscrever as características dessa área, buscando um estatuto idêntico ao de outras áreas de conhecimento. Tratava-se de criar um ambiente sensível que favorecesse o pensar nas diferentes disciplinas da arte, provocado pelas propostas, pela estimulação de produtos culturais variados e inter-relacionados, caracterizando uma metodologia própria ao fazer artístico, distinta das áreas científicas. Já em 1974 iniciou-se uma integração das áreas de imagem – cinema, fotografia e comunicação visual – e uma integração com o Centro Cultural do colégio. A formação dessa equipe veio, portanto, responder às expectativas daquela área em condições agora de um aprofundamento.

Quando iniciamos o curso integrado de artes – 1975, tínhamos a convicção de que a dimensão do conhecimento sensível em arte deveria formar o aluno antes de introduzi-lo em cada disciplina artística, ou seja, buscávamos respostas em outras esferas da experiência. Acreditávamos na existência de um conhecimento fundamental que não era dado pelas disciplinas específicas e cujo substrato podia ser desenvolvido numa primeira etapa de aprendizado. Conforme a profa. Ana Maria: "a arte era desalienante, era um valor para nós". Entretanto, não tínhamos a previsão de como seria a articulação do curso, trabalhávamos em terreno alheio, era necessário passar a entender nossos próprios limites. A convivência com uma arte de ruptura, de desconstruções e abandono de convenções daquele momento, também nos inquietava e estimulava a iniciar esse percurso junto.

Ao estabelecer os *conceitos*, ou os elementos operativos de cada disciplina – CORPO/ AÇÃO, OBJETO, ESPAÇO, TEMPO – fizemos nossos primeiros recortes e admitimos sugestões no sentido de conciliar esses recortes. Esses elementos tornaram-se referências e diziam respeito à nossa vivência em cada área e não a alguma indicação programática ou normativa. Eram elementos/contextos com os quais o aluno iria progressivamente tomando contato e deveriam levá-lo a reconhecer, identificar e nomear seu próprio repertório e conquistar sua expressão própria, tendo como referência seus pares e o coletivo do colégio.

Ao detalharmos os recursos de expressão e percepção configuramos o campo de experimentação em que iríamos atuar e, simultaneamente criamos nossa estratégia geral para o curso, e ela sugeria que organizássemos estratégias auxiliares ao nosso empreendimento. Foi assim que as, formalmente chamadas, reuniões da área tornaram-se reuniões de treinamento, já que precisávamos nos lançar na mesma esfera de experiência que estávamos criando. Outra necessidade dizia respeito à forma de avaliação. Era necessário aprimorar um instrumento e adequá-lo a todas as necessidades nossas e dos alunos.

Japiassu sugere que as *tarefas* sejam repartidas e, no nosso caso, observamos que a prática interdisciplinar ocorreu por uma *correlação* entre as disciplinas operantes, ou seja, por um tratamento em bases iguais aos aspectos levantados sem prevalência de qualquer disciplina. No entanto, o trabalho em grupo foi revelando idiossincrasias e preferências de cada professor, a partir das diferenças de contexto de cada disciplina (diferentes ambientes de trabalho, laboratórios, equipamentos). Aquilo que por certo é um obstáculo à fluência de um trabalho em grupo, no sentido do prestígio que determinadas atividades especializadas possam vir a obter, no nosso caso garantiu o equilíbrio e a organicidade do projeto, na medida em que cada um exercitou seu conhecimento e predisposição conforme suas expectativas como educador.

Fechando o conjunto de recomendações do autor, podemos nos referir à preocupação constante com a *reflexão sobre os resultados* de cada etapa. Desde o início do curso essa preocupação impulsionou a criação de diversos tipos de registros de aula, desde os informais como anotações, fichas, esquemas e observações de alunos, até aqueles formalmente organizados como as fichas de avaliação. Além destes, tínhamos a mão também toda a documentação criada durante o curso. Era nosso objetivo criar esse acervo, organizar a memória da área e sua identidade. Não é necessário insistir na importância de se registrar os processos educativos frente a esse conjunto de documentos, um organismo vivo sempre aberto a novos percursos e interpretações. Ele nos permite visualizar, no quadro do ensino de arte nos anos de 1970, como foi concebida uma área de artes para o curso colegial e não apenas a inserção de disciplinas isoladas no currículo, como previam as determinações legais da época.

Nosso curso progride para a construção coletiva da expressão jovem. O aluno do Colégio Equipe era um jovem inquieto, curioso, inquiridor. Ele imprimia o tom geral do colégio frente aos alunos do 1º grau regular (5ª a 8ª séries) e do Cursinho Equipe (preparatório para o vestibular). A área de arte, por sua vez, identificava-se com esse potencial transgressor dos alunos, aproveitava e insistia em sua participação. O colégio também acentuava, como vimos, a formação crítica e a materialização coletiva dos processos de aprendizagem. Da mesma forma, a arte contemporânea estava abandonando convenções e ampliando seus limites. "Era uma fase de condenação de clichês, de busca do insólito e do inédito, de surpresas artísticas, de uma força que estava ligada à possibilidade de conjunto"[52].

Toda essa atmosfera contribuiu para consolidar o caráter da prática interdisciplinar que descrevemos. Instalando-se no terreno de intermediação dos saberes, da intersubjetividade, do compromisso com o coletivo, essa prática revelou-se uma perspectiva, um princípio de ação e de criação não submetida a ordenações. Ela se orientou pelo convívio com os trabalhos da arte contemporânea, refletindo os modos e tendências dessa arte, e como possibilidade epistemológica da convergência de conhecimentos.

Lembramos, finalmente, que a diversificação de ofertas de profissionalização ao nível do 2º grau (Ensino Médio) não ocorreu em

---

52. Entrevista com a profa. Ana Maria Beluzzo.

termos gerais no sistema educacional do Estado de São Paulo nos anos de 1970. Muito ao contrário essas ofertas foram reduzidas, desconsiderando-se a modernização no setor industrial e no setor de serviços que veio se operando a partir dos anos de 1960. O descaso com os recursos e o abandono à iniciativa privada, conforme os autores pesquisados, tornaram a especialização técnica e a profissionalização uma atribuição das empresas, reduzindo o papel da escola de 2º grau como orientadora do aluno para o universo do trabalho.

A expectativa para o adolescente que chega ao Ensino Médio é de ampliação dos conhecimentos até então adquiridos. Em função de sua opção profissional, imediata ou futura, é nesse momento que ele toma decisões dessa ordem em sua vida. A significação da ampliação do conhecimento deve compreender o conhecimento de si mesmo, de suas potencialidades expressivas, a construção de sua identidade jovem, de sua consciência como cidadão. Ao lado do saber especializado é necessário um saber-se, como entendimento de suas nucleações emocionais, de seu repertório e de suas inclinações pessoais. Acreditamos que através da ação unificadora da arte o jovem possa ampliar limites e reorganizar sua experiência, capacitando-se para enfrentar a complexidade do mundo em que vive.

BIBLIOGRAFIA

ALMEIDA, Wilson. *Formas do Encontro*. São Paulo: Ágora, 1988.
ARANHA, Maria Lucia de Arruda; MARTINS, Maria Helena Pires. *Filosofando*. São Paulo: Ed. Moderna, 1986.
BARBOSA, Ana Mae. *Arte/Educação*: conflitos e acertos. São Paulo: Max Limonad, 1984.
_____. *A Imagem no Ensino da Arte*: anos 80 e novos tempos. 6. ed. São Paulo: Perspectiva, 2008.
BRUNER, Jerome. *O Processo da Educação*. São Paulo: Ed. Nacional, 1965.
CARVALHO, Maria Cecília M (org.), *Construindo o Saber*. Campinas: Papirus, 1988.
COLÉGIO EQUIPE. Documento 044/72. *Valores e Crenças a Respeito de Educação*. São Paulo, 1972.
ECO, Umberto. *Definições da Arte*. Lisboa: Martins Fontes, 1986.
FAZENDA, Ivani. *Integração e Interdisciplinaridade no Ensino Brasileiro*. São Paulo: Loyola, 1979.
FERRETTI, Celso J. Equipe Interdisciplinar: educação e ideologia. *Educação e Sociedade*, São Paulo: Cortez, n. 26, abr., 1987.
FONSECA, Afonso. *Grupo*: fugacidade, ritmo e forma. São Paulo: Ágora, 1988.
FRANCO, Maria Laura B. Avaliação e Redefinição da Política do Ensino de 2º grau. *Cadernos Cedes*, São Paulo: Cortez Editora, n. 20, 1982.
FREITAS, Luis Carlos. A Questão da Interdisciplinaridade: notas para reformulação dos cursos de pedagogia. *Educação e Sociedade*, São Paulo: Cortez, n. 33 ago. 1989.

FRIGOTTO, Gaudêncio. A Questão Metodológica do Trabalho Interdisciplinar: indicações de uma pesquisa sobre vestibular. *Cadernos de Pesquisa*, São Paulo: Fundação Carlos Chagas, n. 55, nov. 1986.

HENSI, Albert. *O Aprendizado de Cinema no Curso Colegial*: pesquisa e experiência realizada no Colégio Equipe. Dissertação de mestrado, São Paulo: ECA-USP, 1982.

JAPIASSU, Hilton. *Questões Epistemológicas*. Rio de Janeiro: Imago, 1981.

_____. *Introdução ao Pensamento Epistemológico*. Rio de Janeiro: Francisco Alves, 1979.

_____. *Interdisciplinaridade e Patologia do Saber*. Rio de Janeiro: Imago, 1976.

LEITE, Sérgio A. O Papel dos Especialistas na Escola. *Educação e Sociedade*, São Paulo: Cortez, n. 22, set.-dez. 1985.

LUZURIAGA, Lorenzo. *História da Educação e da Pedagogia*. São Paulo: Ed Nacional, 1977.

MORIN, Edgar. *Introdução ao Pensamento Complexo*. Lisboa: Instituto Piaget, 1991, (Coleção Epistemologia e Sociedade).

PIAGET, Jean. *Problemas Gerais da Investigação Interdisciplinar e Mecanismos Comuns*. Lisboa: Bertrand, 1976.

PILETTI, Nelson. *Ensino de 2º Grau*: educação geral ou profissionalização? São Paulo: EPU/ EDUSP, 1988.

POLANYI, Michael. *The Tacit Dimension*. New York: Anchor Books, 1967.

_____. *Personal Knowledge*. Illinois: Univ. Chicago Press, 1962.

SNOW, Charles Percy. *As Duas Culturas*. Lisboa: D. Quixote, 1965.

THÈTARD, Henri. *La Merveilleuse histoire du cirque*. Paris: Prisma, 1947, 2v.

13. Histórico da Faeb

uma perspectiva pessoal

Ivone Mendes Richter

O movimento de arte/educação no Brasil surgiu de uma necessidade de discussão conceitual e de estruturação de forças, em um momento em que a educação nacional passava por uma grande crise, motivada pela promulgação da Lei de Diretrizes e Bases 5692/71, em pleno vigor da ditadura militar. Esta Lei colocou um sério problema para o ensino da arte, pois além de tratar a arte como mera atividade na escola, ainda interferia desastrosamente na formação do professor de arte, através das licenciaturas curtas em educação artística.

O termo "arte/educação", a meu ver, foi introduzido naquele momento, como forma de diferenciação da nomenclatura "educação artística" utilizada pela LDB, e com o intuito de aglutinar as pessoas com formação nas diferentes linguagens artísticas em torno de uma bandeira comum: a defesa da qualidade no ensino da arte e a luta contra a chamada "polivalência".

Já em 1980 a Semana de Arte e Ensino realizada em São Paulo, promovida por Ana Mae Barbosa, buscava a discussão sobre as dificuldades por que passava a área de artes por conta destes desmandos. Neste evento aconteceu uma participação nunca vista de cerca de três mil professores que debateram os problemas e buscaram soluções. Surgiu então, do encontro, a decisão da criação de uma associação estadual, que representasse os arte/educadores em suas necessidades e aspirações, e que fosse também local para a discussão e aperfeiçoamento do ensino da arte. Foi organizado um Núcleo Pro-Associação de Arte/Educadores de São Paulo, com a finalidade de criação da associação e em 1982 foi fundada a Associação de Arte/Educadores do Estado de São Paulo – Aesp.

Esta iniciativa logo teve repercussão em outros estados, principalmente através das palestras realizadas por Ana Mae, conclamando os professores a se organizar em associações. Logo a seguir foram fundadas duas outras associações: Associação Nordestina de Arte/Educadores – Anarte, em 1983;; e a Associação Gaúcha de Arteducação – AGA, em 1984.

A iniciativa de fundação de uma associação no nordeste surgiu em um curso de pós-graduação promovido por Laís Aderne, na Universidade Federal da Paraíba. A Anarte foi a primeira associação regional, com o intuito de congregar os núcleos estaduais do Nordeste, e o Núcleo Paraíba foi o primeiro a assumir a direção da associação.

No Rio Grande do Sul o processo foi inverso ao de todas as outras associações, que surgiram nas capitais e depois se estenderam para as cidades do interior. As cidades de Bagé, Santa Maria e Rio Grande criaram seus núcleos municipais, e só então foi fundada a AGA como entidade estadual.

Creio que a próxima associação a ser fundada foi a Associação de Arte/Educadores do Distrito Federal – ASAE-DF, que passou a ter uma atuação muito importante durante os trabalhos da Assembleia Constituinte, que culminaram com a promulgação da Constituição de 1988.

Durante este período, muitos encontros começaram a acontecer, e muitos documentos foram elaborados como fruto da discussão nestes eventos. Podemos citar alguns dos mais importantes: Documento da Anarte, de 1985; Documento da Aesp, de 1985; Manifesto de Diamantina, de 20 de julho de 1985, que resultou dos debates realizados durante o I Encontro Nacional de Arte/Educação, como parte do 17º Festival de Inverno promovido pela Universidade Federal de Minas Gerais; Documento do Encontro das Associações/Funarte realizado no Rio de Janeiro em 1986; Encontro Ensino das Artes, em Brasília, 1986; Carta de São João Del-Rey, do II Encontro Nacional de Arte, realizado no Festival de Inverno da UFMG, em 1986; Carta Protesto de Brasília, de dezembro de 1986, contra a Resolução CFE nº 06/86 e Parecer CFE nº 785/86; Documento Síntese do Pensamento de Educadores e Parlamentares sobre a mesma Resolução e Parecer, Brasília, março de 1987; Manifesto Alerta Amarte, de 1987; Alerta Educação Artística de 1987; Documento de Arte/Educadores de Roraima, de 1987; Documento de Poços de Caldas, de julho de 1988, elaborado por ocasião do XX Festival de Inverno da UFMG.

Esses documentos reivindicavam a modificação da legislação, no que concerne ao ensino da arte, a extinção dos cursos de licenciatura curta e da polivalência, a criação de uma comissão nacional para reformulação dos currículos em arte, cursos de licenciatura plena nas linguagens específicas de artes visuais, música, teatro e dança, cursos de especialização e de mestrado nas linguagens específicas e inclusão de disciplinas sobre o ensino da arte nos cursos de pedagogia. Além dessas reivindicações, os documentos também pleiteavam o fortalecimento das associações e núcleos já existentes e a organização de novas associações e núcleos, bem como a fundação de uma Federação Nacional, para congregar e coordenar as associações. A ideia de uma representação nacional foi se tornando cada vez mais forte, à medida que os eventos sobre o ensino da arte aconteciam a nível nacional e mais associações e núcleos estaduais se estruturavam.

A Federação dos Arte/Educadores do Brasil – Faeb surgiu, pois, da necessidade de representação das diversas associações estaduais e regional de arte/educadores em uma federação, que tivesse voz a nível nacional, em um momento em que nossas aspirações mais legítimas precisavam ser defendidas, pois estava para ser promulgada a nova Constituição que deveria orientar o nosso destino, como nação.

A Faeb nasceu, portanto, com a finalidade de representar a luta pelo direito de acesso à arte e à cultura para todos os cidadãos brasileiros, e o fortalecimento e valorização do ensino da arte, em busca de uma educação comprometida com a identidade social e cultural brasileira.

Durante o II Simpósio Internacional de História da Arte/Educação realizado em Salvador em agosto de 1986 foi criada uma Comissão Pró-Federação Nacional de Arte/Educação, que se organizou em forma de mandala para discutir as finalidades e expectativas quanto à federação. Naquele tempo não havia, no Brasil, a facilidade da internet, e as comunicações precisavam ser feitas ou pelo correio, ou por telefone. Para que a discussão do grupo envolvesse um maior número de pessoas de todas as partes do país, surgiu a ideia de "mandala", ou seja, cada pessoa que enviasse uma correspondência, deveria enviar cópias a todas as outras, de maneira que todas estivessem a par das discussões e ideias que fossem surgindo.

A criação desta comissão foi definida no seguinte documento, elaborado naquela data:

COMISSÃO PRÓ-FEDERAÇÃO NACIONAL DE ARTE/EDUCAÇÃO

As associações de arte/educadores e os pró-núcleos reunidos no II Simpósio Internacional de História da Arte/Educação, tomam a resolução e o compromisso da criação de uma Comissão Pró-Federação Nacional de Arte/Educação com os seguintes objetivos:

Integração das Associações na luta comum pelo fortalecimento e valorização da arte/educação no Brasil;

Representatividade nacional perante o poder público, entidades e instituições;

Melhoria da qualidade de ensino da arte em todos os níveis na educação formal e informal;

Alerta e mobilização em relação às situações que ponham em risco crenças e princípios da arte/educação;
Agilização da comunicação de toda informação de interesse da classe;
Intercâmbio entre as associações de atuações, experiências e pesquisas;
Socialização da informação e possibilidade da participação através das associações nacionais, estaduais, interestaduais e núcleos municipais;
Incentivo à formação de associações em todos os estados brasileiros através dos pró-núcleos já existentes e onde ainda não ocorreu.

A Comissão Pró-Federação será constituída de representantes eleitos de cada entidade de classe a nível nacional, estadual, núcleos estaduais, pró-núcleos estaduais e pessoas encarregadas de ativar em seus Estados a ação de pró-núcleos. Esta representação será formalizada através de votação nos respectivos locais. O seu resultado deverá ser enviado até 30 de setembro à AGA – Associação Gaúcha de Arte/Educadores que se compromete a oficializar a criação desta comissão.

Inicialmente esta comissão funcionará através de correspondências. Cada entidade deverá enviar informações, propostas, esclarecimentos em circulares numeradas a todos os representantes da referida comissão.

Salvador, 22 de agosto de 1986
Assinaram este documento as Associações e Pró-Núcleos:
Pela região Nordeste: Anarte Alagoas, Anarte Ceará, Anarte Maranhão, Anarte Paraíba, Anarte Pernambuco, Anarte Rio Grande do Norte, Anarte Sergipe.
Pela região Norte: Acre, Amazonas, Pará, Rondônia.
Pela região Centro-Oeste: Distrito Federal (ASAE-DF), Mato Grosso e Mato Grosso do Sul.
Pela região Sudeste: Minas Gerais (pró-núcleos), Rio de Janeiro (Sobrearte e Pró-Núcleo), São Paulo (Aesp).
Pela região Sul: Paraná (Apaep), Santa Catarina, Rio Grande do Sul (AGA).

A fundação da Faeb aconteceu no dia 18 de setembro de 1987, por ocasião do I Festival Latino-Americano de Arte e Cultura – FLAAC, em Brasília. Este Festival foi promovido por Laís Aderne, então Secretária de Cultura do Distrito Federal. Neste Festival aconteceu o II Encontro Latino Americano de Arte/Educação, durante o qual os representantes da Comissão Pró-Federação apresentaram as propostas que haviam sido discutidas e foi estabelecido um "fórum permanente", durante o evento, para que houvesse a participação do maior número possível de representantes de todos os estados, objetivando democratizar e ampliar a discussão. Na plenária do encontro os membros da comissão apresentaram os resultados com a proposta do estatuto, e encerraram os trabalhos da comissão. Foi concretizada, através de votação, a fundação da Faeb e a aprovação de seu estatuto, ficando por ser elaborado pelo conjunto das associações, um regimento interno, mais detalhado. Foi também votada a primeira diretoria provisória, sendo eleitas Laís Aderne – Presidente, Ivone Mendes Richter – Vice-Presidente e Miriam Celeste Ferreira Dias Martins – Secretária Executiva. Todos os presidentes das associações e núcleos estaduais de arte/educação passaram a compor, automaticamente, o conselho de representantes, que seria posteriormente ampliado com os representantes a serem eleitos nos estados. A diretoria provisória foi eleita com mandato de um ano com a finalidade de promover o primeiro congresso[1].

Desde seu início, a Faeb esteve comprometida com duas ações importantes e complementares: a atuação política e a pesquisa e discussão conceitual sobre o ensino da arte.

Inicialmente, na ação política, a Faeb voltou-se para a Constituinte, na luta pelo direito de toda a criança de acesso à arte e à cultura. Após a Constituição de 1988, iniciou-se a luta pela LDB. No dia 14 de junho de 1989, com a presença de um expressivo número de arte/educadores, e pela voz de sua presidente, Laís Aderne, a Faeb apresentou o documento A Dimensão Artística na LDB, perante a Comissão de Educação, Desportos e Turismo, no Congresso Nacional, em julho de 1989. A partir daí, foram mais de dez anos de discussões, pressões políticas, palavras de ordem, "telegramaços" de todo o país enviados a políticos e dirigentes, na luta pela obrigatoriedade do ensino da arte nas escolas, "em todas as séries de todos os níveis". Não conseguimos a LDB dos nossos sonhos, mas pelo menos, conseguimos a permanência da arte nas escolas.

A Faeb participou do Fórum Nacional em Defesa da Escola Pública na LDB. Em 1991, a Faeb filiou-se à Sociedade Internacional de Educação pela Arte – Insea, obtendo o título de *Recognized National Organization*. Contava então com 7 mil arte/educadores, associados em 24 associações e núcleos estaduais.

A Faeb se organizou em grupos mandala de Estudos, para prosseguir na discussão dos aspectos conceituais do ensino da arte. Foi também proposto o Fórum Nacional de Estudos pela Reformulação do Ensino Superior das Artes, que teve seu primeiro encontro em Belém do Pará, em 1992, por ocasião do V Congresso da Faeb.

Paralelamente, acontecia o aprofundamento da pesquisa sobre o ensino da arte, onde, atualmente, a ação dos arte/educadores encontra-se mais concentrada, seja nos cursos de pós-graduação, seja através das muitas publicações importantes que vêm sendo realizadas.

A discussão conceitual nunca foi descuidada, os congressos anuais, a cada ano em outra região do país, mantiveram o debate e a divulgação das pesquisas e das publicações, além de estabelecerem o intercâmbio entre os Estados e o reencontro forte e amigo dos arte/educadores.

OS CONGRESSOS DA FAEB

O I Congresso aconteceu em Taguatinga, cidade satélite de Brasília, em 1988, organizado por Laís Aderne como presidente. Foi um congresso pequeno, se compararmos com os FLAACS, mas cheio de

[1]. Conforme Circular SE–SP/Faeb – 1/87.

energia. As discussões foram intensas, principalmente centradas na formação do professor e na nova LDB. Trabalhou-se na forma de grupos de trabalho e a contribuição da Aesp, com suas discussões anteriores, foi muito importante. Taguatinga foi um congresso sem grandes palestrantes, mas deixou saudade pelo nível de aprofundamento das discussões. Foi eleita a 1ª Diretoria, sendo reconduzidas Laís Aderne, Ivone Richter e Miriam Celeste Martins, agora por mais dois anos.

Em 1989 aconteceu o II Congresso da Faeb, em Brasília, como parte integrante do III Encontro Latino Americano de Arte/Educação – ELAE. Momento dos mais importantes politicamente, pois o Relator George Hage redigia a LDB na Câmara dos Deputados. Foi nessa ocasião que redigimos, Ana Mae Barbosa, Miriam Celeste Martins e Ivone Richter, o famoso Artigo 35. Laís Aderne, a grande organizadora dos eventos latinos, foi também a articuladora das ações em Brasília para a LDB, com a forte presença dos integrantes da ASAE-DF.

O III Congresso foi realizado em São Paulo, em 1990, organizado por Miriam Celeste com a AESP, Gisa Picosque, principalmente. A tônica do Congresso foi a sensibilidade e a participação de Fayga Ostrower deu um toque todo especial. A primeira diretoria encerrava sua atuação, era momento da votação de nova equipe para levar a Faeb. Na minha opinião, devia ser a Miriam, pois como secretária ela estava em contato com todas as associações e sua atuação sempre meiga e competente a faziam a candidata perfeita. Mas a Miriam não aceitou e o encargo caiu nos meus ombros. Aceitei somente quando o Marcos Villela Pereira, pela AGA, formou parceria como Secretário e o Afonso Medeiros, de Belém, como vice, longe na distância, mas próximo nas intenções.

O IV Congresso, em 1991, foi em Porto Alegre, organizado por Ivone Richter e Marcos Villela, com a participação da AGA, especialmente Cleusa Peralta. Foi pensado para divulgar o nome da Faeb. Para tanto era preciso um congresso com muita divulgação, muitos participantes, palestrantes internacionais, da Alemanha, do Canadá, da Inglaterra, da Venezuela, do Chile, da Argentina, da Itália, culminando com a presença de Elliot Eisner, através da parceria com a Fundação Iochpe. Foram treze conferencistas internacionais ao todo. Com a forte participação de Ana Mae, e com o trabalho de Maria Benites, produtora de eventos, aconteceu o que parecia impossível. Um congresso com mais de mil participantes, em um momento em que o Governo do Estado do Rio Grande do Sul proibia os professores de participar de eventos. Foram dezessete conferências, quatro mesas redondas, 76 comunicações. A Faeb se firmava como entidade forte a nível nacional. No tema do congresso, uma pergunta: "Ensino de Arte: Alienação ou Compromisso?" que foi respondida pela participação forte e o comprometimento dos arte/educadores.

O v Congresso, de Belém do Pará, em 1992, foi o primeiro na região norte e abordou o tema: "Arte Educador: Reflexão e Práxis". Organizado pela Associação de Arte/Educadores do Pará – AAEPA, grupo unido e dinâmico, com a coordenação de João Mercês e Ana del Tabor. Belém, cidade cheia de vida, acolheu os congressistas com seu calor humano. Programado para logo após o Círio de Nazaré, o envolvimento mágico-religioso tomou conta do congresso, contagiando a todos e dando ao evento um cunho de força e emoção. Paralelamente às apresentações de conferencistas nacionais e internacionais, foi realizado o 1º Fórum Nacional de Estudos pela Reformulação do Ensino Superior das Artes, com a participação de muitas universidades, um dos momentos altos do evento. Aconteceu também a eleição da nova diretoria, ficando Marcos Villela como presidente, Geraldo Araújo (RJ) como vice e Lúcia Monte Serrat Bueno (MS) na secretaria executiva.

Em 1993 aconteceu o vi Congresso, em Recife, abordando o tema: "Alfabetização estética: da criação à recepção, projeto para o 3º milênio". Primeiro do nordeste, primeiro da Anarte, o congresso foi em homenagem a Augusto Rodrigues, falecido naquele ano. Fui homenageada também, com muita emoção, nesta terra da Escolinha de Arte de Recife, de Noêmia Varela, de Ana Mae Barbosa. Primórdios de uma bandeira que nós todos abraçamos também, em companhia tão nobre e tão cheia de ideais. Pela primeira vez o congresso é chamado de CONFAEB – ideia de seus organizadores, liderados pelo Fernando Azevedo. Paralelamente às palestras, mesas redondas e oficinas, o 2º Fórum de Currículos ganha destaque com a presença de representante do MEC, e é solicitada a reativação da Comissão de Especialistas de Ensino de Artes e Design – CEEARTES.

O vii Congresso aconteceu em Campo Grande, Mato Grosso do Sul, em 1994. Fiel aos seus compromissos, a Faeb contemplava as diversas regiões: após o norte e o nordeste, a região centro-oeste sediava o nosso encontro maior. A diretoria da Faeb resgatou ainda os eventos latino-americanos, promovendo o iii Encontro Latino-Americano de Arte/Educadores. O tema do vii Confaeb foi escolhido abordando este enfoque: "Educação Estética para a América Latina". A Universidade Federal de Mato Grosso do Sul assumiu todo o evento, e a CEEARTES, da SeSu-MEC, presidida por Ana Mae Barbosa, realizou paralelamente o ii Fórum Nacional de Avaliação e Reformulação do Ensino Superior das Artes. A comissão do congresso, liderada por Lúcia Mont'Serrat Bueno, Maria Alice Rossi Otto e Eluiza Guizzi, se desdobrou para atender aos três eventos paralelos. Não foi fácil, os eventos se misturavam na cabeça das pessoas, especialmente daqueles que tinham vindo somente para o fórum. Campo Grande recebeu a todos com o carinho de sempre. E foi preciso também eleger a nova diretoria para o biênio 1994-1996. Foram eleitas Ana del Tabor, de Belém, como presidente, Lucimar Bello (MG) para vice e a secretaria executiva ficou a cargo da Associação do Pará. A comissão se comprometeu e cumpriu: pela primeira vez os anais do congresso foram publicados, a Faeb entrava em novo estágio.

Florianópolis sediou o VIII Congresso, em 1995, com o tema: "Ensino de Arte e a Socialização dos Bens Artísticos". Novamente no sul, o congresso aconteceu sob a responsabilidade da universidade. Sei muito pouco para contar, sei somente pelas notícias de Lucimar e daqueles que lá estiveram. Ausência da diretoria da Faeb, presidente, secretaria executiva. Somente a Lucimar como vice para representar a diretoria, o que ela fez ao seu melhor estilo – competência, delicadeza, firmeza – tudo o que se espera de uma artista arte/educadora. Ana del Tabor, Presidente, acompanhou de longe, de muito longe... Não pode mais acontecer, o congresso precisa ter o comprometimento com a Faeb, o congresso é a Faeb, as entidades o recebem pela sua importância histórica e pela sua representatividade perante todos os arte/educadores brasileiros. Mas o congresso é o momento de encontro do conselho de representantes, é o momento da assembleia geral anual, é o congresso da Faeb e como tal precisa ser tratado pelas entidades copromotoras.

Em 1996, já no final do ano, o IX Congresso aconteceu em Campinas, desta vez pela coragem de Roberta Puccetti, presidente da Aesp. Não havia um local para sediar o congresso, mas o congresso não podia deixar de acontecer. E a Aesp tornou a sediar o evento. O tema escolhido foi: "Ensino de Arte: Rumos, Ações e Resistências". A universidade apoiou integralmente, foi a PUC de Campinas. O Congresso enfocou o aspecto científico, abordando metodologias, e o aspecto histórico, através de uma mesa redonda com os Presidentes da Faeb. Nova diretoria foi eleita para o biênio 1996-1998. presidente, Alice Benvenutti (RS), vice Roberta Puccetti (SP), a secretaria executiva com a AGA e a Aesp unidas mais uma vez para levar os destinos da Faeb. Momento também importante na luta política pelo ensino das artes, a LDB estava para ser votada. Já era a proposta do Darcy Ribeiro que, aprovada pelo Senado, ia à Câmara para votação. Era agora ou nunca, todos os esforços ao longo de doze anos, de sucessivas diretorias, de ações políticas, de telegramaços, de audiências, estava para ter seu desfecho, as perspectivas não eram nada otimistas. Mas os arte/educadores foram à luta mais uma vez, decidiu-se realizar manifestações em todas as cidades, em um mesmo dia e horário, arte/educadores de luto cobrindo alguma obra de arte representativa na cidade. Nada melhor do que começar abraçando a Bienal, representando o luto pela arte.

Foi essa a cartada decisiva? Foram os doze ou mais anos de luta permanente? O certo é que conseguimos a obrigatoriedade tão batalhada, precisávamos pensar para a frente, pensar na qualidade do ensino.

E chegamos aos dez anos da Faeb, comemorados em Macapá, no x Confaeb, em 1997, justamente com o tema: "Qualidade e Produção para o Ensino da Arte". Foram dez anos de existência e dez congressos, com muita dificuldade, mas havíamos conseguido quase o impossível, uma articulação muito forte e um poder político resultante de muita união e de muita luta. José Alberto Tostes foi a pessoa-chave deste evento, organizado em um dos pontos extremos deste nosso lindo país, tão vasto e tão unido. A Universidade Federal do Amapá deu apoio integral, foi um momento de muita alegria, de muita emoção. Não poderíamos escolher melhor local para comemorarmos os nossos dez anos de lutas, olhando o Brasil bem do norte, em direção ao sul, ao sudeste, ao nordeste, ao centro-oeste, em direção à América Latina.

O XI Confaeb aconteceu em Brasília, em 1998, organizado por Augusto Neto juntamente com Maria Célia Rosa, a nossa Celinha. A ASAE/DF soma esforços com a UnB, resultando em um evento muito bem organizado e de grande sucesso. O tema deste grande congresso foi: "Políticas Educacionais e Culturais no Limiar do Século XXI". Com esta temática buscava-se chamar a atenção para a necessidade de políticas claras e bem estruturadas, que garantissem ao povo brasileiro, em especial às crianças e jovens, o acesso à educação e à cultura, através do ensino da arte. Foram eleitos, para a gestão 1998-2000, Augusto Neto como presidente e Roberta Puccetti como vice.

Cabe a Salvador sediar o XII Congresso, em 1999. Pela primeira vez é abordada a questão das diferenças, com o tema: "É Possível Ensinar Arte? Globalização, Identidade e Diferença". Na ausência de uma associação, duas universidades assumem parcialmente o evento, dando a este um rumo inesperado. Grandes problemas e preocupações surgem desta parceria para a Faeb e sua diretoria. Todos nós nos envolvemos no intuito de salvar a Faeb de algo mais grave, que felizmente não ocorreu. Devido a este enorme susto, o próximo congresso da Faeb, que deveria acontecer em 2000, foi transferido para 2001.

Em 2000, no entanto, acontece em Brasília o 5º Congresso Nacional de Arte/Educação na Escola para Todos, juntamente com o Festival Arte sem Barreiras, promovido pela Secretaria de Educação Especial do MEC, em parceria com a Very Special Arts e a Funarte, no qual é aberto um espaço para a Faeb, através de uma mesa especial.

Em 2001, novamente Campinas, por intervenção de Roberta Puccetti, vice-presidente da diretoria eleita em 1998, assume o evento, realizando o XIII Confaeb, agora com Roberta como presidente interina. O congresso aborda o tema: "Ensino da Arte: História e Perspectivas". Por ocasião do congresso foi eleita a nova diretoria, ficando Roberta Puccetti como presidente e Fernando Azevedo como vice.

É Goiânia, através de Irene Tourinho, que se propõe a realizar o XIV CONFAEB, com o apoio da Universidade Federal de Goiás. No entanto, o congresso, que deveria ter acontecido em 2002 é transferido para o ano seguinte, por dificuldades ocorridas para sua realização. Desta forma o xiv Congresso da Faeb foi realizado em Goiânia em 2003, sob o tema: "Arte/Educação: Culturas do Ensinar e Culturas do Aprender". Um importante evento em que a pesquisa foi a grande motivação. Nesta ocasião foi eleita a diretoria para o biênio 2003-2005, ficando José Mauro Barbosa Ribeiro como presidente.

Para a realização do xv Congresso, o presidente José Mauro estabelece convênio com a Funarte, concretizando uma parceria que já havia acontecido anteriormente, no 1º Congresso Latino-Americano de Arte/Educação Inclusiva. Este evento foi realizado em São Paulo, em 1998, por Roberta Puccetti, vice-presidente da Faeb e presidente da Aesp, em conjunto com a Very Special Arts.

Através desta nova parceria com a Funarte, acontece, em 2004, o xv Confaeb, na cidade do Rio de Janeiro, com o tema: "Trajetórias e Políticas do Ensino de Arte no Brasil". O evento reveste-se de um brilho especial, nesta cidade linda que foi o berço do ensino da arte, juntamente com Recife, pelo ideal de Augusto Rodrigues e Noêmia Varela. É homenageada nossa amada Noêmia por seu incansável trabalho, amor e dedicação pela causa da educação através da arte, exemplo e guia para todos nós. Homenageado também nosso querido amigo e companheiro Geraldo Salvador de Araújo, que esteve presente em todos os momentos de nossa luta e que partiu tão cedo, deixando um legado de entusiasmo e liderança. Geraldo não chegou a ver o congresso acontecer no Rio, onde dedicou sua vida à causa do teatro na educação, mas certamente os frutos de seu trabalho estavam sendo colhidos naquele momento. O ressurgimento forte da Associação dos Arte/Educadores do Rio de Janeiro – Aerj é também um belo fruto deste congresso.

Ouro Preto propõe-se a sediar o xvi confaeb, através da coragem de nossa querida e sempre presidente Laís Aderne, em parceria com a Associação Mineira de Arte Educação – amarte, representada por sua presidente, Adriana Valeria Pessoa. Novamente, por dificuldades imensas, o congresso precisa ser transferido para o ano seguinte e acontece em 2006, com um enorme sucesso, fruto da dedicação do grupo da amarte, liderados por Adriana, com a forte participação de Lúcia Pimentel. Este xvi confaeb contou com a parceria da Universidade Federal de Ouro Preto e o apoio da prefeitura e da Fundação de Arte de Ouro Preto, além da Secretaria de Educação e da ufmg. Ouro Preto, cidade de Aleijadinho, sua beleza histórica, sua força cultural, é o cenário perfeito para um evento de artes, contagiando a todos com sua beleza. A temática do congresso – "Unidade na Diversidade: Tendências, Conceitos e Metodologias no Ensino da Arte" – é abordada por Ana Mae na conferência de abertura, iniciando um debate que perpassa todo o evento. Muitas homenagens marcam este congresso, artistas, historiadores, filósofos e educadores são lembrados, sua trajetória exaltada, de forma que não sejam esquecidos aqueles que contribuíram para a cultura de nosso país. É eleita a diretoria para o biênio 2006-2008, sendo reeleito José Mauro Barbosa Ribeiro como presidente, por seu excelente trabalho político e devido a necessidade de sua presença forte em Brasília, em um momento em que é novamente ameaçado o ensino da arte nas escolas, pela tentativa de retorno à polivalência das Secretarias de Educação de diversos estados. Luciana Grupelli Loponte, presidente da AGA, é eleita como vice, para apoiar Zé Mauro em seu trabalho.

Em setembro de 2007 celebramos o vigésimo aniversário da Faeb. Poderemos comemorar muitas conquistas, nestes vinte anos de dedicação de muitos arte/educadores, por este Brasil afora, pois em cada recanto existe alguém que foi tocado pelo mistério deste movimento, que cresce e se afirma no cenário nacional e latino-americano, como exemplo de força e de união pelo bem comum, pelo direito de acesso à arte que deve ser garantido a cada brasileiro, com a contribuição de cada aspecto de nossa cultura, formando este caleidoscópio de cores, ritmos e sabores que nos une como irmãos.

O Congresso da Faeb é o grande momento de encontro dos arte/educadores de todo o Brasil. É ele que sustenta a Faeb em sua luta política e oportuniza o conhecimento e as discussões teóricas, a pesquisa, os relatos e a troca de experiências sobre o ensino da arte. É neste evento que os arte/educadores iniciantes em sua trajetória se encontram com aqueles que já vêm de longo tempo nesta caminhada, é quando o entusiasmo contamina a todos e faz surgir novas lideranças. É por tudo isso, a meu ver, que o congresso deve acontecer a cada ano, em outro canto do país, de maneira a levar a todos esta nossa incansável batalha pelo ensino da arte de qualidade para todos.

Gostaria de caracterizar os congressos da Faeb com uma frase feita pelos alunos de Pernambuco e entregue a Ivone Richter, ao presidir a Assembleia Geral da Faeb, no encerramento do v Congresso em Belém: "Viemos com uma mala cheia de preocupações, voltamos com duas. Mas voltamos também com a certeza de que temos muitos com quem compartilhar nossas angústias, e de que estamos lutando pela causa certa".

SUGESTÕES PARA FUTURAS PESQUISAS

1. Pesquisar sobre o histórico da formação das associações e núcleos estaduais e municipais, principais tendências político-educacionais e personalidades que deram vida a estas associações.

2. Buscar outras perspectivas sobre o histórico da Faeb, lançando novos e esclarecedores olhares sobre a nossa trajetória.

3. Relatar outras experiências e novas perspectivas sobre os congressos da Faeb, diferentes das abordadas neste artigo, complementando-as ou apresentando outras "histórias" de nossa história como arte/educadores.

4. Estudar as temáticas dos congressos, procurando compreender a evolução do pensamento dos arte/educadores brasileiros ao longo de vinte anos de lutas e de reflexão teórica.

14. Reflexões sobre a Abordagem Triangular do Ensino da Arte

Maria Christina de Souza Lima Rizzi

> *O conhecimento pertinente deve enfrentar a complexidade. Complexus significa o que foi tecido junto: de fato, há complexidade quando elementos diferentes são inseparáveis constitutivos do todo (como o econômico, o político, o sociológico, o psicológico, o afetivo, o mitológico), e há um tecido interdependente, interativo e inter-retroativo entre o objeto de conhecimento e seu contexto, as partes e o todo, o todo e as partes, as partes entre si. Por isso, a complexidade é a união entre a unidade e a multiplicidade*.*

A Abordagem Triangular do ensino da arte foi originalmente denominada Metodologia Triangular do Ensino da Arte e posteriormente corrigida para Abordagem ou Proposta pela sua própria sistematizadora, a professora e pesquisadora Ana Mae Barbosa no final dos anos de 1980. É o produto de sua reflexão a partir do estudo de três abordagens epistemológicas: as Escuelas al Aire Libre, mexicanas; o *critical studies*, inglês; e o Discipline Based Art Education (DBAE), americano.

Foi desenvolvida e testada no Museu de Arte Contemporânea da USP**, onde foi diretora de 1987 a 1993, e no Projeto Arte na Escola, iniciado em 1989 pela Fundação Iochpe, com as professoras Denyse Vieira e Analice Dutra Pillar, da qual foi orientadora da pesquisa inicial e consultora no primeiro momento de seu desenvolvimento e implantação do Projeto (1989-1996).

As Escuelas al Aire Libre surgiram depois da Revolução Mexicana de 1910, pretendendo recuperar o orgulho nacional perdido com a imposição dos padrões europeus nas escolas mexicanas. Foi o único movimento modernista de ensino da arte que assumiu explicitamente em seu programa a ideia de arte como expressão e como cultura.

---

* E. Morin, *Os Sete Saberes Necessários à Educação do Futuro*, p. 38.

** A primeira experiência no Ensino da Arte no Brasil com inter-relacionamento do ver, do fazer e da análise crítica, posteriormente designada contextualização, se deu no Festival de Inverno de Campos do Jordão de 1983. (N. da O.)

Tinha como proposta a inclusão dos padrões visuais indígenas que sistematizados receberam um *status* de *design*.

A ideia central deste projeto era: "a recuperação dos padrões de arte e artesania mexicana, a construção de uma gramática visual mexicana, o aprimoramento da produção artística no país, o estímulo a apreciação da arte local e o incentivo à expressão individual"[1].

O movimento Critical Studies surgiu na década de 1970, na Inglaterra, como uma resposta à insatisfação causada pelo exercício da utilização da crítica de arte no ensino como uma postura mais de *enjoyment*, no lugar de uma apreciação com possibilidade de leitura, análise e reconhecimento de uma obra inserida em um universo histórico, estético e mesmo técnico.

Dois congressos, realizados na Inglaterra, foram importantes para determinar a relevância dos estudos críticos de arte (Critical Studies), juntamente com o fazer artístico e a história da arte na composição dos programas de ensino da arte:

O congresso "História da Arte, Crítica e o Professor" na Universidade de Manchester e outro sobre "Filosofia e o ensino das Artes", organizado pelo Madely College of Education, enfatizaram a ideia de trabalhar de maneira inclusiva, na formação prática dos estudantes de arte, arte contemporânea, arte de outras épocas, sociologia, filosofia e psicologia. Esta postura epistemológica foi também incorporada pelo DBAE americano, tendo sido dividida nas disciplinas Estética e Crítica[2].

O DBAE, traduzido como Arte/Educação Entendida como Disciplina, é uma abordagem sistematizada a partir de 1982 por uma equipe de pesquisadores patrocinada pelo Getty Center for Education in the Arts.

Nesta equipe de pesquisadores encontramos Elliot Eisner, Brent Wilson, Ralph Smith e Marjorie Wilson entre outros membros de também reconhecida competência teórica e profissional.

As investigações realizadas pela equipe ligada ao Getty Center, naquele período, apontaram para uma grande queda de qualidade no ensino da arte nas escolas americanas, seguida por uma perda de *status* perante as outras áreas de conhecimento contempladas no currículo escolar.

Diante desta situação os pesquisadores, levando em conta tanto as falhas das áreas quanto as conquistas efetuadas por professores e ou programas bem sucedidos, concluíram ser necessária uma abordagem mais abrangente e mais substancial para o ensino da arte.

Basearam seus estudos então em três preocupações básicas:

1. Como os alunos aprendem arte.

1. A. M. Barbosa, *Tópicos Utópicos*, p. 34.
2. *A Imagem no Ensino da Arte*, p. 39-40.

2. O que é importante ser ensinado em artes.
3. Como os conteúdos de aprendizagem em arte podem ser organizados.

Como consequência, sistematizaram a proposta do DBAE que aponta para a necessidade da inclusão da produção de arte, crítica de arte, estética, da história da arte e paradigma diferente daquele da autoexpressão criativa, que dominou o universo do ensino da arte no pós-guerra, nos anos de 1940 e 1950.

A ideia da livre expressão vincula-se historicamente à modernidade, pois enfatiza a visão pessoal como forma de interpretar a realidade; a emoção como principal conteúdo da expressão e a busca do novo, do original como um ideal a ser alcançado, o que resultou, segundo seus críticos, em uma defasagem entre a arte produzida no período e a arte ensinada nas escolas.

A visão mais contemporânea no ensino da arte, na qual o DBAE se insere, valoriza por sua vez a construção e a elaboração como procedimento artístico, enfatiza a cognição relativa à emoção e procura acrescentar à dimensão do fazer artístico a possibilidade de acesso e compreensão do patrimônio cultural da humanidade.

Por sua vez, a Abordagem Triangular do Ensino da Arte postula que a construção do conhecimento em arte acontece quando há o cruzamento entre experimentação, codificação e informação. Considera como sendo seu objeto de conhecimento, a pesquisa e a compreensão das questões que envolvem o modo de inter-relacionamento entre arte e público. "É construtivista, interacionista, dialogal, multiculturalista e é pós-moderna por tudo isso e por articular arte como expressão e como cultura na sala de aula"[3].

> Preparando-se para o entendimento das artes visuais se prepara o observador para o entendimento da imagem quer seja arte ou não [...] Temos que alfabetizar para a leitura da imagem. Através da leitura das obras das artes plásticas estaremos preparando a criança para a decodificação da gramática visual [...] esta decodificação precisa ser associada ao julgamento da qualidade do que está sendo visto aqui e agora e em relação ao passado [...]. Sem conhecimento de arte e história não é possível a consciência de identidade nacional. A escola será um lugar onde se poderá exercer o princípio democrático de acesso à informação estética de todas as classes sociais, proporcionando-se, na multiculturalidade brasileira, uma aproximação de códigos culturais de diferentes grupos[4].

Esta abordagem propõe que a composição do programa do ensino de arte seja elaborada a partir das três ações básicas que executamos quando nos relacionamos com arte. São elas: fazer arte, contextualizar:

---

3. *Tópicos Utópicos*, p. 41.
4. A. M. Barbosa, (org.), *A Propósito do 3º Simpósio Internacional...*, p. 8.

("A contextualização pode ser a mediação entre percepção, história, política, identidade, experiência e tecnologia"[5]) e ler obras de arte.

A denominação "leitura de obra de arte" deve-se a uma outra influência reconhecida de Ana Mae Barbosa. Trata-se do movimento de crítica literária e ensino de literatura, americano, intitulado *readers response*: "Este movimento não despreza os elementos formais na leitura, mas não os prioriza como os estruturalistas fizeram; valoriza o objeto, mas não o cultua como os desconstrutivistas; exalta a cognição, mas na mesma medida considera a importância do emocional na compreensão da obra de arte"[6].

A Abordagem Triangular ao relacionar as três ações básicas e suas respectivas áreas de conhecimento considera arte como cognição e expressão. Pode ser operacionalizada a partir da articulação pertinente, orgânica e significativa dos domínios de conhecimento.

Como entrada nesta articulação de ações combinadas temos seis sequências de possibilidades:

Sequência 1	Apreciar	Fazer	Contextualizar
Sequência 2	Fazer	Apreciar	Contextualizar
Sequência 3	Contextualizar	Fazer	Apreciar
Sequência 4	Apreciar	Contextualizar	Fazer
Sequência 5	Contextualizar	Apreciar	Fazer
Sequência 6	Fazer	Contextualizar	Apreciar

Não indica um procedimento dominante ou hierárquico na combinação das várias ações e seus conteúdos. Ao contrário, aponta para o conceito de pertinência na escolha de determinada ação e seus conteúdos enfatizando, sempre, a coerência entre os objetivos e os métodos.

Conceitos como organicidade e flexibilidade no arranjo da proposta pedagógica também são muito importantes nesta visão de área.

Acredito ser possível explicitar melhor as ações e conteúdos do universo de articulação do ensino da arte propondo a seguir um exercício para o entendimento desta proposta:

---

5. A. M. Barbosa, *Tópicos Utópicos*, p. 43.
6. Idem, p. 34-35.

	Teatro	Dança	Música	Artes Visuais	Disciplinas
Apreciar	Assistir	Assistir	Ouvir	Ler	Crítica Estética
Fazer	Escrever Dramaturgia Atuar Dirigir Fazer parte da produção cênica	Coreografar Dançar Dirigir Fazer parte da produção cênica	Compor Reger Executar	Desenhar Pintar Esculpir Gravar Fotografar Performar Conceituar Fazer Instalações Criar para novas mídias	Procedimentos e Técnicas Artísticas e diversas Tecnologias Contemporâneas
Contextualizar	História do Teatro e	História da Dança e	História da Música e	História da Arte e	História Antropologia Psicologia Arqueologia Educação Medicina Física Ecologia Museologia e outras...

Após este exercício de explicitação das ações e áreas do conhecimento envolvidas na construção de conhecimento em arte proposto pela Abordagem Triangular, gostaria de acrescentar que, embora os esquemas tenham sido representados bi-dimensionalmente, a compreensão que tenho do modelo triangular é de um modelo multidimensional com claras referências ao pensamento complexo de Edgar Morin[7].

No debate promovido por Francisco Lyon de Castro em Lisboa, em dezembro de 1983, a respeito da construção de conhecimento tendo como referência a consciência da complexidade e suas relações, Morin participou com a seguinte discussão:

O conceito de complexidade não se reduz ao conceito de complicação. É algo mais profundo que vem emergindo na Filosofia desde a Antiguidade e está relacionado ao problema da dificuldade de lidar com e contra a lógica, com e contra o conceito.

Pensaram em termos complexos aqueles que no passado viram na relação entre a parte e o todo, não apenas a parte que está no todo,

---

7. Cf. *O Problema Epistemológico da Complexidade*.

mas o todo que está na parte. Morin faz analogia com a figura do holograma que em cada ponto contém a totalidade.

Para ele, o problema da complexidade tornou-se uma exigência social e política vital no nosso século: por termos percebido que o pensamento mutilante (que se engana por não saber ordenar as informações e os saberes) não é mais suficiente, pois, conduz a ações mutilantes.

Morin considera que os interesses técnicos, práticos e reflexivos por trás das teorias encontram-se misturados em si, e que além desses interesses existem as atitudes psicológicas de curiosidade, perplexidade, questionamento do real e imaginação.

Para ele, o campo do conhecimento do conhecimento está configurado da seguinte maneira:

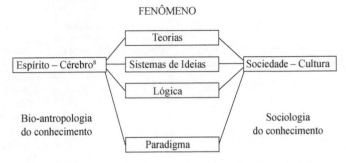

O ser vivo é um ser auto – eco – organizador. Organiza-se por si mesmo e tem necessidade de extrair do meio exterior materiais, informações e organização. Esta organização tem como característica notável, enfatiza Morin, ser ao mesmo tempo informacional e computacional.

Computar é tratar informação, é tratar formas e signos. Não é fazer como principal tarefa cálculos numéricos, mas efetuar operações que separam, associam, incluem, excluem.

O ser vivo computa para si mesmo ligando a autorreferência à exo-referência. Isto é tratar objetivamente objetos em função da sua própria necessidade vital.

Computar para si é colocar-se no centro de seu mundo, ocupar o lugar exclusivo do egocentrismo e é isto que constituí um sujeito:

a noção de sujeito [em Morin] compreende uma definição subjetiva e biológica, simultaneamente; não podendo ser reduzida a uma concepção humanista, que considera a consciência que o ser humano tem de si, nem pode ser reduzida a uma consciência metafísica, que se norteia por conceitos transcendentais, e tão pouco a uma concepção

---

8. O Espírito – Cérebro: é composto por dois termos absolutamente inseparáveis que se definem em relação de reciprocidade, porque, se o espírito é produzido pelo cérebro, este é um conceito do espírito. *O Problema Epistemológico da Complexidade*, p. 19.

antimetafísica que aponta para a inexistência do sujeito, mas compreende a inseparabilidade de todas elas.

Na verdade a noção de sujeito vai além do indivíduo e remete-nos à ideia de que cada ser vivo, ainda que reproduzido, reprodutível e reprodutor, é um ser único e indiscutivelmente ímpar, no seu aspecto subjetivo, talvez até em maior escala do que as diferenças genéticas, fisiológicas, morfológicas e psicológicas.

Na relação com o outro a autotranscendência do sujeito o permite superar para si mesmo a ordem da realidade, para além de sua própria esfera e de seu ambiente, alterando-a a partir de sua dimensão ética, que irá nortear os seus valores.

A noção de sujeito é qualidade própria do ser vivo que busca a auto-organização, pertence a uma espécie, situado num espaço e num tempo, membro de uma sociedade ou grupo. Para transformar-se e conhecer-se, o sujeito necessita de um objeto. É a partir dessa aparência que o sujeito e o objeto emergem da realidade complexa, assim como se observa na relação recíproca e inseparável: sistema auto-organizador e ecossistema[9].

O espírito e o cérebro são dois aspectos sobre os quais nos aparece este fenômeno pelo qual pensamos que conhecemos. O cérebro é um conceito biológico e designa um órgão biológico, uma unidade hipercomplexa, composta por dois hemisférios, que funciona por complementação ou antagonismo.

O espírito é um conceito psíquico que designa um conjunto de atividades que incluem ideias, linguagem e consciência.

A este duplo aspecto de uma mesma realidade, é preciso acrescentar um terceiro: o aparelho neuro-cerebral que é um conceito relativo à organização.

O esquema do conhecimento indica que todo o conhecimento vê o mundo através de teorias. A teoria vem a ser um sistema de ideias, uma construção do espírito humano que é capaz de levantar problemas. Os sistemas de ideias obedecem a princípios, que são princípios lógicos: por trás destes encontramos os princípios ocultos que são os paradigmas, ou seja, a esfera do modo de existência e de organização das ideias, também chamada noosfera. Indica também que qualquer conhecimento se forma numa cultura dada, a partir de um estoque de noções, crenças e vocabulário etc. Havendo, portanto, uma inscrição histórica e sociocultural de todo o conhecimento.

Em relação ao processo de produção do conhecimento, é necessário considerar que os sistemas de ideias além de serem coproduzidos pelo espírito-cérebro humano e por uma realidade sociocultural, são dotados de certa autonomia objetiva, em relação ao espírito que os alimenta.

Para Morin, o paradigma é um tipo de relação muito forte que pode ser de conjunção ou disjunção. Invisível para quem sofre seus efeitos é o que há de poderoso sobre as ideias. A noção de paradigma é nuclear; sendo ao mesmo tempo, linguística, lógica e ideológica.

---

9. I. Petraglia, *Edgar Morin*, p. 58-59.

O autor nos afirma que as operações comandadas pelo paradigma clássico das ciências são principalmente disjuntoras, redutoras e unidimensionais.

Obedecendo-se ao princípio da disjunção, chega-se a um puro catálogo de elementos não ligados.

Por sua vez, seguindo o princípio de redução, chega-se a uma unificação abstrata que anula a diversidade, ou seja, este paradigma da simplificação não permite pensar na unidade e na diversidade.

A disjunção cartesiana entre o sujeito e (*ego cogitans*) e o objeto (*res extensa*), remete o primeiro para a filosofia e o outro para a ciência.

A divisão do conhecimento em disciplinas, o que permite o desenvolvimento dos conhecimentos, é uma organização que torna impossível o conhecimento do conhecimento, pois este campo está fragmentado em campos de conhecimento não comunicantes. Torna-se necessário, portanto, operar uma nova articulação do saber e um esforço de reflexão fundamental.

Uma das coisas importantes, em relação a paradigmas, é dispor-se a compreender o modo de estruturação dos tipos de pensamentos diferentes do nosso próprio, em outras culturas e também no interior de uma mesma civilização. As estruturas de pensamento e não somente a informação é o que se deve comunicar.

O sistema apresentado por Morin é um sistema em anel, que circula em constante recursão entre os processos e os produtos. Ele nos traz a ideia de emergência em função da teoria complexa da organização: um todo emerge a partir de elementos constitutivos que interagem e o todo organizador que se constitui retroage sobre as partes que o constituem. Esta retroação faz com que estas partes só possam funcionar graças ao todo.

O esquema tem brechas e falhas em cada instância: entre a determinação psicossocial e a determinação sociocultural. E o problema da epistemologia complexa é fazer comunicar estas instâncias separadas, estabelecendo o circuito.

Ela permite a tomada de consciência dos limites do conhecimento e ao mesmo tempo, conhecer o conhecimento e detectar as doenças (degenerescência ou esclerose) que afetam os pensamentos. Com ela, não há mais tronos e soberanias epistemológicas. O desafio está em que cada um desenvolva sua área de conhecimento o suficiente para articular com outras competências ligadas em cadeia e formar o anel do conhecimento do conhecimento. Esta é a chave da problemática da epistemologia complexa e não a chave da complexidade.

Morin finaliza seu texto afirmando que não há corte epistemológico radical, ciência pura, pensamento puro, lógica pura e que a dúvida se alimenta de impurezas. E, é nesse sentido que, segundo ele, podemos explicitar os problemas da complexidade reconhecendo os desafios para:

- Permanecermos no interior de conceitos claros, distintos e fáceis;
- Concebermos a ciência;
- Concebermos o conhecimento;
- Concebermos o mundo em que estamos;
- Percebermo-nos na relação com este mundo
- Percebermo-nos na nossa relação com os outros
- Concebermo-nos nas nossas relações conosco que é, afinal, a mais difícil de todas.

Morin tenta nos fazer compreender neste texto que conhecer é uma aventura incerta, frágil, difícil, trágica.

Podemos completar esta reflexão a respeito da Abordagem Triangular do Ensino da Arte estabelecendo as possíveis relações entre ela e a epistemologia complexa proposta por Edgard Morin.

Desde que Ana Mae Barbosa configurou, no final dos anos de 1980, a concepção epistemológica triangular do ensino da arte, como resultado das várias influências (Escuelas al Aire Libre, Critical Studies, Readers Response e DBAE), que foram por ela amalgamadas de maneira singular e esclarecedora, a Abordagem Triangular tem recebido críticas. Uma das mais constantes e redutoras entende a proposta com uma simples tradução, para a língua portuguesa da proposta americana.

Juntamente com outros especialistas e a própria autora, discordo desta compreensão, pois enquanto a equipe americana propunha exatamente a disciplinarização do ensino da arte (Discipline Based Art Education): produção artística, história da arte, crítica e estética, como postura epistemológica; Ana Mae Barbosa sistematizava uma postura transdisciplinar como abordagem para a construção de conhecimento em arte; ao articular e não disciplinarizar, os três âmbitos e ações: ler, contextualizar e fazer:

> O DBAE elege áreas com conteúdos separados, por ser esta estrutura mais prognosticável e porque há clara preferência, entre os professores, por uma divisão regular de tempo, para a instrução artística, na divisão das aulas a cada semana; e finalmente, porque é um modo mais provável para focar a atenção das crianças na ideias e nas habilidades que o professor deseja que aprendam[10].

Dividir o ensino nas quatro disciplinas, como uma das possibilidades apontadas pelos teóricos do DBAE e trabalhá-las isoladamente leva a acontecer com o "intraensino da arte" (com relação à produção artística, à estética, à crítica e à história da arte), o apontado por Morin em relação às outras áreas do conhecimento:

> Como nossa educação nos ensinou a separar, compartimentar, isolar, e não a unir os conhecimentos, o conjunto deles constitui um quebra-cabeças ininteligível. As in-

---

10. P. London, Lowenfeld's Creative and Mental Growth versus Eisner's Discipline Based Art Education.

terações, as retroações, os contextos e as complexidades que se encontram na "man's lands" entre as disciplinas se tornam invisíveis. Os grandes problemas humanos desaparecem em benefício dos problemas técnicos particulares. A incapacidade de organizar o saber disperso e compartimentado conduz à atrofia da disposição mental natural de contextualizar e de globalizar[11].

A maneira disciplinarizada de conceber o ensino é fragmentada, resulta em prejuízo qualitativo e quantitativo. Impede a visão do todo e não favorece a intercomunicação entre as várias áreas do conhecimento. É oposta aos princípios da Abordagem Triangular que permite operar transdisciplinarmente.

"Define [Morin], então "interdisciplinaridade" como colaboração e comunicação entre as disciplinas guardadas as especificidades de cada uma". Já por "transdisciplinaridade" entende o intercâmbio e as articulações entre elas. Na transdisciplinaridade há superação e o desmoronamento de toda e qualquer fronteira que inibe ou reprime, reduzindo e fragmentando o saber e isolando o conhecimento em territórios delimitados.
Nesta prática transdisciplinar não há espaço para conceitos fechados e pensamentos estanques, enclausurados em gavetas disciplinares, mas há obrigatoriamente a busca de todas as relações que possam existir entre todo conhecimento[12].

No livro *A Imagem no Ensino da Arte*, escrito em 1989-1990, por Ana Mae Barbosa, na época em que a Abordagem Triangular foi apresentada à discussão, encontram-se três afirmações, entre outras, que colaboram para a argumentação contra esta leitura equivocada e reducionista:

O intercruzamento de padrões estéticos e o discernimento de valores devia ser o princípio dialético a presidir os conteúdos dos currículos da escola, através da magia do fazer, da leitura deste fazer e dos fazeres de artistas populares e eruditos, e da contextualização destes artistas no seu tempo e no seu espaço.
[...]
Nos Estados Unidos estas áreas que compõe o conhecimento da arte estão sendo aprendidas de forma integrada ou separadamente.
Acredito que a separação das áreas vai levar rapidamente a um retorno ao academicismo [paradigma da simplicidade] e termos escolas onde se ensinará somente história da arte e talvez algo que se aproxima mais ao que criticamente chamamos de "história do *slide*".
[...]
É importante repetir que o ensino pós-moderno de arte que implica história e análise interpretativa integrados ao trabalho de construção plástica não é uma reação contra as conquistas do modernismo, mas uma ampliação dos princípios de expressão individual que marcaram a modernização do ensino da arte. O modernismo instituiu a livre-expressão como objetivo do ensino da arte, é importante mantermos as conquistas expressivas do modernismo, ampliando o ensino de arte para incluir a conceituação de arte como cultura[13].

11. *Os Sete Saberes Necessários à Educação do Futuro*, p. 42.
12. E. Morin, apud I. Petraglia, op. cit., p. 74.
13. A. M. Barbosa, *A Imagem no Ensino da Arte*: anos oitenta e novos tempos, p. 34, 37 e 107, respectivamente.

A Abordagem Triangular permite uma interação dinâmica e multidimensional entre as partes e o todo e vice-versa, do contexto do ensino da arte, ou seja, entre as disciplinas básicas da área, entre as outras disciplinas, no inter-relacionamento das três ações básicas: ler, fazer e contextualizar e no inter-relacionamento das quatro ações decorrentes: decodificar, experimentar, refletir e informar.

Retomando o exercício de fazer esquemas para auxiliar na compreensão desta abordagem temos, em relação à realidade complexa do ensino da arte e sua correspondente estrutura holográfica, a seguinte configuração:

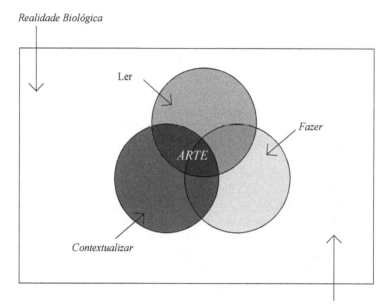

O gráfico acima, como os anteriores, são simplificações didáticas para construir a compreensão complexa. Apresentam reduções da mesma natureza das reduções que acontecem, ao representarmos em um catálogo de exposição ou material educativo para leitura de obras de arte, com os registros de performances, vídeos instalações e registros de arte e tecnologia. Dão uma pálida e perigosa ideia, mas, são os recursos que disponho no momento.

Continuando com a construção da compreensão da Abordagem Triangular e sua natureza complexa, podemos exercitar o pensamento a partir das seguintes premissas e elementos:

1 – Considerar como objeto de estudo do ensino da arte as manifestações artísticas e suas relações com o público e vice-versa nas

suas várias dimensões (estética, biológica, psicológica e mental, sociocultural, diacrônica/sincrônica);

2 – Perceber e considerar o ensino da arte como resultante da combinação articulada do conjunto das ações (ler, contextualizar e fazer) nas disciplinas que compõe a área.

3 – Possibilitar que estas ações no âmbito da área de artes se inter-relacionem não só entre si, mas também com outras disciplinas.

4 – Entender que o conhecimento em arte se dá na intersecção e não na justaposição da experimentação, decodificação, informação e reflexão.

5 – Configurar como elementos da complexidade no ensino da arte:
   a. O *sujeito* (espírito-cérebro)
   b. As *aproximações do sujeito/objeto* (considerando a realidade interacional e dinâmica entre as características, as contingências e as possibilidades desta relação como imersa/emersa sincronicamente/diacronicamente no complexo sociocultural).
   c. O *objeto* (com seus aportes materiais, antropológicos, históricos, estéticos, tecnológicos, entre outros).

6 – Perceber como o todo está presente em cada parte e como cada parte está presente no todo.

Ao abordarmos a configuração complexa do ensino da arte, podemos perceber a riqueza dos conteúdos, dos caminhos e das possibilidades articulatórias que a construção do conhecimento em artes pode oferecer aos educadores, alunos e suas comunidades. Podemos ainda perceber que, para operar neste universo de caminhos e combinações, educadores, alunos e instituições têm que se abrir à possibilidade do acaso, do desconhecido e da incerteza. Perceber que esta configuração de processo de trabalho inclui atitudes de pesquisa, atenção e flexibilidade e que a dinâmica resultante, e ao mesmo tempo impulsionadora deste trabalho de caráter computacional, traz a dimensão entrópica para o ensino da arte.

Sabemos como iniciamos um programa de ensino em arte, mas não temos certeza como o finalizaremos, pois, ao longo do processo ocorre um fluxo de escolhas, de interferências e retro-interferências que alimentam e desafiam todos os elementos envolvidos no processo.

Nesta dinâmica pode surgir o não programado que é a singular contribuição ao processo de ensino/aprendizagem para os educadores, para os alunos, para o conhecimento artístico e para a sociedade.

Ao compararmos esta maneira de abordar o ensino da arte com a concepção disciplinar de ensino vamos ficar cientes de que são propostas diferentes entre si. Diferem na concepção de como se aprende em arte, na concepção da relação sujeito/objeto de conhecimento e nas possibilidades de criação metodológica.

Os objetivos podem ser os mesmos, mas a visão de mundo e as estratégias para alcançar estes objetivos vão diferir. A não compreensão dessas diferenças, que ocorrem também em um nível mais sutil, é a razão dos mal-entendidos em relação à Abordagem Triangular. Mal-entendidos são em geral redutores. É preciso não confundi-los com as opiniões divergentes que são saudavelmente necessárias, pois não há nada pior para o fluxo vital de qualquer instância de conhecimento do que a conformidade uniformizada.

O prejuízo para o conhecimento não é a ocorrência de mal-entendidos, que fazem parte de qualquer processo dinâmico, mas sim a cristalização de opiniões, a falta de abertura para o diálogo intelectual e a não inclusão da incerteza como parte do processo de construção de conhecimento.

> O conhecimento simplificador ignorava o problema de seus próprios limites, pois pensava refletir a própria natureza das coisas. O conhecimento complexo, verdadeiro nesse sentido, precisa reconhecer permanentemente o problema dos limites e buracos negros do conhecimento. Deve saber que todo olhar comporta seu ponto cego, que todo princípio de explicação se apoia em algo inexplicável em seu próprio sistema de explicação, que toda cultura nos cega, mesmo que seja só por etnocentrismo e crença ingênua no valor universal de seus meios de conhecimento.
> A consciência dos limites do conhecimento abre-nos o universo do conhecimento ao invés de fechá-lo. O verdadeiro conhecimento é aquele que reconhece, em seu seio, a presença da incerteza e da ignorância[14].

A Abordagem Triangular, no seu início, foi apresentada como uma experimentação, aberta às contribuições, a partir do Museu de Arte Contemporânea da USP. Desde então vem sofrendo reformulações, explicitações e aprofundamentos. Este processo tem colaborado significativamente para o amadurecimento conceitual da área de arte/ educação; o crescimento numérico e qualitativo das publicações da teoria e prática da arte/educativa tem possibilitado uma maior consciência das pessoas envolvidas no processo ensino/aprendizagem em artes, a respeito do seu *status* epistemológico. No entanto, há ainda muita necessidade de pesquisa a respeito. Partilho neste momento algumas das questões em relação à Abordagem Triangular que merecem ser aprofundadas ou mesmo inauguradas em novas pesquisas:

– Procurar saber qual a compreensão que os educadores desenvolveram a respeito desta abordagem de ensino de arte e como eles a estão operacionalizando;

– Como as novas gerações (formadas nos anos 2000) têm recebido este conhecimento?

---

14. E. Morin, *Para Sair do Século XX*, p. 167.

– Como ele tem sido abordado nas licenciaturas? Quais as disciplinas que o incluem, como e por quê?
– Qual o impacto desta concepção de construção de conhecimento em arte no processo criador de artistas e arte/educadores?
– Qual a influência da Abordagem Triangular nas atuações educativas de museus e instituições culturais?
– Qual a influência da Abordagem Triangular nas atuações educativas no terceiro setor?
– Quais as experiências de qualidade que já foram desenvolvidas tendo como pressuposto a Abordagem Triangular?
– Quais as dificuldades encontradas para a mudança de paradigma do ensino da arte nos últimos quinze anos?
– A abordagem do ensino de arte concebida no final dos anos de 1980, início dos anos de 1990, continua respondendo às necessidades da área? Continua pertinente?

Nada melhor (como força de expressão) para um pesquisador do que a possibilidade de troca e enriquecimento teórico com seus pares de jornada criativo-reflexiva. Nada melhor para os nossos alunos e para a sociedade do que o amadurecimento conceitual da nossa área.

BIBLIOGRAFIA

BARBOSA, Ana Mae (org). *A propósito do 3º. Simpósio Internacional sobre o Ensino da Arte e Sua História, 1989, São Paulo*. São Paulo: MAC-USP, 1990.
_____. *A Imagem no Ensino da Arte*: anos oitenta e novos tempos. São Paulo: Perspectiva, 1994.
_____. *Tópicos Utópicos*. Belo Horizonte: Com/Arte, 1998.
_____ (org). *Inquietações e Mudanças no Ensino da Arte*. São Paulo: Cortez, 2002.
CALABRESE, Omar. *A Idade Neobarroca*. Lisboa: Edições 70, 1988.
LONDON, Peter. Lowenfeld's Creative and Mental Growth versus Eisner's Discipline Based Art Education. Texto datilografado, 1987.
MORIN, Edgar. *Para Sair do Século XX*. Rio de Janeiro: Nova Fronteira, 1986.
_____. *O Problema Epistemológico da Complexidade*. 2. ed. Lisboa: Europa-América, 1996.
_____. *Os Sete Saberes Necessários à Educação do Futuro*. Tradução de Catarina Eleonora F. da Silva e Jeanne Sawaya. 2. ed. São Paulo: Cortez; Brasília, DF: Unesco, 2000.
PETRAGLIA, Izabel Cristina. *Edgar Morin*: a educação e a complexidade do ser e do saber. Petrópolis: Vozes, 1995.
RIZZI, Maria Christina Souza Lima. *Olho Vivo*: arte/educação na exposição labirinto da moda, uma aventura infantil. Tese de doutorado, São Paulo: ECA-USP, 1999.

Sobre os Autores

ANA MAE BARBOSA

Fez mestrado e doutorado nos Estados Unidos. É Professora Titular da Escola de Comunicação e Artes da Universidade de São Paulo atuando no doutorado, professora do mestrado em Design, Arte e Tecnologia da Universidade Anhembi-Morumbi. Foi presidente da International Society of Education through Art (1990-1993) e Diretora do Museu de Arte Contemporânea da USP (1987-1993). Publicou dezessete livros sobre arte e arte/educacão, sendo os últimos: *Arte/Educação Contemporânea* (Cortez, 2006); *Artes Visuais: da Exposição à Sala de Aula* (com Rejane Coutinho e Heloisa M. Sales, Edusp, 2005); *O Pós-Modernismo* (organizado com Jacó Guinsburg, Perspectiva, 2005); *Alex Flemming* (Edusp, 2002); *John Dewey e o Ensino da Arte no Brasil* (Cortez, 2001); *Tópicos útópicos* (Com/Arte, 1998); *Arte/Educação: leitura no subsolo* (Cortez, 1997) e *A Imagem no Ensino da Arte* (Perspectiva, 1991).

Recebeu o Grande Prêmio de Crítica da APCA (1989), Prêmio Edwin Ziegfeld (USA, 1992) e o Prêmio Internacional Herbert Read (1999), o Achievement Award (2002, EUA) e o Mérito Científico na categoria de comendador do Ministério de Ciências e Tecnologia (2005, Brasil). Fez curadoria de várias exposições inclusive de Christo (MAC), Barbara Kruger (MAC), Alex Flemming (CCBB–SP e Brasília), Entre Culturas: Matrizes Populares (Sesc). Ensinou em várias universidades estrangeiras, como Yale University e The Ohio State University.

Integrou a Comissão Científica do Congresso Mundial sobre Arte/Educação, da Unesco, Portugal, 2006.

Tem proferido palestras e publicado artigos em muitos países tais como Uruguai, Argentina, Paraguai, Peru, Venezuela, Colômbia, Equador, México, Suécia, Holanda, Egito, Finlândia, Polônia, Costa Rica, Alemanha, Nigéria, Espanha, Portugal, França, Inglaterra, Filipinas, Itália, Canadá, Taiwan, Coreia, Japão e EUA (em Harvard, Columbia University e Museum of Modern Art etc).

ERINALDO ALVES DO NASCIMENTO

É doutor em Artes Visuais pela Escola de Comunicação e Artes da Universidade de São Paulo; mestre em Biblioteconomia pela Universidade Federal da Paraíba e professor do Departamento de Artes Visuais nessa mesma universidade. Foi assessor e diretor adjunto de Gestão Curricular da Secretaria de Educação, Cultura e Esportes da Prefeitura Municipal de João Pessoa.

A pesquisa de doutorado foi realizada junto ao Programa de Pósgraduação da Escola de Comunicações e Artes da USP, entre 2001 e 2005, sob orientação de Ana Mae Barbosa.

ROBERTA MAIRA DE MELO ARAÚJO

É professora da Graduação em Artes Visuais da Universidade Federal de Uberlândia-MG. A pesquisa é parte da dissertação de mestrado: *O Ensino de Arte na Educação Feminina no Colégio Nossa Senhora das Dores (1885-1973)* realizada na Escola de Comunicações e Artes da USP e concluída em 2004 sob orientação de Maria Heloisa Toledo Ferraz.

FERNANDA PEREIRA DA CUNHA

Mestra e doutoranda em Artes pela Universidade de São Paulo (USP), especialista em Ensino Arte e Cultura, pela Universidade de São Paulo (USP). Experiência profissional em instituições de ensino da educação infantil à pós-graduação no setor de arte/intermidiática.

O capítulo é parte da dissertação de mestrado *Educação pelo Olhar: aspectos das tecnologias do ensino intuitivo e da informática na arte/educação*, defendida na Escola de Comunicações e Artes da USP, sob a orientação de Ana Mae Barbosa em 2004.

PATRÍCIA DE PAULA PEREIRA

Era bolsista de iniciação científica pela Probic/Fapemig, orientada pela prof. Lucia Gouvêa Pimentel quando escreveu este texto. Formou-se em Licenciatura em Desenho e Plástica pela Escola de

Belas Artes da UFMG em 2004. Atualmente está produzindo um site sobre Jeanne Milde, tema central de sua pesquisa desde 2002. É mestranda na UFMG.

REJANE GALVÃO COUTINHO

É doutora em Artes Visuais e professora do Instituto de Artes da Unesp, onde atua na Graduação e na Pós-Graduação com formação de professores. Seus principais domínios de pesquisa são: a história do ensino de artes; o desenho e o desenvolvimento artístico e estético; e a Mediação Cultural. É pesquisadora associada do Grupo de Estudos e Pesquisas em Arte, Educação e Cultura (UFSM, Brasil), e do Centre de Recherche Images, Culture et Cognition (Pantheon Sorbonne, Paris I, França). É também coordenadora do Arteducação Produções, equipe que desenvolve projetos de mediação cultural em São Paulo; e atualmente é representante da América Latina no World Council da Insea. Sua mais recente publicação, *Artes Visuais: da exposição à sala de aula* (Edusp, 2005), tem como coautoras Ana Mae Barbosa e Heloisa Margarido Sales. Os textos deste livro foram retirados da dissertação de mestrado *Sylvio Rabello e o Desenho Infantil*, realizada sob orientação de Ana Mae Barbosa. O segundo texto faz parte da tese de doutorado *A Coleção de Desenhos Infantis do Acervo Mário de Andrade* elaborada sob orientação de Maria Heloisa Toledo Ferraz.

RITA LUCIANA BERTI BREDARIOLLI

É professora da Universidade Federal do Espírito Santo, UFES, doutoranda e mestra em Artes Visuais pela Escola de Comunicações e Artes da USP, ambos sob orientação de Ana Mae Barbosa. O capítulo publicado refere-se à dissertação de mestrado da autora defendida em 2004 sob o título *Das Lembranças de Suzana Rodrigues*: *tópicos modernos de arte e educação*.

FERNANDO ANTÔNIO GONÇALVES DE AZEVEDO

É graduado em Filosofia Pura pela Universidade Católica de Pernambuco e mestre em Artes Visuais pela Escola de Comunicações e Artes da USP. Foi vice-presidente da Escolinha de Arte do Recife; professor da Faculdade Decisão, FADE (Paulista/PE) e das Faculdades Integradas da Vitória de Santo Antão, FAINTVISA (Vitória/PE); membro da Equipe de Ensino de Arte da SEDUC/PE; professor dos cursos de Especialização em Educação Infantil da FAFIRE. Co-autor de *Som, Gesto, Forma e Cor*, com Lúcia Pimentel, (Com/Arte, 1995); *Inquietações e Mudanças no Ensino da Arte* com Ana Mae Barbosa (Cortez, 2002).

O texto deste livro partiu da dissertação de mestrado *Movimento Escolinhas de Arte: em cena memórias de Noemia Varela e Ana Mae Barbosa*, em 2000, orientada por Regina Stela Barcelos Machado. Este trabalho, além de ser um tributo às arte/educadoras citadas, homenageia Ana Amália Barbosa e Rejane Coutinho, amigas e incentivadoras.

VICENTE VITORIANO MARQUES CARVALHO

O texto foi extraído da tese de doutorado *Newton Navarro: um Flâneur na Direção da Arte e da Pedagogia da Arte no Rio Grande do Norte*, defendida em 2003 junto ao Programa de Pós-Graduação em Educação do Departamento de Educação, CCSA-UFRN, sob orientação de Marta Maria de Araújo.

Arquiteto, artista visual, tem produção ligada ao desenho e à pintura com aquarela. Atua principalmente como professor do Departamento de Artes da UFRN, coordenando um grupo de produção artística e participando da base de pesquisa voltada para a história da educação. Atualmente é Coordenador do Curso de Licenciatura de Artes Visuais da UFRN. Exercita-se como crítico de arte, escrevendo para o *Diário de Natal* do Departamento de Artes da UFRN.

Atualmente, conclui a pesquisa Políticas para a Educação e Cultura do Governo Aluízio Alves – 1961/1964. Encontra-se suspenso um trabalho de catalogação dos escritos originais de Newton Navarro, dentro de um projeto de Extensão. É autor de *Navarro Flâneur*, no prelo.

ILSA KAWALL LEAL FERREIRA

É professora aposentada da Unesp e foi diretora do Museu de Arte Moderna de São Paulo.

HELOISA MARGARIDO SALES

Mestre em Artes Visuais pela Escola de Comunicações e Artes da USP, fez parte do grupo Arteducação Produções e foi responsável pelo Serviço Educativo do Paço das Artes, da Galeria do Sesi, e de Ações Educacionais do Centro Cultural do Banco do Brasil de São Paulo. Atualmente trabalha e pesquisa sobre arte/educação para a reconstrução do social. O texto que integra esta coletânea faz parte da dissertação *Prática Interdisciplinar no Ensino de Arte: estudo de caso, Colégio Equipe anos 70* (ECA-USP, 1992) sob orientação de Ana Mae Barbosa.

IVONE MENDES RICHTER

Professora Pesquisadora da Universidade Federal de Santa Maria, mestre em Arte/Educação pela Concordia University, Canadá e doutora em Educação pela Unicamp. Foi Vice-Presidente da Federação dos Arte/Educadores do Brasil, Faeb, em sua primeira diretoria (1987-1990), Presidente na gestão 1990-1992 e Conselheira Mundial da Insea (1993 a 1999). Coordenou intercâmbios de pesquisa com Universidades do Canadá, Estados Unidos, Inglaterra e Alemanha.

MARIA CHRISTINA DE SOUZA LIMA RIZZI

Membro fundadora do NACE-NUPAE da ECA é professora doutora do Departamento de Artes Plásticas na Escola de Comunicações e Artes da USP desde março de 2006. Anteriormente atuou no Serviço Educativo da Pinacoteca do Estado e do Museu da Casa Brasileira. Foi docente do Museu de Arte Contemporânea e do Museu de Arqueologia e Etnologia da USP. Foi vice-diretora do Museu de Ciências da USP. Coordenou as ações-educativas das exposições: Labirinto da Moda, Flávio Império em cena, Fantasia Brasileira, Saravá Mário de Andrade, Castelo Rá-Tim-Bum no Sesc–SP e Arte da África, Mary Vieira, Farnese da Andrade, Arte de Cuba e Arte pré-colombiana, no CCBB/SP, entre outras.

O texto publicado neste livro é uma revisão atualizada de parte do Fundamentos da tese de doutoramento: *Olho Vivo: arte/educação na exposição labirinto da moda uma aventura infantil*, orientada por Ana Mae Barbosa, defendida na Escola de Comunicações e Artes da USP em 2000. Outros aspectos desta mesma pesquisa foram publicados no livro *Inquietações e Mudanças no Ensino da Arte*, organizado por Ana Mae Barbosa (Cortez, 2002).

Este livro foi impresso na cidade de Cotia,
nas oficinas da Meta Brasil,
para a Editora Perspectiva.